教育部人文社会科学研究一般项目"明清之际文人经学与佛学征实风尚的互动研究"（19YJA751043）成果

南京大学中国文学与东亚文明协同创新中心资助项目

南京大学"双一流"建设学科"中国语言文学"资助项目

《江南文脉·清代文学与文献研究》丛书　徐雁平　主编

明清之际文人经学与佛学征实风尚的互动研究

吴正岚　著

时代出版传媒股份有限公司
安徽教育出版社

图书在版编目（CIP）数据

明清之际文人经学与佛学征实风尚的互动研究 / 吴正岚著. —合肥：安徽教育出版社,2023.5
ISBN 978-7-5336-9626-9

Ⅰ.①明… Ⅱ.①吴… Ⅲ.①经学－研究－中国－明清时代②佛学－研究－中国－明清时代 Ⅳ.①Z126.274②B948

中国版本图书馆 CIP 数据核字（2021）第 273557 号

明清之际文人经学与佛学征实风尚的互动研究
MING-QING ZHI JI WENREN JINGXUE YU FOXUE
ZHENGSHI FENGSHANG DE HUDONG YANJIU

出 版 人：费世平
策划编辑：江　舟
责任编辑：陶忠娣　付　静
装帧设计：张鑫坤
责任印制：陈善军

出版发行：安徽教育出版社
地　　址：合肥市经开区繁华大道西路 398 号　邮编：230601
网　　址：http://www.ahep.com.cn
营销电话：(0551)63683012,63683013
排　　版：安徽时代华印出版服务有限责任公司
印　　刷：安徽新华印刷股份有限公司

开　　本：710 mm×1010 mm　1/16
印　　张：24.5
字　　数：303 千字
版　　次：2023 年 5 月第 1 版
印　　次：2023 年 5 月第 1 次印刷
定　　价：86.00 元

（如发现印装质量问题,影响阅读,请与本社营销部联系调换）

《江南文脉·清代文学与文献研究》丛书缘起

江南地区为清代中国的人文渊薮。"江南"曾经是一个不断变动的区域和概念,目前学界的江南研究,常采用周振鹤提出的"中江南"概念,这一概念下的江南包括安徽、江苏两省的长江以南部分,以及浙江和上海的全部。鉴于清代江苏、浙江、安徽东南三省以及后来的上海在文化、经济上的紧密联系,本丛书既重视"八府一州"界定的"核心江南",又兼顾学界常用的长江、钱塘江、太湖以及大运河沟通的"中江南",同时也注重在文化层面上"从周边看江南",将清代东南三省视为"宽泛的江南",进而探求江浙皖文化多元一体的内涵。

江南的形成,有山水的赐予,也有人为的营造。山川江湖的位置与走向,皆有实实在在的呈现;而文化的脉络则如伏流和矿藏,要在开掘、梳理、缀合、疏通、烛照、叙说中揭示。依循形式多样、蕴涵丰富的文献,探求江南文化传衍的脉络与生成的肌理,应是稳妥的路径。脉络与肌理,是无数端点的延伸与端点间关联的交织。从清代文学与文献中再现江南的文脉,就是要在江南的山水中探寻文人的往来、书籍的流转、文风与学风的传播,考察文学家族姻亲网络的缔结、地域文化的形成、文学与学术流派的传衍、学术群落的生长。诸如此类,皆从人和物的流动、彼此之间的关联中展现"生成过程"中的律动文脉,从而揭示文脉的"江南性"。

江南是中国大版图中的江南,文献或文学中的江南是中国文化中的江南。"江南文脉"因为依循太湖、大运河、长江、钱塘江等大湖大河以及其他水网得以舒展,本丛书可顺势融入当下正在展开的大运河文化、长三角文化、长江文化研究,从而为理解近代中国乃至当下中国社会文化找寻路径。

目 录

概　论　001

钱谦益之诗文"茁长于学问"与欧阳修经史之学的关系　050

"根本六经"与"通释教"
　　——钱谦益论"经经纬史"与苏轼文学的取法对象　073

金圣叹与钱谦益的思想渊源　090

金圣叹援佛释易的易学思想　130

金圣叹兼奉台禅的佛学思想　166

佛教"因缘"说对金圣叹文学观念的多重影响　202

华严心本原说与金圣叹的文学思想　219

金圣叹以《华严经》"唯心偈"论文艺对徐增的影响　239

金圣叹的文学命题与儒释道思想的离合关系　255

金圣叹"大般涅槃经体"与明清之际江南佛学的征实倾向　270

论魏禧"偏至"说对明代文论折衷倾向的超越　292

清初布衣士子邵长蘅的风土文学与钱谷财币之学　318

清顺康年间布衣士子与富民阶层的观念契合及其文学史意义　344

主要参考书目　369

后　记　384

概　论

所谓"文人经学",肇端于南宋朱熹"后世之解经者有三:一儒者之经;一文人之经,东坡陈少南辈是也;一禅者之经,张子韶辈是也"之说①,是指以欧阳修(1007—1072)、苏轼(1037—1101)等文人为代表的经学传统。这一传统为明代宋濂(1310—1381)、归有光(1507—1571)、唐顺之(1507—1560)、焦竑(1540—1620)等人所弘扬和发展。上述古文家为了纠正模拟之风和科举之学的弊端,主要从欧苏经学中汲取思想资源,提倡自得之见、文献实证和形声训诂,主张亲子之情不受礼制束缚,对明代中后期文学思想的变革产生了重要影响。

明清之际,以钱谦益(1582—1664)为中心,包括程嘉燧(1565—1644)、李流芳(1575—1629)、王志坚(1576—1633)、毛晋(1599—1659)、金圣叹(1608—1661)、徐增(1612—?)、归庄(1613—1673)等在内的文人,以传承宋濂至归有光一系的文人经学为己任;与此同时,佛学界兴起刊刻方册藏、以教疗禅和重视佛经古注疏等征实学风,诸人亦积极参与。

本文拟以上述文人群体为研究对象,认为明清之际古文理论的变革不仅仅是由于钱谦益等人对明中后期空疏浮泛之学风的反动以及对嘉定

---

① 黎靖德编,王星贤点校:《朱子语类》卷十一《学五·读书法下》,中华书局,1994年,第193—194页。

学风的继承，还与明清之际佛学征实风尚与文人经学的互动有关，因而着重考察明清之际文学界的通经汲古与佛学界的征实风尚之互动的历史进程和逻辑关系。

一、反经正学的新任务

正如钱谦益在《新刻震川先生文集序》和《答山阴徐伯调书》中指出的，钱谦益在其三十七八岁即 1618 年之后，建立通经汲古之学，确立归有光文学的典范意义，于是天启、崇祯年间，天下靡然向风。比如，钱氏《答山阴徐伯调书》云：

> 仆年十六七时，已好陵猎为古文。……浮湛里居又数年，与练川诸宿素游，得闻归熙甫之绪言，与近代剽贼雇赁之病。临川汤若士寄语相商曰："本朝勿漫视宋景濂。"于是始覃精研思，刻意学唐、宋古文，因以及金、元元裕之、虞伯生诸家，少得知古学所从来，与为文之阡陌次第。……仆以孤生谫闻，建立通经汲古之说，以排击俗学，海内惊噪，以为希有，而不知其邮传古昔，非敢创获以哗世也。①

关于钱谦益提倡反经正学的背景和意图，以往的研究②已有深入分

---

① 钱谦益著，钱曾笺注，钱仲联标校：《牧斋有学集》卷三十九《答山阴徐伯调书》，载《钱牧斋全集》第陆册，上海古籍出版社，2003 年，第 1347 页。
② 参见孙之梅《钱谦益与明末清初文学》（增订版），山东大学出版社，2010 年，第 126—141 页；吴正岚《明代文人经学与文学思想变革的关系》，《文学评论》2014 年第 2 期。

析，不过，学界尚未注意到，作为明代中后期归有光"通经学古"之学的嗣响，明清之际钱谦益提出的反经正学增添了反对裁割经史和师心自用等新内涵。

众所周知，归有光所提倡的通经学古，是作为救治科举剽窃之学①和讲道之风②的良方出现的，与此同时，归氏大力抨击文学模拟之风③。迄于钱谦益，他多次针砭当世学术和文学的五种弊端，包括被科举败坏、道学流弊、模拟文风、裁割经史以及经学上的凿空杜撰。将钱氏的关注点与归有光的相对照，可以发现，钱氏所谓反经正学自有其新内涵：在钱氏针砭嘉靖以降学术之弊端的 22 篇文章④中，《新刻十三经注疏序》《苏州府重修学志序》《葛端调编次诸家文集序》《于氏日钞序》《嘉定四君集序》《赠别方子玄进士序》《颐志堂记》《王淑士墓志铭》《答唐训导论文书》《与卓去病论经学书》《颜子疏解序》《琅嬛类纂序》《赖古堂文选序》《李贯之先生存余稿序》《答徐巨源书》等 15 篇皆涉及裁割经史和师心自用，这两点是钱谦益讨论得最多的问题。比如，《颐

---

① 归有光《山斋先生文集序》云："余尝谓士大夫不可不知文，能知文而后能知学古。故上焉者能识性命之情，其次亦能达于治乱之迹，以通当世之故，而可以施于为政。顾徒以科举剽窃之学以应世务，常至于不能措手。若大理，所谓有用者，非有得于古文乎？"（《震川先生集》卷二，第 25 页）
② 《震川先生集》卷九《送何氏二子序》（第 195 页）指出："盖汉儒谓之讲经，而今世谓之讲道。夫能明于圣人之经，斯道明矣，道亦何容讲哉？凡今世之人，多纷纷然异说者，皆起于讲道也。"
③ 归有光斥责"今世乃惟追章琢句，模拟剽窃、淫哇浮艳之为工"（《震川先生集》卷二《沈次谷先生诗序》，第 30 页），导致诗文未能"不规摹世俗，而独出于胸臆"（《震川先生集》卷二《戴楚望后诗集序》，第 29 页）。
④ 分别是钱谦益《牧斋初学集》卷二十八《新刻十三经注疏序》《苏州府重修学志序》、卷二十九《葛端调编次诸家文集序》《于氏日钞序》、卷三十二《嘉定四君集序》、卷三十三《瑞芝山房初集序》、卷三十五《赠别方子玄进士序》、卷四十三《颐志堂记》、卷五十四《王淑士墓志铭》、卷七十九《答唐训导论文书》《与卓去病论经学书》，《牧斋有学集》卷十四《颜子疏解序》《艺林汇考序》《琅嬛类纂序》、卷十六《新刻震川先生文集序》、卷十七《赖古堂文选序》、卷十八《李贯之先生存余稿序》、卷二十《从游集序》《五石居诗小引》、卷三十八《答杜苍略论文书》《答徐巨源书》和卷四十九《读宋玉叔文集题辞》。

志堂记》指出:

> 今之学者,陈腐于理学,肤陋于应举,汩没锢蔽于近代之汉文唐诗。当古学三变之后,茫然不知经经纬史之学,何处下手。……俗学之敝,莫甚于今日。须溪之点定,卓吾之删割,使人佣耳剽目,不见古书之大全,三十年于此矣。于今闻人霸儒,敢于执丹铅之笔,诋诃圣贤,击排经传,俨然以通经学古自命。学者如中风狂走,靡然而从之。嗟乎!胥天下而不通经不学古,病虽剧,犹可以药石攻也。胥天下而自命通经学古,如今人之为,其病为狂易丧心,和、扁望而却走矣。①

在这段论述中,钱谦益先是以"古学三变"说,揭示了学术和文学因道学流弊而陈腐、因科举考试而浅陋、因模拟文风而锢蔽的困境,显然,其说与归有光"通经学古"之论一脉相承;其后,钱氏更点明了当下学风的不可救药之处,在于割裂经史和自命通经学古。对于上述两种新弊端,钱谦益斥之为"谬学",痛心于"古学一变而为俗,俗学再变而为谬"②。概言之,与归有光着力矫正的"俗学"有所不同,在明清之际,钱谦益等人试图纠正裁割经史和师心自用等"谬学",这一新任务在客观上需要新的理论动力。

---

① 钱谦益著,钱曾笺注,钱仲联标校:《牧斋初学集》卷四十三《颐志堂记》,载《钱牧斋全集》第贰册,上海古籍出版社,2003年,第1115—1116页。
② 钱谦益著,钱曾笺注,钱仲联标校:《牧斋初学集》卷七十九《答唐训导论文书》,载《钱牧斋全集》第叁册,上海古籍出版社,2003年,第1702页。按:钱谦益《牧斋初学集》卷三十五《赠别方子玄进士序》、卷五十四《王淑士墓志铭》等篇中亦有类似说法。

二、佛学征实风尚的兴起

与此同时,明清之际佛学界兴起征实学风,其中尤其值得注意的是刊刻方册藏、推崇佛经古注疏和提倡以教疗禅。

(一) 刊刻方册藏

关于刊刻方册藏之举的缘起和经过,学界已有充分研究①,但此举蕴含的重视全藏、纠正佛学弊端的意义,尚有待发掘。紫柏真可(1543—1603)、憨山德清(1546—1623)等人都提到了刊刻方册藏有助于复兴佛法,比如,紫柏《刻大藏经疏》认为舍大藏之外,别无"杜魔外之邪见,滋多生之净种"②的真乘;憨山《刻方册藏经序》称赞刊刻之举"其恢复法界之图,远且大矣"③。尤其值得注意的是,紫柏还点明了刻藏者的心愿是以全藏报佛恩,所谓"誓刻经律论之全藏,愿报佛法僧之至恩"④,无独有偶,憨山《题化城募缘疏》亦强调此举令众生得睹全藏:"刻藏盛举,乃自佛法入中国二千余年,一段大事因缘。令末法无

---

① 参见章宏伟《明代万历年间江南民众的佛教信仰——以万历十七年至二十年五台山方册藏施刻义为中心的考察》,《清华大学学报》2016年第5期;释法幢(谢謦后)《明清之际〈嘉兴藏〉雕印的始末因缘》,《中国佛学》2014年第1期。
② 紫柏真可:《紫柏老人集》卷十三《刻大藏经疏》,载《故宫珍本丛刊》第518册,海南出版社,2001年,第226页。
③ 憨山德清:《憨山老人梦游集》卷十九《刻方册藏经序》,新文丰出版公司,1992年,第994页。
④ 紫柏真可:《紫柏老人集》卷十三《刻大藏经疏》,载《故宫珍本丛刊》第518册,海南出版社,2001年,第227页。

量众生,种成佛真因,乃至深山穷谷无佛法处,亦得共睹释迦如来大事全藏。"① 刊刻方册藏之举在佛学界兴起重视全藏的风潮,本是情理中事。比如,1630 年,谭元春(1586—1637)撰《洪山四面佛庵建藏经阁募疏》,赞赏于四面佛庵设全藏的举措,所谓"予以为全藏者,佛所以辅帝王治天下之书也"②,此说从以佛法治国的角度推崇全藏。事实上,时人不仅在报佛恩、兴佛法的意义上推崇全藏,而且从佛学研究的角度提倡全藏。比如,管志道(1536—1608)《答憨山和尚书》论《楞伽经》的注释云:"两注尚有未妥处,尝欲窃取而厘正之。自以全藏未阅,恐有不该不遍之见。"③ 此说主张佛经注释应以阅读全藏为前提,可见其于材料追求竭泽而渔的治学观念。可以说,方册藏的刊刻强化了佛学界对全藏的重视。

与刊刻方册藏的举措相呼应,僧俗两界都热衷于刻印佛教文献。由黄汝亨(1558—1626)《题募香树庵刻石经短疏》和《石经山香树庵募疏》可知,1620 年,长安名僧程公打算刻石经全藏,"完刻约费六万余金"④。值得注意的是,黄汝亨《寓林集》卷三十二《石经山香树庵募疏》有"即心为经,全藏攸托"一说,既是南宗禅"即心即佛"说向征实方向的转化,⑤ 又提示了唐顺之"即经而心"说的弘扬与刻藏思潮的内在联系。

又以嘉定程嘉燧的经历为例,他在诗文中提及以下刻印佛典的活

---

① 憨山德清:《憨山老人梦游集》卷三十一《题化城募缘疏》,新文丰出版公司,1992 年,第 1643 页。
② 谭元春著,陈杏珍标校:《谭元春集》卷二十二《洪山四面佛庵建藏经阁募疏》,上海古籍出版社,1998 年,第 590 页。
③ 管志道:《管子惕若斋集》卷二,明万历刻本。
④ 黄汝亨:《寓林集》卷三十二《题募香树庵刻石经短疏》,明天启四年刻本。
⑤ 关于"即心即佛"说的源流,参见葛兆光《中国禅思想史——从 6 世纪到 9 世纪》,北京大学出版社,1995 年,第 316—320 页。

动。其一，他注意到新安潘之恒①"载《华严经》板归新安"②。值得一提的是，潘之恒所刻为李通玄（635—730）《华严新论》，焦竑为其作《华严新论序》，指出此刻的特点是恢复古本《经》《论》孤行的原貌。③李日华（1565—1635）《味水轩日记》卷四亦记此事："（1612年十一月）二十五日，寒。潘景升寄余《华严新经论》。此论唐李长者所著。大中岁，释志宁始割论附经，谓之《合论》。今景升去经单行之，还长者之旧也。焦弱侯作叙，甚有理解。"④ 程嘉燧笼统地称潘之恒所刻为《华严经》，也许是出于推崇佛经的学术倾向。其二，与程嘉燧过从密切的丘集⑤曾在白下、苏州等地印藏经。程嘉燧有《送丘五丈白下印藏经》，娄坚诗《怀丘五丈》有自注"时在郡城印藏经"⑥，两诗皆赞誉丘集晚年研习佛学，其中，程氏《送丘五丈白下印藏经》云"老去莲华心自解，闲来贝叶手能诠"⑦，娄氏《怀丘五丈》赞丘集"先生老儒术⑧，晚岁亦禅门"。其三，程嘉燧于泽潞得交光《楞严正脉》的机缘是其上司刷印五

---

① 潘之恒见钱谦益《列朝诗集小传》丁集下"潘太学之恒"条。
② 程嘉燧撰，沈习康点校：《松圆浪淘集》雪浪卷九《秦淮水阁歌送潘景升兼讯子荆》自注，载《程嘉燧全集》，上海古籍出版社，2015年，第112页。
③ 焦竑撰，李剑雄点校：《澹园续集》卷二《华严新论序》，载《澹园集》，中华书局，1999年，第787页。
④ 李日华：《味水轩日记》卷四，上海远东出版社，1996，第277—278页。
⑤ 张萱《西园闻见录》卷三载："丘集字子成，嘉定人。……家益贫，或日一炊。冬日以故纸囊败絮为被，而读书不辍。造其室者，欣然议论，不知其空腹也。"（民国哈佛燕京学社印本）嘉定士人程嘉燧、娄坚、唐时升皆与丘集有诗文往还。
⑥ 娄坚：《吴歈小草》卷六，清康熙刻本。
⑦ 程嘉燧撰，沈习康点校：《松圆浪淘集》涉江卷一《送丘五丈白下印藏经》，载《程嘉燧全集》，上海古籍出版社，2015年，第12页。按：程嘉燧《与长蘅兄》亦云："去冬得交光师《楞严疏》，于旧闻稍觉豁然。又读《大报恩》《心地观》《金光明》诸经，于中得未曾有，第余习难尽，世累难遣，恐终无抖擞日也。"（《松圆偈庵集》卷下，载《程嘉燧全集》，第367页）
⑧ 张金吾《爱日精庐藏书志》卷二"书蔡氏传旁通六卷元至正刊本卢嘉威藏书"条录丘集手跋，叙该书之学术价值，署名为"年六十八万历十有九年嘉定寒谷丘集子成"（清光绪十三年吴县灵芬阁集字版校印本），由此可以窥见丘氏收藏、钻研儒典之情形。

大部经。程氏在写给娄坚和李流芳的信中都提及此事。程氏《与子柔兄》云："旧冬因上司来刷印五大部经，因而读《大报恩》《心地观》诸经，又得见交光《楞严疏》，似于知闻稍能豁然。"① 由元程钜夫《程钜夫集》卷二十一《故河东山西道宣慰副使吴君墓碑》可知，所谓"五大部经"，是指《华严》《法华》《报恩》《金光明》《心地观》这五部佛经。② 仅程嘉燧一人就接触到这么多刻印佛典的信息，由此可以推测，明末学界对佛教文献的重视程度极高。

　　佛学界刊刻方册藏和其他印藏活动，甚至刺激了儒学中人萌生修儒藏的想法。其中最广为人知的，是曹学佺（1574—1647）着手修儒藏，可惜未能完工："尝谓二氏有藏，吾儒无藏，欲修儒藏与之鼎立。采撷四库之书，十有余年，而未能卒业也。"③ 曹学佺有关"儒藏"的设想，是有感于释道二教对文献的重视，其中刊刻方册藏这一举措，当是佛道两教文献整理思潮中的大事之一。实际上，在曹学佺致力于儒藏之前④，孙羽侯（1556—1617）（字鹏初）已打算修儒藏，汤显祖《孙鹏初遂初堂集序》记孙氏"尝欲总史传，聚往略，起唐虞以来至胜国，效迁史体为纪传之书；而因以檃括十三经疏义，订核收采，号曰'儒藏'"⑤。这是说，孙羽侯修订儒藏，是在效法司马迁《史记》而撰纪传之书的基础上，隐括十三经注疏而成《儒藏》。考虑到刊刻方册藏的倡议在万历十

---

① 程嘉燧撰，沈习康点校：《松圆偈庵集》卷下《与子柔兄》，载《程嘉燧全集》，上海古籍出版社，2015年，第369页。
② 程钜夫著，张文澍校点：《程钜夫集》卷二十一《故河东山西道宣慰副使吴君墓碑》，吉林文史出版社，2009年，第255页。又，拜柱《通制条格》卷二十九："僧人每三年一次，试五大部经。"（明钞本）
③ 钱谦益：《列朝诗集小传》丁集下"曹南宫学佺"，上海古籍出版社，2008年，第607页。
④ 由前引《列朝诗集小传》可知，曹学佺修儒藏，约始于1636年；孙羽侯卒于1617，由此可以推测，孙羽侯在曹学佺之前修儒藏。
⑤ 汤显祖著，徐朔方笺校：《汤显祖集全编》诗文卷三一《玉茗堂文》之四，上海古籍出版社，2015年，第1510页。

四年（1586）已启动①，孙羽侯于万历十七年（1589）中进士②之后潜心于学术，那么孙羽侯的儒藏计划当亦受到刊刻方册藏之举的推动。值得一提的是，曹学佺有关"儒藏"的设想可谓影响深远，比如，清代周永年（1730—1791）"有感于曹石仓及释道藏，作《儒藏说》"③。

（二）推崇古注疏

明清之际学界对于佛经古注疏的推崇，是对唐宋以来舍经从传之风加以扬弃的结果，也是为救治当时空疏浮泛的学风而发的。值得注意的是，云栖袾宏（1535—1615）等人对忽视注疏之风的批评，事实上是对文人经学舍传从经之风尚的扬弃。舍传从经的学术倾向，始于唐代的啖助、陆淳、赵匡等人，诗人卢仝撰《春秋摘微》亦追随这一学风，是故韩愈《寄卢仝》有"《春秋》三传束高阁，独抱遗经究终始"④ 之说。迄于北宋，不为传义所惑、以经求经的风气更为盛行，欧阳修《春秋论上》上亦大力抨击"学者宁舍经而从传，不信孔子而信三子"⑤ 的做法。明代归有光把不拘一家与"果于信传"的问题联系在一起：

> 然在千载之下，以一人一时之见，岂必其皆不诡于孔氏之旧，而

---

① 章宏伟：《明代万历年间江南民众的佛教信仰——以万历十七年至二十年五台山方册藏施刻文为中心的考察》，《清华大学学报》2016 年第 5 期。
② 据《（光绪）湖南通志》卷一百七十"孙羽侯"条，孙氏于万历己丑（1589）中进士，后罢官里居，闭户著书。修"儒藏"之设想，当形成于这一时期。
③ 桂馥：《晚学集》卷七《周先生传》，载《清代诗文集汇编》第 389 册，上海古籍出版社，2010 年，第 585 页。
④ 韩愈著，方世举笺注，郝润华、丁俊丽整理：《韩愈诗集编年笺注》卷七《寄卢仝》，中华书局，2019 年，第 334 页。
⑤ 欧阳修著，洪本健校笺：《居士集》卷十八《春秋论上》，载《欧阳修诗文集校笺》，上海古籍出版社，2009 年，第 546 页。

无一言之悖者？世儒果于信传，而不深惟经之本意，至于其不能必合者，则宁屈经以从传，而不肯背传以从经。规规焉守其一说，白首而不得其要者众矣。①

由此可见，归有光不仅吸收了欧阳修"六经非一世之书"②的观点来提倡学术个性，而且完全赞同欧阳修用此说来支持的舍传从经说。

晚明的高僧大德中，云栖袾宏尤其重视佛经古注疏。其《竹窗随笔》多次批评时人对佛经注疏的忽视。比如，"楞严一"条指出"而新学执此，遂欲尽废古人注疏，则非也"③，明确否定捐弃古人注疏的做法；又"楞严二"条亦批评"不独楞严，近时于诸经大都不用注疏"④的现象；此外，《竹窗二笔》"论疏"条也斥责佛经不烦注释的观念乃似是而非："或乃谓佛所说经，本自明显，不烦注释，以诸注释反成晦滞，于是一概拨置，无论优劣，无论凡圣，尽以为不足观。此其说似是而非。"⑤

由云栖袾宏《竹窗随笔》"楞严二"条和《竹窗二笔》"论疏"条可知，对于舍传从经之学风，云栖袾宏吸收了其中重视经学之本的因素，而舍弃了不信传的成分。一方面，"夫不泥先入之言，而直究本文之旨，诚为有见"⑥一说，与欧阳修讲求经之本意的观点一脉相承，"不信传而信经，是亦知本"⑦之说也是如此；另一方面，云栖袾宏还揭示了舍传

---

① 归有光著，周本淳校点：《震川先生集》卷九《送何氏二子序》，上海古籍出版社，2007年，第195页。
② 欧阳修著，洪本健校笺：《居士集》卷四十三《廖氏文集序》，载《欧阳修诗文集校笺》，上海古籍出版社，2009年，第1101页。
③ 云栖袾宏：《莲池大师全集》第三册，东初出版社影印本，1992年，第3633—3634页。
④ 云栖袾宏：《莲池大师全集》第三册，东初出版社影印本，1992年，第3634页。
⑤ 云栖袾宏：《莲池大师全集》第四册，东初出版社影印本，1992年，第3879页。
⑥ 云栖袾宏：《莲池大师全集》第三册，东初出版社影印本，1992年，第3634页。
⑦ 云栖袾宏：《莲池大师全集》第四册，东初出版社影印本，1992年，第3879页。

从经之风可能导致藐视传统、师心自用、空疏不学和曲解经意的弊端。其中,"乃至逞其胸臆,冀胜古以为高,而曲解僻说者有矣"①,"狂则上轻古德,下藐今人,惟恣胸臆,自用自专故",都将批判锋芒指向了藐视传统和师心自用;与此相关联,"懒则惮于博究,疲于精思,惟图省便,不劳心力"之说斥责了空疏不学。舍弃经传的做法最严重的后果,则是曲解经意,即"以深经作浅解,则其失非细"。②

具体说来,云栖袾宏在《竹窗随笔》"楞严一""楞严二"条和《竹窗二笔》"论疏"条中驳斥尽废古人注疏的学风,其锋芒所向,很可能是以交光真鉴《楞严正脉》为代表的学风。据陈乃乾《苍雪大师行年考略》可知,万历二十四年(1596)丙申,交光真鉴作《楞严正脉》成。③关于《楞严正脉》的学术思想史意义,以往的研究多关注交光真鉴以华严倾向解《楞严》,从而招致天台宗幽溪传灯(1554—1628)极力诋斥的层面。④事实上,如前所述,从云栖袾宏的问题意识来看,交光真鉴《楞严正脉》忽视古注疏的学风更值得反思。由云栖袾宏与交光真鉴的书信往来可知,交光真鉴曾流露出对前人注疏的不以为然:"十家注解差处固多,至于经初所征之心,皆知征破妄心而已。"⑤此说本意是指十家注解皆释所征之心为征破妄心,但"十家注解差处固多"一说透露出他对前人的《楞严经》注疏颇为不满。此说当是刺激云栖袾宏强调古注疏的原因之一。可以作为旁证的是,钱谦益《大佛顶首楞严经疏解蒙

---

① 云栖袾宏:《莲池大师全集》第三册,东初出版社影印本,1992年,第3634页。
② 云栖袾宏:《莲池大师全集》第四册,东初出版社影印本,1992年,第3879页。
③ 《苍雪大师南来堂诗集》附,载《清代诗文集汇编》第5册,上海古籍出版社,2010年第5页。又,钱谦益《楞严蒙钞》卷首《古今疏解品目》录"交光法师真鉴《楞严正脉》十卷(万历庚子藩王殿下制序妙峰登公校刻)"(《中国宗教历史文献集成》之一《藏外佛经》第十二册,第12页),由此可知《楞严正脉》刻于1600年。
④ 参见龚隽《宋明楞严学与中国佛教的正统性——以华严、天台〈楞严经〉疏为中心》,《中国哲学史》2008年第3期。
⑤ 云栖袾宏:《莲池大师全集》第四册,东初出版社影印本,1992年,第4443页。

钞》（以下简称《楞严蒙钞》）卷首《古今疏解品目》亦批评交光真鉴忽略前贤成说："夫其奋乎百世之下，披剥陈言，发挥己见，……每师心而自是。"① 此说实质上点明了云栖袾宏所谓"狂"的代表之一就是交光真鉴《楞严正脉》。

作为对佛学界推崇古注疏的呼应，钱谦益《楞严蒙钞》不仅在反对割截段落等方面与云栖袾宏一脉相承（说详下），而且反复提倡"古释"。《楞严蒙钞》中肯定"古释"的说法出现了几十次，《佛顶蒙钞目录后记》旗帜鲜明地表示"权阁今文，先宗古释"②。与此相类似，推崇"古注"③"古义"④"古师"⑤ 的说法俯拾皆是。此外，钱谦益将"古师"与"先儒"相类比的说法，折射了儒佛在崇尚古注疏方面的互动："古师之讨竺坟，犹先儒之绎鲁诰。述而不作，多闻阙疑。"⑥

以往的研究尚未注意到，金圣叹对明清之际重视佛经古注疏的风尚也作出了回应。金圣叹曾对交光真鉴《楞严正脉》提出批评："有人言交光《正脉》盛行海内。叹便问：'"文殊将咒"四字，未审作何签释？'

---

① 钱谦益：《楞严蒙钞》卷首《古今疏解品目》，载《中国宗教历史文献集成》之一《藏外佛经》第十二册，黄山书社，2005年，第12—13页。
② 钱谦益：《楞严蒙钞》卷首《佛顶蒙钞目录后记》，载《中国宗教历史文献集成》之一《藏外佛经》第十二册，黄山书社，2005年，第5页。
③ 钱谦益：《楞严蒙钞》卷五十七《佛顶宗录》，载《中国宗教历史文献集成》之一《藏外佛经》第十二册，黄山书社，2005年，第792页。
④ 钱谦益《楞严蒙钞》卷首《佛顶蒙钞目录后记》云："指决三摩，冥符古义。"《楞严蒙钞》卷首《古今疏解品目》"五代吴越永明寺智觉寿禅师宗镜录"条："欲使学者知古义有所从来，勿寻枝而失干也。"《楞严蒙钞》卷一《咨决疑义十科》"第九古今得失者"条："靡不改作新章，拂略古义，此则古人之得而今人之失也。"《楞严蒙钞》卷五十三《佛顶通ަ第四》"张无尽海眼总要息诤论第六"条反对"既不考古义之源流，又不依大洪之和会"。（以上分别为第5、8、31、729页）
⑤ 钱谦益《楞严蒙钞》卷首《古今疏解品目》"五代吴越永明寺智觉寿禅师宗镜录"条："古师弘法，确有渊源。"（第8页）类似肯定"古师"之说出现了30多次。
⑥ 钱谦益：《楞严蒙钞》卷首《咨决疑义十科》"第九古今得失者"条，载《中国宗教历史文献集成》之一《藏外佛经》第十二册，黄山书社，2005年，第31页。

人云：'"文殊将咒"那可签释？'叹云：'火头，与我烧却交光疏板！'"① 在此，金圣叹采用了烧却交光真鉴疏板这一激烈的措辞，以表达他对交光真鉴《楞严正脉》的不满。如前所述，由钱谦益《楞严蒙钞》可知，交光《楞严正脉》的不足之一，正是忽视古注疏，由此可以推测，金圣叹强烈否定交光《楞严正脉》，也是出于对《楞严经》古注疏的推尊。

（三）提倡以教疗禅

对于明清之际以教疗禅的学风，先行研究②已有深入考察，但在华严和天台二教的关系方面，有两点必须加以澄清：其一，前人因主张钱谦益偏于华严，而忽视了由即中大师和刘心城师徒、钱谦益、金圣叹、徐增等人构成的天台学群体。其二，因为钱谦益极为重视"华严法界"（说详下），以往的研究③多认为钱氏于天台、华严二教中更倾向于华严。实际上，和会台贤是钱谦益的基本宗旨。

以钱谦益为中心的天台学群体成员之间有着密切的师承和交游关系。先行研究④已注意到钱谦益与天台学者即中大师的交往，却忽视了台宗世嫡、即中上首弟子刘心城与这一天台学群体的密切联系。⑤ 首先，

---

① 金圣叹著，陆林辑校整理：《西城风俗记》，载《金圣叹全集》（修订版）第陆册，凤凰出版社，2016年，第949页。
② 参见孙之梅《钱谦益与明末清初文学》（增订版），山东大学出版社，2010年，第229—234页；王彦明《钱谦益佛教文献与文学研究》第三章第二节《佛教宗派思想》，中国社会科学出版社，2020年，第219页。
③ 参见王红蕾《钱谦益〈大佛顶首楞严经疏解蒙钞〉考论》，《世界宗教研究》2010年第1期。
④ 参见吴正岚《金圣叹与钱谦益的思想渊源》，《福州大学学报》2007年第2期；王彦明《钱谦益佛教文献与文学研究》，中国社会科学出版社，2020年，第73页。
⑤ 本书《金圣叹与钱谦益的思想渊源》一文提及钱谦益为即中弟子刘心城作《心城先生全集序》。

就即中师徒而论，即中大师是钱谦益老师管志道的儿子管士珑，乃著名天台学者，钱谦益赞其"深达佛乘，唱演台教，白衣说法，缁素归仰，号为即中大师"①。其次，即中弟子刘心城的天台学倾向尚未引起学界的关注。刘心城何许人也？由清葛万里《别号录》卷七②、《明人室名别称字号索引》甲编"心城刘锡玄"条③以及徐增《九诰堂集》诗之六《怀感诗·刘心城锡玄》④等资料，可知刘心城名锡玄，字玉受。

循此线索，于冯桂芬《（同治）苏州府志》卷八十七中寻得《刘锡玄传》：

> 刘锡玄，字玉受，万历丁未进士。历官贵州提学佥事。天启元年，永宁宣抚奢崇明反，陷遵义，贵阳大震。巡抚李枟遣锡玄与总兵官张彦方等援四川，方告捷，而贵州宣慰同知安邦彦反，连陷诸城，直趋贵阳。时藩臬咸入觐，城中文武无几，李枟与巡按御史史永安分兵为五，令锡玄及参议邵应祯等分御各门，学官及诸生亦督民兵分守。贼尽锐攻北城，枟迎战，败之；转攻东门，为锡玄所却。乃日夜攻击，城中食尽，至生食人。锡玄议发兵护枟、永安出城，身留死守。会新抚王三善师进，围始解。凡围困三百日，城中十万户存者千余人，孤城卒定，皆锡玄与枟、永安功。进右参政。吏部尚书赵南星等请更优叙，卒无他擢，遂还里。崇祯中再任宁夏参政。⑤

---

① 钱谦益著，钱曾笺注，钱仲联标校：《牧斋初学集》卷四十九《湖广提刑按察司佥事晋阶朝列大夫管公行状》，载《钱牧斋全集》第贰册，上海古籍出版社，2003年，第1266页。
② 葛万里：《别号录》卷七"心城刘锡玄玉受"条，清文渊阁四库全书本。
③ 杨廷福、杨同甫编：《明人室名别称字号索引》甲编，上海古籍出版社，2002年，第36页。
④ 徐增：《九诰堂集》诗之六《怀感诗·刘心城锡玄》，载《清代诗文集汇编》第41册，上海古籍出版社，2010年，第161页。
⑤ 冯桂芬：《（同治）苏州府志》，清光绪九年刊。

此外，清彭绍升《居士传》卷四十七有《刘玉受传》。又《明史》卷二百四十九《李枟传》所附《刘锡元传》，就是刘锡玄传。诸传述及刘锡玄早年奉佛、天启年间于"奢安之乱"中死守贵阳而立功等经历，却皆不提其师从即中之事。钱谦益《心城先生全集序》则明确记载刘锡玄师从比自己年幼二十一岁的即中大师。刘锡玄于1634年弃家入道①，钱谦益此序作于崇祯十六年（1643）。《明史》有关刘锡玄于天启二年（1622）与李枟、史永安死守贵阳城的记载，有助于理解钱谦益《心城先生全集序》"当心城守黔时，以孤城捍强寇，能使数百万众，骸骨撑拄。死守经年，视人世间死生利害，如毫毛耳"② 这一段描述。

可以作为旁证的是，清徐乾学《传是楼书目》（清道光八年味经书屋钞本）除了集部录 "《刘玉受集》十卷 明刘锡玄" 之外，子部还录有刘锡玄《僧初存稿》《历游罪状》和《即中堂答问》三种。其中，最后一种当为即中大师与心城有关天台学的问答。此外，即中和刘心城师徒都推崇幽溪传灯的天台学，这也成为钱谦益关注传灯著述的机缘。比如，传灯《性善恶论》卷首有 "心城居士弟子刘锡玄、达月居士弟子管珑正见……同校正"③ 的记载，由此可以推测，即中大师、刘心城曾师从传灯，协助校正其《性善恶论》；与此相关联，即中大师曾以传灯《楞严会解圆通疏》赠钱氏，希望他以此为 "阅《首楞》标准"④。

这一天台学群体中，金圣叹与即中师徒都有交往。一是，金圣叹与

---

① 刘锡玄于1634年弃家入道，因此彭绍升《居士传》四十七称刘锡玄 "以头陀终"（《居士传校注》，第426页）。
② 钱谦益著，钱曾笺注，钱仲联标校：《牧斋初学集》卷二十八《心城先生全集序》，载《钱牧斋全集》第贰册，上海古籍出版社，2003年，第867页。
③ 传灯：《性善恶论》卷首，载《大藏新纂卍续藏经》第57册，第375页。按："管珑"当为即中大师管士珑。此书刊于天启建元之初年即1621年，此时刘心城尚未弃家入道，尚未拜管士珑为师，而刘氏比管氏大21岁，因而刘锡玄的名字列于管（士）珑之前。
④ 钱谦益：《楞严蒙钞》卷首《古今疏解品目》，载《中国宗教历史文献集成》之一《藏外佛经》第十二册，黄山书社，2005年，第3页。

即中大师的交往,可以金氏《西城风俗记》为证:"随即中先生立夏侯桥上说话次,先生蓦云:'极南树头一灯神火。'叹云:'还记得起处否?'先生便休。"① 遗憾的是,金圣叹与即中交往的资料,目前为止仅见此一条。二是,陆林先生已指出金圣叹与刘锡玄的显性联系,金圣叹《小题才子书》卷二评点刘锡玄《乡人饮酒》,并叙其来历、录其作论:"此文从先生冢孙越慧社兄家乘中搜得……先生常教越慧兄,作文必须字字飞,又须字字腻,不腻不飞,不飞不腻。"② 由此可知,金圣叹与刘锡玄之孙刘越慧为同社中人;《鱼庭闻贯》第四十九条为"与刘生三古洵"③,可见金圣叹与刘锡玄的儿子刘生三也是切磋诗律的同好。本文拟指出金圣叹与刘锡玄的隐性联系:其一,如上所述,金圣叹曾与即中大师参话头,想来他对即中大师的天台学倾向也十分了解。通过即中大师这一线索,金圣叹当知晓刘锡玄对天台学的服膺。其二,钱谦益《心城先生全集序》提及心城之子古洵荟萃其父由入官至入道的文字,编成《心城先生全集》,并向钱谦益请序。由此可以推测,金圣叹可能通过刘生三(古洵)得知刘锡玄尊奉天台学。

徐增《九诰堂集》有三处提到刘心城。其中之一为《怀感诗·刘心城锡玄》:"危难炼成真佛子,道场现出宰官身。世间不识丈夫意,谈笑先生大有人。"④ 又其《重修圣恩禅寺开山万峰祖师永光塔院碑记》载:"天启乙丑(1625),觉公同徒法霖润公、用光明公建文殊殿成,欲重建

---

① 金圣叹著,陆林辑校整理:《西城风俗记》,载《金圣叹全集》(修订版)第陆册,凤凰出版社,2016年,第950页。
② 金圣叹著,陆林辑校整理:《小题才子书》卷二《乡人饮酒》篇评点,载《金圣叹全集》(修订版)第陆册,凤凰出版社,2016年,第632页。
③ 金圣叹著,陆林辑校整理:《贯华堂选批唐才子诗甲集七言律》卷二《鱼庭闻贯》,载《金圣叹全集》(修订版)第壹册,凤凰出版社,2016年,第109页。
④ 徐增:《九诰堂集》诗之六《怀感诗·刘心城锡玄》,载《清代诗文集汇编》第41册,上海古籍出版社,2010年,第161页。

塔院，而觉公示寂。于时护法者，则又有范学宪石公、文相国湛持、姚宫詹现闻、刘宪副心城诸公。"① 此外，徐增还作有《夜与月然心城法如祖脉观云碧溪中一永辉心镜诸禅师论杜诗》② 一诗，其中的"心城"也很可能就是刘心城，这就提示了徐增与心城的交往，不仅缘于以教疗禅、反经明教的佛教观念，还与推崇杜诗的文学倾向有关。

这一天台学群体值得重视，首先是由于以教疗禅的思潮与即中大师、刘心城师徒有着密不可分的关系。钱谦益在有关即中大师和刘心城的文字中，都提及以教疗禅的主张。比如，《破山寺志序》云："今世盲禅盛行，教义衰落。余欲斥寺西菜圃隙地，架杰阁，构广院，复宗教光明之旧，招延高人即中诸公，唱演其中，使教幢再树，魔焰顿熄。"③ 同样，钱氏《复即中乾老》也提出："窃惟斯世，正眼希微，法幢摧倒。今欲折伏魔外，必先昌明正法。"④ 此外，《心城先生全集序》提到"魔民盲子"⑤，也当是将批判的锋芒指向了盲禅之魔焰。

三、钱谦益与嘉定诸子在佛学方面的交游

对于钱谦益与嘉定诸子的交往，先行研究多强调钱谦益在嘉定诸子

---

① 徐增：《九诰堂集》古文三《重修圣恩禅寺开山万峰祖师永光塔院碑记》，载《清代诗文集汇编》第41册，上海古籍出版社，2010年，第418页。
② 徐增：《九诰堂集》诗之十一《夜与月然心城法如祖脉观云碧溪中一永辉心镜诸禅师论杜诗》，载《清代诗文集汇编》第41册，上海古籍出版社，2010年，第217页。
③ 钱谦益著，钱曾笺注，钱仲联标校：《牧斋初学集》卷二十九《破山寺志序》，载《钱牧斋全集》第贰册，上海古籍出版社，2003年，第888页。
④ 钱谦益著，钱曾笺注，钱仲联标校：《牧斋有学集》卷四十《复即中乾老》，载《钱牧斋全集》第陆册，上海古籍出版社，2003年，第1374页。
⑤ 钱谦益著，钱曾笺注，钱仲联标校：《牧斋初学集》卷二十九《心城先生全集序》，载《钱牧斋全集》第贰册，上海古籍出版社，2003年，第867页。

的影响下，弘扬归有光的通经汲古之学。同时，以往的研究①已注意到与钱谦益交往密切的嘉定士人程嘉燧、李流芳等人信奉佛教，但钱谦益和他们的佛学交流及其与佛学征实风尚的关系，尚未引起学界的注意。从钱谦益对程嘉燧、李流芳的佛教活动的叙述来看，钱谦益与嘉定诸子的佛学交游，进一步强化了这一群体重视佛经古注疏、提倡以教疗禅等观念。

（一）程嘉燧的《楞严》学与佛学征实风尚

对于程嘉燧的《楞严》学，钱谦益一再表彰。比如，《列朝诗集小传》称程嘉燧"晚尤深老、庄、荀、列、楞严诸书"②。又，钱谦益《耦耕堂集叙》赞誉"孟阳诵持《首楞严经》，闻鸡警悟，于篇什中每有省发"③。对此，钱谦益《柳如是别传》已揭示程嘉燧《朝云诗》其四"天魔似欲窥禅悦，乱散诸花丈室中"两句乃混合《楞严经》和《维摩经》的意象："以楞严之'天魔'，为维摩之'天女'，造语构思，殊觉巧切。"④ 值得一提的是，程嘉燧《夏日同长蘅西隐寺听讲楞严经遇雨阁睡二首》有"外挹了无取，内澄乃相示"⑤ 之句，非常精准地点出了《楞严经》崇尚"内澄"的主旨，可与憨山德清"《楞严》殚研七趣，披剥

---

① 参见李东海《程嘉燧诗学研究》，安徽大学 2006 年硕士论文；王彦明《钱谦益佛教文献与文学研究》，中国社会科学出版社，2020 年；刘霞《从徐学谟至娄坚再至钱谦益——明代嘉定文脉传承之考论（上）》，《宁夏师范学院学报》2015 年第 1 期。
② 钱谦益：《列朝诗集小传》丁集下，上海古籍出版社，2008 年，第 577 页。
③ 钱谦益著，钱曾笺注，钱仲联标校：《牧斋有学集》卷十八《耦耕堂集叙》，载《钱牧斋全集》第伍册，上海古籍出版社，2003 年，第 782—783 页。
④ 陈寅恪：《柳如是别传》，生活·读书·新知三联书店，2001 年，第 178 页。
⑤ 《程嘉燧全集》"辑佚附录"第 595 页，辑自上海图书馆藏稿本程嘉燧《浪淘集》卷二。

群有，而总之所以澄心"① 一说参看。

程嘉燧楞严学的来源颇为多元，除了前述在1618至1621年之间的某个冬天②于泽潞获见交光《楞严正脉》之外，程嘉燧以下两次有关楞严学的经历亦不可忽视：其一，大概在1592年夏天，程嘉燧与李流芳在嘉定西隐寺听讲《楞严经》③，程氏撰有《夏日同长蘅西隐寺听讲楞严经遇雨阁睡二首》。其二，据《松圆浪淘集总目》"雪浪第九"，丙午（1606）夏，程嘉燧与雪浪洪恩（1545—1608）谈《楞严经》于惠山河浒庵。④ 关于雪浪洪恩的生平和建树，钱谦益撰有《华山雪浪大师塔铭》⑤。钱氏《楞严蒙钞》于雪浪楞严学多有引用（说详下），当与程嘉燧的推荐密不可分。⑥

程嘉燧在楞严学方面与钱谦益的互动，可从钱谦益对雪浪楞严学和交光《楞严正脉》的态度中看出，其中一以贯之的是既驳斥师心自用又反对支离繁琐的学风。一方面，钱氏赞赏雪浪对《楞严会解》以来支离学风的扫除，《楞严蒙钞·古今疏解品目》"雪浪三怀法师洪恩经解科判一卷"条曰："《会解》邮传，纠缠熟烂。……蒙于亡友陆氏箧中，得故纸一束，题曰《雪浪楞严解》。枝经理解，要言不烦。科判一章，尤为

---

① 憨山德清：《憨山老人梦游集》卷十九《春秋左氏心法序》，新文丰出版公司，1992年，第1019页。
② 钱谦益《佛顶蒙钞目录后记》云"上党旧游，曾遗正脉"，又自注曰："交光《正脉》，友人程孟阳游泽潞得本。"由《列朝诗集小传》丁集下"松圆诗老程嘉燧"条可知，程嘉燧于万历戊午年（1618）入潞，三年后入蕲，则程嘉燧当于这段时间得交光《正脉》。
③ 见《程嘉燧年谱简编》，载《程嘉燧全集》附，上海古籍出版社，2015年，第849页。
④ 程嘉燧撰，沈习康点校：《松圆浪淘集总目》雪浪卷九，载《程嘉燧全集》，上海古籍出版社，2015年，第2页。
⑤ 钱谦益著，钱曾笺注，钱仲联标校：《牧斋初学集》卷六十九《华山雪浪大师塔铭》，载《钱牧斋全集》第叁册，上海古籍出版社，2003年，第1571—1574页。
⑥ 钱谦益：《楞严蒙钞》卷首《佛顶蒙钞目录后记》，载《中国宗教历史文献集成》之一《藏外佛经》第十二册，黄山书社，2005年，第2页。

孤迥。"① 此说揭示了雪浪楞严学的成就在于摆脱天如惟则《楞严会解》之繁琐学风。另一方面，钱谦益提醒学人要避免"因药致病"，谨防因扫除支离而尽弃注疏，陷入师心自用的误区。比如，钱谦益记录一雨润所传雪浪看经法曰："楞严一经，文虽十轴，实大藏之都序也。有志教法者，不可不先读，又不可不熟读。……若果先明经义，回视诸家注疏，泾渭立见。否则为注疏覆心，经义反晦矣。"这是说，雪浪对佛经注疏遮蔽读者灵性的弊端持有高度警觉，因而在经文与注疏的关系上，主张先看经文，后看诸家注疏。钱谦益进一步揭示出雪浪此说的双重性："私谓二师示看经法，如出一揆。盖当《会解》盛行之后，义学纠缠，应有此应病之药。学人执此方便，认为普施之法，则又因药致病。"② 钱氏认为，强调先明经义，其实是对《楞严会解》以来支离学风的救治，是"应病之药"而非"普施之法"，否则就可能导致师心自用的后果。在《楞严蒙钞·古今疏解品目》"交光法师真鉴楞严正脉十卷"条中，钱氏将这一观点完整地表达出来："夫其奋乎百世之下，披剥陈言，发挥己见，不可谓非北方豪杰之士。……每师心而自是，恐拂迹而弥多。"③ 由此可以看出，在钱谦益的思想体系中，他清醒地认识到了反对支离琐碎的意义，又坚持以重视古注疏、反对师心自用为主导。

钱谦益自述从程嘉燧受赠交光《楞严正脉》是其撰写《楞严蒙钞》

---

① 钱谦益：《楞严蒙钞》卷首《古今疏解品目》，载《中国宗教历史文献集成》之一《藏外佛经》第十二册，黄山书社，2005年，第11页。按：所谓"亡友陆氏"，据钱谦益《陆孟凫墓志铭》，可能是指陆铣（字孟凫）。其理由有二：一、翻检钱氏《牧斋初学集》和《牧斋有学集》，发现其陆姓亡友仅此一人；二、《陆孟凫墓志铭》云陆氏"常庀五十金购藏册"（《牧斋有学集》卷三十一，载《钱牧斋全集》第陆册，第1132页），可知陆氏于搜集佛教文献用力之勤。
② 钱谦益：《楞严蒙钞》卷五十《佛顶蒙钞目录第二》，载《中国宗教历史文献集成》之一《藏外佛经》第十二册，黄山书社，2005年，第676页。
③ 钱谦益：《楞严蒙钞》卷首《古今疏解品目》，载《中国宗教历史文献集成》之一《藏外佛经》第十二册，黄山书社，2005年，第12—13页。

的三大机缘之一。《佛顶蒙钞目录后记》云"上党旧游，曾遗正脉"，又自注曰："交光《正脉》，友人程孟阳游泽潞得本。"① 程嘉燧赠予的交光《正脉》为钱谦益提供了重要的文献依据。由此可以推测，钱谦益驳斥以交光为代表的师心自用、割截段落的学风，提倡佛经古注疏，是在与程嘉燧相互切磋中形成的观念。

（二）李流芳师从云栖袾宏与推崇古注疏

李流芳对于自己作为云栖弟子的身份非常自豪，在文章中一再提及参云栖的经历。由《李流芳集》可知，李流芳至少两次参云栖。第一次是在甲辰（1604）二月，其《西湖卧游册跋语·六和晓骑图》云"此予甲辰与王淑士、平仲参云栖舟中为题画诗"②，可知此次他与昆山王志坚、志长兄弟③一起向云栖请益。其《西湖卧游册跋语·江干积雪图》亦提及"甲辰，同二王参云栖，时已二月，大雪盈尺"④，描述了他们在二月大雪中参云栖的情形。第二次是在壬子（1612）正月。《西湖卧游册跋语·云栖晓雾图》记载此次离开云栖时的情景云："壬子正月晦日，与仲锡、子与出云栖，慧法师、季鱻居士送予辈至三聚亭下。是日大

---

① 钱谦益：《楞严蒙钞》卷首《佛顶蒙钞目录后记》，载《中国宗教历史文献集成》之一《藏外佛经》第十二册，黄山书社，2005年，第3页。
② 李流芳：《李流芳集》卷十一《西湖卧游册跋语·六和晓骑图》，浙江人民美术出版社，2019年，第225页。
③ 关于王志坚生平、学问，参见钱谦益《王淑士墓志铭》（《牧斋初学集》卷五十四，载《钱牧斋全集》第贰册，第1351—1353页）、《列朝诗集小传》丁集下"王提学志坚"条（第585—586页）。
④ 李流芳：《李流芳集》卷十一《西湖卧游册跋语·江干积雪图》，浙江人民美术出版社，2019年，第230页。

雾，山林模糊，已而霁。"① 此次同参者为武林邹仲锡②、钱塘闻子与③。李流芳《西湖卧游册跋语·永兴兰若》亦云"壬子正月晦日，同仲锡、子与自云栖翻白沙岭至西溪"④。又李流芳所撰《祭闻子与文》赞叹"维我先师，阐扬净土"，且自称"同参友人东吴李某"，⑤ 可为旁证。

云栖袾宏去世之后，李流芳不断缅怀其德其学，几乎言必称先师。李氏主要从以下两个层面赞美云栖的德望：其一，说法平等，普度众生。李流芳《严太夫人生日歌》提及寿星在顶礼云栖之后皈依净土："君不见云栖古佛今导师，说法平等无参差。前年吾母往顶礼，旋闻阿

---

① 李流芳：《李流芳集》卷十一《西湖卧游册跋语·云栖晓雾图》，浙江人民美术出版社，2019年，第229页。
② 关于仲锡，李流芳《西湖卧游册跋语·题画册》记："邹仲锡一见便夺去，固索不得。好画如仲锡，便脱手相赠，不足复惜。"(《李流芳集》卷十一，第239页）就邹氏而言，在《李流芳集》中，更多见的是邹孟阳和邹方回，前者如卷一《登慈云岭还访严印持忍公无敕邹孟阳闻子将于南山小筑信宿为子将题画作》、卷十一《题跋·题溪山秋意卷》"湖上友人邹孟阳爱画入骨，藏余画独多"（第236页）。又，钱谦益《牧斋初学集》卷六十有《邹孟阳墓志铭》。那么，邹孟阳与邹方回、邹仲锡究竟是什么关系呢？首先，邹孟阳与邹仲锡是兄弟。两人一孟一仲，据明方应祥《青来阁初集》卷三《与邹孟阳仲锡》："尊公醇德，不享上寿，此世气之薄，不直孟阳兄弟天性之戚也。"（明万历四十五年自刻本）由此可知，邹仲锡是邹孟阳之弟。其次，邹孟阳、方回亦是兄弟。方应祥《与阮集之年兄》云："武林胜人，弟所心契，伯霖而外，有闻子将、严印持、忍公、无敕、邹孟阳，皆划然一代人伦冠冕；子将弟子与、子有，甥杨人驹，孟阳弟方回、犹子敏士，后来之士，谡谡少双。"（《青来阁二集》卷九）这是说，邹孟阳有弟字方回。关于邹方回，李流芳为作《邹方回清晖阁草序》（《李流芳集》卷七，第150—151页），亦常将孟阳、方回连称，有《灵鹫看红叶沈无回不至同吴伯霖邹孟阳方回严印持闻子与小饮冷泉亭解后邵古庵江邦申分韵得山字》（《李流芳集》卷一，第18页）、《移舟入荷池同孟阳方回小泛》（《李流芳集》卷三，第78页）等诗。最后，邹仲锡与方回是否为同一人？待考。按：李柯《李流芳西湖交游考》（《中国文学研究》第十八辑，第315—348页）以邹孟阳、方回为兄弟，未及邹仲锡。
③ 闻子与见《居士传》卷四十八："闻子与，法名大諴，与元孚同乡里。少善病，志欲出生死，乃往云栖受念佛法门。"（《居士传校注》，第433页）又同卷前一条记"黄元孚，名承惠，浙江钱塘人"（《居士传校注》，第432页），由此可知闻子与籍贯。据李柯《李流芳西湖交游考》，闻子与名启祯。
④ 李流芳：《李流芳集》卷十一《西湖卧游册跋语·永兴兰若》，浙江人民美术出版社，2019年，第225页。
⑤ 李流芳：《李流芳集》卷十《祭闻子与文》，浙江人民美术出版社，2019年，第208页。

母同皈依。团圞且说无生话,捧檄联翩自有时。"① 由此可以窥见云栖说法之高妙,令老幼妇孺皆从风而靡。其二,云栖教令严谨。比如,他从不募化,却举事必成,即李流芳《陈忠庵募缘疏》所谓"师不称云栖则已,师称云栖则固已知云栖之教令矣。昔先师之举事也,未尝以方寸之牍闻于四方,且平日戒其徒无以云栖之名募,凛然若以为非义而不可干。然而金石土木之工不胫而集"。对于云栖不呼而百应的感召力,李流芳同篇文章的结论是"此岂非先师之德感神欤",② 此说对云栖德望的推崇,可说是无以复加。

值得注意的是,李流芳对云栖《弥陀疏钞》的关注,显示了李流芳推崇佛经古注疏的倾向。比如,《弥陀疏钞》有关水鸟树林宣法的论述,成为李流芳诗歌的重要意象。李流芳撰有《皋亭送张尔完东归尔完从慧法师听讲弥陀疏钞初受五戒》一诗,虽然诗题写的是张尔完听慧法师讲《弥陀疏钞》,但从"得共莲花社,远来祇树林"③ 等句来看,崇尚净土、研习云栖《弥陀疏钞》是两人的共同宗尚。其中,前句中的"莲花"一向是净土的标志性意象,比如《续高僧传》卷十八《释真慧传》有"吾将生净土,见莲花相候"④ 之说;后句中的"树林"暗含了《阿弥陀经》"水鸟树林"宣法的观念。云栖袾宏《弥陀疏钞》云:"华严器界尘毛,形无形物,皆悉演出妙法言音;此则水鸟树林,咸宣根力觉道诸法门故。"⑤ 在此,云栖袾宏为了说明《弥陀经》分摄圆教,从十个方面梳理

---

① 李流芳:《李流芳集》卷二《严太夫人牛日歌》,浙江人民美术出版社,2019年,第57—58页。
② 李流芳:《李流芳集》卷八《陈忠庵募缘疏》,浙江人民美术出版社,2019年,第184—185页。
③ 李流芳:《李流芳集》卷三《皋亭送张尔完东归尔完从慧法师听讲弥陀疏钞初受五戒》,浙江人民美术出版社,2019年,第83—84页。
④ 道宣撰,郭绍林点校:《续高僧传》卷十八《释真慧传》,中华书局,2014年,第672页。
⑤ 云栖袾宏:《莲池大师全集》第一册,东初出版社影印本,1992年,第885—886页。

《阿弥陀经》与《华严经》的相通之处，其第一个方面，便是《弥陀经》以"水鸟树林"等物象来比喻根力觉道等法门。① 这一说法的经典依据之一，便是《阿弥陀经》中的"化禽演法"和"风树演法"。其中，《阿弥陀经》述风树演法云：

> 舍利弗，彼佛国土，微风吹动诸宝行树及宝罗网。出微妙音，譬如百千种乐同时俱作。闻是音者，自然皆生念佛念法念僧之心。②

微风吹动树林，发出如百乐齐鸣一般的微妙音声，使得听闻此音者都油然而生向佛向法之心。李流芳"远来祇树林"之句的含义，在《弥陀疏钞》水鸟树林演法的佛学背景下，可以得到更充分的解析。

与此相类似，李流芳《次慧法师山居诗韵同忭中上人李九仙张尔完赋》有"独有频伽演法音"③ 之句，也折射了上述水鸟树林演法之观念。《阿弥陀经》描绘"化禽演法"道：

> 复次舍利弗，彼国常有种种奇妙杂色之鸟。白鹤，孔雀，鹦鹉，舍利，迦陵频伽，共命之鸟。是诸众鸟，昼夜六时，出和雅音。其音演畅五根、五力、七菩提分、八圣道分，如是等法。④

显然，从上述文字中，不难发现"独有频伽演法音"一句的佛学来源。

---

① 元照《阿弥陀经义疏》云："水鸟树林常说法。"（载《大正新修大藏经》第37卷，第360页）
② 鸠摩罗什译：《佛说阿弥陀经》，载《大正新修大藏经》第12卷，第347页。
③ 李流芳：《李流芳集》卷六《次慧法师山居诗韵同忭中上人李九仙张尔完赋》，浙江人民美术出版社，2019年，第128页。
④ 鸠摩罗什译：《佛说阿弥陀经》，载《大正新修大藏经》第12卷，第347页。

与此相关联，李流芳在篇什①中多次提到与慧法师的交往，也间接体现了其对《弥陀疏钞》的关注。值得一提的是，其中的《次慧法师山居诗韵同忏中上人李九仙张尔完赋》有"溪光岚翠故相媚""乞食僧归鸟下投""爱听潺湲随水去，不知落日在松林"等句，同样建构了《弥陀疏钞》所谓水鸟树林说法的意境，又都关乎《弥陀疏钞》的讲者慧法师和听者张尔完，因而与《皋亭送张尔完东归尔完从慧法师听讲弥陀疏钞初受五戒》的旨趣相通。

值得一提的是，与李流芳同时，颇有几位士人在诗文中采用频伽演法音的意象，其中虞淳熙（1553—1621）、程嘉燧等人可以确定是濡染了《弥陀疏钞》的观念。有些论及频伽法音的士人不一定阅读过《弥陀疏钞》，比如王世贞（1526—1590）《弇州山人四部续稿》卷一百九十二《书牍·吴明卿》有"迦陵频伽诸和雅音"②之说，袁中道（1570—1626）《珂雪斋集》卷八《艾仲美贻予以九品青莲衣，因作青莲衣歌志谢》有"如聆频伽和雅声"③之句，两人皆未必受惠于云栖袾宏《弥陀疏钞》。与此形成对照的是，虞淳熙、程嘉燧当因阅读《弥陀疏钞》而加深了对于频伽演法音的印象。其中，虞淳熙在《云栖莲池祖师传》④和《与王弘台宪副》⑤中都提及《弥陀疏钞》；程嘉燧当亦通过好友李流芳这一中介而加深了对《弥陀疏钞》的了解，而且其《一树庵造像疏》

---

① 李流芳：《李流芳集》卷四《访慧法师于皋亭桐坞作》、卷六《次慧法师山居诗韵同忏中上人李九仙张尔完赋》、卷十一《西湖卧游册跋语·云栖晓雾图》，浙江人民美术出版社，2019年，第89、128、229页。
② 王世贞：《弇州山人四部续稿》卷一百九十二《书牍·吴明卿》，文渊阁四库全书本，第12页。
③ 袁中道著，钱伯城点校：《珂雪斋集》卷八《艾仲美贻予以九品青莲衣，因作青莲衣歌志谢》，上海古籍出版社，1989年，第373页。
④ 虞淳熙：《虞德园先生集》文集卷九《云栖莲池祖师传》，明末刻本。
⑤ 虞淳熙：《虞德园先生集》文集卷二十五《与王弘台宪副》，明末刻本。

盛赞"莲池和尚力倡念佛，化导有情"①。就各自篇什中的频伽法音意象来说，虞淳熙《复沈观颐中丞》只是一带而过地提及"恐迦陵频伽笑非和雅也"②，程嘉燧《一树庵造像疏》"松涛鼓万壑钟镛，多于七重行树；鸟音奏六时和雅，宛若共命频迦"③云云，相对来说更郑重地描绘弥陀境界，除了频伽鸟音之外，"七重行树"也出自《佛说阿弥陀经》④。

  李流芳关注的《弥陀疏钞》，是云栖袾宏弘扬净土观和推崇佛经古注疏的重要载体。众所周知，一方面，云栖袾宏《弥陀疏钞》着力弘扬净土思想，憨山德清所谓"初师发足参方，从参究念佛得力。至是遂开净土一门，普摄三根，极力主张。乃著《弥陀疏钞》十万余言，融会事理，指归唯心"⑤，简明扼要地揭示了云栖此著崇尚唯心净土的宗旨。另一方面，此著充分体现了云栖崇尚古注疏的学风。其一，《弥陀疏钞》开宗明义，指出其"总启十门"是对"华严疏旨"即清凉澄观（738—839）《大方广佛华严经疏》的承袭，又"与天台五重玄义大同小异"，可见他追随智𫖮（538—597）、澄观等人的佛经注疏的倾向。其二，《弥陀疏钞》广泛征引《法华经》《智论》《起信论》《如来不思议境界经》等经论⑥，同样体现了援据经论的征实学风。概言之，《弥陀疏钞》典型地体现了云栖推崇古注疏、重视实证之学风，李流芳由关注《弥陀疏

---

① 程嘉燧撰，沈习康点校：《松圆偈庵集》卷下《一树庵造像疏》，载《程嘉燧全集》，上海古籍出版社，2015年，第399页。
② 虞淳熙：《虞德园先生集》文集卷二十三《复沈观颐中丞》，明末刻本。
③ 程嘉燧撰，沈习康点校：《松圆偈庵集》卷下《一树庵造像疏》，载《程嘉燧全集》，上海古籍出版社，2015年，第399页。
④ 鸠摩罗什译：《佛说阿弥陀经》，载《大正新修大藏经》第12卷，第346页。
⑤ 憨山德清：《憨山老人梦游集》卷二十七《云栖莲池宏大师塔铭》，新文丰出版公司，1992年，第1425页。
⑥ 如卷一"先明总者"条云"大事因缘者，引《法华经》文"（第848页）；"二特于无量法门出胜方便者"条有"《起信论》既示真如三昧及二门止观竟"（第853—854页）"《智论》云：有诸菩萨，自念谤大般若"（第855—856页）；"五勉进初心菩萨亲近如来者"条有"《如来不思议境界经》云：菩萨了知诸佛及一切法，皆唯心量"（第862—863页）。

钞》而进一步濡染佛学征实风尚，本是情理中事。

与李流芳对《弥陀疏钞》的重视和化用相呼应，钱谦益对云栖袾宏《弥陀疏钞》极为推崇，他不仅曾以《弥陀疏钞》为净慈寺开宗镜堂之资本，还在其《题鹤如禅师诗卷》一篇中化用"水鸟树林"说法这一意境。其一，钱谦益在《西湖杂感》"岂独湖山笑突如"一诗末作自注云："宗镜开堂，余以《弥陀疏钞》一部为施。此诗申明之。"① 关于钱谦益以《弥陀疏钞》为施的缘由，其《武林湖南净慈寺募建禅堂斋室延请禅师住持宗镜唱导文疏》有详细叙述，该篇末"居士身为穷子，财施法施，一切无有，皮册有莲池大师《弥陀疏钞》一部，谨函致上人，作宗镜开堂资本"② 数语，写出了钱谦益对《弥陀疏钞》的珍惜、郑重之意。

其二，如前所述，李流芳在篇什中不止一次地援引《弥陀疏钞》之水鸟树林皆说法的意境，钱谦益《题鹤如禅师诗卷》一文更是明显化用了《阿弥陀经》的境界。其说云：

> 我闻弥陀佛国，有种种奇妙杂色之鸟，昼夜六时，出和雅音，常说五根五力七分八道之法，而白鹤居其首。今子学世间诗，说出世间法。假宫商俳偶之调，演根力微妙之音。鹤以音声说法，子以诗句说法，又安知子之非鹤而鹤之非子乎？③

---

① 钱谦益著，钱曾笺注，钱仲联标校：《牧斋有学集》卷三《西湖杂感》，载《钱牧斋全集》第肆册，上海古籍出版社，2003年，第99页。
② 钱谦益著，钱曾笺注，钱仲联标校：《牧斋有学集》卷四十一《武林湖南净慈寺募建禅堂斋室延请禅师住持宗镜唱导文疏》，载《钱牧斋全集》第陆册，上海古籍出版社，2003年，第1402页。按：此篇末署写作日期，有"今年七十"之说，则此乃1651年前后之事。据《西湖杂感序》，此诗作于"庚寅夏五"（载《钱牧斋全集》第肆册，第89页），则以《弥陀疏钞》为施之事发生在1650年夏五月。由此可以推测，上文"今年七十"乃大概之数。
③ 钱谦益著，钱曾笺注，钱仲联标校：《牧斋有学集》卷四十八《题鹤如禅师诗卷》，载《钱牧斋全集》第陆册，上海古籍出版社，2003年，第1582页。

与上述引用频伽演法音的诗文相比，钱谦益此篇可谓别开生面，而且从《弥陀疏钞》中汲取了思想资源。其一，此前的篇什皆描述频伽演法音且出音和雅，可说是大同小异；此篇却通过对《阿弥陀经》"化禽演法"翻新改造，开辟出以白鹤为喻的新写法。其中的关键信息"白鹤居其首"，从《阿弥陀经》"白鹤，孔雀，鹦鹉，舍利，迦陵频伽，共命之鸟"这段叙述中引申而来，使得这一化用既有根有据，又推陈出新。以往的诗文于众鸟中独重"频伽"，无疑是希望通过这一名称来增添文字的异域色彩；但是，当频伽演法音的意象被多次引用之后，反而失去了新鲜感，因此，当钱谦益在为鹤如禅师的诗卷写题跋，需要围绕"鹤"的意象展开时，重新突出白鹤在《阿弥陀经》这一众鸟系列中居于首位，就令人耳目一新了。其二，对于众鸟所演之法，《阿弥陀经》称之为"五根、五力、七菩提分、八圣道分"，这一表述稍显拖沓，于是钱谦益将其简化为"五根五力七分八道之法"，使得文字更为紧凑整齐。就其思想资源而论，这一方面可能是吸收了《十诵律》卷三十三"五根五力七觉八正道"[①]之说，另一方面也许是从前引《弥陀疏钞》"此则水鸟树林，咸宣根力觉道诸法门故"一说中获得了启发。

钱谦益不仅高度评价李流芳对云栖佛学的追随，还肯定其对《华严经》的推重。一方面，钱氏《李长蘅墓志铭》称李氏"精研其所学于云栖者，以求正定之法"；另一方面，记李氏"未久而病作，犹焚香洮颒，手书《华严》不辍"。该篇末之铭文再次点明了李流芳崇尚云栖之学和《华严经》："云栖之教，落日悬股，西方为家。华严楼阁，涌现笔端，

---

① 载《大正新修大藏经》第 23 卷，第 239 页。按：钱谦益对《十诵律》非常熟悉，其《橘社吴不官以雁字诗见示凡十二章戏为属和亦如其数》"雨成池畔是吾家"句下自注："《十诵律》云：'波罗奈国城边有池，名曰雨成，是五百雁王所治之地。'"（《牧斋有学集》卷八，载《钱牧斋全集》第肆册，第 401 页）

重重开遮。"①

李流芳追随云栖、推崇《华严》的佛学意义，钱氏《李长蘅墓志铭》并未直接揭示，但由钱氏《王淑士墓志铭》，可以间接了解其抨击盲禅、以教疗禅的意义。钱谦益称赞王志坚："读佛书，研相而穷性，阐教而闷宗，手写《华严》至再，……暗以楷柱世之盲禅，而不轻与之辨驳。"② 由此可以推测，王志坚与李流芳一样师从云栖、手写《华严》，其佛学倾向则是以教疗禅。

钱谦益自诸生时就与嘉定李流芳、昆山王志坚交好③，在未及第时即万历三十八年（1610）之前与程嘉燧相识④，由此可以想见，正是在与程嘉燧、李流芳、王志坚等人的相互交流中，钱谦益进一步接受了佛学界的征实风尚，推崇古注疏和以教疗禅。

四、钱谦益与憨山德清在通经学古方面的互动

众所周知，钱谦益对憨山德清顶礼膜拜，在晚年的佛教文字中自称"海印弟子"。前贤时彦已经梳理了两者之间的交往，分析了憨山德清在

---

① 钱谦益著，钱曾笺注，钱仲联标校，《牧斋初学集》卷五十四《李长蘅墓志铭》，载《钱牧斋全集》第贰册，上海古籍出版社，2003年，第1349—1351页。
② 钱谦益著，钱曾笺注，钱仲联标校，《牧斋初学集》卷五十四《王淑士墓志铭》，载《钱牧斋全集》第贰册，上海古籍出版社，2003年，第1352页。
③ 钱谦益《王淑士墓志铭》云："余为诸生时，与嘉定李流芳长蘅、昆山王志坚淑士交。"（《牧斋初学集》卷五十四，载《钱牧斋全集》第贰册，第1351页）
④ 程嘉燧《耦耕堂集》文卷上《钱牧斋初学集序》："盖余识先生于未第时。"（《程嘉燧全集》，第491页）

世间事功、以教疗禅等方面对钱谦益的影响。① 实际上，钱谦益与德清在通经学古方面也有着密切的互动。

其一，憨山德清《首楞严经通议序》提倡文章、佛学与经学的融合，钱谦益《楞严蒙钞》之《卷末佛顶五录·佛顶录序第二》全文收录此序，可见德清此说对他的深刻影响。《首楞严经通议序》指出"通议"一说出于《春秋》学："题曰'通议'，盖取春秋经世先王之法、议而不辩之意，所谓议其条贯而通其大纲。"② 必须说明的是，"春秋经世，先王之志，圣人议而不辩"一说出自《庄子·齐物论》，郭象注认为其含义是"顺其成迹而凝乎至当之极，不执其所是以非众人也"，又成玄英疏曰："夫祖述轩顼，宪章尧舜，记录时代，以为典谟，轨辙苍生，流传人世。而圣人议论，利益当时，终不执是辩非，滞于陈迹。"③ 概言之，玄学中人强调此说不拘泥于是非的层面。德清援引此说，意在提倡佛学与经学的融合，这从其《春秋左氏心法序》④ 中可以窥见其端倪，该篇先是阐明左氏心法的实质："左氏心法，非左氏之心法也，仲尼之心法也；非仲尼之心法也，千古出世经世诸圣人之心法也。"此说与前引《庄子》"春秋经世"之说相互呼应，自不待言；接着，该文申论《楞严》《春秋》《易》三者皆归于一心：

《楞严》殚研七趣，披剥群有，而总之所以澄心；《春秋》扶植三

---

① 参见陈洪、王红蕾《钱谦益与憨山德清的一段思想因缘》，《郑州大学学报》2007 年第 6 期；王红蕾《钱谦益〈大佛顶首楞严经疏解蒙钞〉考论》，《世界宗教研究》2010 年第 1 期。
② 憨山德清：《憨山老人梦游集》卷十九《首楞严经通议序》，新文丰出版公司，1992 年，第 1000 页。
③ 郭象注，成玄英疏：《南华真经注疏》，中华书局，1998 年，第 45 页。
④ 《春秋左氏心法序》篇末署日期为万历乙巳（1605）；又，《首楞严经通议序》自云《首楞严经通议》成于万历甲寅（1614）。

纲，申明九法，而总之所以传心。《易》之吉凶利害，忧虞悔吝；《楞严》之四生十二类，生天堕狱；《左氏》之兴亡善败，与夺功罪，总皆一心之自为感应而已。①

此说将儒典之《春秋》《易》与佛学之《楞严经》融会贯通，以一心统摄三部经典。由此可以推测，德清《首楞严经通议序》的用意正是融合《春秋》与《首楞严经》。

其二，钱谦益曾为憨山德清刊定《春秋左氏心法序》，经过双方的互动，他们将佛经与儒家经典相互融合的思想，表述为"即经以明心，即法以明心"的命题，这一命题上承唐顺之"即经而心"的主张，实际上是对文人经学传统的继承与发展。由钱谦益《憨山大师梦游全集序》可知，憨山德清"东游时，曾以《左氏心法序》下委刊定，见而色喜，遂削前稿"②。又，钱谦益《憨山大师曹溪肉身塔院碑》记憨山德清于万历丁巳（1617）"东游泲三峰"③，可知钱氏当是在此时为憨山德清刊定《春秋左氏心法序》，而且后者非常认同钱氏的修改，足见双方在学术观点上的深刻契合。换言之，《春秋左氏心法序》可以视为钱谦益与憨山德清在经学与佛学关系上的共识。其中尤其值得注意的是，"佛言万法惟心，即经以明心，即法以明心，心正而修齐治平举是矣"④一说，阐述了打通佛学与经学的关键是"明心"，而"即经以明心"的表述则提

---

① 憨山德清：《憨山老人梦游集》卷十九《春秋左氏心法序》，新文丰出版公司，1992年，第1019—1020页。
② 钱谦益著，钱曾笺注，钱仲联标校：《牧斋有学集》卷二十一《憨山大师梦游全集序》，载《钱牧斋全集》第伍册，上海古籍出版社，2003年，第869页。
③ 钱谦益著，钱曾笺注，钱仲联标校：《牧斋有学集》卷三十六《憨山大师曹溪肉身塔院碑》，载《钱牧斋全集》第陆册，上海古籍出版社，2003年，第1255页。
④ 憨山德清：《憨山老人梦游集》卷十九《春秋左氏心法序》，新文丰出版公司，1992年，第1020页。

示了此说与唐顺之"即经而心"说的一脉相承：

> 有稽古而无得者，论者曰："盍反而求之乎今？"虽然，未若即古而今之为至也。有滞经而无得者，论者曰："盍反而求之乎心？"虽然，未若即经而心之为至也。……今之为形声文字训诂之学者皆是矣，君子惧其滞而无得也，为之说曰："盍反而求之乎心也。"此所谓有逐末之学，而后有反本之论者也。而学者缘此，遂以为必绝去形声文字与训诂，求之窈窈冥冥，而后可以为至道。二者本末则必有分矣，然而皆圣人之所不与哉。……其殆有见于道器古今之不二也乎？①

当时学界有绝去形声文字训诂之学以求反本之心学的现象，对此，唐顺之认为其实质是偏于一端，有悖于道器古今不二的原则，因此他赞赏林侯的即经而心："其志务于反躬以求，尽乎精微，而于古人形声文字之间，乃索之如此其密，而析之如此其详。嘻！吾知其不为滞也！"在此篇中，唐顺之甚至认为离经之弊端有甚于滞经："且夫滞经之敝浅而著，离经之敝深而微。滞经之敝，惟固陋者而溺于此。离经之敝，虽疏通者或不免溺焉。"② 此说意味着形声文字训诂之学比反本之心学更为重要。

显然，《春秋左氏心法序》的逻辑归宿与唐顺之稍有不同，"心正而修齐治平举是矣"一说阐明了"明心"的终极目标是儒家的伦理纲常。不过，两者都采取了经与心、道与器即本即末的思维方式，都运用了"即……而……"的句式。这就有力地证实了明代文人经学的征实风尚

---

① 唐顺之著，马美信、黄毅点校：《荆川先生文集》卷十《巽峰林侯口义序》，载《唐顺之集》，浙江古籍出版社，2014年，第439—440页。
② 唐顺之著，马美信、黄毅点校：《荆川先生文集》卷十《巽峰林侯口义序》，载《唐顺之集》，浙江古籍出版社，2014年，第440—441页。

对明清之际佛学的影响，佛学的征实风尚又进一步推动了文人经学追求本原、推崇古注疏，因而两者的互动关系既意味着作为文人经学集大成者的钱谦益与高僧憨山德清在佛学、经学与文章上的密切交流和高度认同，又包含了明清之际文人经学与佛学征实风尚在道器合一等思维方式上的相互撞击和彼此强化。

五、通经汲古与佛学征实的互动及其意义

明末清初，以钱谦益为中心的群体将通经学古之风与佛学征实之势相结合，突出经史全书的重要性，重新诠释了苏轼、宋濂和归有光这三个文学典范的意义，从佛经古注疏中寻找古文理论的思想资源。

（一）重视经史全书

钱谦益在《汲古阁毛氏新刻十七史序》①《隐湖毛君墓志铭》② 等篇中提出了追求"全史"和"经史全书"的观念，并指出其意义在于纠正割剥全经、全史的弊端。他还立欧阳修《五代史记》为全史的典范。钱谦益在提倡经史全书时并未直接论及佛学界重视全藏的影响，但是他在反对割截段落方面与云栖袾宏一脉相承，证明了提倡经史全书与佛学界

---

① 钱谦益著，钱曾笺注，钱仲联标校：《牧斋有学集》卷十四《汲古阁毛氏新刻十七史序》，载《钱牧斋全集》第伍册，上海古籍出版社，2003年，第681页。文中记写作时间为"崇祯庚辰之岁……越十有七年，岁在丙申"，即1656年。
② 钱谦益著，钱曾笺注，钱仲联标校：《牧斋有学集》卷三十一《隐湖毛君墓志铭》，载《钱牧斋全集》第陆册，上海古籍出版社，2003年，第1141页。

批评割剥全经、推崇全藏的桴鼓相应。

钱谦益《隐湖毛君墓志铭》叙述了毛晋在钱谦益的影响下刊刻经史全书：

> 意谓经术之学，原本汉、唐，儒者远祖新安，近考余姚，不复知古人先河后海之义。代各有史，史各有事有文，虽东莱、武进以巨儒事钩纂，要以歧枝割剥，使人不得见宇宙之大全。故于经史全书，勘雠流布，务使学者穷其源流，审其津涉。①

由此可知，刊刻经史全书的用意在于崇尚汉唐经学和全史，以救治吕祖谦、唐顺之以来的歧枝割剥之病。在此，"先河后海""穷其源流"等说法，表明推崇经史全书的实质是重视经学本原。

《汲古阁毛氏新刻十七史序》同样奖倡"全书""全史"，并且点明所谓割剥之弊以吕祖谦《十七史详节》和唐顺之《左编》为代表：

> 东莱之《详节》，琐而不要。毗陵之《左编》，博而不详。自是以下无讥焉。代各一史，史各一局，横竖以罗之，参伍以考之，……然后乃知夫割剥全史，方隅自命者，未有不望崖而返，向若而叹者也。善弈者取全局，善读者取全书，此古人读史之法，亦古人之学范也。②

在此，读取"全书"，被推尊为古人"读史"之法，更是古人之"学

---

① 钱谦益著，钱曾笺注，钱仲联标校：《牧斋有学集》卷三十一《隐湖毛君墓志铭》，载《钱牧斋全集》第陆册，上海古籍出版社，2003年，第1141页。
② 钱谦益著，钱曾笺注，钱仲联标校：《牧斋有学集》卷十四《汲古阁毛氏新刻十七史序》，载《钱牧斋全集》第伍册，上海古籍出版社，2003年，第681页。

范",可见钱谦益批判割剥经史之风的力度之大。

钱谦益在提倡全书时没有提及佛学界的重视全藏,但是,他在楞严学方面接续云栖袾宏的主张而反对割剥全经,这与"经史全书"观的反对割剥经史相呼应。在重视古注疏、反对师心自用的同时,云栖袾宏等人还批评了割剥经书的注疏方式。由云栖袾宏《楞严摸象记》第一卷"得成菩提妙奢摩他三摩禅那最初方便"条可知,割截段落的做法是指"或有于经文中割截段落而作配合,云某处至某处为奢摩,某处至某处为三摩,某处至某处为禅那"。云栖袾宏否定这一做法,理由是"不知向后文中,颇多单说三摩者",换言之,割截段落的注疏方式曲解了经文,因此,云栖袾宏强调"不必强割经文,硬配三观"①。与此相呼应,钱谦益的相关论述提示了云栖袾宏此说也是针对交光真鉴《楞严正脉》而发的:"云栖莲池和尚袾宏《楞严模象记》一卷。……然谓经中三观之义,随文皆具。他摩必含摄禅那,禅那必融会空假。时师割截段落,逐文分配,无有是处。……于时交光《正脉》,初传江表。人谓为云栖所印赞,倾动诸方。而不知模象此文,超然悬解,故已隳其茅蕝,针其膏肓矣。"② 由此可以推测,"割截段落"也是交光真鉴等人师心自用之学风的表现形式。钱谦益还明确批评"交光自叙缘起,谓从楞严发悟。……顾乃割剥全经,以配三法"③。在《楞严蒙钞》卷十七"舜若多性可销亡"条下"私谓"中,钱氏再次批评近师科判割裂全经,有悖于古学:"古人诠释,随文遮表。近师科判,计执纷拏。如阿难所请奢摩他三法,有枝岐以配初卷,有割裂以擘全经。既不了总相法门,又不应

---

① 云栖袾宏:《莲池大师全集》第三册,东初出版社影印本,1992年,第3432—3436页。
② 见钱谦益《楞严蒙钞》卷首《古今疏解品目》"云栖莲池和尚袾宏楞严模象记一卷"条。
  注:此处引文原文为"模",遵原文。
③ 见钱谦益《楞严蒙钞》卷首《古今疏解品目》"蕅益素华法师智旭玄义二卷文句十卷"条。

最初方便，古释无是也。"① 钱谦益在佛学上反对割剥全经，足证其与佛学征实风尚的联系，也提示了崇尚"经史全书"与佛学界纠正割截经文之风的联系。

钱谦益还将欧阳修《五代史记》立为全史的典范。相对于"全经"，钱谦益对"全史"的思考更为充分，其《天启元年浙江乡试程录》和《汲古阁毛氏新刻十七史序》都分析了全史的内涵、价值和典范。他认为史家之法的主要特征之一就是重视包举一代之全史：

> 尝窃闻史家之法矣，以一代为经，以一代之事与人为纬。何言乎其经也？创守治乱，兴废存亡，升降质文，包举一代之全史者是也。何言乎其纬也？律历礼仪、河渠食货，其事不一，而一事亦有首尾也；公侯将相、贤奸顺逆，其人不一，而一人亦有本末也。②

这一段文字从时与空、人与事的层面，厘清了一代之全史的特征，当与前引《汲古阁毛氏新刻十七史序》对读。由此可知，后者所谓"以神州函夏为棋局，史其为谱；以兴亡治乱为药病，史其为方。……代各一史，史各一局，横竖以罗之，参伍以考之"③，也以一代之全史为准绳。从这一标准出发，钱谦益赞誉欧阳修《五代史记》具备史家之法："欧阳氏之作《五代史记》也，上下五十余年，贯穿八姓十国，事各有首

---

① 钱谦益：《楞严蒙钞》卷十七，载《中国宗教历史文献集成》之一《藏外佛经》第十二册，黄山书社，2005年，第241页。
② 钱谦益著，钱曾笺注，钱仲联标校：《牧斋初学集》卷九十《天启元年浙江乡试程录·第三问》，载《钱牧斋全集》第叁册，上海古籍出版社，2003年，第1870页。
③ 钱谦益著，钱曾笺注，钱仲联标校：《牧斋有学集》卷十四《汲古阁毛氏新刻十七史序》，载《钱牧斋全集》第伍册，上海古籍出版社，2003年，第681页。

尾，人各有本末，而其经纬错综，了然于指掌之间，则史家之法备焉。"① 此说同样强调了《五代史记》在时空和人事方面的完备。值得注意的是，钱谦益推尊《五代史记》，认为与班、固之史"若合符节"②，表明钱氏的全史观也蕴含了追源溯流的意味。

钱谦益提倡经史全书，以欧阳修《五代史记》为全史之典范，与佛学界反对割剥经书的主张相呼应，折射了文人经学与佛学征实风尚在这一层面的密切互动。

（二）重新诠释苏轼、宋濂和归有光作为古文典范的意义

在文人经学与佛学征实风尚互动的背景下，钱谦益重新诠释了苏轼、宋濂和归有光作为古文典范的意义，凸显其既经经纬史又通释教的知识结构。

对于苏轼之古文与学术，钱谦益既赞誉其经经纬史，所谓"眉山之学，实根本六经，又贯穿两汉诸史"③，又褒美其通释教，即"北宋已后，文之通释教者，以子瞻为极则"④。关于其内涵、意义，笔者已有所论述⑤，兹不赘言。值得注意的是，以上说法蕴含了钱谦益在经经纬史与文通释教的框架下，树立古文之系列典范的用意。

---

① 钱谦益著，钱曾笺注，钱仲联标校：《牧斋初学集》卷九十《天启元年浙江乡试程录·第三问》，载《钱牧斋全集》第叁册，上海古籍出版社，2003年，第1870页。
② 钱谦益著，钱曾笺注，钱仲联标校：《牧斋初学集》卷九十《天启元年浙江乡试程录·第三问》，载《钱牧斋全集》第叁册，上海古籍出版社，2003年，第1871页。
③ 钱谦益著，钱曾笺注，钱仲联标校：《牧斋有学集》卷三十九《复遵王书》，载《钱牧斋全集》第陆册，上海古籍出版社，2003年，第1359页。
④ 钱谦益著，钱曾笺注，钱仲联标校：《牧斋初学集》卷八十三《读苏长公文》，载《钱牧斋全集》第叁册，上海古籍出版社，2003年，第1756页。
⑤ 《"根本六经"与"通释教"——钱谦益论"经经纬史"与苏轼文学的取法对象》，2013年6月15日日本早稻田大学主办"第17回宋代文学研究谈话会"论文。

以往的研究尚未注意到，这一典范系列中的宋濂也是如此。先行研究论及钱谦益在汤显祖的影响下追慕宋濂，并且多次提到宋濂的读书法①；也有学者揭示了钱氏以明初宋濂为典范、规劝君王以佛法治国的意图②。实际上，在钱谦益看来，就经经纬史和通释教这两个层面来说，宋濂都堪称踵武苏轼的古文典范。一方面，宋濂所论读书法是金科玉条，因而相应的经经纬史之学是对苏轼之学的发扬光大。众所周知，宋濂之文学宗经论的一大贡献，是提出了以六经为根本、迁固二史为波澜的师法对象。③ 钱谦益并未直接引用宋濂的"以群经为本根，迁固二史为波澜"④之论，但他特别推崇宋濂的读书法。这一读书法的核心，正是群经与迁固的主次结合。钱氏多次称赏前贤的读书法，如唐代韩愈《进学解》、柳宗元《答韦中立论师道书》⑤、元代程端礼《四明程氏家塾

---

① 参见孙之梅《钱谦益与明末清初文学》（增订版），山东大学出版社，2010年，第109—112、139—140页。
② 谢正光：《钱谦益奉佛之前后因缘及其意义》，《清华大学学报》2006年第3期。
③ 《宋濂全集》论及六经与史汉关系者约10处，其中，《赠梁建中序》（《銮坡前集》卷十）和《文原》（《芝园后集》卷五）尚六经而抑迁固，《龙门子凝道记·大学微》主张经史无异，而其余7处［分别见《〈丹崖集〉序》（《銮坡前集》卷七）、《〈白云稿〉序》（《銮坡前集》卷八）、《赠梁建中序》（《銮坡前集》卷十）、《王君子与文集序》（《銮坡后集》卷六）、《郑仲涵墓志铭》（《銮坡后集》卷九）、《〈吴潍州文集〉序》（《翰苑续集》卷三）、《〈叶夷仲文集〉序》（《翰苑别集》卷四）、《曾助教文集序》（《芝园前集》卷一）］都强调了六经与迁固的主次结合。可见，宋濂自始至终将六经视为文范，只不过在经与史的关系上，其看法有经史无异、经为根本而史为波澜以及褒六经而贬《史记》《汉书》三种。而其主导倾向，则是以群经为根本而迁固二史为波澜。
④ 宋濂著，罗月霞主编：《翰苑别集》卷四《〈叶夷仲文集〉序》，载《宋濂全集》第二册，浙江古籍出版社，1999年，第1028页。
⑤ 钱谦益《牧斋初学集》卷四十三《颐志堂记》论及"《进学解》，韩退之所读之书也。《答韦中立书》，柳子厚所读之书也"（载《钱牧斋全集》第贰册，第1115页）。

读书分年日程》①、宋濂《大明故中顺大夫礼部侍郎曾公神道碑铭》② 等篇所论读书法，其中钱氏最为看重的是宋濂读书法，他在《李贯之先生存余稿序》《答杜苍略论文书》《复徐巨源书》③ 中明确提到宋氏读书法，又《颐志堂记》称"古之学者，自童卯之始，《十三经》之文，画以岁月，期于默记。又推之于迁、固、范晔之书，基本既立，而后遍观历代之史，参于秦、汉以来之子书，古今撰定之集录"④ 云云，实际上也是援引宋濂的读书法。对于这一读书法，钱氏不仅多次征引，而且毫无保留地肯定，甚至尊崇到"宋学士之志曾鲁者，如金科玉条，不可更易"⑤ 的程度。值得注意的是，钱谦益还曾指出宋濂读书法与苏轼是一脉相承的："宋人传考亭、西山读书分年之法，盖自八岁入小学，迨于二十四五，经经纬史，首尾钩贯。……眉山兄弟，出蜀应举，盖已在学成之后。方希古负笈潜溪，前后六载，学始大就，皆此法也。"⑥ 另一方面，钱谦益以《华严经》建立了苏轼和宋濂之间的精神纽带。钱谦益认为苏轼"文而有得于华严"（说详下），同样，钱氏也强调宋濂对华严境界的推崇。《宋文宪公护法录序》赞宋濂"抑岂知其夙受付嘱，开华严法界

---

① 《复徐巨源书》云"宋人传考亭、西山读书分年之法"（《牧斋有学集》卷三十八《复徐巨源书》，载《钱牧斋全集》第陆册，第 1323—1324 页），概指元代延祐年间四明程端礼著《程氏家塾读书分年日程》三卷，卷首《纲领》有《白鹿洞书院教条》《程董二先生学则》《西山真先生教子斋规》《朱子读书法》《古圣人读书法》等内容（四部丛刊续编景元本）。
② 宋濂著，罗月霞主编：《銮坡后集》卷七《大明故中顺大夫礼部侍郎曾公神道碑铭》，载《宋濂全集》第二册，浙江古籍出版社，1999 年，第 696 页。
③ 分别见《牧斋有学集》卷十八、三十八，载《钱牧斋全集》第伍、陆册，第 784、1307—1324 页。
④ 钱谦益著，钱曾笺注，钱仲联标校：《牧斋初学集》卷四十三《颐志堂记》，载《钱牧斋全集》第贰册，上海古籍出版社，2003 年，第 1115 页。
⑤ 钱谦益著，钱曾笺注，钱仲联标校：《牧斋有学集》卷十八《李贯之先生存余稿序》，载《钱牧斋全集》第伍册，上海古籍出版社，2003 年，第 784 页。
⑥ 钱谦益著，钱曾笺注，钱仲联标校：《牧斋有学集》卷三十八《复徐巨源书》，载《钱牧斋全集》第陆册，上海古籍出版社，2003 年，第 1323—1324 页。

于阎浮提"①，此说的依据是宋濂《血书〈华严经〉赞序》，宋濂在文中自称其母梦永明延寿来借一室写《华严经》，梦醒后宋濂出生；②钱谦益对此事津津乐道，在其《跋善继上人血书华严经后》中提及此事并力辨宋濂为永明后身而非善继后身。③关于宋濂的佛学，钱谦益还提及其"三阅大藏"。④概言之，钱谦益赞誉宋濂的经经纬史、"三阅大藏"以及推重《华严经》等层面，提示了宋濂是继苏轼之后的古文典范。

钱谦益对归有光晚年佛学的表彰，更突出地体现了通经汲古与佛学征实的融合。钱氏《新刻震川先生文集序》既赞誉"先生钻研六经"，又提及"先生儒者，曾尽读五千四十八卷之经藏，精求第一义谛，至欲尽废其书"⑤，揭示了归有光的知识结构是在通经汲古之学外，还尽读佛教经藏。这一说法的革命性在于，钱谦益在其著述中多次论及归有光的古文和学风，⑥反复表彰其"经经纬史"之学，但仅有这篇《新刻震川先生文集序》兼论归有光的尽读佛藏。

钱谦益认为，从苏轼至宋濂，再到归有光，经经纬史之学与佛教征

---

① 钱谦益著，钱曾笺注，钱仲联标校：《牧斋初学集》卷二十八《宋文宪公护法录序》，载《钱牧斋全集》第贰册，上海古籍出版社，2003年，第861页。
② 宋濂著，罗月霞主编：《潜溪后集》卷八《血书〈华严经〉赞序》，载《宋濂全集》第一册，浙江古籍出版社，1999年，第282页。
③ 钱谦益著，钱曾笺注，钱仲联标校：《牧斋初学集》卷八十六《跋善继上人血书华严经后》，载《钱牧斋全集》第叁册，上海古籍出版社，2003年，第1802—1803页。
④ 钱谦益著，钱曾笺注，钱仲联标校：《牧斋初学集》卷二十八《宋文宪公护法录序》，载《钱牧斋全集》第贰册，上海古籍出版社，2003年，第862页。
⑤ 钱谦益著，钱曾笺注，钱仲联标校：《牧斋有学集》卷十六《新刻震川先生文集序》，载《钱牧斋全集》第伍册，上海古籍出版社，2003年，第729、730页。
⑥ 钱谦益论及归有光的诗文有：《牧斋初学集》卷一《除夕再叠前韵和季穆寄黄二子羽之作兼示子羽》、卷三十二《嘉定四君集序》、卷四十《归文休七十序》、卷八十三《题归太仆文集》，《牧斋有学集》卷十七《金尔宗治翼堂诗草序》、卷二十《陈确庵集序》、卷二十三《张子石六十寿序》、卷二十四《嘉定金氏寿宴序》、卷三十二《归文休墓志铭》、卷三十七《莲蕊居士传》、卷三十九《答山阴徐伯调书》，《列朝诗集小传》丁集下"震川先生归有光"条、"娄贡士坚"条、"归待诏子慕"条等。

实学风的融合，使得古文理论臻于新境，即钱氏所谓"其（归有光）识见盖韩、欧所未逮者"①。钱谦益本人也是在晚年才肯定了归有光对韩、欧古文的发展。钱谦益对古文理论发展脉络的这一梳理，正是明清之际文人经学与佛教征实学风互动的折射。换言之，虽然苏轼、宋濂和归有光已经在知识结构上兼具经史和佛藏，但经经纬史之学与佛教征实学风相融合的理论自觉，直至钱谦益才真正实现。

（三）推崇佛经古注疏与古文理论的发展

文人经学与佛学风尚在推崇古注疏方面的互动，使得古文在神明与法度的关系上越发重视神明并超越法度，作家"灵心"即创作主体的描摹、虚构等文学才能得到进一步彰显。

1. 推崇古注疏与学术创新

在明清之际文人经学与佛学征实风尚的互动中，一个必须说明的问题是：反对师心自用、崇尚佛经古注疏这一看似保守的学风，为什么具有与古文理论革新互动的力量？实际上，钱谦益等人尊奉古释的用意是纠正当时凿空立论的学风、提倡以经解经，无论是以复古求创新的命题形式，还是重视文献实证的学术方法，都洋溢着自出机杼、敢于怀疑的创新精神。其一，钱氏尊奉古注疏的原因之一是重视基于经文本义的文献实证。比如，钱氏不满于天台学人以天台解经的做法："台家解经，每先依本宗六即等位，判断了毕，才去理会文字，古师不尔。"② 其中，

---

① 钱谦益著，钱曾笺注，钱仲联标校：《牧斋有学集》卷十六《新刻震川先生文集序》，载《钱牧斋全集》第伍册，上海古籍出版社，2003年，第730页。
② 钱谦益：《楞严蒙钞》卷一《咨决疑义十科》"第六义科刊定者"条，载《中国宗教历史文献集成》之一《藏外佛经》第十二册，黄山书社，2005年，第25页。

所谓"本宗六即",由智圆《阿弥陀经疏》可知,是指"欲甄明斯旨,当晓六即:一理即佛,二名字即佛,三观行即佛,四相似即佛,五分真即佛,六究竟即佛"①。钱谦益此说从反面强调了以佛经文本为依据而不是先入为主的研究方法。同样,钱氏反对今人的主张:"近师复判三科为如实空,七大为如实不空。又有立空不空义为三如来藏者。既违本经空如来藏,又背胜鬘二种如来空智,古释无是也"②,也是由于其解既不符合《楞严》本经,亦有悖于《胜鬘师子吼一乘大方便方广经》有关两种如来藏空智的说法③。其二,钱谦益锐意创新的学术追求,最突出地体现在《楞严蒙钞》的两百多条"私谓"中。他自述"私谓"的涵义道:"私谓者,蒙之能钞者也。非蒙求我,而我之自求也。雪川集解,仿荆溪涅槃疏例,标己说为私谓,蒙窃取其义焉。"④所谓"雪川集解",是指吴兴净觉法师仁岳⑤所撰《楞严集解》,钱谦益《楞严蒙钞》卷首《古今疏解品目》"吴兴净觉法师仁岳集解十卷"条云:"集崇福已下诸解,而附己说为私谓。"⑥可见,仁岳法师《楞严集解》效仿湛然(711—782)《大涅槃经疏》的体例而设立"私谓",钱谦益亦踵武仁岳法师而标"私谓",以张扬其"我之自求"的学术追求,由此可以窥见其自出机杼的学术风格。

---

① 智圆述:《阿弥陀经疏》,载《大正新修大藏经》第37卷,第351页。
② 钱谦益:《楞严蒙钞》卷十七"舜若多性可销亡,烁迦罗心无动转"条,载《中国宗教历史文献集成》之一《藏外佛经》第十二册,黄山书社,2005年,第241页。
③ 其说云:"世尊,有二种如来藏空智。世尊,空如来藏,若离若脱若异,一切烦恼藏。世尊,不空如来藏,过于恒沙不离不脱不异不思议佛法。"(《胜鬘师子吼一乘大方便方广经》,载《大正新修大藏经》第12卷,第221页)
④ 钱谦益:《楞严蒙钞》卷一《咨决疑义十科》"第十钞略义例者"条,载《中国宗教历史文献集成》之一《藏外佛经》第十二册,黄山书社,2005年,第33页。
⑤ 钱谦益《楞严蒙钞》卷五十一《佛顶枝录第三上·义解第五》:"吴兴法师仁岳,雪川姜氏。"
⑥ 钱谦益:《楞严蒙钞》卷首《古今疏解品目》,载《中国宗教历史文献集成》之一《藏外佛经》第十二册,黄山书社,2005年,第8页。

2. 重视古注疏与强调"华严法界"

重视古注疏对古文理论的重要影响之一，就是钱谦益等人从佛经古注疏中领悟了"华严法界"观，从而确立了圆融无碍的思维方式。其一，钱谦益常提及《楞严经》《心经》古注疏与"法界观"的契合①。由钱氏《般若心经略疏小钞缘起后记》可知，杜顺（557—640）法界观是钱氏领悟法藏《般若心经略疏》的重要契机②。钱谦益奉为典范的佛经古注疏，都以华严法界为宗旨。就《楞严蒙钞》来说，钱氏奉长水疏钞为准绳③，指出："永明《宗镜》引愨公论楞严六十圣位，深契华严圆融法界之旨。人知长水释楞严用华严宗旨，而不知其原本于愨公也。"④由此可见，从惟愨《楞严疏》到永明《宗镜录》，再至长水《首楞严义疏注经》，这几种古注疏前后相续地以华严法界释楞严六十圣位。其二，钱谦益推崇唐代澄观⑤对"华严法界"说的传承，当是受到憨山德清的影响。憨山德清多次论及雪浪和自己由澄观《华严玄谈》《华严经疏》悟得圆融无碍之旨。其中，《妙法莲华经通议后序》和《憨山老人自序年谱实录》皆提及自己听无极师讲《华严玄谈》而得悟的经历，⑥ 又由

---

① 目前学术界多认为《法界观门》非杜顺所作，而是8世纪后半叶，有人根据法藏的《发菩提心章》的部分内容编纂而托名杜顺。（详见王颂《宋代华严思想研究》，宗教文化出版社，2008年，第114—118页）
② 钱谦益《般若心经略疏小钞缘起后记》："蒙读贤首心经略疏，征义玄奥，消文简约。研求经年，矻矻不能入。一夕读杜顺法界观，触目心开。掩卷深思，忽悟及真空法界、一门深入之旨。"（载《中国宗教历史文献集成》之一《藏外佛经》第九册，第148页）
③ 钱谦益《楞严蒙钞》卷首《古今疏解品目》"长水疏主楞严大师子璿撰义疏注经十卷"条云："今兹钞略，奉为准绳。"（载《中国宗教历史文献集成》之一《藏外佛经》第十二册，第8页）
④ 钱谦益：《楞严蒙钞》卷首《古今疏解品目》"崇福寺惟愨法师疏"，载《中国宗教历史文献集成》之一《藏外佛经》第十二册，黄山书社，2005年，第7页。
⑤ 澄观，见赞宁撰、范祥雍点校《宋高僧传》卷五《唐代州五台山清凉寺澄观传》，中华书局，1987年，第104—107页。
⑥ 憨山德清：《憨山老人梦游集》卷十九《妙法莲华经通议后序》、《憨山老人梦游集》卷五三《憨山老人自序年谱实录》，新文丰出版公司，1992年，第1001、2883页。

其《雪浪法师恩公中兴道法传》可知,雪浪也是在听无极讲澄观《华严经》注疏之后,领悟了华严法界圆融无碍之旨。① 对于憨山德清的上述说法,钱谦益全盘接受,其《憨山大师庐山五乳峰塔铭》记德清"听讲《华严玄谈》,至十玄门海印森罗常住处,悟法界圆融无尽之旨"②,其《华山雪浪大师塔铭》载"极师弘法以来,三演《大疏》,七讲《玄谈》,师尽得华严法界圆融无碍之旨"③,表述与憨山德清完全一致。由此可以推测,诸僧从澄观《华严经》注疏领会华严法界的经历,使得钱氏进一步认识到佛经古注疏与华严法界之关联。

3. 文而有得于华严:得意忘言

钱谦益等人推崇华严法界观,使得其古文观念完全超越法度而着力追求神明。众所周知,钱谦益赞赏苏轼文通释教、有得于《华严》,其学术背景却未能引起足够的关注。钱谦益与憨山德清不仅在推崇古注疏和华严法界方面桴鼓相应,而且在提倡文章得意忘言方面也相互激荡。憨山德清《首楞严经通议序》主张"于文则略如华严法界之设,意在得义而言可忘也",此说与钱谦益的"文而有得于《华严》"说如出一辙:

> 吾读子瞻《司马温公行状》《富郑公神道碑》之类,平铺直序,如万斛水银,随地涌出,以为古今未有此体,茫然莫得其涯涘也。晚读《华严经》,称性而谈,浩如烟海,无所不有,无所不尽,乃喟然而叹

---

① 憨山德清:《憨山老人梦游集》卷三十《雪浪法师恩公中兴道法传》,新文丰出版公司,1992年,第1583页。
② 钱谦益著,钱曾笺注,钱仲联标校:《牧斋初学集》卷六十八《憨山大师庐山五乳峰塔铭》,载《钱牧斋全集》第叁册,上海古籍出版社,2003年,第1560页。《牧斋有学集》卷二十一《憨山大师梦游全集序》中也有类似说法。(载《钱牧斋全集》第伍册,第870页)
③ 钱谦益著,钱曾笺注,钱仲联标校:《牧斋初学集》卷六十九《华山雪浪大师塔铭》,载《钱牧斋全集》第叁册,上海古籍出版社,2003年,第1572页。

曰："子瞻之文，其有得于此乎？"文而有得于《华严》，则事理法界，开遮涌现，无门庭，无墙壁，无差择，无拟议。世谛文字，固已荡无纤尘，又何自而窥其浅深，议其工拙乎？①

这段文字指出了文有得于《华严》，则形式上不拘法度而内容上言之有物。一方面，钱氏论苏文有得于华严的妙处，先是用了"平铺直序，如万斛水银"的比喻，然后又连用"无门庭"等四个"无"字句，由此可以推测，其妙处是自然天成、不拘法度。另一方面，《华严经》"无所不有，无所不尽"的说法，则揭示了内容上的充实丰富与形式上的不拘一格之间的内在联系。由此可见，德清以"意在得义而言可忘"解释文如华严法界的含义，可谓切中肯綮。换言之，关于文而有得于《华严》的妙处，钱谦益的阐述多用譬喻，而德清的说法明确揭示了神明重于法度的内涵，两说有相互阐释、相得益彰之效。

4. 华严唯心偈与缘情托物的灵心

与钱谦益推崇"华严法界"相关，明清之际文人从华严唯心偈中获取了灵感，因而推崇灵心缘情托物的创造力。

众所周知，钱谦益对文学内容的追求聚焦于灵心与学问的结合。②关于"灵心"的内涵，以往的研究多强调文学天分、作家情志等层面，笔者认为，有必要将"灵心"与钱谦益推崇华严法界联系起来加以理解，《华严经》唯心偈对其"灵心"说的影响不可忽视。唯心偈强调心

---

① 钱谦益著，钱曾笺注，钱仲联标校：《牧斋初学集》卷八十三《读苏长公文》，载《钱牧斋全集》第叁册，上海古籍出版社，2003年，第1756页。
② 参见王英志《钱谦益"诗有本"说诗例一则——简析〈后秋兴之十三〉其二》，《名作欣赏》1987年第5期；孙之梅《灵心、世运、学问——钱谦益的诗学纲领》，《山东大学学报》1996年第2期；罗时进《钱谦益文学观转变及其批评的意义》，《宁波大学学报》2001年第4期；丁功谊《灵心、学问、世运、性情——论钱谦益的诗学思想》，《江西社会科学》2008年第5期。

的创造功能，因而"灵心"还包含了突出创作主体的描摹、虚构等文学才能的意味。

在佛学思想上与钱谦益密切互动的金圣叹和徐增等人，皆强调华严唯心偈对文心的影响。比如，金圣叹评《第五才子书施耐庵水浒传》卷十第五回"鲁智深火烧瓦官寺"云：

> 大雄先生之言曰："心如工画师，造种种五阴；一切世间中，无法而不造。"……今耐庵此篇之意则又双用，其意若曰："文如工画师，亦如大火聚。随手而成造，亦复随手坏。如文心亦尔，见文当观心；见文不见心，莫读我此传。"①

上述金圣叹所引大雄先生之言，出自晋译《华严经》卷十《夜摩天宫菩萨说偈品》："心如工画师，画种种五阴，一切世界中，无法而不造。如心佛亦尔，如佛众生然。心佛及众生，是三无差别。诸佛悉了知，一切从心转。"② 这段唯心偈集中反映了华严学的心本原思想，此说对佛教各派都产生了影响，不仅华严宗以《华严经》为经典依据，③ 天台宗智𫖮等人也曾引用《华严经》唯心偈说明"心"的创造功能，④ 禅宗亦吸收了《华严经》的心造万法论。⑤ 金圣叹引用的华严唯心偈主张心造万法、三界虚妄，这为金氏的诗歌"不写景"理论和小说"出其珠

---

① 金圣叹著，陆林辑校整理：《第五才子书施耐庵水浒传》卷十第五回夹批，载《金圣叹全集》（修订版）第叁册，凤凰出版社，2016年，第157页。
② 佛驮跋陀罗译：《大方广佛华严经》卷十《夜摩天宫菩萨说偈品》，载《大正新修大藏经》第9卷，第465—466页。
③ 魏道儒《中国华严宗通史》"导言"指出："华严宗教理主要在阐释华严经学的基础上形成。"（江苏古籍出版社，2001年，第1页）
④ 参见李四龙《天台智者研究——兼论宗派佛教的兴起》，北京大学出版社，2003年，第173—174页。
⑤ 参见本书《金圣叹援佛释易的易学思想》一文。

玉锦绣之心"的观念提供了思想资源，使得其诗歌情景理论和小说虚构观念呈现出独特的风貌。①

徐增亦以华严唯心偈来谈论文艺。其《画苑汇隽序》云：

> 释氏《大经》云"心如工画师"，盖言心之包涵万有，故王维有"前身应画师"之句。夫画者必须天地在其胸中，故能造化施于笔下，举一切之有情无情、性形气候，一一宛然。②

在此，徐增引用《华严经》"心如工画师"一说，阐述画家之心包涵万有的主张。其《瑞木图说》进一步申论此说：

> 予曰："增尝读佛氏书大经云：'心如工画师'，'画师'者，喻心之神妙也。人日以六根与三千大千世界相接，一法当前，心即应之，辄如法之起止，如画师然，绘云如云，绘月如月，绘山河大地如山河大地也。无法不画，无画不工，此惟至人之心能之。至人者，心无杂念，故得如法，太公之心亦然。太母以太公之心为心，其心亦然。"③

徐增此说强调了心应万法的神妙。画家之所以惟妙惟肖地描绘大千世界，缘于画家之心乃至人之心，毫无杂念，能够敏锐地接应万法。

与金圣叹、徐增等人有所不同，钱谦益并没有直接引用华严唯心偈，而是以"文人笔端一口吹唾"之说，突出文心缘情托物、想象虚构

---

① 参见吴正岚《华严心本原说与金圣叹的文学思想》，《东南学术》2004年第1期。
② 徐增：《九诰堂集》古文一《画苑汇隽序》，载《清代诗文集汇编》第41册，上海古籍出版社，2010年，第361页。
③ 徐增：《九诰堂集》古文三《瑞木图说》，载《清代诗文集汇编》第41册，上海古籍出版社，2010年，第422页。

的创造力。一方面，钱谦益赞誉文人之笔有生灭万法的魔力。其《徐子能黄牡丹诗序》曰："吾读内典，劫火初起，烧须弥山王，菩萨能以一口唾之令灭，复以一口吹之令即起。吹唾一口，起灭同时。子能身当劫后，缘情托物，能使扬州烟月，江左文章，攒花簇锦，涌现尺幅之上。安知劫火起灭，不在文人笔端一口吹唾耶？"① 在此，钱氏赞誉徐增"缘情托物"，并没有点出"灵心"二字，但是，"文人笔端一口吹唾"就是指"灵心"的作用。可以作为佐证的是，钱氏《淮上诗选序》云：

> 诗言志，歌永言，为赓歌，为赋颂，为变风变雅，极其兴会，可以役使百灵，感动帝鬼。其深文绮合，藻辨连环，若帝珠之宝网，云汉之文章，此文人学士之文也。②

此说提及诗文能够役使百灵、感动帝鬼，也是能够缘情托物的灵心的折射。概言之，钱谦益"灵心"说的独特性在于推崇"文人笔端一口吹唾"即创作主体咏物抒情、想象虚构的创造力。钱氏此说直接来源于《宗镜录》，与华严唯心偈也有着间接联系。钱谦益十分重视永明《宗镜录》，其卷九有类似说法："譬如有人嚼须弥山，飞行虚空，石筏渡海，负四天下及须弥山。蚊脚为梯，登至梵宫。劫尽烧时，一唾劫火即灭，一吹世界即成。"③ 另一方面，钱氏对华严唯心偈非常熟悉。《楞严蒙钞》等著述多次引用华严唯心偈。比如，《楞严蒙钞》卷十三"阿难，云何五阴本如来藏妙真如性"注："《华严颂》云：心如工画师，造种种五

---

① 钱谦益著，钱曾笺注，钱仲联标校：《牧斋有学集》卷二十《徐子能黄牡丹诗序》，载《钱牧斋全集》第伍册，上海古籍出版社，2003年，第854页。
② 钱谦益著，钱曾笺注，钱仲联标校：《牧斋外集》卷四《淮上诗选序》，载《钱牧斋全集》第捌册，上海古籍出版社，2003年，第659页。
③ 延寿集：《宗镜录》卷九，载《大正新修大藏经》第48卷，第463页。

阴。一切世间中，莫不从心造。《宗镜》释云：种种五阴者，十法界五阴也。十种阴界不同，故名五阴。世间众生不同，揽五阴通称众生。"①这段文字说明，钱氏是通过《宗镜录》这一中介而关注华严唯心偈的。钱氏对这一《华严颂》如此重视，《楞严蒙钞》竟以不同方式引用了四次②。由此可以推测，钱谦益虽然没有直接援引华严唯心偈论文艺，但其"灵心"说中投射了文心善于创造、缘情托物的观念。

六、余论

本文第一次注意到明清之际通经汲古之学面临着反对割裂经史、师心自用的新任务，揭示了佛学界兴起刊刻方册藏、以教疗禅和重视佛经古注疏的征实学风，剖析了钱谦益等人与嘉定诸子在佛学上的交游、与憨山德清在通经学古方面的互动，从而梳理了古文界在提倡经史全书、主张既经经纬史又通释教以及以神明超越法度等方面的新变及其理论动力。

明清之际"以教疗禅"的倾向在士僧中引起了探究华严学和天台学的风尚，不仅推动了《华严》心本原说与文心的相互激荡，还使得天台学者所关注的《大般涅槃经》成为士人的思想资源和文体范式。关于后者，笔者将另文③论述，兹不赘言。

---

① 钱谦益：《楞严蒙钞》卷十三，载《中国宗教历史文献集成》之一《藏外佛经》第十二册，黄山书社，2005年，第182页。
② 另外三次分别是《楞严蒙钞》卷四十九《佛顶图录》"序曰：目虽在面，假镜以寻图像，引目可以镜心。心如画师，巧幻迁改"；卷五十三《佛顶通录第四上》"心如世画师，无不从心造"；卷五十六《佛顶宗录第五之二》"《华严》云：'应观法界性，一切唯心造。'"（分别载《中国宗教历史文献集成》之一《藏外佛经》第十二册，第652、717、767页）
③ 参见吴正岚《金圣叹与明清之际江南佛学——以"月爱三昧"说为视角》，《中山大学学报》2022年第1期。

钱谦益之诗文"苗长于学问"与欧阳修经史之学的关系

在明清之际文人经学与文学思想互动的历史进程中,钱谦益是不可忽视的一环。本文拟从"文人经学"与文学思想之关系的角度,考察钱谦益文学思想的内涵和来源。关于钱谦益文学理论的特征,以往的研究都揭示了钱氏文学思想体系是"灵心"、"世运"和"学问"的结合,其中"灵心"比"学问"更重要。① 本文则试图论证钱谦益文学理论的核心是诗文之道"苗长于学问",并揭示其与欧阳修经史之学的渊源关系。

---

① 参见王英志《钱谦益"诗有本"说诗例一则——简析〈后秋兴之十三〉其二》,《名作欣赏》1987年第5期;孙之梅《灵心、世运、学问——钱谦益的诗学纲领》,《山东大学学报》1996年第2期;罗时进《钱谦益文学观转变及其批评的意义》,《宁波大学学报》2001年第4期;丁功谊《灵心、学问、世运、性情——论钱谦益的诗学思想》,《江西社会科学》2008年第5期。

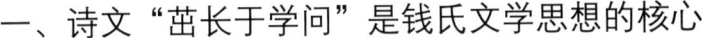

一、诗文"茁长于学问"是钱氏文学思想的核心

在《题杜苍略自评诗文》中,钱谦益把诗文之道理解为"灵心""世运"和"学问"的参合:"夫诗文之道,萌析于灵心,蛰启于世运,而茁长于学问。三者相值,如灯之有炷有油有火,而焰发焉。"① 其中,钱氏最为重视的是"茁长于学问"这一层面,其理由主要有二。

其一,在灵心与学问的关系上,钱氏所谓"灵心"也是由学问熏习而成的。以往的研究都注意到了钱氏"灵心"说推崇天分的意味,实际上天分不是"灵心"的主要内容。钱谦益《胡致果诗序》云:"学殖以深其根,养气以充其志。发皇乎忠孝恻怛之心,陶冶乎温柔敦厚之教。其征兆在性情,在学问,而其根柢则在乎天地运世、阴阳剥复之几微。"② 此说重申了前引"灵心"、"世运"和"学问"参合而成的观点,可见,"灵心"就是此说中的"性情"。要了解钱氏"灵心"说的内涵,必须结合其有关"性情"的论述,而不能仅以同时代其他士人的"灵心"说为参照。不可否认,钱氏的"灵心"说有推崇文学天分的意味。比如,钱氏在《梅村先生诗集序》指出,他晚年领悟到诗歌创作有天工和人事两方面,因而有不学而能、可学而能、学而愈能与学而不能、可

---

① 钱谦益著,钱曾笺注,钱仲联标校:《牧斋有学集》卷四十九《题杜苍略自评诗文》,载《钱牧斋全集》第陆册,上海古籍出版社,2003年,第1594页。
② 钱谦益著,钱曾笺注,钱仲联标校:《牧斋有学集》卷十八《胡致果诗序》,载《钱牧斋全集》第伍册,上海古籍出版社,2003年,第801页。

学而不可能、学而愈不能的区别。① 但是，钱氏诗文理论的重心，却是如何通过后天的陶冶来充实作家的情志和提升作品的规矩神理。

在说明钱氏的"灵心"（或"性情"）与"学问"的关系之前，有必要先分析一下"性情"的内涵。钱氏所谓"性情"，很少是就自然人性而论，而是基本遵循了"诗言志，歌咏言"的儒家诗教话语。以往的研究多强调钱氏的"真情"论、"深情"说，诚为有见。然而，必须指出的是，这些真挚、深厚的情感，是关乎君臣父子夫妇的道德情感，是不悖儒教的情感。钱氏的"真情论"在《季沧苇诗序》里有最集中的表述：

> 太史公曰："《国风》好色而不淫，《小雅》怨诽而不乱。"此千古论诗之祖。刘彦和盖深知之，故其论诗曰："轩翥诗人之后，奋飞词家之先。"三百篇变而为《骚》，《骚》变为汉、魏古诗，根柢性情，笼挫物态，高天深渊，穷工极变，而不能出于太史公之两言。所谓两言者，好色也，怨诽也。士相媚，女相说，以至于风月婵娟，花鸟繁会，皆好色也。春女哀，秋士悲，以至于《白驹》刺作，《角弓》怨张，皆怨诽也。好色者，情之橐籥也。怨诽者，情之渊府也。好色不比于淫，怨诽不比于乱，所谓发乎情、止乎义理者也。人之情真，人交斯伪。有真好色，有真怨诽，而天下始有真诗。②

在这段论述中，"好色不比于淫，怨诽不比于乱，所谓发乎情、止乎义

---

① 钱谦益著，钱曾笺注，钱仲联标校：《牧斋有学集》卷十七《梅村先生诗集序》，载《钱牧斋全集》第伍册，上海古籍出版社，2003年，第756页。
② 钱谦益著，钱曾笺注，钱仲联标校：《牧斋有学集》卷十七《季沧苇诗序》，载《钱牧斋全集》第伍册，上海古籍出版社，2003年，第758—759页。

理者也"一说,揭示了钱氏的"真情"也是以儒家温柔敦厚的诗教为准绳的。同样,历来的论家都激赏钱氏"古之为诗者,必有深情畜积于内"①之说,其实,由"古之君子,笃于诗教者,其深情感荡,必著见于君臣朋友之间"②可知,这里的"深情"也是符合儒家伦理的情感。

钱氏的"性情"论不越儒家"诗言志"的藩篱,由此可以推测其"性情"是由后天教化、读书问学陶铸而成的,是接受儒家文化教育的结果。

明乎此,就不难理解钱氏对民间之诗与文人学士之诗、民间诗歌之性情与文人学士之性情的区别了。对此,钱谦益在《尊拙斋诗集序》和《淮上诗选序》中都有所论及,后者曰:

> 夫诗之为道,性情之与学问,参会而成者也。性情者,学问之精神也。学问者,性情之孚尹也。春女哀,秋士悲,任道而言,冲口而出,如春蚕之吐丝,夏虫之蚀木,此田夫红女民间之诗也。诗言志,歌永言,为赓歌,为赋颂,为变风变雅,极其兴会,可以役使百灵,感动帝鬼。其深文绮合,藻辨连环,若帝珠之宝网,云汉之文章,此文人学士之文也。执性情而舍学问,采风谣而遗著作,舆呼巷春,皆被管弦;《挂枝》《打枣》,咸播乐府。胥天下不悦学而以用妄相师也,必自此言始。③

---

① 钱谦益著,钱曾笺注,钱仲联标校:《牧斋初学集》卷三十二《虞山诗约序》,载《钱牧斋全集》第贰册,上海古籍出版社,2003年,第923页。
② 钱谦益著,钱曾笺注,钱仲联标校:《牧斋有学集》卷十九《陆敕先诗稿序》,载《钱牧斋全集》第伍册,上海古籍出版社,2003年,第824页。
③ 钱谦益著,钱曾笺注,钱仲联标校:《牧斋外集》卷四《淮上诗选序》,载《钱牧斋全集》第捌册,上海古籍出版社,2003年,第659页。

在此，钱氏驳斥"真诗在民间"之说，提倡性情与学问的结合，认为两者结合而成的文人学士之诗，胜过"执性情而舍学问"的民间之诗。寻绎文义可知，这段文字还暗示了文人学士之"性情"不同于民间之诗的"性情"。后者是"诗言志，歌永言"，前者是"春女哀，秋士悲"。将此说与前引《季沧苇诗序》之"真好色"论相比较可知，文人学士之"性情"与民间之诗的"性情"的不同之处，正在于是否不比于淫、不比于乱而止乎义理，概言之，在于是否遵循儒家诗教。

  由钱氏"养根"说，可以进一步窥见其以读书陶冶性情、以性情成就诗文的主张。钱氏偶尔会用"根柢"来指代世运或性情，① 但在绝大多数情况下，其所谓"根柢"就是学问。钱氏养根说主要胎息于唐韩愈等人的养根说。韩愈认为："将蕲至于古之立言者，则无望其速成，无诱于势利，养其根而俟其实，加其膏而希其光。根之茂者其实遂，膏之沃者其光晔；仁义之人，其言蔼如也。"韩愈在同文中自称其"养根"的具体做法是"始者非三代两汉之书不敢观，非圣人之志不敢存"，② 可见养根的主要途径也是从读书入手。钱氏在《黄蕴生经义序》《高念祖怀寓堂诗序》③ 等文中皆引用此说，可见他对韩愈此说浸润之深。比如，《黄蕴生经义序》云："虽然，有本焉。行峻而言厉，心醇而气和，昭晰

---

① 比如，前引《胡致果诗序》云："学殖以深其根，养气以充其志。发皇乎忠孝恻怛之心，陶冶乎温柔敦厚之教。其征兆在性情，在学问，而其根柢则在乎天地运世、阴阳剥复之几微。"在此，钱氏将"世运"视为文学的根柢，此类说法在其著述中仅此一见，当是此文中所谓"劫灰之后"即明清鼎革之际的特殊心态的折射。又如，《季沧苇诗序》"三百篇变而为骚，骚变为汉、魏古诗，根柢性情，笼挫物态"（《牧斋有学集》卷十七，载《钱牧斋全集》第伍册，第758页）之说，以"性情"为根柢，也很少见。何况，如前所述，"性情"的根柢则是学问。
② 韩愈撰，马其昶校注，马茂元整理：《韩昌黎文集校注》第三卷《答李翊书》，上海古籍出版社，1986年，第169—170页。
③ 钱谦益著，钱曾笺注，钱仲联标校：《牧斋有学集》卷十六《高念祖怀寓堂诗序》，载《钱牧斋全集》第伍册，上海古籍出版社，2003年，第750—751页。

者无疑,优游者有余,养其根而俟其实,加其膏而希其光,仁义之人,其言蔼如也。此而师之所以为学为文者也。"① 此说主张作家的道德人格是为文的根本,而作者的人格又是由读书涵养而成的。又如,钱氏勉励钱曾"多读书,厚养气,深造而自得之"②,这是说明了多读书、厚养气与诗文个性之间的内在关系。与"养根"相类似,钱氏还主张"诗文之道,势变多端,不越乎释典所谓熏习而已"③,钱氏认为"世间之熏习"就是韩愈所说的"无望其速成,无诱于势利,养其根而俟其实,加其膏而希其光",可见,"熏习"是养根说的另一种表述。

概言之,在"灵心""世运"和"学问"这三种文学要素中,"灵心"也是由"学问"陶冶、铸造而成的。那么,"学问"在钱氏文学纲领中无疑占据了最重要的地位。

其二,从钱氏诗文理论的救弊意图而论,"学问"是救治七子派的言之无物和竟陵派之不学无术的对症良药。

众所周知,钱谦益以救治当代文风的弊端为使命,他认为其时文坛上存在着模拟和非古这两种必须纠正的文学倾向。其《袁祈年字田祖说》云:"今之为文者,有两人焉,其一人曰:必秦必汉必唐,舍是无祖也。是以人之祖祢而祭于己之寝也。其一人曰:何必秦?何必汉与唐?自我作古。是被发而祭于野也。此两人者,其持论不同,皆可谓不识其祖者也。"④ 这是明确指出了文学模拟因袭和自我作古的时弊。钱氏

---

① 钱谦益著,钱曾笺注,钱仲联标校:《牧斋初学集》卷三十二《黄蕴生经义序》,载《钱牧斋全集》第贰册,上海古籍出版社,2003年,第942—943页。
② 钱谦益著,钱曾笺注,钱仲联标校:《牧斋有学集》卷五十《遵王绝句跋语》,载《钱牧斋全集》第陆册,上海古籍出版社,2003年,第1634—1635页。
③ 钱谦益著,钱曾笺注,钱仲联标校:《牧斋有学集》卷十六《高念祖怀寓堂诗序》,载《钱牧斋全集》第伍册,上海古籍出版社,2003年,第751页。
④ 钱谦益著,钱曾笺注,钱仲联标校:《牧斋初学集》卷二十六《袁祈年字田祖说》,载《钱牧斋全集》第贰册,上海古籍出版社,2003年,第826页。

认为相对于模拟来说,非古可说是愈变而愈下:"文章之坏也,始于饾饤掇拾,剽贼古昔;极于骄偾昌披,佹背规矩。"① 又,《刘咸仲雪庵初稿序》②《嘉定四君集序》③《书李文正公手书东祀录略卷后》④ 等文中都有类似说法。

钱谦益还尖锐地指出这两种文弊的实质,一是言之无物,一是不学无术。他多次嘲讽模拟文学的言之无物:"今之人,耳佣目僦,降而剽贼,如弇州《四部》之书,充栋宇而汗牛马,即而视之,枵然无所有也。则谓之无物而已矣。"⑤ 因为拟古派过于讲求模拟古人之字句,导致文学缺乏充实的情志:"不养气,不尚志,剪刻花叶,俪斗虫鱼,徒足以佣耳借目,鼠言空,鸟言即,循而求之,皆无所有,是岂可以言文哉!"⑥ 此外,以钟惺、谭元春为代表的竟陵派自我作古的文风,被钱谦益讥为"以一言蔽其病曰:不学而已"⑦。

诗文"茁长于学问"之说对竟陵派的不学无术有补偏救弊的意义,可说是不言自明。同时,学问也是矫正模拟文学空洞无物的良方:第一,如前所述,学问是陶铸作家情志的熔炉,是实现作品情志充实的重

---

① 钱谦益著,钱曾笺注,钱仲联标校:《牧斋有学集》卷十七《赖古堂文选序》,载《钱牧斋全集》第伍册,上海古籍出版社,2003 年,第 769 页。
② 其说云:"诗文之缪,佣耳而剽目也,俪花而斗叶也。其转缪,则蝇声而蚓窍也,牛鸣而蛮语也。"(《牧斋初学集》卷三十一,载《钱牧斋全集》第贰册,第 909 页)
③ 其说曰:"向者剽贼窜窃之病,人皆知訾笑之。而学者之冥趋倒行,则愈变而愈下。譬诸惩涂车刍灵之伪,而遂真为罔两鬼魅也,其又可乎?"(《牧斋初学集》卷三十二,载《钱牧斋全集》第贰册,第 922 页)
④ 其说云:"若近代訾謷空同者,魑吟鬼啸,其云雾尤甚于空同而不自知也,又乌足以知西涯哉!"(《牧斋初学集》卷八十三,载《钱牧斋全集》第叁册,第 1759 页)
⑤ 钱谦益著,钱曾笺注,钱仲联标校:《牧斋初学集》卷三十一《汤义仍先生文集序》,载《钱牧斋全集》第贰册,上海古籍出版社,2003 年,第 906 页。
⑥ 钱谦益著,钱曾笺注,钱仲联标校:《牧斋有学集》卷十九《周孝逸文稿序》,载《钱牧斋全集》第伍册,上海古籍出版社,2003 年,第 826 页。《黄孝翼螳窠集序》亦指出:"今之为诗文者,剽于耳,佣于目,赁于口,不知其枵然无有也。"(《牧斋初学集》卷三十二,载《钱牧斋全集》第贰册,第 933 页)
⑦ 钱谦益:《列朝诗集小传》丁集中《谭解元元春》,上海古籍出版社,2008 年,第 572 页。

要途径。第二,钱氏多次赞誉植根于学问的文学,正因其华实兼备,所谓"窃观古人之文章,衔华佩实,画然不朽。或源或委,咸有根底"①。由下文"韩、柳所读之书"可知,"根底"是指文人的读书问学。又"研经史以咀其实,追韩、柳以摛其华"② 一说,也点明了华实兼备的诗文从经史和韩柳文学中获得了重要养分。概言之,诗文"茁长于学问"则华实合一,是对模拟派一味追求形似、枵然无物的有力反拨。

"学问"对于纠正模拟和非古文风之弊端的意义,也说明了其在钱氏文学纲领中的核心地位。

二、"学问"的内涵:"经经纬史"与推尊"史中之经"

主张诗文"茁长于学问",实际上是钱谦益"通经汲古"的虞山之学的一个有机组成部分。正如钱氏在《答山阴徐伯调书》中所指出的,此说源自归有光"通经学古"③ 等前贤之说,而钱氏则是第一次从经、史、文、诗等不同层面,全方位地阐述了通经汲古、反经正学的学术取向。对此,学界已有深入研究④,兹不赘言。本文拟分析钱氏"经经纬史"说推尊史书的内涵及其与宋濂经史论的渊源。

---

① 钱谦益著,钱曾笺注,钱仲联标校:《牧斋有学集》卷三十八《复徐尸源书》,载《钱牧斋全集》第陆册,上海古籍出版社,2003年,第1323页。
② 钱谦益著,钱曾笺注,钱仲联标校:《牧斋有学集》卷四十六《跋高丽板柳文》,载《钱牧斋全集》第陆册,上海古籍出版社,2003年,第1528页。
③ 归有光著,周本淳校点:《震川先生集》卷二《史论序》,上海古籍出版社,2007年,第34页。
④ 参见孙之梅《钱谦益与明末清初文学》(增订版)第三章第一节《通经汲古的虞山之学》,山东大学出版社,2010年,第126—141页。

如前所述，钱氏推崇文人通经学古、文章有根底，常以"经经纬史"立论。比如，他赞誉嘉定四君子"其师承议论，以经经纬史为根柢"①，称赏陆群圭之学"经经而纬史，繇韩、柳所读之书以进于古人"②。在《汲古阁毛氏新刻十七史序》《再答苍略书》等文中，钱氏详细阐述了"经经纬史"一说中的经史关系。比如，《汲古阁毛氏新刻十七史序》云：

> 客有问于余曰："汲古之刻，先经而后史，何也？"余曰："经犹权也，史则衡之有轻重也。经犹度也，史则尺之有长短也。古者六经之学，专门名家，各守师说。圣贤之微言大义，纲举目张，肌劈理解，权衡尺度，凿凿乎指定于胸中，然后出而从事于史，三才之高下，百世之往复，分齐其轻重长短，取裁于吾之权度，累黍杪忽，罄无不宜，而后可以明体达用，为通天地人之大儒。③

这是说，先经而后史，经为权度而史为轻重长短，六经为史之宗统而班、马为史中之经。概言之，一方面，经为史之本原、准则，史为经之实用、展现；另一方面，经史又相互渗透，体用一如。

"经经纬史"说中最具创新性的层面，是在承袭前人的六经为本的基础上，肯定《史记》《汉书》的重要价值，有所谓"史中之经"说："六经，史之宗统也。六经之中皆有史，不独《春秋》三传也。六经降

---

① 钱谦益著，钱曾笺注，钱仲联标校：《牧斋初学集》卷三十二《嘉定四君集序》，载《钱牧斋全集》第贰册，上海古籍出版社，2003年，第922页。
② 钱谦益著，钱曾笺注，钱仲联标校：《牧斋初学集》卷四十三《颐志堂记》，载《钱牧斋全集》第贰册，上海古籍出版社，2003年，第1116页。
③ 钱谦益著，钱曾笺注，钱仲联标校：《牧斋有学集》卷十四《汲古阁毛氏新刻十七史序》，载《钱牧斋全集》第伍册，上海古籍出版社，2003年，第679—680页。

而为二史，班、马其史中之经乎？……由二史而求之，千古之史法在焉，千古之文法在焉。"① 显然，这是从史法与文法合一的角度，赞誉《史记》《汉书》与六经一样，为千古文章树立了典范，堪称"史中之经"。

钱氏的"经经纬史"说以六经为本且推尊"史中之经"，其近源是宋濂的"群经为本根，迁固二史为波澜"。宋濂有关六经与迁、固主次结合的思想已如前述，其来源有二：一是吸收宋人《唐子西语录》之说并有所增补。宋氏《〈吴潍州文集〉序》云："唐子西云：'六经之后，便有司马迁、班固。六经不可学，学文者舍迁、固将奚取法？'呜呼！斯言至矣。"② 实际上，唐子西的原说中并没有提及"班固"。《竹庄诗话》卷五和《苕溪渔隐丛话前集》卷四十九皆引此说作："《唐子西语录》云：六经之后，便有司马迁；三百五篇之后，便有杜子美。六经不可学，亦不须学。故作文当学司马迁，作诗当学杜子美。"③ 可见宋濂在唐子西之说中加上了"班固"。二是宋濂吸收其师黄潜之说，宋氏《叶夷仲文集序》云：

> 昔者，先师黄文献公尝有言曰："作文之法，以群经为本根，迁固二史为波澜。本根不蕃，则无以造道之原；波澜不广，则无以尽事之变。舍此二者而为文，则槁木死灰而已。"④

---

① 钱谦益著，钱曾笺注，钱仲联标校：《牧斋有学集》卷三十八《再答苍略书》，载《钱牧斋全集》第陆册，上海古籍出版社，2003年，第1310页。
② 宋濂著，罗月霞主编：《翰苑续集》卷三《〈吴潍州文集〉序》，载《宋濂全集》第二册，浙江古籍出版社，1999年，第831页。
③ 何汶撰，常振国、绛云点校：《竹庄诗话》卷五，中华书局，1984年，第92页。胡仔纂集、廖德明校点：《苕溪渔隐丛话前集》卷四十九，人民文学出版社，1962年，第332页。
④ 宋濂著，罗月霞主编：《翰苑别集》卷四《叶夷仲文集序》，载《宋濂全集》第二册，浙江古籍出版社，1999年，第1028页。按：宋濂《〈白云稿〉序》《〈丹崖集〉序》间接引用了此说。

此说明晰地揭示了群经与迁、固相结合的意义，在于使得文章既能"造道之原"，又能"尽事之变"，换言之，既有本有原，又富于变化。

关于迁、固之文与"尽事之变"的关系，宋濂曾论述迁、固的不同风格道：

> 濂尝讽二家书，迁之文如神龙行天，电雷惝恍而风雨骤至，万物承其濊泽，各致余妍；固之文类法驾整队，黄麾后前，万马夹仗，六引分旌，而循规蹈矩不敢越尺寸。①

此说阐述了司马迁之文变化多姿而班固之文谨守规矩的不同风格，由此可以推测，宋濂将黄溍所谓"尽事之变"理解为文学表现手法的推陈出新和文学风格的多样化。

如前所述，钱谦益并未直接引用宋濂的"群经为本根，迁固二史为波澜"之论，但他特别推崇宋濂的读书法。这一读书法的核心，正是群经与迁、固的主次结合。换言之，在诸家读书法中，宋濂之法亦以六经为本且重视史中之经，最接近于"经经纬史"的观念。韩愈等人的读书法虽然都兼论经史，但并没有明确的经经纬史的观念，尤其是没有充分肯定《史记》等史书的地位。具体说来，韩、柳的读书法均将应读的典籍分为两个层次：六经居于本原、主干的地位，而史书则与子、集同处于参照、辅助的层面。比如，韩愈《进学解》论读书之法云："上规姚姒，浑浑无涯；周诰殷盘，佶屈聱牙；春秋谨严，左氏浮夸，易奇而

---

① 宋濂著，罗月霞主编：《翰苑续集》卷三《吴潍州文集序》，载《宋濂全集》第二册，浙江古籍出版社，1999年，第831页。

法,诗正而葩;下逮庄骚,太史所录,子云相如,同工异曲。"① 可见,这一读书法分为"上规""下逮"两个层次,上层为《尚书》《春秋》《左传》《易》《诗》等儒家经典,下层为《庄子》、《楚辞》、《史记》及扬雄和司马相如的赋。同样,柳宗元《答韦中立论师道书》将取法的对象分为"本之""参之"两个层级:

> 本之《书》以求其质,本之《诗》以求其恒,本之《礼》以求其宜,本之《春秋》以求其断,本之《易》以求其动,此吾所以取道之原也。参之穀梁氏以厉其气,参之《孟》《荀》以畅其支,参之《庄》《老》以肆其端,参之《国语》以博其趣,参之《离骚》以致其幽,参之太史公以著其洁,此吾所以旁推交通而以为之文也。②

在此,《书》《诗》《礼》《春秋》《易》为"所以取道之原",《穀梁》《孟子》《荀子》《庄子》《老子》《国语》《离骚》《史记》为"所以旁推交通而以为之文"。显然,韩、柳虽然都推崇《史记》,但只是将其与子、集等量齐观而已。

宋濂的读书法则设立了经、史、子集三层面:

> 盖自童卯之始,十四经之文,画以岁月,期于默记,又推之于迁、固、范晔诸书,岂直览之?其默记亦如经。基本既正,而后遍观历代之史,察其得失,稽其异同,会其纲纪,知识益且至矣。而又参于秦汉以来之子书,古今撰定之集录,探幽索微,使无遁情。于是道德性

---

① 韩愈撰,马其昶校注,马茂元整理:《韩昌黎文集校注》第一卷《进学解》,上海古籍出版社,1986年,第46页。
② 柳宗元:《柳宗元集》卷三十四《答韦中立论师道书》,中华书局,1979年,第873页。

命之奥，以至天文、地理、礼乐、兵刑、封建、郊祀、职官、选举、学校、财用、贡赋、户口、征役之属，无所不诣其极。①

在宋濂所设的三个层面中，首先是十四经之文，其次是迁、固、范晔诸书及历代之史，最后是子书和集录。这一读书法有两点颇值得玩味：其一是将诸史与子、集分离，置于六经之下、子集之上的独立层面，其中包含了推重史书的意味，自不待言。其二是要求将《史记》《汉书》《后汉书》与十四经一样默记。将这三部史书推尊到与儒家经典并重的程度，可说是为钱谦益"史中之经""经经纬史"的说法导夫先路，无怪乎钱谦益如此重视宋濂的读书法。

概言之，作为诗文"茁长"之养分的学问，以"经经纬史"为核心，其实质是以六经为本且推尊"史中之经"。钱氏"经经纬史"说胎息于宋濂的"群经为本根，迁固二史为波澜"之说。

三、"经经纬史"与欧阳修经史之学的关系

"经经纬史"是钱谦益博采各家之长、融会贯通而形成的思想，如前所说，此说与宋濂的经史观有着不可忽视的继承关系。实际上，此说的渊源还可以上溯到欧阳修的经史之学。在钱谦益看来，欧阳修的思想学术中也包含了六经为文章最根本的取法对象、《史》《汉》的史法也是

---

① 宋濂著，罗月霞主编：《銮坡后集》卷七《大明故中顺大夫、礼部侍郎曾公神道碑铭》，载《宋濂全集》第二册，浙江古籍出版社，1999年，第696—697页。

文法的重要来源这两个层面。

（一）钱氏对欧阳修经史之学的继承和变革

钱谦益从多方面吸收了欧阳修的学术思想。其一，钱氏好欧阳修《五代史记》诸传，以其为经史谱系之"继祢之小宗"。其二，钱谦益推崇汉学，因而欧阳修肯定章句之学、重视金石考证的观念，都被钱谦益发扬光大了。不过，对于欧阳修的舍《春秋》三传而从经、怀疑《系辞》，钱氏都不太赞成。

一是，就欧阳修之史学而论，钱谦益自云"仆初学为古文，好欧阳公《五代史记》，以为真得太史公血脉"①。更值得注意的是，在《天启元年浙江乡试程录·第三问》和《再答苍略书》中，钱氏两次论述六经为史之祖，并勾勒六经以降的史家谱系。前者云：

> 六经，史之祖也。左氏、太史公，继别之宗也。欧阳氏，继祢之小宗也。等而上之，先河后海，则以六经为原；等而下之，旁搜远绍，则以欧阳氏为止。此亦作史者之表识，而论史者之质的也。②

在这段论述中，欧阳修《五代史记》在经史谱系中的地位极高。继"六经，史之祖"和"左氏、太史公，继别之宗"之后，《五代史记》赫然成为"继祢之小宗"。换言之，《五代史记》甚至取代《汉书》，被推崇

---

① 钱谦益著，钱曾笺注，钱仲联标校：《牧斋有学集》卷三十九《答山阴徐伯调书》，载《钱牧斋全集》第陆册，上海古籍出版社，2003年，第1348页。
② 钱谦益著，钱曾笺注，钱仲联标校：《牧斋初学集》卷九十《天启元年浙江乡试程录·第三问》，载《钱牧斋全集》第叁册，上海古籍出版社，2003年，第1871页。

到了继《史记》而起的独此一家的程度。如前所述，《再答苍略书》则曰：

> 六经，史之宗统也。……六经降而为二史，班、马其史中之经乎？……《五代史记》之文，直欲祧班而祢马。……欧阳玄《金史》诸传、虞集《大典》诸序论，其亦读欧阳子之文而兴起者乎？①

与《天启元年浙江乡试程录·第三问》有所不同，这一谱系略去了《左传》而加上了《汉书》，欧阳修《五代史记》的地位是承续班、马而开启欧阳玄、虞集。可见，在天启元年（1621），钱谦益对欧阳修《五代史记》格外推崇，到了写作《再答苍略书》的己丑（顺治六年，1649年），这种对于《五代史记》的狂热才有所消退，这与《答山阴徐伯调书》之自述对史书的认识"与时而进"，恰相吻合。②

二是，钱谦益于经学，强调"学者之治经也，必以汉人为宗主"③，于是他竭力发挥欧阳修学说中肯定汉学的成分。比如，欧阳修在《新唐书·艺文志》中论述汉唐章句注疏之学，既肯定其阐明经典，又对其过于繁琐有微辞："自六经焚于秦而复出于汉，其师传之道中绝，而简编脱乱讹缺，学者莫得其本真，于是诸儒章句之学兴焉。其后传注、笺解、义疏之流，转相讲述，而圣道粗明，然其为说固已不胜其繁矣。"④

---

① 钱谦益著，钱曾笺注，钱仲联标校：《牧斋有学集》卷三十八《再答苍略书》，载《钱牧斋全集》第陆册，上海古籍出版社，2003年，第1310—1311页。
② 钱谦益著，钱曾笺注，钱仲联标校：《牧斋有学集》卷三十九《答山阴徐伯调书》，载《钱牧斋全集》第陆册，上海古籍出版社，2003年，第1348页。
③ 钱谦益著，钱曾笺注，钱仲联标校：《牧斋初学集》卷七十九《与卓去病论经学书》，载《钱牧斋全集》第叁册，上海古籍出版社，2003年，第1706页。按：《跋春秋繁露》亦云"余每劝学者通经，先汉而后唐、宋"（《牧斋有学集》卷四十六，载《钱牧斋全集》第陆册，第1516页）。
④ 欧阳修、宋祁：《新唐书》卷五十七《艺文志一》，中华书局，1975年，第1421页。

对于此说，钱谦益略去了其有所批评的后半截，而仅仅引用加以肯定的前半截，以此作为弘扬《十三经注疏》的理论依据："《十三经》之有传注、笺解、义疏也，肇于汉、晋，粹于唐，而是正于宋。欧阳子以谓诸儒章句之学，转相讲述，而圣道粗明者也。"① 又如，欧阳修收集古代金石，撰《集古录》，本出于嗜古之好，以其为"怪奇伟丽、工妙可喜之物"，至多也不过是"可与史传正其阙谬"而已，② 而钱谦益却强调其中的印文与六经、小学相关：

> 盖印文虽一艺，实原本于六书。六书之学，自非上窥六经，下穷小学，其有能贯穿者鲜矣。吉日之题，岐阳之鼓，仲山甫之鼎，以至于欧阳永叔、赵明诚之所录，洪景伯之所释，朱伯原之所编，苟不荟蕞而通醳之，则下上千古，其能免于驳乱混淆者亦鲜矣。③

在此，钱氏指出，印文本于六书之学，而六书之学要求学者窥六经、穷小学，这就凸显了欧阳修《集古录》在经学训诂上的意义。

钱氏对欧阳修的经学也有不满之处，其表现之一是反驳其《春秋》学的舍传而从经。唐以来舍传从经之风的源流，已如前述④。钱谦益《跋季氏春秋私考》云："近代之经学，凿空杜撰，纰缪不经，未有甚于季本者也。……自韩愈之称卢仝，以为'春秋三传束高阁，独抱遗经究终

---

① 钱谦益著，钱曾笺注，钱仲联标校：《牧斋初学集》卷二十八《新刻十三经注疏序》，载《钱牧斋全集》第贰册，上海古籍出版社，2003年，第850页。
② 欧阳修著，洪本健校笺：《居士集》卷四十一《集古录目序》，载《欧阳修诗文集校笺》，上海古籍出版社，2009年，第1061页。
③ 钱谦益著，钱曾笺注，钱仲联标校：《牧斋初学集》卷八十五《题程孝直印籍》，载《钱牧斋全集》第叁册，上海古籍出版社，2003年，第1792页。
④ 参见本书《概论》一文。

始'。世远言湮，讹以传讹，而季氏之徒出焉。"① 他认为正是舍传从经的学风之流弊所及，导致了季本《春秋私考》这样凿空杜撰的学术风气。又钱氏《春秋论一》专驳欧阳修《春秋论上》之舍传从经：

> 《春秋》书曰：晋赵盾弑其君夷皋。欧阳子曰：学者不从孔子信为赵盾，而从三子信为赵穿。欧阳子之意，主于掊击三子，而未尝于左氏之传易其心而求之也。②

这是说，《春秋》宣公二年记"晋赵盾弑其君夷皋"一事，学者从《春秋》三传，以弑君者为赵穿而非赵盾，对此，欧阳修斥为不信孔子而从三传，钱谦益却认为，《左传》的本意其实是以多重史实证明盾之弑君，欧阳修因其抨击三传的成见，而未能探明《左传》的本意。

钱谦益在反对凿空杜撰之学风的前提下，对唐宋以来的疑经（传）思潮都持保留态度："呜呼！有欧阳公之才，然后可以黜《系辞》；有朱子之学，然后可以补《大学》。然而君子犹疑之，以为如是则不足以辟王充之《问孔》，诛扬雄之僭经也。"③ 可见，对于欧阳修怀疑《系辞》非孔子所作的主张，钱谦益虽然肯定其才识不凡，但也忧虑其轻易疑经的负面影响。

---

① 钱谦益著，钱曾笺注，钱仲联标校：《牧斋初学集》卷八十三《跋季氏春秋私考》，载《钱牧斋全集》第叁册，上海古籍出版社，2003年，第1753—1754页。
② 钱谦益著，钱曾笺注，钱仲联标校：《牧斋初学集》卷二十一《春秋论一》，载《钱牧斋全集》第贰册，上海古籍出版社，2003年，第745页。
③ 钱谦益著，钱曾笺注，钱仲联标校：《牧斋初学集》卷七十九《与卓去病论经学书》，载《钱牧斋全集》第叁册，上海古籍出版社，2003年，第1706—1707页。

(二)欧阳修的学术对钱氏"经经纬史"的影响

钱谦益以"经经纬史"论文学修养,其实质是强调文学的取法对象以六经为本且推重班、马,这一观点亦可从欧阳修的学术中找到依据。

一方面,欧阳修在学风和文风两方面都推崇六经。苏轼《六一居士集叙》"自欧阳子出,天下争自濯磨,以通经学古为高"①一说,言简意赅地总结了欧阳修的学术倾向及其影响。欧阳修本人亦称赏当时学风的好转曰:"今之士皆学古通经,稍知自重矣。"②类似说法在《欧阳修全集》中多次出现。③其《读徂徕集》也赞誉石介"宦学三十年,六经老研摩"④。

在文学的宗经方面,欧阳修有"师经"说:"夫世无师矣,学者当师经。师经必先求其意,意得则心定,心定则道纯,道纯则充于中者实,中充实则发为文者辉光,施于世者果敢。"⑤显然,这是在师经以求道、道纯则文至的意义上讲宗经,与其"圣人之文虽不可及,然大抵道

---

① 苏轼著,孔凡礼点校:《苏轼文集》卷十《六一居士集叙》,中华书局,1986年,第316页。
② 欧阳修著,洪本健校笺:《居士集》卷四十八《问进士策四首》,载《欧阳修诗文集校笺》,上海古籍出版社,2009年,第1203页。
③ 比如,"臣伏见国家自兴建学校以来,天下学者日盛,务通经术,多作古文"(《奏议》卷第十五《条约举人怀挟文字札子》,载《欧阳修全集》,第1677页)。又,"往时自国家下诏书戒时文,讽励学者以近古,盖自天圣迄今二十余年,通经学古、履忠守道之士,所得不可胜数"(《奏议》卷第十六《荐布衣苏洵状嘉祐五年》,载《欧阳修全集》,第1698页)。还有,"教学之意在乎敦本,而修其实事,给以糇粮,多陈经籍,选士之良者,以通经有道之士为之师,而举察其有过无行者黜去之,则在学之人皆善士也"(《奏议》卷第十四《议学状嘉祐元年》,载《欧阳修全集》,第1674页)。
④ 欧阳修著,洪本健校笺:《居士集》卷三《读徂徕集》,载《欧阳修诗文集校笺》,上海古籍出版社,2009年,第69页。
⑤ 欧阳修著,洪本健校笺:《居士外集》卷十八《答祖择之书》,载《欧阳修诗文集校笺》,上海古籍出版社,2009年,第1821页。

胜者，文不难而自至也"① 之说相呼应。欧阳修宗经论中最值得重视的观点是《春秋》"简而有法"一说。欧阳修撰《尹师鲁墓志铭》，赞"师鲁为文章，简而有法"②，孰料尹洙的家人认为赞语过于简略，于是欧阳修又于《论尹师鲁墓志》申论此赞誉的分量："述其文，则曰简而有法。此一句，在孔子六经惟《春秋》可当之，其他经非孔子自作文章，故虽有法而不简也。"③ 原来文章"简而有法"一说，是称赞尹师鲁的文章得孔子《春秋》的精髓。欧阳修主张六经仅《春秋》为孔子亲自撰写、仅《春秋》堪称"简而有法"，那么这一赞誉意味着尹洙之文取法的是六经中的最高典范。由此可见，欧阳修对尹师鲁文章的推崇，可说是无以复加；由此也可见，欧阳修主张文章取法六经，以《春秋》"简而有法"为文章的最高典范。

钱谦益对欧阳修"简而有法"说颇为重视，在其著作中加以引用④，并给予深入诠释："尹师鲁纵横论难，极谈兵事利害，而欧阳子称其文简而有体。"⑤ 此说认为尹师鲁论兵事之文，横说竖说，反复论难，似乎并不简洁，却获得"简而有体"的赞誉。钱氏其实是试图对欧阳修"简而有法"说加以深入开掘，揭示其实质不仅仅是指文章篇幅语句的简

---

① 欧阳修著，洪本健校笺：《居士集》卷四十七《答吴充秀才书》，载《欧阳修诗文集校笺》，上海古籍出版社，2009年，第1177页。
② 欧阳修著，洪本健校笺：《居士集》卷二十八《尹师鲁墓志铭》，载《欧阳修诗文集校笺》，上海古籍出版社，2009年，第767页。
③ 欧阳修著，洪本健校笺：《居士外集》卷二十三《论尹师鲁墓志》，载《欧阳修诗文集校笺》，上海古籍出版社，2009年，第1916页。
④ 《列朝诗集小传》丁集上《汪侍郎道昆》（第441页）引王世贞《艺苑卮言》曰："文烦而有法者，于鳞；文简而有法者，伯玉。"此说虽与欧阳修无关，但钱氏笔下引用此说时，心中当有对于欧阳修原说的联想。
⑤ 钱谦益著，钱曾笺注，钱仲联标校：《牧斋有学集》卷四十九《读宋玉叔文集题辞》，载《钱牧斋全集》第陆册，上海古籍出版社，2003年，第1589页。

略,而更意味着文章的理精事核,无靡词溢气,虽详而不害其简。①

概言之,由钱谦益对欧阳修"简而有法"说的重视,可以推测其"经经"说从欧阳修思想中汲取了重要资源。

另一方面,欧阳修《五代史记》吸收了班、马的史法,这对钱谦益的推崇"史中之经"有启发之功。钱氏赞叹"《唐六臣》《伶人》《宦者》诸传,淋漓感叹,绰有太史公之风"②。但这并非《五代史记》的最高价值所在。《天启元年浙江乡试程录·第三问》全面阐述了欧阳修《五代史记》的成就:首先是史法精善,与迁、固颇为契合;其次才是文章纵横奔放,得《史记》之神韵。其说云:

> 奋乎百世之下,断然以古人为法,而后世有所准绳,则无如欧阳氏矣。欧阳氏之作《五代史记》也,上下五十余年,贯穿八姓十国,事各有首尾,人各有本末,而其经纬错综,了然于指掌之间,则史家之法备焉。……以欧阳氏之史法,考之迁、固,若合符节。而其文章之横发旁肆,与太史公掉鞅下上,则又其余事焉矣。③

钱氏对欧阳修"史法"的推崇,由此可见一斑。这段论述当与钱氏对班、马史法的分析参看:"读班、马之书,辨论其同异,当知其大段落、大关键,来龙何处,结局何处,手中有手,眼中有眼,一字一句,龙脉

---

① 金之俊《金文通公集》卷一《读尹河南文集序》云:"其文朴直紧严,果有当于简。即碑铭书疏,或详至数千百言之多,皆精于理,核于事,而无靡词,无溢气,虽详而仍不害其为简也。"(清康熙二十五年怀天堂刻本)
② 钱谦益著,钱曾笺注,钱仲联标校:《牧斋有学集》卷三十八《再答苍略书》,载《钱牧斋全集》第陆册,上海古籍出版社,2003年,第1310页。
③ 钱谦益著,钱曾笺注,钱仲联标校:《牧斋初学集》卷九十《天启元年浙江乡试程录·第三问》,载《钱牧斋全集》第叁册,上海古籍出版社,2003年,第1870—1871页。

历然。……由二史而求之，千古之史法在焉，千古之文法在焉。"① 可见钱氏于《史》《汉》二书，最为看重的是其结构章法的首尾贯穿、错综有致，而欧阳修《五代史记》的主要成就也在于深得谋篇布局的史法之妙。

值得一提的是，钱氏对史法和文法的追求，也受到了欧阳修尚规矩法度的艺术思想的影响。如前所述，钱氏推崇班、马、欧阳修史法的背后，是史法与文法合一的观念，所谓"由二史而求之，千古之史法在焉，千古之文法在焉"。这一崇尚"法"的主张，也与欧阳修思想有着千丝万缕的联系，理由是钱谦益《天启元年浙江乡试程录·第三问》论史法曰："问：史以事辞胜，亦兼道与法而有之。夫断木为棋，捖革为鞠，亦皆有法焉，而史其可以无法欤？"②"断木为棋"云云，出自扬雄《法言·吾子》，钱氏这段论述其实是源自欧阳修有关书法之法则的论述："然至于书，则不可无法。……扬子曰：'断木为棋，捖革为鞠，亦皆有法焉'，而况书乎？"③ 值得注意的是，唐顺之《文编序》亦引用了欧阳修这段论述："欧阳子述扬子云之言曰：'断木为棋，捖革为鞠，莫不有法，而况于书乎？'然则又况于文乎？"④ 可见，受唐顺之等前贤的影响，钱谦益也以欧阳修的法度论作为提倡史法和文法的理论依据。

---

① 钱谦益著，钱曾笺注，钱仲联标校：《牧斋有学集》卷三十八《再答苍略书》，载《钱牧斋全集》第陆册，上海古籍出版社，2003年，第1310页。
② 钱谦益著，钱曾笺注，钱仲联标校：《牧斋初学集》卷九十《天启元年浙江乡试程录·第三问》，载《钱牧斋全集》第叁册，上海古籍出版社，2003年，第1869页。
③ 欧阳修著，洪本健校笺：《居士外集》卷十六《与石推官第二书》，载《欧阳修诗文集校笺》，上海古籍出版社，2009年，第1767页。
④ 唐顺之著，马美信、黄毅点校：《荆川先生文集》卷十《文编序》，载《唐顺之集》，浙江古籍出版社，2014年，第450页。

四、结语

钱谦益"萌折于灵心,蛰启于世运,而茁长于学问"的文学纲领中,"学问"是核心环节。在"灵心"与"学问"的关系中,"灵心"固然有文学天分的意味,但主要是由学问熏陶而成的。由于钱氏文学思想以救治七子派的模拟和竟陵派的非古为基本宗旨,而"学问"正是纠正模拟文风的言之无物和非古文风之不学无术的良方。

作为文学修养的"学问",以"通经汲古""经经纬史"为口号,其内涵是以六经为本且推崇"史中之经"。钱氏"经经纬史"说源自宋濂的"群经为本根,迁固二史为波澜",正因如此,钱谦益于前人读书法中,最看重宋濂读书法。宋濂在承袭前人宗经说的基础上,突出了《史记》《汉书》《后汉》等史书的地位,钱氏"经经纬史"说与之最为接近。

钱谦益"经经纬史"论从欧阳修的学术思想中吸取了重要资源。钱氏极为推崇欧阳修《五代史记》,甚至尊为经史谱系中"继祢之小宗";在经学方面,钱氏着力发掘欧阳修学说中肯定汉代章句之学的成分,对其《春秋》学舍传从经和《易》学黜《系辞》,则持保留态度。钱氏对欧阳修"简而有法"说的诠释,揭示了其文学宗经思想与欧阳修的渊源;钱氏推崇"史中之经",则与《五代史记》追摹《史记》《汉书》的"史法"有关,又得到了欧阳修尚规矩法度的书法观的启迪。

钱谦益对欧阳修学术思想的吸收,与唐顺之、归有光、焦竑等人对欧苏学术的推崇相呼应，揭示了明代中后期文学思想变革的理论动力，不仅来自一般所认为的阳明心学，而且受惠于源自北宋欧阳修、苏轼等人的文人经学。

在考察欧苏学术对明代古文思想的影响时，"文人经学"的视角之所以有意义，不仅仅由于这一学脉和文脉尤其重视经学与文学的关系，而且因为"文人经学"集中体现了欧苏学术的异端色彩、创新精神等基本特征，这也正是明中后期文学思想革新所需要的思想资源。以上对钱谦益"经经纬史"的内涵和源流的分析表明，"经经纬史"说体现了文人经学融经学、史学与文学为一体的倾向，为钱谦益的诗文"茁长于学问"提供了理论动力。

"根本六经"与"通释教"

——钱谦益论"经经纬史"与苏轼文学的取法对象

在钱谦益著名的"灵心""世运"和"学问"相结合的文学纲领中,诗文"茁长于学问"的层面最值得重视。这一层面表现在文学取法对象上,就是"经经纬史"。关于此说的内涵,以往的研究已经揭示出了尚志养气与学习前人文学传统[1]、复古思想与性灵思想的整合[2]等层面。本文试图通过考察钱谦益对苏轼文学取法对象的认识,剖析其"经经纬史"说包含的矩度与神理合一等文学观念,揭示"经经纬史"说由苏轼到宋濂,再到钱谦益的历史脉络及其文学思想史意义。

---

[1] 参见王英志《钱谦益"诗有本"说诗例一则——简析〈后秋兴之十三〉其二》,《名作欣赏》1987年第5期;孙之梅《灵心、世运、学问——钱谦益的诗学纲领》,《山东大学学报》1996年第2期。
[2] 参见丁功谊《灵心、学问、世运、性情——论钱谦益的诗学思想》,《江西社会科学》2008年第5期。

一、"经经纬史":文学取法于经史和子集

钱氏以"经经纬史"来概括作为作家修养和文学取法对象的"学问",其主干是经史,即六经为本和推崇"史中之经",而其枝叶则延伸到了子书和集部。其说见于钱氏有关读书法的论述中。如前所述,《颐志堂记》先是提出正确的读书法:"古之学者,自童卯之始,《十三经》之文,画以岁月,期于默记。又推之于迁、固、范晔之书,基本既立,而后遍观历代之史,参于秦、汉以来之子书,古今撰定之集录",然后又感叹当今学者"当古学三变之后,茫然不知经经纬史之学,何处下手",① 可见这一读书法正体现了钱氏"经经纬史"的内涵。此说在推崇六经和史书的基础上,明确提出"参于"子书和集录的观点。

"经经纬史"最值得注意的层面有二:一是在承袭前人的六经为本的基础上,肯定《史记》《汉书》的重要价值。关于这一点,前文②已加以论述,兹不赘言。二是将文学取法对象由经史延伸到子集,这就为文学吸收佛教资源提供了可能性。关于钱谦益的佛教思想及其与文学理论的关系,以往的研究③已多有论述。本文着重考察其有关华严法界的论述。钱氏之好尚华严,当与其师憨山大师的影响有关。钱氏《憨山大师

---

① 钱谦益著,钱曾笺注,钱仲联标校:《牧斋初学集》卷四十三《颐志堂记》,《钱牧斋全集》第贰册,上海古籍出版社,2003年,第1115—1116页。
② 参见本书《钱谦益之诗文"茁长于学问"与欧阳修经史之学的关系》一文。
③ 参见连瑞枝《钱谦益的佛教生涯与理念》,《中华佛学学报》1994年第7期;孙之梅、王琳《钱谦益的佛学思想》,《佛学研究》1996年第4期;师雅惠《佛境文心——试论佛学对钱谦益文学思想的影响》,《中国社会科学院研究生院学报》2009年第2期。

梦游全集序》推尊其学曰："我大师广智深慧，真参实悟，惟心识智，梦授于慈氏；华严法界，悟彻于清凉。"① 憨山兼研唯识和华严之学，于华严则尤重唐代澄观一系的法界说。澄观华严学的特点是在法藏法界说的基础上，归纳出四法界说："事法界，理法界，理事无碍法界，事事无碍法界。"② 在憨山的熏染下，钱谦益亦好谈华严法界说③，其要点有二：一为圆融无碍，即《华山雪浪大师塔铭》所谓"华严法界圆融无碍之旨"④；二为无所不包，如《固如法师塔铭》所谓"我佛尘沙法门，包罗华严法界，至矣尽矣。华严法界外，岂别有三玄三要，十玄门三法界已了，三玄三要安有未了"⑤。钱氏这一华严法界说，为其阐述文学的神明与法度的关系提供了思想资源。（说详下）

二、"根本六经"与苏轼之文风

钱谦益对苏轼文学之取法对象的认识，正是在"经经纬史"的框架下进行的。钱氏并没有直接以"经经纬史"说来评价苏轼，但是，与

---

① 钱谦益著，钱曾笺注，钱仲联标校：《牧斋有学集》卷二十一《憨山大师梦游全集序》，载《钱牧斋全集》第伍册，上海古籍出版社，2003年，第870页。
② 参见魏道儒《中国华严宗通史》，江苏古籍出版社，2001年，第197页。
③ 《华严忏法序》（《牧斋初学集》卷二十八，载《钱牧斋全集》第贰册，第863页）、《憨山大师庐山五乳峰塔铭》（《牧斋初学集》卷六十八，载《钱牧斋全集》第叁册，第1560页）、《华山雪浪大师塔铭》（《牧斋初学集》卷六十九，载《钱牧斋全集》第叁册，第1571页）、《固如法师塔铭》（《牧斋有学集》卷三十六《固如法师塔铭》，载《钱牧斋全集》第陆册，第1270页）、《读苏长公文》（《牧斋初学集》卷八十三，载《钱牧斋全集》第叁册，第1756页）皆论及。
④ 参见本书《概论》一文。
⑤ 钱谦益著，钱曾笺注，钱仲联标校：《牧斋有学集》卷三十六《固如法师塔铭》，载《钱牧斋全集》第陆册，上海古籍出版社，2003年，第1270页。

"经经纬史"说涵盖了经史和子集相适应,钱氏对于苏轼文学修养的论述也包含了"六经""诸史"和"释教"两端。既有"眉山之学,实根本六经,又贯穿两汉诸史"①之说,又有"北宋已后,文之通释教者,以子瞻为极则"②之论。"根本六经"与"通释教"本身无疑有相通之处,但在钱谦益的语境中,两者分别影响了苏轼文学创作和理论的不同层面。

钱谦益没有直接论述苏轼的"根本六经"与其文学的具体关系,但从相关论述中,可以推测到以下三点。

其一,苏轼之文在内容上的"有为而作"是受惠于六经的。钱谦益曾赞誉苏辙《三宗汉昭帝论》乃"有为而作"③,这一评价也适用于苏轼之文。钱谦益多次推崇苏轼的经世之作。比如,他曾引用苏轼《司马温公行状》"非天下所以治乱安危者皆不载"一说④,又不止一次地叹赏东坡元丰元年《徐州上皇帝书》,认为其论徐州的"形险安危为最切"⑤。而有明陕西按察司副使赠太仆寺卿顾大章有经世之作、被誉为"今之子瞻"⑥的说法,也折射了钱谦益对苏文经世致用的追慕。

苏文的"有为而作"与"根本六经"有着密不可分的关系。与欧阳

---

① 钱谦益著,钱曾笺注,钱仲联标校:《牧斋有学集》卷三十九《复遵王书》,载《钱牧斋全集》第陆册,上海古籍出版社,2003年,第1359页。
② 钱谦益著,钱曾笺注,钱仲联标校:《牧斋初学集》卷八十三《读苏长公文》,载《钱牧斋全集》第叁册,上海古籍出版社,2003年,第1756页。
③ 钱谦益著,钱曾笺注,钱仲联标校:《牧斋初学集》卷八十五《书黄宫允石斋所作刘招后》,载《钱牧斋全集》第叁册,上海古籍出版社,2003年,第1793页。
④ 钱谦益著,钱曾笺注,钱仲联标校:《牧斋初学集》卷四十七《特进光禄大夫左柱国少师兼太子太师兵部尚书中极殿大学士孙公行状》,载《钱牧斋全集》第贰册,上海古籍出版社,2003年,第1238页。按:此说出自《苏轼文集》卷十六《司马温公行状》,第492页。
⑤ 钱谦益著,钱曾笺注,钱仲联标校:《牧斋初学集》卷四十一《徐州建保我亭记》,载《钱牧斋全集》第贰册,上海古籍出版社,2003年,第1099页。类似的说法又见于《书寇徐记事后》(《牧斋初学集》卷八十四,载《钱牧斋全集》第叁册,第1776页)。
⑥ 钱谦益著,钱曾笺注,钱仲联标校:《牧斋初学集》卷五十《陕西按察司副使赠太仆寺卿顾公墓志铭》,载《钱牧斋全集》第贰册,第1287页。

修一样①,苏轼曾论述六经与经世致用的关系:"故知礼乐者可与言化,通《春秋》者长于治人。盖三代之所常行,于六经可以备见。"② 由此可以推测,苏文内容上的长于经世,当从六经中获取了很多思想资源。钱谦益对欧阳修、苏轼的这一观念加以发扬光大,提出了"繇经术以达于世务"③ 的命题,与此相类似,又有"经术"与"经济"并举的说法,如《卓去病先生墓志铭》赞其"以通经术、讲经济为能事"④。钱著中类似说法俯拾即是,足见以六经致用的主张在钱氏学术体系中的重要性。

此外,钱谦益将苏轼经世之学的渊源上溯到贾谊、陆贽,也是间接地承认了东坡之学根本六经的特点。其说云:

> 吾尝观王氏之学,高谈先王,援据《周官》,其称名甚高。而文忠则深叹贾谊、陆贽之学不传于世,老病且死,独欲以教其子弟而已。……是故为周公而伪,不若为贾谊、陆贽而真也。真贾、陆足以救世,而伪周公足以祸世。此眉山、金陵异同之大端也。⑤

---

① 欧阳修《答李诩第二书》反对空言性命的学风,强调六经以致用为主:"六经之所载,皆人事之切于世者,是以言之甚详。至于性也,百不一二言之,或因言而及焉,非为性而言也,故虽言而不究。"(《居士集》卷四十七,载《欧阳修诗文集校笺》,第1169页)
② 苏轼著,孔凡礼点校:《苏轼文集》卷四十六《谢秋赋试官启》,中华书局,1986年,第1334页。
③ 钱谦益著,钱曾笺注,钱仲联标校:《牧斋初学集》卷四十三《常熟县教谕武进白君遗爱记》,载《钱牧斋全集》第贰册,上海古籍出版社,2003年,第1120页。又,其《福建道监察御史周宗建授文林郎》有"博通经术,贯穿世务"(《牧斋初学集》卷九十四,载《钱牧斋全集》第叁册,第1966页)之说。
④ 钱谦益著,钱曾笺注,钱仲联标校:《牧斋有学集》卷三十二《卓去病先生墓志铭》,载《钱牧斋全集》第陆册,上海古籍出版社,2003年,第1150页。又如,《大中大夫两淮都转运盐使司运使李君墓志铭》有"长而淹经术,负经济"(《牧斋初学集》卷五十四,载《钱牧斋全集》第贰册,第1357页)之语。
⑤ 钱谦益著,钱曾笺注,钱仲联标校:《牧斋初学集》卷二十九《苏门六君子文粹序》,载《钱牧斋全集》第贰册,上海古籍出版社,2003年,第870页。

此说认为苏轼与王安石的学术有真贾陆与伪周公之别，东坡之学足以救世。苏轼叹贾、陆之说见于其《与王庠书》①。在苏轼看来，贾、陆学术是以六经为本的。就贾谊而论，苏洵《上田枢密书》赞赏贾谊兼具圣人之经与权："常以为董生得圣人之经，其失也流而为迂；晁错得圣人之权，其失也流而为诈。有二子之才而不流者，其惟贾生乎！"② 又，苏轼《六一居士集叙》曾感叹："太史公曰：'盖公言黄、老，贾谊、晁错明申、韩。'错不足道也，而谊亦为之，余以是知邪说之移人，虽豪杰之士有不免者，况众人乎！"③ 他惋惜贾谊这样的豪杰之士亦不免沾染申韩邪说，由此可以推测，苏轼与其父亲一样，也肯定了贾谊的"得圣人之经"；关于陆贽，东坡《乞校正陆贽奏议上进札子》极赞其"论深切于事情，言不离于道德"④，可见其议论也是本于六经且切于事情的。钱氏认为苏学源自贾谊、陆贽，其中也暗含了苏轼根本六经之意。

其二，苏轼"收敛"说与《春秋》"简而有法"相关。钱谦益曾援引苏轼的《答李方叔书》来论证文章的归于简质：

> 古人有言："辞尚体要。"规必圆，矩必方，此天则也，要之必归于简质。……子瞻评李方叔之文"微伤于冗，后当稍收敛之，今未可也。方叔之文，正如川之方增，当极其所至。霜降水落，自见涯涘。然不可不知也。"此言当取以献足下。然所谓"如川方增，当极其所至"者，谓其当爬搔洗濯，日磨月耷，以驯至于霜降水落，物候穷而

---

① 苏轼著，孔凡礼点校：《苏轼文集》卷四十九《与王庠书》，中华书局，1986年，第1422页。
② 苏洵著，曾枣庄、金成礼笺注：《嘉祐集笺注》卷十一《上田枢密书》，上海古籍出版社，1993年，第319页。
③ 苏轼著，孔凡礼点校：《苏轼文集》卷十《六一居士集叙》，中华书局，1986年，第316页。
④ 苏轼著，孔凡礼点校：《苏轼文集》卷三十六《乞校正陆贽奏议上进札子》，中华书局，1986年，第1012页。

天根露焉。非谓夫纵放奔轶，骋不介之马于峻坂，任其颠踬而自愉快也。①

在此，钱谦益劝诲徐祯起纠正其文章的繁冗之弊，提出文必归于简质，其依据之一就是苏轼亦曾认为李方叔文微嫌繁冗、当稍加收敛。②

值得一提的是，如前所述③，关于文章的繁简，欧阳修之《春秋》"简而有法"说颇为著名。苏轼在劝告李方叔"收敛"其文时，并未提及《春秋》和欧阳修此说，但以苏轼对欧阳修学术的了解，《春秋》"简而有法"当已成为其知识背景的一部分。钱谦益对欧阳修"简而有法"说颇为重视，又对苏轼"收敛"论加以吸收，以论证其文"必归于简质"之说，由此可以推测，他认为苏轼的"收敛"说也与《春秋》文法有着不可忽视的联系。

其三，关于苏轼的"贯穿两汉诸史"，钱谦益指出苏文的"雄浑激射"上承《史记》："古今之文，雄浑激射，累千百言如一气回复者，太史公之后，唯苏子瞻耳。"④ 此说当是赞誉苏文结构浑成，颇得《史记》的神韵。

概言之，对于苏轼的"根本六经，又贯穿两汉诸史"与文学的关系，钱谦益主要强调苏文内容上的有为而作、文法上的重视"收敛"和结构浑成等方面。

---

① 钱谦益著，钱曾笺注，钱仲联标校：《牧斋有学集》卷三十九《答徐祯起书》，载《钱牧斋全集》第陆册，上海古籍出版社，2003年，第1354—1355页。
② 苏轼著，孔凡礼点校：《苏轼文集》卷四十九《答李方叔书》，中华书局，1986年，第1430—1431页。
③ 参见本书《钱谦益之诗文"茁长于学问"与欧阳修经史之学的关系》一文。
④ 钱谦益著，钱曾笺注，钱仲联标校：《牧斋有学集》卷三十九《答徐祯起书》，载《钱牧斋全集》第陆册，上海古籍出版社，2003年，第1354—1355页。

三、"通释教"与"吾为文如万斛涌泉""不能不为之为工"

钱谦益推崇苏轼文学的通于佛教,认为其魅力在于形式上超越法度、浑然天成而内容上充实丰富。如前所述,钱氏赞叹苏文的"有得于华严",再以钱氏所举的《司马温公行状》《富郑公神道碑》等例文来看,两文在内容上都关乎治乱安危,而文法上则自然成文,超越于法度之上。

钱氏之论华严法界,侧重于圆融无碍和无所不包两方面。由钱氏对苏文的上述分析可知,华严法界的圆融无碍为钱氏文论的超越规矩法度提供了资源,而华严法界的无所不有则成为古文言之有物的典范。

值得一提的是,钱谦益认为"通释教"使得苏文不拘法度且内容充实,这实际上是以苏轼自己的文论来衡量苏文。众所周知,苏轼亦好《华严》,对于《华严》与文学的关系,他已指出僧思聪"能如水镜以一含万,则书与诗当益奇",即华严的圆融无碍之境有助于书法和诗歌。①钱氏在此说的基础上,以苏轼本人的文学理论为依据,进一步揭示了华严法界与文学的法度、内容等要素之间的关系。钱氏所谓苏文得之于《华严》的两重妙处,可与苏轼的"吾为文如万斛涌泉"和"不能不为之为工"两说参看。

其一,钱氏的"如万斛水银,随地涌出"之喻,使人联想起苏轼《自评文》:"吾文如万斛泉源,不择地皆可出,……常行于所当行,常

---

① 苏轼著,孔凡礼点校:《苏轼文集》卷十《送钱塘僧思聪归孤山叙》,中华书局,1986年,第326页。参见孙昌武《苏轼与佛教》,《文学遗产》1994年第1期。

止于不可不止。"① 苏轼以万斛泉源比喻其文,意在说明其自然成文、不为法度所拘的特征。这与华严法界的"无门庭,无墙壁,无差择,无拟议"之间的相通之处,是不言而喻的。

其二,钱谦益曾引用的苏轼"不能不为之为工"说,也有助于了解上述文有得于《华严》的内涵:

> 苏子瞻叙《南行集》曰:昔之为文者,非能为之为工,乃不能不为之为工也。古之人,其胸中无所不有,天地之高下,古今之往来,政治之污隆,道术之醇驳,苞罗旁魄,如数一二。及其境会相感,情伪相逼,郁陶驰荡,无意于文,而文生焉,此所谓不能不为者也。……如其不然,而以能为之为工,则为剽贼,为涂抹,为捃拾补缀。②

苏轼"不能不为之为工"的本意,是以山川草木由内而外的云雾和华实,来比喻"古之圣人有所不能自已而作者"③。换言之,在旅途中,作者的心灵与外境相接,情志蓄于中而自然发于外。

与苏轼原说相比,钱氏的解释更强调了作者的学养。钱谦益用黄庭坚(1045—1105)"无意于文"④说,来解读"不能不为之为工",并指出其反面是剽贼涂抹、捃拾补缀,即内容上空洞无物而形式上模拟因

---

① 苏轼著,孔凡礼点校:《苏轼文集》卷六十六《自评文》,中华书局,1986年,第2069页。
② 钱谦益者,钱曾笺注,钱仲联标校:《牧斋初学集》卷三十三《瑞芝山房初集序》,载《钱牧斋全集》第贰册,上海古籍出版社,2003年,第959页。
③ 苏轼著,孔凡礼点校:《苏轼文集》卷十《南行前集叙》,中华书局,1986年,第323页。
④ 黄庭坚《大雅堂记》:"子美诗妙处,乃在无意于文,夫无意而意已至。"(《宋黄文节公全集·正集》卷十六,载《黄庭坚全集》,第437页)此说源自苏轼《评草书》"书初无意于佳,乃佳尔"(《苏轼文集》卷六十九,第2183页),以及苏洵《仲兄字文甫说》"无意乎相求,不期而相遭,而文生焉。……二物者非能为文,而不能不为文也"(《嘉祐集笺注》卷十五,第412—413页)。

袭。所谓"不能不为之为工",是指作者一方面"胸中无所不有"即学养深厚、识见超群,另一方面"境会相感,情伪相逼,郁陶驰荡",即情感激荡,在理性与感性的两方面都充实丰盈。换言之,由于作者情志饱满,文章自然超拔不凡。这里值得注意的是,"古之人,其胸中无所不有"一说,正与前引"晚读《华严经》,称性而谈,浩如烟海,无所不有,无所不尽"相呼应,提示了文法上的自然成文与内容上的充实饱满相表里。

以往的研究①已经注意到钱谦益文有得于《华严》与苏轼"吾为文如万斛涌泉"之间的联系,实际上,钱氏此说的特点在于将苏轼的"吾为文如万斛涌泉"和"不能不为之为工"相结合,指出了不拘法度与言之有物的逻辑联系。

四、矩度与神理合一

钱氏对苏文"根本六经"与"通释教"之意义的论述,看似分散零碎,实际上贯穿了钱氏提倡矩度与神理合一的观念。

钱谦益曾以"矩度"与"神理"论文。比如,钱氏《家塾论举业杂说》批评"举子之文之伪体",指出其弊端是使得"先民之矩度与其神理渐灭不可复问矣"②,此处的"矩度"与"神理"当是分别指文章的法

---

① 师雅惠:《佛境文心——试论佛学对钱谦益文学思想的影响》,《中国社会科学院研究生院学报》2009年第2期。
② 钱谦益著,钱曾笺注,钱仲联标校:《牧斋有学集》卷四十五《家塾论举业杂说》,载《钱牧斋全集》第陆册,上海古籍出版社,2003年,第1508页。

度和超越于法度之外的神理。钱氏重视法度,但也欣赏无法而法的境界。他不止一次地痛斥七子派的违背文章法度:"其于文,卑靡冗杂,无一篇不倍背古人矩度。"① 与此相关联,钱氏引用袁小修之说,推崇"琐言长语,取次点墨,无意为文,而神情兴会,多所标举"② 的文风,这是讲超越法度而标举神理。

由钱氏对苏文"经经纬史"的阐述,可以窥见钱氏兼重矩度与神理的观念,以及推崇神理与言之有物的关联。一方面,与苏文"根本六经"相关的重视"收敛"和结构浑成等特征,都侧重于文法层面,可见"根本六经"的意义侧重于矩度层面;另一方面,与苏文"根本六经"相关的"有为而作"、与"通释教"相关的不拘法度且言之有物,都侧重于矩度之外的"神理"层面。

此外,钱谦益在崇尚"无意于文"的同时强调言之有物,由此可以推测,钱氏所谓"神理"与内容上的充实密切相关。钱氏对于"古之为诗者有本焉"再三致意,③ 并指出其对立面是"今之为诗,本之则无,徒以词章声病,比量于尺幅之间"④,换言之,"诗有本"的反面是徒重矩度。此说也提示了诗之有本与诗之神理的联系,换言之,钱氏所强调的"神理"的内涵之一就是言之有物,钱氏以内容的充实为追求文学变

---

① 钱谦益著,钱曾笺注,钱仲联标校:《牧斋初学集》卷七十九《答唐训导汝谔论文书》,载《钱牧斋全集》第叁册,上海古籍出版社,2003年,第1702页。又《赖古堂文选序》(《牧斋有学集》卷十七)、《复徐巨源书》(《牧斋有学集》卷三十八)、《读宋玉叔文集题辞》(《牧斋有学集》卷四十九题跋)中都有举似说法。
② 钱谦益著,钱曾笺注,钱仲联标校:《牧斋有学集》卷四十九《题南溪杂记》,载《钱牧斋全集》第陆册,上海古籍出版社,2003年,第1610页。
③ 《周元亮赖古堂合刻序》(《牧斋有学集》卷十七,载《钱牧斋全集》第伍册,第767页)、《陈确庵集序》(《牧斋有学集》卷二十,载《钱牧斋全集》第伍册,第848页)都有类似说法。
④ 钱谦益著,钱曾笺注,钱仲联标校:《牧斋有学集》卷十七《周元亮赖古堂合刻序》,载《钱牧斋全集》第伍册,上海古籍出版社,2003年,第767页。

化的途径。

必须说明的是,钱氏矩度与神理合一的观念本身,也与苏轼思想有着不可忽视的联系。在这一问题上,苏轼"出新意于法度之中,寄妙理于豪放之外"①之说可谓脍炙人口。实际上,关于书画的法度与神理的合一,苏轼还有很多类似的阐述,比如,"荆公书得无法之法"②强调了王安石书法超越法度的一面,但"无法之法"一说本身就体现了法与无法相结合的思维方式;又如,《跋叶致远所藏永禅师千文》评永禅师书法"故举用旧法,非不能出新意求变态也,然其意已逸于绳墨之外矣"③,其着眼点是书法用旧法而出新意。④ 不过,两者的法度论多有不同之处:其一,苏轼的法度论侧重于书画艺术的继承和创新之间的关系,而钱谦益之矩度与神理合一的思想,既关乎文学的继承和创新,又涉及内容与形式的关系。其二,苏轼在书画方面多谈法度,而在诗文上却很少直接论述法度。

五、苏轼—宋濂—钱谦益:"经经纬史"说的文学思想史意义

钱谦益以"经经纬史"的框架分析苏轼文学的取法对象,这就意味

---

① 苏轼著,孔凡礼点校:《苏轼文集》卷七十《书吴道子画后》,中华书局,1986年,第2210—2211页。
② 苏轼著,孔凡礼点校:《苏轼文集》卷六十九《跋王荆公书》,中华书局,1986年,第2179页。
③ 苏轼著,孔凡礼点校:《苏轼文集》卷六十九《跋叶致远所藏永禅师千文》,中华书局,1986年,第2176页。
④ 参见陈中浙《苏轼书画艺术与佛教》,商务印书馆,2004年,第217—226页。

着钱氏以苏轼文论为"经经纬史"的源头之一。实际上,以往的研究所不曾注意到的是,从苏轼到钱谦益,"经经纬史"说还经历了宋濂这一中间环节。从苏轼到钱谦益,人们对文学之法度的重视程度有所提高,对文学超越法度的认识也越来越清晰,从而对文学创新与内容新变的关系有了更明确的认识。

(一) 文学取法经史

在文学与经史的关系方面,苏轼并未有系统的论述,但他曾分别论及文学与经学、文学与史学的关系。前者可以其《六一居士集叙》"自欧阳子出,天下争自濯磨,以通经学古为高"① 一说为证。众所周知,欧阳修认为通经术与作古文是密不可分的,② 由此可以推测,苏轼也充分肯定了古文取法经书的主张。在史学方面,苏轼也有"然亦须多读史,务令文字华实相副,期于适用乃佳"③ 一说,指出了读史与文字华实相副的关系,可见,苏轼是从文学内容充实而不是文法的角度强调取法史书的。

迄于宋濂,他提出了以六经为根本、迁固二史为波澜的师法对象,明确论述了文学所取法的经史之间的主次关系,揭示了六经对文法的影响,剖析了迁固二史与文学的本原和变化之间的关系。其一,如前所述,就六经与史汉的关系而论,其主导倾向是以群经为根本而迁固二史为波澜。其二,宋濂认为五经与文法的关系,不是一经备一类文法,而

---

① 苏轼著,孔凡礼点校:《苏轼文集》卷十《六一居士集叙》,中华书局,1986年,第316页。
② 欧阳修《条约举人怀挟文字札子》曰:"臣伏见国家自兴建学校以来,天下学者日盛,务通经术,多作古文。"(《奏议》卷第十五,载《欧阳修全集》,第1677页)
③ 苏轼著,孔凡礼点校:《苏轼文集》卷六十《与侄孙元老四首》(二),中华书局,1986年,第1842页。

是"五经各备文之众法"。其说云:

> 刘勰论文有云:"论说辞序,则《易》统其首;诏策章奏,则《书》发其源;赋颂歌赞,则《诗》立其本;铭诔箴祝,则《礼》总其端;纪传文檄,则《春秋》为之根。"呜呼!为此说者,固知文本乎经,而濂犹谓其有未尽焉。何也?《易》之《彖》《象》有韵者,即《诗》之属;《周颂》敷陈而不协音者,非近于《书》欤?《书》之《禹贡》《顾命》,即序纪之宗;《礼》之《檀弓》《乐记》,非论说之极精者欤?况《春秋》谨严,诸经之体又无所不兼之欤?错综而推,则五经各备文之众法,非可以一事而指名也。①

宋濂指出,《文心雕龙·宗经》所谓五经分别开创论说辞序、诏策章奏、赋颂歌赞、铭诔箴祝和纪传文檄等五类文体的观点,未能充分揭示五经在开创文体方面的意义。五经与文体之关系的实质是每一经都兼备不同文体,比如,《易》之《彖》《象》中押韵的部分,也属于诗体;《诗》之《周颂》有敷陈铺叙而不协音律的成分,亦与《书》的文体相近。其三,关于文学取法经史的不同意义,如前所述,宋濂引用了其师黄溍之说,指出群经与迁、固相结合的意义,在于使得文章既能"造道之原",又能"尽事之变",换言之,此说的实质在于强调文学既有本有原又波澜变化。

钱氏"经经纬史"说与宋濂的区别有二。一是宋濂看重迁、固的推陈出新与风格多样,而钱氏则重视史法,即班、马在结构上的首尾贯穿、起承转合。二是"经经纬史""史中之经"等说法,显示出钱氏进

---

① 宋濂著,罗月霞主编:《銮坡前集》卷八《〈白云稿〉序》,载《宋濂全集》第一册,浙江古籍出版社,1999年,第494页。

一步淡化了六经与二史的主次关系,更加推崇二史作为文学典范的意义。由此也可以推测钱氏在肯定文学有本的同时,比宋濂更崇尚文学的变化。

(二) 文学取法佛经

如前所述,对于文学取法佛经的意义,苏轼最明确的阐述是"聪能如水镜以一含万,则书与诗当益奇"。吸收华严法界的思想精髓,则书法与诗歌都能超出凡俗。此说已暗含了超越法度的文学主张。

宋濂之论文学与佛经,其值得注意者有二:一为多次提到苏轼弘扬《楞伽经》之功。其《〈楞伽阿跋多罗宝经集注〉题辞》(《銮坡后集》卷五)、《新刻〈楞伽经〉序》(《芝园前集》卷五)都提及此事,其中,《新刻〈楞伽经〉序》有"《楞伽》为达摩氏印心之经"① 一说,显然受到了东坡《书楞伽经后》的影响。② 二为宋濂常论"以文辞为佛事"③,且强调佛经内容上的无所不包、文体上兼备众体:

> 昔我三界大师金口所宣诸经,所谓长行即序事之类,所谓偈颂即比赋之属,汪洋盛大,反复开演,天地日月、山川草木、城邑人物、

---

① 宋濂著,罗月霞主编:《宋濂全集》第二册,浙江古籍出版社,1999年,第1239页。
② 其说云:"《楞伽阿跋多罗宝经》,先佛所说,微妙第一,真实了义,故谓之佛语心品。祖师达磨以付二祖曰:吾观震旦所有经教,惟《楞伽》四卷可以印心,祖祖相受,以为心法。"(《苏轼文集》卷六十八,第2085页)笔者按:《楞伽经》卷一为《一切佛语心品之一》,该版《苏轼文集》断句在"佛语"后,误。
③ 《四明佛陇禅寺兴修记》(《銮坡前集》卷十,载《宋濂全集》第一册,第537页)、《阿育王山广利禅寺大千禅师照公石坟碑文》(《翰苑续集》卷六,载《宋濂全集》第二册,第880页)、《净慈禅师竹庵渭公白塔碑铭》(《芝园后集》卷七,载《宋濂全集》第三册,第1435页)、《杭州天龙寺石佛记》(《芝园续集》卷九,载《宋濂全集》第三册,第1598页)都提及此说。

飞仙鬼趣、羽毛鳞甲，莫不摄入，故后世尊之，号曰"文佛"。如此而能文，吾惟恐其不能文也。①

所谓"莫不摄入"，正说明了佛经内容的无所不有。此说认为"长行"相当于"序事"之文体，"偈颂"在文体上属于比赋，这一说法与其"五经各备文之众法"相呼应，是将南朝萧梁刘勰《文心雕龙·宗经》有关五经开创各种文体的观点延伸到佛经，揭示佛经文体作为文体范式的意义。

显然，钱谦益的文学与佛学关系论是接着苏轼、宋濂讲的。他也有"以文章为佛事"② 之说。更值得注意的是，前引文有得于《华严》则无所不有的说法，显然与宋濂"莫不摄入"说一脉相承。与此相联系，文有得于《华严》则"无门庭，无墙壁，无差择，无拟议"，主张超越法度，显然是从苏轼"华严法界"中引伸出来的。

六、结语

就文学的取法对象来说，钱谦益"经经纬史"说主要包含了两方面：一是以六经为本，并且推崇作为"史中之经"的《史记》和《汉书》；二

---

① 宋濂著，罗月霞主编：《銮坡前集》卷八《〈水云亭小稿〉序》，载《宋濂全集》第一册，浙江古籍出版社，1999年，第502页。
② 钱谦益著，钱曾笺注，钱仲联标校：《牧斋有学集》卷二十《二王子今体诗引》，载《钱牧斋全集》第伍册，上海古籍出版社，2003年，第859页。类似的说法还见于《牧斋初学集》卷八十六《题刘西佩放生阁赋后》（载《钱牧斋全集》第叁册，第1807页）、《牧斋有学集》卷四十四《首楞二十五圆通拣法解》（载《钱牧斋全集》第陆册，第1472页）。

是将文学师法对象由经史延伸到子集,为文学取法佛经提供了可能性。

钱谦益论苏轼文学的取法对象,正是在"经经纬史"的框架下进行的。苏文"根本六经,又贯穿两汉诸史",使得其内容上有为而作、文法上重视"收敛"和结构浑成;苏文"通释教",则使得内容充实且超越法度。钱氏有关苏文取法对象的认识看似零碎分散,实际上贯穿了钱氏矩度与神理合一的观念,其实质是既重视文学的法度又强调超越法度,以内容的充实为文学变化的途径。

从苏轼到宋濂,再到钱谦益,文学取法于经史和佛经之说背后的文学观念的发展趋势是,在坚持文学的内容充实的同时,越来越推崇文学的法度,也越来越重视文学的超越法度和富于变化。

金圣叹与钱谦益的思想渊源

崇祯八年(1635),二十八岁的金圣叹与吴中名士钱谦益通过扶乩①的方式进行了一次思想交流,以往人们多认为这次"仙坛倡和"只不过是金圣叹逞才邀名的一种方式而已,其实,"仙坛倡和"有着基于钱、金二人之共同学术倾向的必然性。金圣叹有可能从多种途径濡染钱谦益的学术思想。金氏推崇经世致用和纲常伦理的观念显然受到了钱氏的启发,"仙坛倡和"本身就折射了二人在以教疗禅、返经正学方面的契合。

一、金圣叹与钱谦益的"仙坛倡和"及其他交往

从现存资料看,金圣叹与钱谦益至少在崇祯八年有过一次形式独特

---

① 陆林《金圣叹早期扶乩降神活动考论》(《中华文史论丛》第七十七辑)认为,"扶乩"还反映了金氏对宣扬佛教的虔诚和劝人向善的信念。

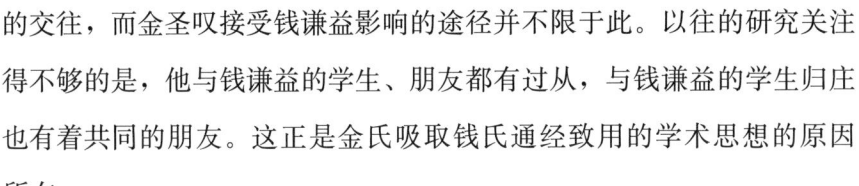

的交往,而金圣叹接受钱谦益影响的途径并不限于此。以往的研究关注得不够的是,他与钱谦益的学生、朋友都有过从,与钱谦益的学生归庄也有着共同的朋友。这正是金氏吸取钱氏通经致用的学术思想的原因所在。

钱谦益记载他与金圣叹的仙坛倡和云:

慈月夫人,前身为智者大师高弟,降乩于吴门,示余曰:"明公前身,庐山慧远也。从湛寂光中来,自忘之耳。"用洪武韵作长句见赠,期待郑重。且属余曰:"求椽笔作传一首,以耀于世,亦道人习气未除也。"余为作《泐师灵异记》,并和其诗十首。师示现因缘,全为台事,现鬼神身,护持正法,故当有天眼证明,非余之戏论也。①

又,《天台泐法师灵异记》记录扶乩的详情道:

乩之言曰:"余吴门饮马里陈氏女也。年十七,从母之横塘桥,上有紫衫纱帽者,执如意以招之,归而病卒,泰昌改元庚申之腊也。其归神之地曰上方,侯曰永宁,宫曰慈月。其职司则总理东南诸路,如古节镇,病则以药,鬼则以符,祈年逐厉,忏罪度冥,则以笺以表。以天启丁卯五月,降于金氏之乩,今九年矣。"问其宿因,则曰:"故天台之弟子智朗堕女人身,生于王宫,以业缘故,转堕神道,以神道故,得通宿命,再受本师记莂,俾以鬼神身说法也。"问本师记莂云何?则曰:"大师以宿昔因缘,亲降慈月宫,为诸神设法。吴人尚鬼好杀,故现鬼道救杀业,善巧方便,渐次接引,归于台事而已。"……乩

---

① 钱谦益著,钱曾笺注,钱仲联标校:《牧斋初学集》卷十《仙坛倡和诗序》,载《钱牧斋全集》第壹册,上海古籍出版社,2003年,第330页。

所凭者金生采,相与信受奉行者戴生、顾生、魏生,皆于台有宿因者也。①

由以上记载可知,从天启七年(1627)起,金采(即金圣叹)在戴生、顾生、魏生②等几位好尚天台学的朋友的协助下,始行扶乩之事,金氏自称为慈月夫人附体。由于崇祯初年在阁臣之争中被温体仁排挤,免职回乡,迄于崇祯八年(1635),钱谦益已在吴赋闲七年多,此年金圣叹假托慈月夫人与钱谦益进行了倡和。金氏所作乩语编造了慈月夫人颇为复杂的来历:天台弟子智朗堕女人身,为吴门饮马里陈氏女,后转堕神道,宫曰慈月,在神道中又得以接通宿命,再受本师记莂,奉命以鬼神身演说天台教义。此次慈月夫人之降乩,意在与作为慧远后身的钱谦益探讨天台学。金圣叹还假借慈月夫人之名,以洪武韵作长句赠钱氏,并自称道人习气未除,请钱氏作传一篇以扬名耀世。金氏所作乩语崇扬天台,引经据典,渊博富赡,使得钱谦益对慈月降乩说深信不疑,欣然作《仙坛倡和诗》十首和之,并撰《天台泐法师灵异记》力驳世人的怀疑。

以往人们将仙坛倡和视为金圣叹纯粹为了吸引吴中名士钱谦益注意、逞才邀名而设下的骗局,这一看法实质上认为仙坛倡和中金圣叹与钱谦益的思想交流是偶然的,其实仙坛倡和有着基于共同学术倾向的必然性,倡和本身就反映出他们在推崇天台教方面的契合(说详下)。以往的研究还忽视了一点:他们的交际圈的部分重合,证明了金氏有可能

---

① 钱谦益著,钱曾笺注,钱仲联标校:《牧斋初学集》卷四十三《天台泐法师灵异记》,载《钱牧斋全集》第贰册,上海古籍出版社,2003年,第1123页。
② 关于钱谦益所云戴生、顾生、魏生,学界多认为即金圣叹《沉吟楼诗选》所提到的戴云叶、顾君猷、魏德辅,陆林主张戴生为戴之傑(见陆林《金圣叹史实研究》,第253—254页)。

从多种途径濡染钱氏思想。

在明清之际的吴中地区，钱氏是声名显赫的才子名士、赋闲官员，金圣叹是早慧狂傲的后起之秀，这两个人的社会地位虽有天渊之别，但都是吴中的不俗之辈，这就决定了他们有程翼苍、徐增、即中大师等共同的朋友。今略作考述如下。

其一，苏州府教授程翼苍。据《丹午笔记》"哭庙异闻"条，程翼苍，名邑，江宁人，壬辰（1652）进士，入翰林授庶常，丙申（1656）对职外调，与乙未（1655）进士韩雄荫同改为府教授。"哭庙案"中，程翼苍参任维初六案，金圣叹"有十弗见之笑焉"，金圣叹可以开程翼苍的玩笑，足见他们之间的交情超过了府教授与诸生的关系，后来正是这位程翼苍间接地将金圣叹送上了断头台。①

钱谦益与程翼苍颇有交谊。《钱牧斋先生尺牍》卷一有"致程翼苍"三首。从"所谓臣亦自厌其余生也"（其一）、"衰残多病，闭户繙经"（其二）等说法来看，②此信当写于入清以后钱谦益罢官归家的晚年。③这三封信中，第一封是钱谦益感谢程氏为他祝寿，赠程氏"小刻二册"；第二封说明自己编集的唐诗不能外借的原因，请程氏为自己作诗序，并为门生吴兴沈祖孝求一馆地；第三封信还是向程翼苍推荐门生沈祖孝。从这三封信的内容来看，钱谦益与程翼苍虽非挚友，但也不是泛泛之交，他们有切磋诗文的共同爱好，至少可以算是文友。

---

① 参见吴正岚《江苏历代文化名人传·金圣叹》第十章第四节《"哭庙案"与生命的戛然而止》，江苏人民出版社，2019 年，第 269—272 页。
② 钱谦益著，钱曾笺注，钱仲联标校：《钱牧斋先生尺牍》卷一，载《钱牧斋全集》第柒册，上海古籍出版社，2003 年，第 239—241 页。
③ 从钱谦益的诗作来看，他从乙未（1655）年起多次自述繙经之情形，如《牧斋有学集》卷六《宿白塔寺二首》"三人互剪 繙经烛"（载《钱牧斋全集》第肆册，第 252 页）、《牧斋有学集》卷六《留题水阁三十绝句》"后夜繙经烛穗低，《首楞》第十重开题"（载《钱牧斋全集》第肆册，第 281 页），由此可以推测钱谦益致程翼苍之尺牍大致写于 1655 年之后。

金圣叹与钱谦益有程翼苍这样一个共同的朋友,可能是因为程翼苍任苏州府教授之职,势必与吴中士人广泛交往;但这件事也不妨诠释为金圣叹与钱、程等人所代表的吴中主流文化之间的联系。

其二,更能说明金圣叹与钱谦益联系的是他们与徐增的友谊。徐增字子益、无减,后又改字子能,以子能行。因酷嗜梅鹤,别号梅鹤诗人。其先娄人,后徙吴。小圣叹四岁,康熙十年(1671)犹在世。早年以《芳草》诗得盛名,中年患筋骨疾,存世著作有《九诰堂集》三十七卷、《池上草》不分卷、《而庵说唐诗》二十二卷首一卷、《而庵诗话》一卷、《元气集》、《灵隐寺志》八卷。金圣叹与徐增虽然迟至崇祯十七年(1644)才结交,但两人在精神境界、诗学思想方面都同声共气。就精神境界来说,金氏曾为徐增作《怀感诗序》,对子能在贫病交加中以作诗超越人生苦闷的心态有极其深刻的理解;徐增《送三耳生见唱经子序》《天下才子必读书序》等文力驳世人对圣叹的偏见。①

在文学交谊方面,金圣叹称赏徐增细读文本、以意逆志的诗歌诠释,徐增则推崇金氏的诗歌分解说。

金圣叹在《唱经堂杜诗解》中收录了徐增说杜诗两条、诗作一首②,并大加赞赏:

> 而庵说曰:"钟神秀"者,"神"言变化不测,"秀"言苞含万有。山之后曰"阴",日光之所不到,故"昏";山之前曰"阳",日光之所

---

① 关于徐增生平及其与圣叹的交谊,参见邬国平《徐增与金圣叹——附金圣叹两篇佚作》,《中华文史论丛》第七十辑。
② 圣叹族兄金昌在《杜诗解》卷三《秋兴八首》下加按语:"唱经批《秋兴》诗,止存五首,中多脱落处,酌取而庵诗补之。"[载《金圣叹全集》(修订版)第贰册,第753页],是故也可能是金昌收录而庵说。不过,金昌将而庵诗说收入《唱经堂杜诗解》之举,正说明了圣叹与子能诗说非常接近。

到，故"晓"。望岳，则见岳之生云，层层浮出来，望者胸为之荡。望之既久，则见归鸟，眼力过用，欲闭合不得，若眦为裂者然。眦，眼两眶红肉也。《子虚赋》云："弓不虚发，中必决眦。""入"字如何解？日暮而归鸟入望，其飞必疾；望者正凝神不动，与岳相忘，但见有物一直而去，若箭之离弦者然。又，鸟望山投宿，若箭之上垛者然。此总形容"望"之出神处，说"决眦"字、"入"字确极。①

一本"日日江楼"作"百处江楼"。而庵说之曰："百处坐，非郭中有百处楼子，一一坐遍；是一座楼子百处坐也。心头有事人，东坐不是，西坐不是；前坐不是，后坐不是；坐一处不是，坐两处不是；坐不是，不坐不是：越坐越不是，此所以有'百处坐'也。"妙甚！②

在此，徐增细致入微地分析了杜诗所反映的人物心理和事物状况，其细读文本、以意逆志的解读法颇接近于金圣叹的诗歌评点，无怪乎金圣叹对此叹赏不已。

徐增则推崇并承袭了金氏的诗歌分解法。据《鱼庭闻贯》，金圣叹今存有关唐诗分解的《与徐子能增》《答徐子能》两封信。前一封信首先说明自己对于"释事忘义"和"附事见义"两种注书方式并无轩轾，接着以《庄子·养生主》为喻，说明自己分解唐诗的实质是"以弟之无厚，入唐律诗之有间"③，当是指分解唐诗的意义在于揭示唐诗本身固有的结构。最后，他希望正在选批诗歌的徐增能够采用分解法；后一封信

---

① 金圣叹著，陆林辑校整理：《唱经堂杜诗解》卷一《望岳》评，载《金圣叹全集》（修订版）第贰册，凤凰出版社，2016年，第618页。
② 金圣叹著，陆林辑校整理：《唱经堂杜诗解》卷三《秋兴八首》评，载《金圣叹全集》（修订版）第贰册，凤凰出版社，2016年，第756页。
③ 金圣叹著，陆林辑校整理：《贯华堂选批唐才子诗甲集七言律》卷二《鱼庭闻贯·与徐子能增》，载《金圣叹全集》（修订版）第壹册，凤凰出版社，2016年，第96页。

是请徐增就自己以分解法对王维十二首诗所作的剖析直抒己见。徐增果然不负金圣叹的期望，他不仅为金氏作《天下才子必读书序》，而且承袭了律诗分解法。由《而庵诗话》可知，徐增将诗歌理论归结为"法"与"脱"，主张诗法在不即不离之间。他所说的诗法，不出顿挫、起承转合等内容，因此他大力推崇金氏以起承转合为核心的分解法：

> 圣叹《唐才子书》，其论律分前解、后解，截然不可假借。圣叹身在大光明藏中，眼光照彻，便出一手，吾最服其胆识。但世间多见为常，少见为怪，便作无数议论。究其故，不过是极论起承转合诸法耳。①

他甚至推尊解数为"正法眼藏"：

> 解数，起承转合，何故而知其为正法眼藏也？夫作诗须从看诗起，吾以此法观唐诗及唐已前诗，无不焕然照面，若合符节，故知其为正法眼藏无疑也。②

不过，与金圣叹相比，徐增毕竟更清醒地意识到了"法"与"脱"的结合，是故他又时时强调避免僵化地理解分解法："作古诗以解数为主，然须变换；不然，以四句板板排下去，有何生趣？"③如徐增"世间

---

① 徐增：《而庵诗话》第 49 条，载《清诗话》上册，上海古籍出版社，1978 年新 1 版，第 432—433 页。
② 徐增：《而庵诗话》第 63 条，载《清诗话》上册，上海古籍出版社，1978 年新 1 版，第 434 页。
③ 徐增：《而庵诗话》第 29 条，载《清诗话》上册，上海古籍出版社，1978 年新 1 版，第 430 页。

多见为常，少见为怪"一说所揭示的，金圣叹的诗歌分解法在当时知音寥寥，而徐增却推尊为诗歌的"正法眼藏"，两人相知之深，于此不难想见。①

值得一提的是，徐增是钱谦益的门生。徐增曾手书《牧斋初学集》程嘉燧序，落款自称"门人"②。在《说唐诗》中，徐增多次引用钱谦益的观点，尊称钱氏为"虞山钱先生""钱宗伯"。钱谦益为之作《徐子能集序》③《徐子能黄牡丹诗序》④，并曾向毛子晋推荐徐增，为之求一馆地⑤。由这些文字可知，徐增初次拜访钱谦益，是在乙亥即崇祯八年（1635）秋天⑥，时增为"翩翩美少年"，以所著《芳草》诗就正于文坛领袖钱谦益，其后，徐增"年甫壮而得末疾，须人以行"，而其诗文日进，钱谦益的朋友苏州张异度和南昌徐巨源皆赏识徐子能，钱氏亦更加推重徐增。钱谦益欣赏徐子能之"文采性行"，其一是身病而志坚，所谓"衣冠质雅，宛如古人，杜门扫轨，日晏忘食"⑦，其二是文采斐然，

---

① 前引邬国平文据徐增《王元容诗序》《而庵说唐诗序》《而庵说唐诗》卷首作者"附白"，认为不仅是徐增受金氏分解法影响，两人在诗评上是互为表里的关系，所论诚为有据。不过，在分解法方面，就本书所引金、徐二人的说法来看，金氏仍是先着一鞭。又，关于徐增诗说与金圣叹的异同，蒋寅《徐增对金圣叹诗学的继承和修正》指出徐增的独特贡献在于重新解释七律两解之间的动力关系，补充说明分解和起承转合的关系，以及善于将艰深的意旨、词句讲解得明白晓畅等方面。（《北京师范大学学报》2006年第4期）
② 樊维纲：《徐增和他的〈说唐诗〉》，《中国文学研究》1989年第2期。
③ 钱谦益著，钱曾笺注，钱仲联标校：《牧斋初学集》卷三十二《徐子能集序》，载《钱牧斋全集》第贰册，上海古籍出版社，2003年，第941—942页。
④ 钱谦益著，钱曾笺注，钱仲联标校：《牧斋有学集》卷二十《徐子能黄牡丹诗序》，载《钱牧斋全集》第伍册，上海古籍出版社，2003年，第853—854页。
⑤ 钱谦益著，钱曾笺注，钱仲联标校：《钱牧斋先生尺牍》卷二《与毛子晋》，载《钱牧斋全集》第柒册，上海古籍出版社，2003年，第312页。
⑥ 徐增《怀感诗·虞山钱师牧翁谦益》（《九诰堂集》诗之四）自注作崇祯七年（1634）。参见邬国平《徐增与金圣叹——附金圣叹两篇佚作》，《中华文史论丛》第七十辑。
⑦ 钱谦益著，钱曾笺注，钱仲联标校：《牧斋初学集》卷三十二《徐子能集序》，载《钱牧斋全集》第贰册，上海古籍出版社，2003年，第942页。

所谓"情澜才海,波谲云诡,倒囊而出,一至于此!"①

徐增作为金圣叹的密友和钱谦益的学生,想必在金、钱二人之间架设了一道思想交流的桥梁,使得金圣叹更多地了解到钱谦益的通经致用之学,这从徐增的思想和人格特征中也可推测出个大概。在诗歌内容方面,徐增有内圣外王说:"故作诗而无关于内圣,勿作也;作诗而无关于外王,亦勿作也。有唐三百年间,诗人若王摩诘之字字精微,杜子美之言言忠孝,此其选也。虽然,吾犹有憾焉。以摩诘天子不能统杜陵宰相,杜陵宰相不能摄摩诘天子,岂妙悟师承,诣有偏至?又岂内圣外王,道难兼至欤?"② 可见他的理想是诗歌既表现佛家精微之思,又抒写儒家忠孝观念。又,圣叹以子能为"礼法中人"③,由此可以想见徐增之人格风貌。此外,据钱谦益《徐子能黄牡丹诗序》可知,徐增于明清之际颇有黍离之悲。明亡之后,当吴门牡丹花开之时,徐增和陈子明等人追忆晚明时广陵郑超宗家有黄牡丹之祥、文人墨客纷纷赋诗的"承平盛际",皆作诗以和黎遂球(美周)遗作《牡丹诗》。钱谦益以"子能身当劫后,缘情托物,能使扬州烟月,江左文章,攒花簇锦,涌现尺幅之上"④ 之说,大力赞誉徐子能此诗寄寓了眷恋故国的情怀。⑤ 徐增对杜甫"言言忠孝"的推崇和他本人的重视礼法、黍离之悲,都说明金圣叹有可能通过徐增这一中介,吸收钱谦益的伦理纲常观念。

---

① 钱谦益著,钱曾笺注,钱仲联标校:《牧斋有学集》卷二十《徐子能黄牡丹诗序》,载《钱牧斋全集》第伍册,上海古籍出版社,2003年,第853页。
② 徐增:《而庵诗话》第2条,载《清诗话》上册,上海古籍出版社,1978年新1版,第427页。
③ 徐增:《九诰堂集》古文一《天下才子必读书序》,载《清代诗文集汇编》第41册,上海古籍出版社,2010年,第367页。
④ 钱谦益著,钱曾笺注,钱仲联标校:《牧斋有学集》卷二十《徐子能黄牡丹诗序》,载《钱牧斋全集》第伍册,上海古籍出版社,2003年,第854页。
⑤ 樊维纲:《徐增和他的〈说唐诗〉》,《中国文学研究》1989年第2期。

徐增与金圣叹在以佛论文方面的交流更值得重视,两者都援引《华严》唯心偈论文艺,其背景则是明清之际以钱谦益为中心的"反经明教"的思潮(说详下)。

其三,金圣叹与归庄也有共同的朋友。归庄《诛邪鬼》认为金氏所评《水浒》《西厢记》是诲盗诲淫之书,又诬蔑金氏有"尝奸有服之妇人;诱美少年为生徒,而鬻之于巨室为奴"① 等邪淫之行。归庄之痛恨金圣叹,以致为他的被杀而拍手称快。必须说明的是,归、金二人的人格风貌本有共同之处,即归庄本人亦有怪诞之举、金圣叹亦不无儒家伦理观念,因此,《诛邪鬼》一文遮蔽了金圣叹思想中推崇儒家纲常的一面,夸大了归、金两人的思想分歧,带有浓郁的文人相轻、意气用事的色彩。《诛邪鬼》文末"一日席间,友人盛叹其才"② 之说,已透露了归、金有共同朋友的消息。其中如:

程翼苍。《归庄集》卷一有《送苏州教授程翼苍升任国子助教》:"久著瀛洲学士名,菁莪乐育又垂声。不烦颁示苏州法,亲式成均馆下生。"③ 此诗被归入《癸卯年应酬诗》,当作于1663年,但归庄与程氏的交往当早于此时。

王武。长洲王氏子弟多与金圣叹交好,王武便是其中之一。王武(1632—1690)又名宪武,字勤中,《清史稿·艺术传》称他"画花草,流丽多风,王时敏亦称为'妙品',学者宗之"④,可知他是著名花草画家,著《雪颠存稿》二卷,今存民国七年(1918)上海仿宋书局排印《书画名人小集》丛书本。《丹午笔记》记载他以镜自画小照,朝内寝,

---

① 归庄:《归庄集》卷十《诛邪鬼》,上海古籍出版社,2010年,第500页。
② 归庄:《归庄集》卷十《诛邪鬼》,上海古籍出版社,2010年,第500页。
③ 归庄:《归庄集》卷一《送苏州教授程翼苍升任国子助教》,上海古籍出版社,2010年,第98页。
④ 赵尔巽等:《清史稿》卷五百四《艺术三·王武传》,中华书局,1977年,第13907页。

自称"怕见俗人"①,其画传神写照,识者睹其脑即知其人,可见他才艺过人且超尘脱俗。② 汪琬(1624—1691)所作《忘庵王先生传》刻画了他风流倜傥、多才多艺、不事生产、高洁蕴藉的飘逸气质。③

以往的研究尚未注意到,归庄与王武乃世交,《归庄集》卷四、卷六分别有《为王勤中题先君竹卷》《谢鸥草堂记》,前文称康熙十一年(1672)夏五月,王武向归庄出示家中收藏的归昌世竹卷,归庄为作题跋。文中还叙述了两家的世代交谊,称赏王武的"文采风流,词翰双美";后文记王武谢鸥草堂的营筑之因、草堂之景以及堂名"谢鸥"的旨趣。④ 又《归庄集》附录《年谱》亦记康熙十一年(1672)归庄至吴门晤王武。⑤ 由此可以想见,归庄与王勤中之间既有世代通家之谊,又有切磋诗文书画之乐。

就金圣叹与王武的交谊而论,《鱼庭闻贯》收有金圣叹与王武的论诗书简一封:"一诗也,有人读之而喜,有人读之而悲者,则以一诗通身写喜,而其中间乃于不意之处,却悄然安得一字,又安得者是一虚字。而一时粗人读之,以不觉故,于是遂喜;细人读之,则恰恰注眼射见此字,因而遂更悲也。"⑥ 这段文字阐述了金氏一贯主张的细读法:有些抒发悲情的诗歌,全篇除一虚字外,字字都喜,粗人漏看此虚字,遂误读此诗为欢愉之情;细人注意到了这一虚字的抒情功能,方能深悟此

---

① 顾公燮撰,甘兰经等点校:《丹午笔记》,江苏古籍出版社,1999年,第65—66页。
② 关于王武生平,参见陆林《金圣叹与王鏊后裔关系探微》,《江海学刊》2002年第4期。
③ 汪琬著,李圣华笺校:《尧峰文钞别录》卷二《忘庵王先生传》,载《汪琬全集笺校》,人民文学出版社,2010年,第2177—2179页。
④ 归庄:《归庄集》卷四《为王勤中题先君竹卷》、卷六《谢鸥草堂记》,上海古籍出版社,2010年,第276、358—359页。
⑤ 赵经达:《归玄恭先生年谱》"壬子"条,载《归庄集》附录一,上海古籍出版社,2010年,第574页。
⑥ 金圣叹著,陆林辑校整理:《贯华堂选批唐才子诗甲集七言律》卷二《鱼庭闻贯·与王勤中宪武》,载《金圣叹全集》(修订版)第壹册,凤凰出版社,2016年,第109页。

诗的似喜实悲。

如此不厌其烦地罗列金圣叹与钱谦益、归庄等人的共同朋友，是为了说明金氏与钱谦益等人所代表的通经致用思想的渊源。虽然就现存资料看，金氏与钱氏的直接交往仅"仙坛倡和"这一次，但通过与程翼苍、徐增、即中大师、王武等人的交往，金圣叹想必间接地濡染了钱谦益、归庄等人的学术思想。

此外，金圣叹与魏德辅、戴云叶及其族兄金昌的交往，也与金氏好尚天台学、推崇儒家纲常的思想有关，故略述如下。

1. 魏德辅、戴云叶

如前所述，钱谦益《天台泐法师灵异记》称：崇祯八年（1635）圣叹二十八岁时，"戴生、顾生、魏生"等好尚天台学的士人与金圣叹共行扶乩之事，其中，魏生当指魏德辅，戴生盖戴云叶，顾生则待考：（1）魏生。除了《鱼庭闻贯》中的魏云之外，金圣叹提及的魏氏只有《沉吟楼诗选》中六次①写到的魏德辅，故"魏生"是这位魏德辅的可能性较大。（2）戴生。《鱼庭闻贯》有金圣叹《与戴云叶镐》《与戴云叶》各一封，又《沉吟楼诗选》与戴氏有关者计三首②，分别是《赠戴云叶》、《春雨同德辅云叶舍》和《夜与无动语因及德辅云叶》，由此可以推测，戴生名镐，字云叶。陆林《金圣叹早期扶乩降神活动考论》根据《贞丰里谯国戴氏族谱》，认为戴云叶小金氏十一岁，不太可能是戴生，"戴生"当是云叶二哥之傑（1609—1639）。此说的不足之处在于，戴之

---

① 这六首诗分别是《访魏德辅小值》《春雨同德辅云叶舍》《夜与无动语因及德辅云叶》《闲坐舍边小桥上思德辅不知在何处》《闻德辅病却寄一律时予亦小疾在卧》《昨夜梦看德辅庭中野树记之》[《沉吟楼诗选》卷五、卷二、卷二、卷二、卷五、卷五，载《金圣叹全集》（修订版）第贰册，第1157、1163、1175、1176、1221、1238页]。
② 金圣叹著，陆林辑校整理：《沉吟楼诗选》卷二《赠戴云叶》《春雨同德辅云叶舍》《夜与无动语因及德辅云叶》，载《金圣叹全集》（修订版）第贰册，凤凰出版社，2016年，第1156、1163、1175页。

傑与金圣叹共行扶乩之事，却在金圣叹的著作几乎没有留下任何痕迹，而另外两位同伴魏生和顾生都见于《沉吟楼诗选》或《鱼庭闻贯》中。（3）顾生。金圣叹的顾姓朋友不止一位，《沉吟楼诗选》有《赠顾君猷》一首，《鱼庭闻贯》涉及的顾氏有顾掌丸慈旭、顾祖颂、顾晦年陈晄、顾五玉予鼎、顾尼备嗣曾等五位，其中顾慈旭、顾嗣曾、顾陈晄的生年分别是1632、1633、1634，① 因而不可能在崇祯八年（1635）参与扶乩之事，则顾生有可能是顾君猷、顾祖颂、顾五玉予鼎中的一位或另有其人。

魏德辅等人与圣叹的友谊至少从金氏二十八岁就开始了，直到顺治十七年（1660）圣叹五十三岁选批唐才子诗时，他们仍然是圣叹的支持者，二十多年中他们的惺惺相惜之情、志趣相投之态，在《沉吟楼诗选》中一再表现出来。圣叹欣赏戴云叶，竟至"不信除吾子，人间更有人"② 的程度；金氏倾慕魏德辅之深，不仅曾经"闲坐舍边小桥上"③ 思念德辅，而且连梦中也不忘欣赏德辅庭中野树，真可谓"才下眉头，却上心头"了！二人同时卧病在床，圣叹又以"身病更能怜病客，空房惨泊幸支持"④ 的同病相怜之情来安慰对方。圣叹与戴云叶、魏德辅的畅谈欢聚是如此难忘，以至金氏不禁发出"偷欢真不易，明日又东西"⑤

---

① 参见陆林《金圣叹与长洲唯亭顾氏交游考——兼论顾予咸与清初三大史狱之关系》，《艺术百家》2002年第2期。
② 金圣叹著，陆林辑校整理：《沉吟楼诗选》卷二《赠戴云叶》，载《金圣叹全集》（修订版）第贰册，凤凰出版社，2016年，第1156页。
③ 金圣叹著，陆林辑校整理：《沉吟楼诗选》卷二《闲坐舍边小桥上思德辅不知在何处》，载《金圣叹全集》（修订版）第贰册，凤凰出版社，2016年，第1176页。
④ 金圣叹著，陆林辑校整理：《沉吟楼诗选》卷五《闻德辅病却寄一律时予亦小疾在卧》，载《金圣叹全集》（修订版）第贰册，凤凰出版社，2016年，第1221页。
⑤ 金圣叹著，陆林辑校整理：《沉吟楼诗选》卷二《春雨同德辅云叶舍》，载《金圣叹全集》（修订版）第贰册，凤凰出版社，2016年，第1163页。

的叹息;而圣叹与朋友无动夜谈时,也会不由自主地想到魏、戴二人。①

圣叹与魏德辅等人的思想契合,主要表现在好尚天台学、切磋诗论和向往隐逸等方面。首先,诸人皆好尚天台学,被钱谦益誉为"皆于台有宿因者也"②。圣叹自称与戴云叶"世礼共疏阔,玄心互苦辛",生病时又戏语两人"定以能诗成渴疾,无忘礼佛是医师"③,凡此都提示了圣叹与戴云叶等人在礼佛方面的志趣相投。其次,他们都是圣叹唐诗分解说的支持者。圣叹与戴云叶论分解说的两封信中,一是以"猛虎只待振威出林"和"竹林到雷动后,斗然发起丈许大笋"来比喻前解一二的气势;二是主张天分高、心地厚者能够理解唐律诗分解说的妙处所在。④最后,隐逸情趣也是他们的共性。尤其是魏德辅,由《访魏德辅不值》《昨夜梦看德辅庭中野树记之》等诗可知,德辅似乎僻居村野,其居处颇饶野趣:"野菜绕门出,小虫当户悬。昼厨寒有鬼,童子倨如仙。"魏德辅即便不是隐士,至少也是向往林泉之致的。某日圣叹访魏德辅不遇后,"我亦便归去,关窗独自眠"⑤,可见两人在遗落世事方面的声气相投。

2. 金昌

金昌,字长文,号夒斋,法记圣瑗,是金圣叹族兄⑥。顺治十三年

---

① 金圣叹著,陆林辑校整理:《沉吟楼诗选》卷二《夜与无动语因及德辅云叶》,载《金圣叹全集》(修订版)第贰册,凤凰出版社,2016年,第1175页。
② 钱谦益著,钱曾笺注,钱仲联标校:《牧斋初学集》卷四十三《天台泐法师灵异记》,载《钱牧斋全集》第贰册,上海古籍出版社,2003年,第1123页。
③ 金圣叹著,陆林辑校整理:《沉吟楼诗选》卷二《赠戴云叶》、卷五《闻德辅病却寄一律时予亦小疾在卧》,载《金圣叹全集》(修订版)第贰册,凤凰出版社,2016年,第1156、1221页。
④ 金圣叹著,陆林辑校整理:《贯华堂选批唐才子诗甲集七言律》卷二《鱼庭闻贯·与戴云叶镐》,载《金圣叹全集》(修订版)第壹册,凤凰出版社,2016年,第105、107页。
⑤ 金圣叹著,陆林辑校整理:《沉吟楼诗选》卷五《访魏德辅不值》,载《金圣叹全集》(修订版)第贰册,凤凰出版社,2016年,第1157页。
⑥ 金昌《〈才子书〉小引》云"唱经,仆弟行也"。金圣叹《春感八首》序称"家兄长文具为某道",又金圣叹之子金雍所记《鱼庭闻贯》有"与家伯长文昌"一条。

(1656）岁贡生①，康熙朝任合肥训导②。

金昌参与了金圣叹的以下学术活动：

其一，易学研究。金昌顺治十六年（1659）作《〈才子书〉小引》曰"仆昔从之学《易》，二十年不能尽其事，故仆实私以之为师"③，可知金昌在易学方面是圣叹弟子。同时，从教学相长的角度来看，可以推测金圣叹的《通宗易论》《周易义例全钞》《三十四卦钱钞》《大易讲场私钞》等易学著述中有金昌的切磋之功。

其二，《唱经堂圣人千案》的著述。金圣叹作于顺治六年己丑（1649）的《唱经堂圣人千案·序》自称"同其事者，家兄长文、友刘逸民，皆所谓不有博弈贤于饱食群居者也"④。

其三，金昌在《左传》、唐才子诗、杜诗的评点方面也曾与金圣叹相互交流。金圣叹评点《左传》"周郑交恶"一篇时，引用了金昌的观点："读《克段于鄢》，见郑庄公之无亲；读《周郑交质》，见郑庄公之无君。无君与亲，其无礼孰甚焉？君子于许叔篇'谓郑庄于是乎有礼'，不过反形其无礼云耳。"⑤ 金昌对纲常伦理的重视，由此可窥一斑。还有，《鱼庭闻贯》录有圣叹与长文书两封，一论诗歌本质："诗非异物，只是人人心头舌尖所万不获已，必欲说出之一句说话耳。"二是讽刺时人重视律诗"中四句"，将律诗结构理解为中间四句和头尾二联的机械

---

① 乾隆《吴县志》卷四十七《选举·贡生》。
② 关于金昌生平，参见陆林《〈晚明曲家年谱〉金圣叹史实研究献疑》，《文学遗产》2002年第1期。
③ 金昌：《金圣叹全集附录》之《〈才子书〉小引》，载金圣叹著、陆林辑校整理《金圣叹全集》（修订版）第陆册，凤凰出版社，2016年，第93页。
④ 金圣叹著，陆林辑校整理：《唱经堂圣人千案·序》，载《金圣叹全集》（修订版）第陆册，凤凰出版社，2016年，第922页。
⑤ 金圣叹著，陆林辑校整理：《唱经堂左传释》，载《金圣叹全集》（修订版）第伍册，凤凰出版社，2016年，第27页。

组合,正如"穷措大阑入豪贵人家酒席",只能说出猪鹅鸭鲈四碗和"两头设放小菜"。① 反对"中四句"说之弊端,是金圣叹提倡"律诗分解"说的理论前提,② 可以想见,圣叹律诗分解说是得到了金昌支持的。金昌对圣叹杜诗评点的支持,最是不遗余力。金昌深知圣叹从舞象之年便开始醉心于杜诗、昼夜批点的甘苦,因此极力促成《杜诗解》和其他评点之作的刊刻。从他作于顺治十六年(1659)的《〈才子书〉小引》可知,他在顺治十六年赴京参加科举考试之前,曾向朋友倡议资助刊刻圣叹才子书;康熙年间,金昌《叙〈第四才子书〉》叙述了自己出任合肥训导前后刊刻和补刻《第四才子书》的情形,高度评价圣叹的杜诗评点,认为其成功之处在于以意逆志,以圣叹的忠孝之心揭示了杜甫的忠孝之志:"盖少陵忠孝士也,匪以忠孝之心逆之,茫然不历其藩翰,况于壶奥?"③ 今存《唱经堂杜诗解》还收有金昌评杜诗四则,分别涉及《题张氏隐居二首》的句读、《咏蜀先主》中的无常感、《鸥》诗的"江起海结,章法不苟"以及金氏评点《奉送蜀州柏二别驾将中丞命赴江陵起居卫尚书太夫人因示从弟行军司马位》之高妙等问题④,可见金昌于杜诗亦颇有心得。

概言之,与圣叹的其他朋友一样,金昌在好尚周易和禅学、赞同唐

---

① 金圣叹著,陆林辑校整理:《贯华堂选批唐才子诗甲集七言律》卷二《鱼庭闻贯·与家伯长文昌》《鱼庭闻贯·与家伯长文》,载《金圣叹全集》(修订版)第壹册,凤凰出版社,2016年,第100、104页。
② 参见吴正岚《江苏历代文化名人传·金圣叹》,江苏人民出版社,2019年,第302—305页。
③ 金昌:《金圣叹全集附录》之《叙〈第四才子书〉》,载金圣叹著、陆林辑校整理《金圣叹全集》(修订版)第陆册,凤凰出版社,2016年,第94页。
④ 分别见《唱经堂杜诗解》卷一《题张氏隐居二首》评[《金圣叹全集》(修订版)第贰册,第623页],卷三《咏蜀先主》评[载《金圣叹全集》(修订版)第贰册,第765页],卷三《鸥》评[载《金圣叹全集》(修订版)第贰册,第768页],卷四《奉送蜀州柏二别驾将中丞命赴江陵起居卫尚书太夫人因示从弟行军司马位》评[载《金圣叹全集》(修订版)第贰册,第785—787页]。

诗分解说、推崇杜诗等方面与圣叹桴鼓相应。值得一提的是，金昌强调《左传》中的纲常伦理，推崇圣叹《唱经堂杜诗解》中的忠孝观念，折射出金昌对明清之际通经致用之学的濡染。又金昌在《叙〈第四才子书〉》中特别提到了"我友徐子能"《咏杜》一诗对杜甫忠孝友爱之情的称颂①，由此可以推测，金昌是金圣叹亲友中比较倾向于儒家正统观念的一位。

二、金圣叹之推重致用和伦理

说金圣叹重伦理、讲致用，似乎是故作翻案文章，其实，金圣叹学术思想的复杂性，决定了他一方面深受李贽的影响而批驳伪道学、推崇个性；另一方面，与当时的小说戏曲家相比，金氏重视礼教、崇尚经世的倾向显得颇为突出。《水浒》评点中的政治谋略和忠孝观念、《唱经堂杜诗解》中的忠君思想和《西厢记》评点中的礼教意识都说明了金氏思想中不乏重视致用和纲常的成分。

（一）《水浒传》评点中的政治谋略

在《水浒传》评点中，金圣叹反复申说作者的创作动机是"写出自

---

① 金昌：《金圣叹全集附录》之《叙〈第四才子书〉》，载金圣叹著、陆林辑校整理《金圣叹全集》（修订版）第陆册，凤凰出版社，2016年，第94页。

家许多锦心绣口"①,竭力表明自己评点《水浒传》的动机是揭示其文法。但他在评点中又不时显露出留心当世政治的本来面目。通过金批《水浒传》与容与堂本、袁无涯本②的对比可以看出,金圣叹比前人更为关注《水浒传》中的政治谋略。

金圣叹反复致意的政治谋略有谋事必须机密和用人必须专信两方面。金氏评点《水浒传》时,往往将其核心观点置于回前总评中。谋事机密和用人专信之说分别见于《水浒传》第十三回、第十五回总评,可见它们在金圣叹思想中所处的地位。《水浒传》第十三回中,金氏论谋事机密云:

> 加亮初出草庐第一句,曰:"人多做不得,人少亦做不得。"至哉言乎!虽以治天下,岂复有遗论哉!然而,"人少做不得"一语,人固无贤无愚,无不能知之也;若夫"人多亦做不得"一语,则无贤无愚,未有能知之者也。呜呼!君不密则失臣,臣不密则失身,岂惟民可使由,不可使知?周礼建官三百六十,实惟使由不使知之属也。枢机之地,惟是二三公孤得与闻之。"人多做不得",岂非王道治天下之要论耶?恶可以其稗官之言也而忽之哉!③

这段洋洋洒洒的文字,把君臣计谋之密视为王道治天下的要论。在该回夹批中,金圣叹又在"人多做不得,人少又做不得"一语下加以

---

① 金圣叹著,陆林辑校整理:《第五才子书施耐庵水浒传》卷三《读第五才子书法》,载《金圣叹全集》(修订版)第叁册,凤凰出版社,2016年,第28页。
② 本书所引容与堂本、袁无涯本据陈曦钟、侯忠义、鲁玉川辑校《水浒传会评本》,北京大学出版社,1981年。
③ 金圣叹著,陆林辑校整理:《第五才子书施耐庵水浒传》卷十八第十三回总评,载《金圣叹全集》(修订版)第叁册,凤凰出版社,2016年,第262页。

"十字千古名言，可谓初出茅庐第一语矣"① 的评语，又第十九回夹批亦称谋略之机密为极大学问："写晁盖、吴用、公孙胜，宛然是个中军，真有不劳而定之体。然又特特藏过吴用者，盖深喻谋于九渊，发于九天，枢密之地非可以示人也。读《水浒》有极大学问，后世其念之也哉。"② 可见金氏对密谋之学颇感兴趣。而容与堂本、袁无涯本对相关文字的评点如何呢？对于第十三回"人多做不得"十字，容与堂本仅加以"好话，的是有贼智底"数字眉批，袁批也只是叹为"便见初出茅庐的计略"。③ 显然，金氏的评点是胎息于袁批的，但金氏由袁批的寥寥数语引申出了一大段有关君臣之密的议论，并且多次申说。显而易见，探讨计谋之机密是金圣叹评点《水浒传》的重要思想之一，是有别于容与堂本、袁无涯本的创见。值得一提的是，君臣慎密的思想出自《周易·系辞上》"君不密则失臣，臣不密则失身，几事不密则害成。是以君子慎密而不出也"，这一政治谋略当是金圣叹浸淫易学的成果之一。

金圣叹对用人必须专信的问题似乎更为敏感，以至于第十五回评点完全围绕梁中书用杨志而又不能专信、令心腹都管监督杨志而终成掣肘的政治悲剧而展开。第十五回总评以数百字感慨此事曰：

> 盖我读此书而不胜三致叹焉，曰：嗟乎！古之君子，受命于内，莅事于外，竭忠尽智，以图报称。而终亦至于身败名丧，为世僇笑者，此其故，岂得不为之深痛哉！夫一夫专制，可以将千军；两人牵羊，

---

① 金圣叹著，陆林辑校整理：《第五才子书施耐庵水浒传》卷十八第十三回夹批，载《金圣叹全集》（修订版）第叁册，凤凰出版社，2016年，第272页。
② 金圣叹著，陆林辑校整理：《第五才子书施耐庵水浒传》卷二十四第十九回夹批，载《金圣叹全集》（修订版）第叁册，凤凰出版社，2016年，第370页。
③ 陈曦钟、侯忠义、鲁玉川辑校：《水浒传会评本》，北京大学出版社，1981年，第268页。

未有不僵于路者也。独心所运,不难于造五凤楼曾无黍米之失;聚族而谋,未见其能筑室有成者也。梁中书以道路多故,人才复难,于是致详致慎,独简杨志而畀之以十万之任,谓之知人,洵无忝矣,即又如之何而必副之以一都管与两虞候乎?……是皆中书视十万过重,视杨志过轻。……夫是故以一都管、两虞候为监,凡以防其心之忽一动也。然其胸中,则又熟有"疑人勿用,用人勿疑"之成训者,于是即又伪装夫人一担,以自盖其相疑之迹。……然而官之所以得治万民,与将之所以得制三军者,以其惟此一人故也。今也一杨志,一都管,又二虞候,且四人矣,以四人而欲押此十一禁军,岂有得乎?……故我谓生辰纲之失,非晁盖八人之罪,亦非十一禁军之罪,亦并非一都管、两虞候之罪,而实皆梁中书之罪也,……杨志其寓言也。古之国家,以疑立监者,比比皆有,我何能遍言之!①

类似的说法在第十五回评点中多次出现,如总评还说:"看他写一路老都管掣人肘处,真乃描摹入画。"②夹批称"多时相望,临用忽复疑之,总视十万重、视杨志轻也"③,认为杨志押送金银担一节乃寓言国家以疑立监,此乃金氏之创见。在此之前,容与堂本眉批认为杨志生辰纲失事的原因在于"杨志虽是能干,却不善调停,如何济得事",袁本眉批则批评杨志"此又不善行兵矣,病在打骂嗔狠处",④ 而金圣叹则别具只眼

---

① 金圣叹著,陆林辑校整理:《第五才子书施耐庵水浒传》卷二十第十五回总评,载《金圣叹全集》(修订版)第叁册,凤凰出版社,2016年,第290—292页。
② 金圣叹著,陆林辑校整理:《第五才子书施耐庵水浒传》卷二十第十五回总评,载《金圣叹全集》(修订版)第叁册,凤凰出版社,2016年,第290—292页。
③ 金圣叹著,陆林辑校整理:《第五才子书施耐庵水浒传》卷二十第十五回夹批,载《金圣叹全集》(修订版)第叁册,凤凰出版社,2016年,第294页。
④ 陈曦钟、侯忠义、鲁玉川辑校:《水浒传会评本》,北京大学出版社,1981年,第294、293页。

地指出其中的症结在于梁中书用人而疑,并由此引申出国家不可以疑立监的主张。

先行研究①已经指出,晚明边事日益危急的原因之一便是朝廷对边将不能专信,以致将领屡遭掣肘。圣叹虽然只是一介书生,但从未忘记国势的安危,因而他在评点《水浒传》时,自然借机将胸中郁积的对于边事的忧虑、有关用人必专的思考倾泻出来。

金圣叹在《水浒传》评点中所阐述的谋事宜机密、用人当专信的政治谋略,是容与堂本、袁本所没有的,可以说,金圣叹比其他评点者更关注《水浒传》中蕴涵的谋国之略、经世之学。不唯如此,金圣叹在《贯华堂选批唐才子诗》中还多次阐述经世之才出于隐沦之士的主张②,这同样反映了他以水边林下之身关注经世致用的思想。

(二) 推崇忠孝

推崇忠孝是《水浒传》评点和《唱经堂杜诗解》的相通之处。在《水浒传》评点中,金圣叹通过批驳前人的"忠义水浒传"之说,揭示宋江的伪忠义,提倡表里如一的真善;在《唱经堂杜诗解》中,金氏不仅强调"读先生全集,处处见其忠孝友爱之盛心"③,而且提出了解读杜诗中的忠孝之情的若干途径(说详下)。

在《水浒传》评点中,金圣叹的推崇真忠孝可从斥骂宋江伪忠义和推崇真善的"忠恕"说中见出。金圣叹之所以独恶宋江,是因为宋江表

---

① 孟森:《明本兵梁廷栋请斩袁崇焕原疏附跋》,《国立北平研究院史学集刊》第1期(1936年),载《明清史论著集刊》,中华书局,1959年,第17—27页。
② 参见吴正岚《江苏历代文化名人传·金圣叹》,江苏人民出版社,2019年,第249—250页。
③ 金圣叹著,陆林辑校整理:《唱经堂杜诗解》卷一《与李十二白同寻范十隐居》评,载《金圣叹全集》(修订版)第贰册,凤凰出版社,2016年,第619页。

面上重视忠义而实质上不忠不义，因此他对宋江的批判中包含了宋江虚伪不实和宋江不忠不义两个层面。他对宋江的伪忠义是如此深恶痛绝，以致他在评点中不仅花大力气一一揭露宋江言行之伪善，而且不厌其烦地论证了与宋江伪善相关的反忠义《水浒》和反续《水浒》两个命题。这是从否定方面表达了金圣叹对忠孝的重视。①

以"忠恕"说为核心的心性论则从正面阐述了金圣叹的伦理理想是表里如一的真忠孝。金氏"忠恕"说包含了至诚与至善合一且至诚更为重要的本体论、由渐修入顿悟而顿悟更为重要的工夫论和真实地表现喜怒哀乐之中节的境界论。金氏所谓"忠恕"，就是表里如一的真善。②

如果将金圣叹的痛斥伪忠义与其"忠恕"说加以对照，便能进一步相信金圣叹并不是如人们所认为的那样单纯地推崇真诚或是主张率性任情，他既崇尚真诚又追求忠孝，他所提倡的是心口一致的真忠孝。这是因为：其一，表里如一的真善是对宋江伪忠孝的救治，金氏以"真"来挽救宋江之虚伪，以忠孝来对治宋江之背弃忠义。正因"独恶宋江"说中包含了痛斥宋江虚伪和不忠孝两方面，与之相应的"忠恕"说也应由真和善两个因素构成。其二，金氏对李逵形象的分析表明了他既崇尚真诚又推崇忠义。金氏认为小说是用"背面铺粉法"，通过塑造李逵形象来反衬宋江。那么，李逵形象中包含了怎样的伦理观念呢？从金氏有关李逵的评点来看：（1）李逵作为真诚的典型而和宋江的奸诈成为鲜明对比，《读第五才子书法》中多次提及李逵形象中的真诚意味，如"盖作者只是痛恨宋江奸诈，故处处紧接出一段李逵朴诚来，做个形击"③。金

---

① 参见吴正岚《江苏历代文化名人传·金圣叹》，江苏人民出版社，2019 年，第 191—197 页。
② 参见吴正岚《金圣叹的心性论与晚明思想的困境——以"忠恕"说为核心》，《南京大学学报》2006 年第 4 期。
③ 金圣叹著，陆林辑校整理：《第五才子书施耐庵水浒传》卷三《读第五才子书法》，载《金圣叹全集》（修订版）第叁册，凤凰出版社，2016 年，第 32 页。

氏评点李逵的41条文字中，有21条是称誉李逵"朴诚""真率""浩浩落落"的。（2）金氏偶尔赞赏李逵率性任真、不拘礼法的特点，如"无亲无疏，无上无下，但不合意，便大骂之。三代直道而行，我仅见李大哥耳"①。类似的说法还见于第三十七回夹批②。显然，金氏并没有把不守礼法、率性任情视为李逵性格的主要特点，这类说法只是为了极力表现李逵的真率而已。（3）与李逵的真诚相伴而行的，是其忠孝。金圣叹评点李逵的文字中，有18条热情赞扬李逵"忠恕""纯孝""真正孝子"。金氏还不止一次地说明李逵的忠与直，恰与宋江的虚伪无忠义相对照。比如，"此书每写宋江一片奸诈后，便紧接李逵一片真诚以激射之，前已处处论之详矣。最奇妙者，又莫奇妙于写宋江取爷后，便写李逵取娘也"③，这就说明了李逵不仅以真诚迥异于宋江的奸诈，而且是以"忠孝过人"有别于宋江的全无忠义。金氏认为李逵的形象是真诚与忠孝的结合，而弘扬真忠孝、揭露伪忠义是《水浒传》宗旨中不可或缺的两方面。

《唱经堂杜诗解》推崇杜甫的忠孝友爱，本是题中应有之义。金氏在评点杜诗时，可说是无一篇不谈忠孝。如前所述，金昌《叙〈第四才子书〉》曾赞扬金圣叹以"忠孝之心"解读杜诗。值得注意的是，金圣叹还提出了两种解读杜甫忠孝友爱的路径：

其一，金氏认为杜诗写景之作往往寄托了忠孝之言，提出了所谓"杜诗不写景"说。其说主张杜甫继承了《诗经》托物言志的传统，因

---

① 金圣叹著，陆林辑校整理：《第五才子书施耐庵水浒传》卷五十七第五十二回夹批，载《金圣叹全集》（修订版）第肆册，凤凰出版社，2016年，第953页。
② 金圣叹著，陆林辑校整理：《第五才子书施耐庵水浒传》卷四十二第三十七回夹批，载《金圣叹全集》（修订版）第叁册，凤凰出版社，2016年，第683、688页。
③ 金圣叹著，陆林辑校整理：《第五才子书施耐庵水浒传》卷四十六第四十一回总评，载《金圣叹全集》（修订版）第肆册，凤凰出版社，2016年，第752页。

而其写景诗旨在抒发感情，而非单纯描摹物色。杜诗写景之作寄寓的感情不止一端，但忠孝友爱之心是其中的重要内容，金氏以为"先生集中，都是忠孝切实之言：往往有所寄托而愈见其切实，如《孤雁》诸篇是也"①。"杜诗不写景"说是对明清之际盛行的杜诗篇篇有寄托之观念的强化，凸显了金氏通过评点杜诗来弘扬忠孝友爱的意图。②

其二，金氏指出杜诗讥刺君王之作也是其忠君之志的表现。自来研究杜诗学者，往往在杜甫是否讥刺君王的问题上争论不休，钱谦益《钱注杜诗》便以好谈杜诗"有所刺"而遭到清人批评③，被认为歪曲了杜甫的忠厚之志。金圣叹提出了考察这一问题的新视角，他认为怨刺也是忠君之诚的一种表现形式："夫思不得而怨，怨又不得而愤，皆忠臣自然之致，无伤也。"④ 杜诗中的怨愤之句同样是出于忠君之心，这是完全符合创作心理的分析。金氏将怨刺之篇解读为杜甫的忠君，显然是为了强化杜诗中蕴含的忠孝友爱。

（三）以礼教删改和评点《西厢记》

金圣叹评点《西厢记》的主要思想动机便是驳斥旧本《西厢记》的"狂荡无礼"，揭示《西厢记》中的礼教内涵。为此，他创立了《西厢记》为作者自传之说，又删改了旧本《西厢记》，试图以此证实《西厢记》人物形象的守礼持正。

---

① 金圣叹著，陆林辑校整理：《唱经堂杜诗解》卷三《孤雁》评，载《金圣叹全集》（修订版）第贰册，凤凰出版社，2016年，第750页。
② 参见吴正岚《江苏历代文化名人传·金圣叹》第十一章第二节《诗歌不写景说的形成背景》，江苏人民出版社，2019年，第313—322页。
③ 参见郝润华《〈钱注杜诗〉与诗史证义方法》，黄山书社，2000年，第66—68页。
④ 金圣叹著，陆林辑校整理：《唱经堂杜诗解》卷三《去蜀》评，载《金圣叹全集》（修订版）第贰册，凤凰出版社，2016年，第734页。

金圣叹首先指出，《西厢记》之所以力避"狂荡无礼"之言，是由于《西厢》本是作者的自传："我见近今填词之家，其于生旦出场第一引中，类皆肆然早作狂荡无礼之言，生必为狂且，旦必为倡女，……夫天下后世之读我书者，彼岂不悟此一书中，所撰为古人名色，如君瑞、莺莺、红娘、白马，皆是我一人心头口头吞之不能，吐之不可，搔爬无极，醉梦恐漏，而至是终竟不得已，而忽然巧借古之人之事以自传，道其胸中若干日月以来，七曲八曲之委折乎？……夫天下后世之读我书者，彼则深悟君瑞非他君瑞，殆即著书之人焉是也；莺莺非他莺莺，殆即著书之人之心头之人焉是也；……如是而提笔之时不能自爱，而竟肆然自作狂荡无礼之言，以自愉快其心，是则岂非身自愿为狂且，而以其心头之人为倡女乎？"① 既然《西厢记》是借古人之事以自传，著书之人必然自爱自重，不可能以狂荡无礼之言作《西厢记》。

在此前提下，金氏通过删改和评点旧本《西厢记》，从以下几个情节强调了人物的秉礼守义：其一，旧本《西厢记》写莺莺奉母命到佛殿游玩，金氏改成到别院的前庭散心，并在评点中多次以"近世忤奴，乃云双文直至佛殿"之类的说法痛斥旧本，从而强调双文是真正的"相府千金秉礼小姐"。② 其二，旧本《游殿》一折写莺莺对张生留情，金氏删去了这些科介，并且反复驳斥旧本的写法，甚至痛骂持此说者"我得而知其母、其妻、其女之事焉"。③ 此说之所以不可不辨，乃因"夫男先乎

---

① 金圣叹著，陆林辑校整理：《贯华堂第六才子书西厢记》卷四《惊艳》总评，载《金圣叹全集》（修订版）第贰册，凤凰出版社，2016年，第892—893页。
② 金圣叹著，陆林辑校整理：《贯华堂第六才子书西厢记》卷四《惊艳》夹批，载《金圣叹全集》（修订版）第贰册，凤凰出版社，2016年，第895、898页。
③ 金圣叹著，陆林辑校整理：《贯华堂第六才子书西厢记》卷四《惊艳》夹批、《酬韵》夹批，卷五《赖婚》夹批，载《金圣叹全集》（修订版）第贰册，凤凰出版社，2016年，第900、902、922、968页。

女，固亦世之恒礼也"①。换言之，莺莺之所以不可以对张生留情，缘于此举有悖于"男先乎女"②的礼制。其三，人们把《琴心》一折理解为张生以琴心挑双文，金氏对此大不以为然，他主张红娘以琴心教张生，是因为不敢对双文率尔有言。金氏在该折总评中，以二千多字的篇幅申论红娘以琴心教张生的良苦用心，是为了守先王之礼。其说可分为三个层次：（1）才子佳人即便互有必至之情，也只能藏之于心中，因为"先王制礼，万万世不可毁也"③。（2）即便老夫人先许婚后赖婚，红娘还是"不敢轻以一无故之言干冒尊严者"，其理由仍是"先王制礼，有外有内，有尊有卑，不但外言之不敢或闻于内，而又卑言之不敢或闻于尊"④。（3）红娘不敢干冒莺莺，又不忍不为张生一援手，万般无奈之下，只好教张生以琴心。概言之，红娘为张生设计琴心之策，是为了遵循先王的内外尊卑之礼。金圣叹对以上三个情节进行改写和重新解读，正是为了驳斥旧本《西厢》的"狂荡无礼"，揭示《西厢记》人物中蕴涵的礼教意味。⑤

金圣叹通过评点《西厢记》来奖倡礼教的倾向已如上述，但以往人们多从《西厢》评点中嗅出了圣叹蔑视礼教、狂妄大胆的气息，其实是误读了金氏的以下两种说法。

---

① 金圣叹著，陆林辑校整理：《贯华堂第六才子书西厢记》卷四《惊艳》夹批，载《金圣叹全集》（修订版）第贰册，凤凰出版社，2016年，第902页。
② 关于"男先乎女"，《礼记·昏义》有明确的阐述："父亲醮子而命之迎，男先于女也。"（《礼记正义》卷六十一，载李学勤主编《十三经注疏·礼记正义》，第1019页）这是通过亲迎之礼来体现男先于女的礼制。
③ 金圣叹著，陆林辑校整理：《贯华堂第六才子书西厢记》卷五《琴心》总评，载《金圣叹全集》（修订版）第贰册，凤凰出版社，2016年，第976页。
④ 金圣叹著，陆林辑校整理：《贯华堂第六才子书西厢记》卷五《琴心》总评，载《金圣叹全集》（修订版）第贰册，凤凰出版社，2016年，第979页。
⑤ 关于金氏对旧本《西厢》的删改，参见戴不凡《论崔莺莺》，上海文艺出版社，1963年，第139—205页。

一是，主张《西厢》不是淫书。《读第六才子书〈西厢记〉法》力驳"《西厢记》是淫书"的说法，人们因此认为金氏大胆赞美了男女之情的合理性。其实，这段文字的逻辑是：（1）《西厢记》是天地妙文。（2）不能因为《西厢记》"中间有此一事"而废却此书。（3）以《西厢记》为淫书者，不是误听冬烘先生之言而未曾眼见《西厢记》，就是眼见了《西厢记》仍固执己见的冬烘先生。显然，金圣叹力驳"《西厢记》是淫书"之说，只不过为了强调《西厢记》是妙文，他并没有提倡男女之情的意思。①

二是，质疑"《国风》好色而不淫"。《酬简》一折的总评曰：

> 古之人有言曰"《国风》好色而不淫"。比者圣叹读之而疑焉，曰：嘻，异哉！好色与淫相去则又有几何也耶？……好色必如之何者谓之好色？好色又必如之何者谓之淫？好色又如之何谓之几于淫，而卒赖有礼而得以不至于淫？好色又如之何谓之赖有礼得以不至于淫，而遂不妨其好色？夫好色而曰吾不淫，是必其未尝好色者也；好色而曰吾大畏乎礼而不敢淫，是必其并不敢好色者也；好色而大畏乎礼而不敢淫而犹敢好色，则吾不知礼之为礼将何等也；好色而大畏乎礼而犹敢好色而独不敢淫，则吾不知淫之为淫必何等也。且《国风》之文具在，固不必其皆好色，而好色者往往有之矣；抑《国风》之文具在，反不必其皆好色而淫者往往有之矣。……人未有不好色者也，人好色未有不淫者也，人淫未有不以好色自解者也。此其事，内关性情，外关风化，其伏至细，其发至巨。故吾得因论《西厢》之次而欲一问之：夫

---

① 金圣叹著，陆林辑校整理：《贯华堂第六才子书西厢记》卷二《读第六才子书〈西厢记〉法》，载《金圣叹全集》（修订版）第贰册，凤凰出版社，2016年，第854—866页。

好色与淫,相去则真有几何也耶?①

关于这段文字,历来有不同理解。有的学者认为此说反映了金氏对"淫"的矛盾心态,有的学者则主张此说意味着"淫即好色"②。从这段文字的本意来看,金圣叹是试图从逻辑上批驳"好色而不淫"一说的荒谬性。在他看来,在好色、淫、礼三者之间的关系中,好色而不淫,则好色不成其为好色,淫又不成其为淫,礼又不成其为礼,概言之,淫即好色,好色与淫皆悖于礼。"好色而不淫"一说的错误在于,一方面将好色归为礼,另一方面又将淫界定为非礼。

值得注意的是,金氏否定了"好色而不淫",主张好色即淫,是否意味着他提倡淫与好色,从而反对礼呢?答案显然是否定的。其一,金圣叹确实承认了"人未有不好色者也,人好色未有不淫者也",但此说不过是在继承了《论语·子罕》"吾未见好德如好色者"、《大学》"如恶恶臭,如好好色"等说的基础上,加进了金氏"好色即淫"的观点而已,不能算是为好色(淫)摇旗呐喊,充其量也只能算是承认了男女之事的客观存在。其二,金氏所不满的是"人淫未有不以好色自解者也",也就是说,他认为以好色之说为淫作辩护是苍白无力的,因为好色与淫都意味着非礼。其三,"内关性情,外关风化"一说表明,尊重人的性情的金圣叹,对于风化也未敢轻忽。其四,金氏认为《国风》写淫而意不在于淫。他反对"《国风》好色而不淫",是为支持其"《国风》淫"一说,然后,他又由此推导出"自古至今,有韵之文,吾见大抵十七皆

---

① 金圣叹著,陆林辑校整理:《贯华堂第六才子书西厢记》卷七《酬简》总评,载《金圣叹全集》(修订版)第贰册,凤凰出版社,2016年,第1039—1040页。
② 参见谭帆《金圣叹与中国戏曲批评》,华东师范大学出版社,1992年,第54—57页;陈登原《金圣叹传》,上海商务印书馆,1935年,第16页。

儿女此事"的主张。而韵文多写儿女之事的缘由何在呢？"此非以此事真是妙事，故中心爱之，而定欲为文也，亦诚以为文必为妙文，而非此一事则文不能妙也"，也就是说，韵文多写儿女事，并非旨在奖倡儿女之事，而是为了借儿女之事来成就妙文，即"意在于文，意不在于事也"。①

如果将《水浒传》与《西厢记》的评点文字对照来看，可以推测出金圣叹对于淫欲的态度：一是承认其客观存在，二是不加以提倡。《水浒传》评点每每蔑视"浪妇"②，讥讽好色之徒③，同时他认为英雄有儿女之情而不好淫欲："天下真正英雄，如鲁达、李逵之徒，只是不好淫欲耳。至于儿女离别之感，何得无之？故鲁达有洒泪之文，李逵有大哭之日也。"④"不好淫欲"这一表述非常准确地反映出金圣叹既不像道学先生那样视淫欲为洪水猛兽，也并非积极提倡淫欲，但他对儿女之情是热情赞美的。

总之，金圣叹质疑"《国风》好色而不淫"，驳斥"《西厢记》是淫书"等说法，都突出了他视《西厢记》为天地妙文、以写男女之事为成就天地妙文手段的主张。他承认了男女之事的客观存在，但并无奖倡男女之事的意图。更值得注意的是，他同时表示了对风化礼教的重视。⑤

---

① 金圣叹著，陆林辑校整理：《贯华堂第六才子书西厢记》卷七《酬简》总评，载《金圣叹全集》（修订版）第贰册，凤凰出版社，2016年，第1041—1042页。
② 《第五才子书施耐庵水浒传》卷二十五第二十回夹批有"浪妇偏嘴硬"一说［载《金圣叹全集》（修订版）第叁册，第384页］。
③ 《第五才子书施耐庵水浒传》卷四十二第三十七回夹批有"不表李逵不近女色，正讥三人不觉露其本色也"［载《金圣叹全集》（修订版）第肆册，第695页］。
④ 金圣叹著，陆林辑校整理：《第五才子书施耐庵水浒传》卷八第三回夹批，载《金圣叹全集》（修订版）第叁册，凤凰出版社，2016年，第113页。
⑤ 不可否认，金批《西厢》也曾叹赏才子佳人的必至之情，因此有的学者认为金批《西厢》存在着"爱佳人则爱，爱先王则又爱"的矛盾。（参见廖可斌《爱佳人则爱，爱先王则又爱——试论金圣叹评点〈西厢记〉的矛盾心理》，《中国文学研究》1986年第1期）但金氏的主要意图还是反对"狂荡无礼"。

讲究谋略、推崇忠孝和提倡礼教是金圣叹的致用和伦理思想的主要内容。金氏在批驳前人的"忠义水浒"说、旧本《西厢记》的"狂荡无礼"的基础上阐述了以上思想。换言之，金氏的致用和伦理思想的意义在于折射了小说戏曲等通俗文学领域思想变革的消息，即从批判伪道学、提倡自然人性转向推崇真忠义、纠正狂放思潮。

三、钱谦益兼重经世与纲常的倾向

当我们追溯金氏经世和伦理思想的源流时，发现金氏的思想与钱谦益通经学古的主张有着内在的契合。

众所周知，钱谦益提倡穷经好古之学。钱氏的书论奏记中，"穷经好古""反经正学""通经学古"之类的说法比比皆是。关于钱氏"通经学古"思想的意义，以往的研究已经指出了它是针对明代空谈不学、学术败坏的现象而开出的救弊之方。钱氏认为经学关乎国运政治、世俗人心、史学文艺，反经正学的实质是提倡包括经学、史学和文学在内的、全方位的文化返本。① 本书侧重于分析通经学古何以能够救治明代学术之弊，认为钱氏的通经学古具有回归学术本源和正宗、经世致用、重建纲常等内涵，而晚明的社会政治形势决定了后两者是钱谦益最为强调的。

钱谦益论述当世学术败坏的危害曰："驯至于今，轻材小儒，敢于嗤点六经，訾毁三传，非圣无法，先王所必诛不以听者，而流俗以为固

---

① 参见孙之梅《钱谦益与明末清初文学》，齐鲁书社，1996年，第140—158页。

然。生心而害政,作政而害事,学术蛊坏,世道偏颇,而夷狄寇盗之祸,亦相挺而起。"① 可见,他认为当今空谈肤泛的学风导致了学术蛊坏、世道偏颇、国事不振三大危害,而通经学古的作用正体现在回归学术正宗、重建纲常、经世致用这三个层面。

钱谦益首先指出了通经学古对于学术本身的意义在于回归学术的本源和正宗。他不止一次地强调明代学术败坏的后果是迷失了经学的本义,所谓"俗学之弊,能使人穷经而不知经,学古而不知古"②。正因为推崇学术本源,他反对学术上的异端蜂起,多次批判"经学乱于蛙紫,史家杂于秕稗,众表竞指,百喙争鸣"的学术现状。③

钱氏在推崇汉唐注疏之学的同时,确立了以汉人为宗主的经学观念。一方面,钱氏重视《十三经注疏》,为此他竭力发挥欧阳修学说中肯定注疏之学的成分。欧阳修在《新唐书·艺文志》中论述汉唐章句注疏之学,既肯定其阐明经典,又对其过于繁琐有微辞。④ 如前所说,对于此说,钱谦益略去了其有所批评的后半截,而仅仅引用加以肯定的前半截,以此作为弘扬《十三经注疏》的理论依据。⑤ 另一方面,钱谦益继焦竑之后,更加崇尚汉学。他推尊汉唐经学为学术之正宗:"六经之学,渊源于两汉,大备于唐、宋之初,其固而失通,繁而寡要,诚亦有之,然其训故皆原本先民,而微言大义,去圣贤之门犹未远也。"因此,他认为反经正学首先意味着回归两汉经学之正宗:"学者之治经也,必

---

① 钱谦益著,钱曾笺注,钱仲联标校:《牧斋初学集》卷二十八《新刻十三经注疏序》,载《钱牧斋全集》第贰册,上海古籍出版社,2003年,第851页。
② 钱谦益著,钱曾笺注,钱仲联标校:《牧斋初学集》卷三十五《赠别方子玄进士序》,载《钱牧斋全集》第贰册,上海古籍出版社,2003年,第992—993页。
③ 钱谦益著,钱曾笺注,钱仲联标校:《牧斋有学集》卷三十八《答徐巨源书》,载《钱牧斋全集》第陆册,上海古籍出版社,2003年,第1313—1314页。
④ 欧阳修、宋祁:《新唐书》卷五十七《艺文志一》,中华书局,1975年,第1421页。
⑤ 参见本书《钱谦益之诗文"苗长于学问"与欧阳修经史之学的关系》一文。

以汉人为宗主,如杜预所谓原始要终。"① 他还明确指出"反经"的要点就是以郑玄、孔颖达等人的汉唐经学为典范:"何谓反经?自反而已矣。吾之于经学,果能穷理析义、疏通证明,如郑、孔否?"②

在钱谦益看来,经世致用和重建纲常是通经学古的两个重要功效。以经世致用而论,钱氏的通经学古以恢复两汉学风为宗旨,而通经致用是汉代学术的重要特点之一。在论述汉代《春秋》学时,钱氏多次表达了对汉代以《春秋》决狱的向往。他在《春秋匡解序》中感慨道:"余观三代以后,享国长久,盖莫如汉。当其盛时,政令画一,经术修明。以《春秋》一经言之,……诸所以定大议,断大疑,皆以《春秋》从事,何其盛哉!"③ 又说:"昔者汉世治《春秋》,用以折大狱,断国论。"④ 可见,钱谦益通经学古的观念中隐含了恢复汉代经世致用之风的思想。与此相适应,钱氏常将通经学古与"谋王体断国论"联系在一起,比如,钱氏《麟旨明微序》称赞吴睿卿《麟旨明微》"诚欲使天下学者通经学古,谋王体而断国论,以董子、胡氏为仪的也"⑤,又其《左汇序》褒扬李永年《左汇》"由是以穷经术焉,断国论焉,或源或委,先河而后海,斯侍御取以嘉惠学者之意而已矣"⑥。可以说,经世致用是通经学古的功效之一。

---

① 钱谦益著,钱曾笺注,钱仲联标校:《牧斋初学集》卷七十九《与卓去病论经学书》,载《钱牧斋全集》第叁册,上海古籍出版社,2003年,第1706页。
② 钱谦益著,钱曾笺注,钱仲联标校:《牧斋有学集》卷三十八《答徐巨源书》,载《钱牧斋全集》第陆册,上海古籍出版社,2003年,第1314页。
③ 钱谦益著,钱曾笺注,钱仲联标校:《牧斋有学集》卷二十九《春秋匡解序》,载《钱牧斋全集》第贰册,上海古籍出版社,2003年,第876—877页。
④ 钱谦益著,钱曾笺注,钱仲联标校:《牧斋有学集》卷二十九《麟旨明微序》,载《钱牧斋全集》第贰册,上海古籍出版社,2003年,第889页。
⑤ 钱谦益著,钱曾笺注,钱仲联标校:《牧斋有学集》卷二十九《麟旨明微序》,载《钱牧斋全集》第贰册,上海古籍出版社,2003年,第890页。
⑥ 钱谦益著,钱曾笺注,钱仲联标校:《牧斋有学集》卷二十九《左汇序》,载《钱牧斋全集》第贰册,上海古籍出版社,2003年,第878页。

就重建纲常而言，钱谦益曾引用《孟子》来论述反经具有正人心之意义："孟子曰：我亦欲正人心。君子反经而已矣。诚欲正人心，必自反经始；诚欲反经，必自正经学始。"① 他认为士人的通经好古与道德名节常常是互为表里的。他颂美其父与吴江张益之的生平曰"我先君之于先生，通经好古，惇孝悌，重然诺，以节谊相镞砺，异乎世之以出口入耳相徵逐者也"②，又褒奖昆山王淑士之学"先经而后史""束修好古"，其于伦理一端也是"惇行崇礼，好古教化"。③ 众所周知，汉代士人早已树立了"经明行修"的学术传统，钱氏以通经学古来奖倡道德伦理，本是题中应有之义。

在晚明国势颓坏的背景下，钱谦益提倡通经好古，特别推崇经世和纲常两方面。他曾经呼唤兼具"忠臣义士之心"和"谋臣辩士之略"的英豪："忠臣义士，中兴之本也；谋臣辩士，中兴之资也。……是二者皆偏才也。人主患不得英豪而用之。英豪者，有忠臣义士之心，而具谋臣辩士之略。"④ 此说提示了钱氏尤重经世和纲常，希望集忠义与谋辩于一身的英豪来挽救晚明政局。他认为孙承宗、孙钥父子正是这样的英豪："余序紫冶诗，以谓吾师父子之间，有关于军国之故，忠孝之谊，世之采风者，可以考见焉。"⑤ 又，赵用贤也是经世之学和忠君之诚兼备的："盖公在史馆，慨然有志于经世之学。中更谗阻，不获枋用，故其

---

① 钱谦益著，钱曾笺注，钱仲联标校：《牧斋初学集》卷二十八《新刻十三经注疏序》，载《钱牧斋全集》第贰册，上海古籍出版社，2003 年，第 851 页。
② 钱谦益著，钱曾笺注，钱仲联标校：《牧斋初学集》卷三十三《张益之先生存笥集序》，载《钱牧斋全集》第贰册，上海古籍出版社，2003 年，第 945 页。
③ 钱谦益著，钱曾笺注，钱仲联标校：《牧斋初学集》卷五十四《王淑士墓志铭》，载《钱牧斋全集》第贰册，上海古籍出版社，2003 年，第 1352、1353 页。
④ 钱谦益著，钱曾笺注，钱仲联标校：《牧斋初学集》卷二十六《读卢德水所辑龙川二书后题》，载《钱牧斋全集》第贰册，上海古籍出版社，2003 年，第 818 页。
⑤ 钱谦益著，钱曾笺注，钱仲联标校：《牧斋初学集》卷三十一《孙紫冶诗稿序》，载《钱牧斋全集》第贰册，上海古籍出版社，2003 年，第 914 页。

忠君忧国，别白贤佞，见于文章者为多。"① 总之，钱谦益的通经好古包含了回归学术本源、经世致用和重建纲常等三个层面，其中后两个层面被他视为拯救晚明衰颓国势的良方。

必须说明的是，钱氏并非盲目尊古，他赞赏汉人以《春秋》决狱，其《春秋论》五篇的宗旨却是反对世人以《春秋》断本朝的进药之狱。其说为："汉世去春秋未远，公、谷之学，即齐、鲁之学也。援《春秋》以断汉狱，犹为近之。本朝去汉远矣，而况于春秋乎？乃欲以赵盾、许世子止之狱辞，傅本朝之律令，不已迂乎？"② 骤读此说，几乎令人以为钱氏自相矛盾，实际上钱氏赞赏董仲舒、胡安国之春秋学的实质，是提倡以经学致用，并不意味着泥古不化。钱氏"礼之穷而不得不变"③ 的主张，也说明他并非一味因循守旧。

值得一提的是，钱谦益在经学上的通经好古与其佛学上的反经明教是相互呼应的。其一，钱氏在申论佛学反经时，与其阐述经学上的反经正学一样，都引用了《孟子》"反经"说。比如，《牧斋有学集》卷四十《复即中乾老》云："窃惟斯世，正眼希微，法幢摧倒。今欲折伏魔外，必先昌明正法。孟子曰：'君子反经而已矣……'"④ 其二，正如经学一端的反经正学旨在救治明代学术空泛之弊，佛学方面的反经明教是针对"盲禅盛行，教义衰落"的现状而发的。⑤ 钱谦益对晚明盲禅猖獗的现状

---

① 钱谦益著，钱曾笺注，钱仲联标校：《牧斋初学集》卷三十《赵文毅公文集序》，载《钱牧斋全集》第贰册，上海古籍出版社，2003年，第899页。
② 钱谦益著，钱曾笺注，钱仲联标校：《牧斋初学集》卷二十一《春秋论四》，载《钱牧斋全集》第贰册，上海古籍出版社，2003年，第749页。
③ 钱谦益著，钱曾笺注，钱仲联标校：《牧斋有学集》卷二十七《王氏秋荫楼祠堂记》，载《钱牧斋全集》第伍册，上海古籍出版社，2003年，第1029页。
④ 钱谦益著，钱曾笺注，钱仲联标校：《牧斋有学集》卷四十《复即中乾老》，载《钱牧斋全集》第陆册，上海古籍出版社，2003年，第1374页。
⑤ 钱谦益著，钱曾笺注，钱仲联标校：《牧斋初学集》卷二十九《破山寺志序》，载《钱牧斋全集》第贰册，上海古籍出版社，2003年，第888页。

极为不满,几乎每一篇有关佛教的文章里都会提及魔禅横行的种种弊端。一是"上堂下座,戏比俳优。瞎棒盲拳,病同狂易。聋瞽相寻,愈趋愈下"①,原本用以接引学人的开堂棒喝沦为徒具形式、自欺欺人的俳优戏剧。二是"缪立宗祧,妄分枝派,……希声名,结俦党,图利养,营窟穴,以乞儿市驵之为,而袭诃佛骂祖之迹"②,门户相争,贪图名利,使清净禅门蜕变为熙熙攘攘的名利场。其三,有鉴于此,钱谦益认为佛教的出路在于反经明教、以教疗禅,因为反经明教则"昌明正法"③,"尊古德之遗规"④,为禅门树立准则和规范,种种禅病便能得到救治。显然,这与学术上的通经学古、以两汉经学为准绳来规范当代经学的思路是如出一辙的。概言之,佛学上的反经明教与经学上的通经学古在援引孟子、救治时弊、回归本源等方面是相通的。

四、"仙坛倡和"与通经学古思想

由以上对钱谦益学术思想的分析可以看出,金圣叹的重视经世与伦理,颇接近于钱谦益通经学古、兼重忠义与谋辩的思路。那么,他们之间的交往——"仙坛倡和"是否提示了金圣叹接受钱氏学术的可能性

---

① 钱谦益著,钱曾笺注,钱仲联标校:《牧斋初学集》卷八十一《天台山天封寺修造募缘疏》,载《钱牧斋全集》第叁册,上海古籍出版社,2003年,第1724页。
② 钱谦益著,钱曾笺注,钱仲联标校:《牧斋初学集》卷八十六《题佛海上人卷》,载《钱牧斋全集》第叁册,上海古籍出版社,2003年,第1808页。
③ 钱谦益著,钱曾笺注,钱仲联标校:《牧斋有学集》卷四十《复即中乾老》,载《钱牧斋全集》第陆册,上海古籍出版社,2003年,第1374页。
④ 钱谦益著,钱曾笺注,钱仲联标校:《牧斋初学集》卷八十一《北禅寺兴造募缘疏》,载《钱牧斋全集》第叁册,上海古籍出版社,2003年,第1729页。

呢？答案显然是肯定的。

首先，"仙坛倡和"体现了金圣叹与吴中前辈钱谦益在推尊天台宗方面的契合。一方面，钱谦益与天台教的关系十分密切，他对天台的信奉主要受到了多方面的影响，除了天台教即中大师和刘心城师徒之外，还有以下两个来源值得注意：其一，与钱氏有"支许之好"、相与切磋义理的闻谷禅师曾从介山法师习台宗。[①] 其二，钱谦益与明末四大高僧之一、自称天台私淑弟子的蕅益智旭（1599—1655）有书信来往。[②] 与上述僧俗的交游无疑加深了钱氏对天台教义的了解。正因如此，一方面，当人们纷纷怀疑慈月夫人降乩于吴门金圣叹一事的真实性时，钱谦益却在《天台泐法师灵异记》中一一驳斥了世人的怀疑。钱氏对降乩一事的深信不疑，正是因了他对天台教的推崇。另一方面，金圣叹是天台教义的积极尊奉者。（1）出自金圣叹笔下的乩语弘扬天台，称慈月夫人降乩的目的在于"吴人尚鬼好杀，故现鬼道救杀业，善巧方便，渐次接引，归于台事而已"[③]，即根据吴人尚鬼好杀的特点，以鬼神的身份劝导吴人戒杀，并使之逐步归奉天台。从钱谦益《仙坛倡和诗》其二、其九分别有"妙华已悟三车法，台教今为继别宗"、"双树至今留法宝，五花哪得蔽台宗"[④] 等崇尚台教的诗句来看，金圣叹托名慈月夫人所作的长句中当亦不乏弘扬台事的内容。（2）以往人们认为金圣叹为刻意迎合钱氏而大谈天台教义，其实，金氏与天台的渊源可谓由来已久。正如本书

---

① 钱谦益著，钱曾笺注，钱仲联标校：《牧斋初学集》卷六十八《闻谷禅师塔铭》，载《钱牧斋全集》第叁册，上海古籍出版社，2003年，第1566页。
② 关于钱谦益与智旭的交谊，参见圣严《明末佛教研究》，法鼓文化事业股份有限公司，1999年，第275页。
③ 钱谦益著，钱曾笺注，钱仲联标校：《牧斋初学集》卷四十三《天台泐法师灵异记》，载《钱牧斋全集》第贰册，上海古籍出版社，2003年，第1123页。
④ 钱谦益著，钱曾笺注，钱仲联标校：《牧斋初学集》卷十《仙坛倡和诗十首》其二、其九，载《钱牧斋全集》第壹册，上海古籍出版社，2003年，第331、334页。

《金圣叹兼奉台禅的佛学思想》一篇所述，金氏佛学的主要倾向是兼重天台和禅宗，他自称在十一岁时即以天台基本典籍《妙法莲华经》消遣养病①，这一信息表明，仙坛倡和时，二十八岁的金圣叹已浸染天台有年，完全符合钱谦益所谓"乩所凭者金生采，相与信受奉行者戴生、顾生、魏生，皆于台有宿因者也"的判断。(3) 此外，正如本书《概论》所指出的，金圣叹与即中大师曾谈禅论佛。金圣叹追随著名天台学者即中大师，正是其好尚天台学的表现。金圣叹、钱谦益二人皆与即中大师有交往，说明金氏与钱氏的天台之缘，当不止于"仙坛倡和"这一次。

其次，"仙坛倡和"折射了反经明教、以教疗禅的观念。钱氏之推崇台教与其反经明教、以教疗禅的思想是互为表里的。钱氏反经明教的主张正是在推崇台教的《北禅寺兴造募缘疏》等篇中提出的，同样，正是在给天台学者即中大师的书信中，钱氏以孟子的反经说来论证佛学返回经典、昌明正法的思路。此外，钱谦益还不止一次地倡议以台教救治盲禅。如《天台山天封寺修造募缘疏》中呼吁"攻台教以治狂禅，庶几废疾可兴，膏肓可砭"②。由于天台教多次触发了钱氏反经明教的思想，因此钱氏所谓"反经明教"之"教"虽不限于天台一端，但却是以天台为重要成分的。同样，对于这次仙坛倡和，钱谦益也特意说明了其意义既在于阐扬台事，更在于以教护禅："今之禅病深矣，魔民登师子之座，厮养踞大慧之席，盲拳瞎棒，欺天罔人，信法门之师子虫也。慈月以人天眼，具正知见，汲汲然以教药疗禅病，人知其阐教者所以显教，而不

---

① 金圣叹著，陆林辑校整理：《第五才子书施耐庵水浒传·序三》，载《金圣叹全集》（修订版）第叁册，凤凰出版社，2016年，第19页。
② 钱谦益著，钱曾笺注，钱仲联标校：《牧斋初学集》卷八十一《天台山天封寺修造募缘疏》，载《钱牧斋全集》第叁册，上海古籍出版社，2003年，第1724—1725页。

知其疗禅者正所以护禅也。"① 这段话将"仙坛倡和"以天台救治禅病的意义揭示得极为显豁，证明了钱氏之所以如此郑重其事地对待此次倡和，是因为它触及钱谦益学术思想中的反经明教这一核心问题。

同样，金圣叹在乩语中也很可能提到了以教疗禅的问题。金氏曾疾言厉色地批判晚明佛教界的种种弊端，如争立宗派，他借《水浒传》第五回崔道成"我这敝寺"四字加以发挥道："四字崔道成口中曾有之。今人于佛法中，每争我宗、他宗，亦此类也。"② 又如借佛事之机贪图私利、大行淫恶。金氏曾痛斥当世僧人在讲经、造像、忏摩、受戒等佛事中的种种丑态："初不听许在于阛阓椎钟布告，招集男女，拍肩联臂，作诸戏笑，令菩提场杂秽充满。……初不听许广造一切淫祀鬼神，罗列堂殿，引诸女人烧香求福，惑乱僧徒，污染梵行。……初不听许广开坛场，巧音歌唱，族姓子女，履舄交错，僧尼无分，笑语不择，于惭愧法，无惭无愧。……初不听许盲师瞎众，自相叹誉，网罗士女，作己眷属，交通闺房，僧俗相接，密坐低语，招世毁谤。"并揭露他们贪才好色的本质："世间当知，如是种种怪异之事，皆是恶僧为钱财故，巧立名色。既得钱财，必营房室；营房室已，次营衣服，广于一身，作诸庄严；作庄严已，恣求淫欲，求淫欲时，何所不至？"③ 其说虽然未必专斥禅门，但晚明盲禅盛行，禅门必然是首当其冲的。金氏所说的佛门罪恶与钱谦益指斥的盲禅弊端颇为接近，可以推测他所批判的"近世佛教"主要是指禅学。此外，钱氏《仙坛倡和诗》也为我们提供了金氏反对狂

---

① 钱谦益著，钱曾笺注，钱仲联标校：《牧斋初学集》卷四十三《天台泐法师灵异记》，载《钱牧斋全集》第贰册，上海古籍出版社，2003年，第1124页。
② 金圣叹著，陆林辑校整理：《第五才子书施耐庵水浒传》卷十第五回，载《金圣叹全集》（修订版）第叁册，凤凰出版社，2016年，第160页。
③ 金圣叹著，陆林辑校整理：《第五才子书施耐庵水浒传》卷四十九第四十四回总评，载《金圣叹全集》（修订版）第肆册，凤凰出版社，2016年，第812—813、814页。

禅的信息。《仙坛倡和诗》其三、其九中都有不满于狂禅的诗句，如其三"盲人说法迷真象，狂子谈禅好假龙"，其九"双树至今留法宝，五花哪得蔽台宗"，① 由此可以推测，金氏所作长句中可能有针砭狂禅的内容。

如前所述，钱谦益反经明教的佛学思想与其通经学古的儒学思想息息相通，因此，"仙坛倡和"所表现出来的金氏与钱氏在反经明教、以教疗禅等方面的契合，揭示了金氏吸收钱氏之反经正学思想的可能性。而金氏兼重经世和纲常的思想倾向，与钱氏之反经正学以忠孝、谋略为核心的特点相互呼应，进一步证实了金氏的学术思想颇有汲取钱谦益思想之处。

必须说明的是，金氏与钱氏的契合并不仅限于学术思想，金圣叹的推尊杜诗、主张诗歌"不写景"、重视起承转合等文学主张，也与钱谦益和同为虞山诗人的冯舒等人的文学观念桴鼓相应。②

余论：绳狂与砭伪

当然，金圣叹的思想与钱谦益的区别还是非常明显的。我们可以借用钱谦益评价管志道学术的两个概念"绳狂"与"砭伪"来论述金氏与钱氏思想的差异。钱谦益认为："姚江以后，泰州之学方炽，则公之意专重于绳狂。泰州以后，姚江之学渐衰，则公之意又专重于砭伪。尝以两言蔽之曰：从心宗起脚，而不印合于应世之仪象者，皆狂也；从儒门

---

① 钱谦益著，钱曾笺注，钱仲联标校：《牧斋初学集》卷十《仙坛倡和诗十首》其三、其九，载《钱牧斋全集》第壹册，上海古籍出版社，2003年，第331、334页。
② 参见吴正岚《江苏历代文化名人传·金圣叹》，江苏人民出版社，2019年，第313—322页。

立脚,而不究极于出世之因果者,皆伪也。"① 可见,钱氏所谓"绳狂",是反对以泰州学派为代表的推崇心宗、不重应世的学风;所谓"砭伪",当是纠正宗奉儒门、不重出世的思潮,其中当包括了程朱之学复兴、经世之学盛行等现象。"绳狂"与"砭伪"实际上是对晚明时期两种相互对立又息息相关的思想倾向的概括。金圣叹与钱谦益的异同,也可以从这一视角加以阐述。如果我们把推崇真忠义、反对伪道学称为"砭伪",把重视经世致用、反对"狂荡无礼"视为"绳狂",那么,钱氏与金氏的共同之处在于他们都兼有砭伪与绳狂的意识,而区别在于钱氏更侧重于以通经学古、反经明教来挽救俗学与盲禅之狂,是绳狂重于砭伪;金圣叹则是为针砭伪道学而推崇真忠义,是砭伪重于绳狂。

---

① 钱谦益著,钱曾笺注,钱仲联标校:《牧斋初学集》卷四十九《湖广提刑按察司佥事晋阶朝列大夫管公行状》,载《钱牧斋全集》第贰册,上海古籍出版社,2003年,第1265页。

金圣叹援佛释易的易学思想

易学是金圣叹学术的重镇之一。除了《易钞引》《通宗易论》这两篇以易命名的图文外,金圣叹还在《语录纂》《随手通》以及文学评点中挥洒着他的易学才情。廖燕《金圣叹先生传》称金氏"尤喜讲《易》乾坤两卦,多至十万余言"①,可见其于《周易》用力之深。然而,迄今为止,金氏易学尚未得到足够的关注②。本篇试图阐述金圣叹的易学是如何继承改造易学传统观念的,又是怎样求同存异地打通易学与佛学二家的。金圣叹对传统易学是有所吸收的,但金圣叹易学最突出的特征,则是以佛教思想诠释《周易》经传,其核心思路则是援引佛教的人法关系解释周易的基本结构,主张人法关系构成了《周易》思想的主干。金氏有关《周易》人法关系的论述是对《周易》经传中固有的天人合一和对立统一观念的发挥。就其佛教思想资源而论,主要是受到了禅宗思想

---

① 廖燕著,林子雄点校:《廖燕全集》卷十四《金圣叹先生传》,上海古籍出版社,2005年,第301页。
② 马积高《论金圣叹的哲学思想》以金氏的易学为依据,从宇宙观、思想方法、人性论和政治观四个层面论述了金圣叹的哲学思想。(《学术月刊》1990年第12期)

的影响,此外还吸收了天台宗的人法关系理论。金圣叹的以佛释易还表现在以华严宗的事事无碍论解释乾坤关系,以佛教的因缘和合比附阴阳合德等方面。

一、金圣叹与朱熹易学的关系

金圣叹之着力开创易学新境界,往往是以继承改革传统易论为理论前提的。本文主要论述金圣叹对朱熹易学的接受。

金圣叹所接受的传统易学可能主要来自朱熹的《易学启蒙》和《周易本义》。他对象数易学和元气论的好尚,与朱熹的影响有关;他还吸收了朱熹对《周易》中的"中孚""神鬼"等概念的解释。金圣叹对邵雍易学的吸纳,也与朱熹易学的引导密不可分。

首先,金圣叹对象数易学和元气论很感兴趣,颇热衷于谈论象数派易学的方圆二图、大衍之数和元气问题,这都与朱熹易学的启发有着一定的关系。

(1)就方圆二图言之,金氏曾回忆幼年学易的情形道:"幼见希夷方圆二图,参伍错综,悉有定象,以为大奇。"① 大概是童年的记忆尤为深刻的缘故吧,金氏在其著述中常提及方圆二图。如《唱经堂通宗易论·义例》说:"五者,天地之盛德;十者,圣人之大业。方图以十六

---

① 金圣叹著,陆林辑校整理:《第五才子书施耐庵水浒传》卷五十二第四十七回总评,载《金圣叹全集》(修订版)第肆册,凤凰出版社,2016年,第866页。

卦五其中，圆图以十六卦十其际者也。"① 所谓"希夷方圆二图"，是指伏羲六十四卦方位图之圆图和方图。此图见于朱熹《易学启蒙》和《周易本义》，朱熹指出其学术传承为："右伏羲四图，其说皆出邵氏。盖邵氏得之李之才挺之，挺之得之穆修伯长，伯长得之华山希夷先生陈抟图南者，所谓先天之学也。"② 金圣叹将方圆二图归于希夷（陈抟）名下，当是依据朱熹之说。又，金氏之得见二图是在幼年，由此可以推测他所接触的是适合于初学阅读的《易学启蒙》。

（2）金圣叹吸收了朱熹关于大衍之数的观点。本来，对于《系辞》上"大衍之数五十"的构成，汉京房、马融、荀爽、郑玄，魏王弼等人有不同的说法，正如孔颖达疏所云："但五十之数，义有多家，各有其说，未知孰是。"③ 朱熹《周易本义》以为"大衍之数五十，盖以《河图》中宫天五乘地十而得之"④。又，《易学启蒙》卷一也主张"以五乘十，以十乘五，则又皆大衍之数也"⑤。金圣叹对大衍之数的解释是："而学《易》之法，必须五以五之，十以十之。五以五之者，五其十也；十以十之者，十其五也。"⑥ 这显然是袭用朱熹之说，认为五与十相乘而得五十。此外，金氏还喜欢在小说评点中以《周易》阴阳之数附会小说中的人事，这也可能与朱熹易学的象数倾向有关。比如金圣叹评点《水

---

① 金圣叹著，陆林辑校整理：《唱经堂通宗易论·义例》，载《金圣叹全集》（修订版）第陆册，凤凰出版社，2016年，第798页。
② 朱熹：《周易本义·易图》，载《朱子全书》壹，上海古籍出版社、安徽教育出版社，2002年，第20—21页之插页。
③ 李学勤主编：《十三经注疏·周易正义》，北京大学出版社，1999年，第279页。
④ 朱熹：《周易本义·周易系辞上传第五》，载《朱子全书》壹，上海古籍出版社、安徽教育出版社，2002年，第130页。
⑤ 朱熹：《易学启蒙》卷一，载《朱子全书》壹，上海古籍出版社、安徽教育出版社，2002年，第216页。
⑥ 金圣叹著，陆林辑校整理：《唱经堂通宗易论·五十》，载《金圣叹全集》（修订版）第陆册，凤凰出版社，2016年，第800页。

浒传》楔子"朱李石刘郭,梁唐晋汉周。都来十五帝,播乱五十秋!"曰:"'十五'、'五十',颠倒大衍河图中宫二数,便妙!"① 又如《水浒传》第十四回评点阮小二兄弟三人的名称云:"小七是七,小二小五合成七;小五唤做二郎,又独自成七。三人离合,凡得三个七焉。筹亦三七二十一,为少阳之数也。"②

(3) 元气论也是金圣叹经常谈论的话题,其中也带有朱熹思想的烙印。③ 众所周知,在世界本原和构成问题上,朱熹并不是气一元论者。④ 但他确实常常援引《周易·序卦》"盈天地间者唯万物"的句式,论述元气乃万物构成的道理,比如《易学启蒙》卷一"天地之间,一气而已"⑤、《周易本义·周易文言传第七》"天地之间,本一气之流行而有动静耳"⑥ 等说法,很可能就是金圣叹"盈天地间皆气也"⑦ 一说的蓝本。那么金圣叹是否主张气本论呢?关于世界万物的本原,金圣叹曾援引《华严经》和禅宗的心本原论,认为心是创造和毁坏世界万法的依据,⑧ 因此,正如朱熹的"天地之间,一气而已"之类的说法并不指向气本论一样,"盈天地间皆气也"的说法并不一定能证明金氏的气本论立场,

---

① 金圣叹著,陆林辑校整理:《第五才子书施耐庵水浒传》卷五《楔子》夹批,载《金圣叹全集》(修订版)第叁册,凤凰出版社,2016年,第42页。
② 金圣叹著,陆林辑校整理:《第五才子书施耐庵水浒传》卷十九第十四回夹批,载《金圣叹全集》(修订版)第叁册,凤凰出版社,2016年,第275页。
③ 关于金圣叹的元气说,潘运告《金圣叹的性命之说及其民本思想》已经论述了以乾坤阴阳二气为本原、主张人也是由气而生等方面。(《晋阳学刊》1987年第5期,第64—69页)本节在金圣叹是否气本论者这一问题上持存疑态度。
④ 关于朱熹气论,参见陈来《朱子哲学研究》,华东师范大学出版社,2000年,第73—74页。
⑤ 朱熹:《易学启蒙》卷一,载《朱子全书》壹,上海古籍出版社、安徽教育出版社,2002年,第212页。
⑥ 朱熹:《周易本义·周易文言传第七》,载《朱子全书》壹,上海古籍出版社、安徽教育出版社,2002年,第149页。
⑦ 金圣叹著,陆林辑校整理:《唱经堂语录纂》卷一,载《金圣叹全集》(修订版)第陆册,凤凰出版社,2016年,第828页。
⑧ 参见本书《华严心本原说与金圣叹的文学思想》一文。

但金圣叹确实很重视元气作为世界构成因素的意义,他认为人之生命的兴衰也是精粗二气交替的过程:

> 气有精有粗。米中之青,乃是保合来年之太和。三鹿为"麤",分鹿亦为"麁"。花上露一点,是气之最精者。二六时中,又有精气滋养他。血,气之粗者;乳,血之精者。母未生子时,乳在血中,故颜如薿华;一受了胎,无有微尘精气而不为乳。故人自三岁断乳后,一路都是精气,十五以后,粗气也来了。到得纯是粗气,魂便游去了,那得不死!①

金圣叹还以大量笔墨论述了阴阳二气化生万物的主张。(说详下)

更值得注意的是,金圣叹特别重视乾元之气调节万物的作用,这也与朱熹的影响有关。"乾元"一词出于乾卦《彖》辞:"大哉乾元!万物资始,乃统天。"对于"乾元"的内涵,各家说法不一。义理派王弼将"乾元"理解为乾健:"天也者,形之名也。健也者,用形者也。夫形也者,物之累也。有天之形而能永保无亏,为物之首,统之者岂非至健哉!"② 这一诠释中有两个值得注意的层面:一是依据《说卦》而将乾元解释为"健",二是将"万物资始,乃统天"都理解为统领万物。孔颖达疏则不然:

> "大哉乾元"者,阳气昊大,乾体广远,又以元大始生万物,故曰"大哉乾元"。"万物资始"者,释其"乾元"称"大"之义,以万象之

---

① 金圣叹著,陆林辑校整理:《唱经堂语录纂》卷一,载《金圣叹全集》(修订版)第陆册,凤凰出版社,2016年,第828页。
② 李学勤主编:《十三经注疏·周易正义》,北京大学出版社,1999年,第7页。

物,皆资取"乾元",而各得始生,不失其宜,所以称"大"也。"乃统天"者,以其至健而为物始,以此乃能统领于天,天是有形之物,以其至健,能总统有形,是"乾元"之德也。①

这段解释中,孔氏虽然承袭了王弼以至健统有形为乾元之德的说法,但他也揭示了"乾元"作为阳气生成万物的内涵。又,孔颖达释坤卦《彖》"至哉坤元,万物资生"时更明确了"乾元"中的元气内涵:"初禀其气谓之始,成形谓之生。'乾'本气初,故云'资始';'坤'据成形,故云'资生'。"②朱熹《周易本义》将孔氏此说概括为"始者气之始,生者形之始"③。在上述观念的影响下,金圣叹十分推崇乾元之气调节自然和人事的作用。他肯定了"乾元"中所包含的元气的内涵:"《春秋》是二六时中做出来。《春秋》将一切人物,乱纵纵写成一册,那一件不是'大哉乾元'?或走了元气的样,或不走元气的样,故要议。"④这是说《春秋》之人事与乾元之气密切相关。他还进一步阐述了圣人之所以无为而治、随顺万物,乃是由于自有乾元之气调节自然人事的兴衰。他是在诠释《周易·系辞上》"曲成万物而不遗"时提出这一论点的:

"遂万物之性"为成,"成"里边有个秘诀曰曲。"曲"成"曲"字,取正吹之横笛,孔里边有个曲。逐孔逐孔吹去,从上翻到最下一

---

① 李学勤主编:《十三经注疏·周易正义》,北京大学出版社,1999年,第8页。
② 李学勤主编:《十三经注疏·周易正义》,北京大学出版社,1999年,第26页。
③ 朱熹:《周易本义·周易彖上传第一》,载《朱子全书》壹,上海古籍出版社、安徽教育出版社,2002年,第91页。
④ 金圣叹著,陆林辑校整理:《唱经堂语录纂》卷二,载《金圣叹全集》(修订版)第陆册,凤凰出版社,2016年,第870页。

孔，从下转到最上一孔，天地之调已尽了。若使再开一孔，不与调相应，再跌不下，故曰"人官物曲"。"曲"非圣人之曲，乃万物自然之曲也。今夜冬至了，明日桃树便有红色起来，故从"兆"。到得开桃花，结桃实，已是顶调了。核中之仁，仍收到本来，却是逞乾元底曲调，在这里做物。调唱不足，再收不转；调唱足了，自然歇手。圣人于一切世间不起分别，一片都成就去。尽世间人但凭他喜，但凭他怒，自有乾元为之节。若唱了顶调，自然去不得了。末世之民，外迫于王者，不敢自尽其调；内迫于乾元，不得不尽其调。所以瞒着王者，成就下半个腔出来。朋比评告，俱出其中，弑父弑君，始于犯上，乃是别调。①

举凡一切自然人事，如桃树的荣枯、人性的顺逆等等，都是由乾元之气自然调节的，因此圣人随顺乾元，而末世之君却压抑人性，导致百姓唱出了弑父弑君的别调。

从思想近源来看，此说颇接近于唐鹤征（1538—1619）②《桃溪札记》之"乾元"说："圣人到保合太和，全是一个乾元矣。盖天下之物，和则生，乖戾则不生，此无疑也。乾元之生生，亦只此一团太和之气而已。人人有此太和之气，特以乖戾失之。《中庸》曰：'发而皆中节谓之和。'《孟子》曰：'其平旦之气，好恶与人相近也者几希。'然则中节即是和，与人同即是中节。《大学》曰：'民之所好好之，民之所恶恶之，此之谓民之父母。'此所谓与人同，所谓中节也。"③ 这段论述以"乾元"诠释《周易》乾卦《彖》辞之"保合大和"，认为万物生生有赖于乾元

---

① 金圣叹著，陆林辑校整理：《唱经堂语录纂》卷二，载《金圣叹全集》（修订版）第陆册，凤凰出版社，2016年，第834页。
② 唐鹤征，字元卿，号凝庵，《明儒学案》卷二十六有传。
③ 黄宗羲著，沈善洪主编：《明儒学案》卷二十六，载《黄宗羲全集》第七册，浙江古籍出版社，2005年，第705页。

金圣叹援佛释易的易学思想

之中节太和,故圣人与民同好恶,此说很可能是金圣叹"乾元为之节""圣人于一切世间不起分别"说的先导。

综上所述,在金圣叹的易学体系中,阴阳气论占有相当重要的地位,这在一定程度上是受到了朱熹易学的影响。

(4) 金圣叹还吸收了朱熹对于"中孚""神鬼"等概念的解释。《周易本义》诠释《中孚》卦"豚鱼吉,利涉大川,利贞"云:"豚鱼,无知之物。……至信可感豚鱼,涉险难而不可以失其正,故占者能致豚鱼之应,则吉而利涉大川,又必利于正也。"① 这段文字中,不同于孔颖达《周易正义》之将豚鱼理解为"微隐之物",朱熹以豚鱼为无知之物。而金圣叹对此卦的诠释是:

> 《易·象辞》曰:"中孚,信及豚鱼。"言豚鱼无知,最为易信;中孚无为,而天下化之。解者乃作豚鱼难信。盖久矣,权术之行于天下,而大道之不复讲也!②

金圣叹对朱熹的诠释是有承有革的。"豚鱼无知"之说,显然源于朱氏。但金氏又反对"解者乃作豚鱼难信",这也很可能是对朱熹说的反驳。朱熹虽没有明说豚鱼难信,但"至信可感豚鱼"一说中隐含了豚鱼难信而至信可感的意思。总之,金圣叹的"中孚"说当与《周易本义》有着渊源关系。

此外,金圣叹释《周易·系辞上》"知鬼神之情状"时,以为"神

---

① 朱熹:《周易本义·周易下经第二》,载《朱子全书》壹,上海古籍出版社、安徽教育出版社,2002年,第84页。
② 金圣叹著,陆林辑校整理:《第五才子书施耐庵水浒传》卷四十六第五十一回总评,载《金圣叹全集》(修订版)第肆册,凤凰出版社,2016年,第754页。

者，申也","鬼者，归也"①，似本于《周易本义》"阴精阳气聚而成物，神之申也；魂游魄降散而为变，鬼之归也"②。

其次，金圣叹于邵雍易说多有采纳，这也与朱熹易学的影响有关。除了前文已经提及的伏羲六十四卦方位图之外，金圣叹还常常提及乾坤生六子卦之说和"十六卦"说，这都是重视邵雍易说的表现。

金氏曾论八卦之间的关系曰："八卦相错者，除却天地，止得六卦。盖从一响中分天分地，天地本自相错，不待圣人。故错六子，则天地之错晓然，两错为因，六错为果也。……不但六十四卦是《乾》《坤》摇出来，并六卦亦是《乾》《坤》摇出来。老夫妻两个先自摇动了头，然后小男小女一齐都摇。"③ 这是将乾坤与其他六卦的关系比喻为父母与六子的关系，此说本出自《说卦》，但在易学史上，邵雍对乾坤生六子卦的强调是十分突出的，其《观物外篇》云："乾坤合而生六子，三男皆阳也，三女皆阴也。兑分一阳以与艮，坎分一阴以奉离，震巽以二相易，合而言之，阴阳各半，是以水火相生而相尅，然后既成万物也。"④ 朱熹《易学启蒙》卷二也引用了邵雍"乾、坤纵而六子横，《易》之本也"⑤ 的说法，可见他也将乾坤生六子说视为邵雍易学的重要内容。

更重要的是金圣叹《通宗易论》中有《十六卦》一篇，特别强调乾、坤、震、巽、坎、离、艮、兑、泰、否、损、咸、恒、益、既济、

---

① 金圣叹著，陆林辑校整理：《唱经堂语录纂》卷一，载《金圣叹全集》（修订版）第陆册，凤凰出版社，2016年，第827页。
② 朱熹：《周易本义·周易系上传第五》，载《朱子全书》壹，上海古籍出版社、安徽教育出版社，2002年，第126页。
③ 金圣叹著，陆林辑校整理：《唱经堂通宗易论·十六卦》，载《金圣叹全集》（修订版）第陆册，凤凰出版社，2016年，第808页。
④ 邵雍著，郭彧、于天宝点校：《皇极经世书》卷十二，上海古籍出版社，2021年，第1197页。
⑤ 朱熹：《易学启蒙》卷二，载《朱子全书》壹，上海古籍出版社、安徽教育出版社，2002年，第239页。

未济等十六卦在周易六十四卦中的纲领性地位，这也是受到了邵雍易说的影响。《通宗易论·十六卦》一篇强调由八卦相错而成的十六卦尤为重要："八卦相错有十六，相荡有四十八，合而成六十四，而实则以十六卦为圆图、方图之经纬。……十六卦为句卦，余四十八为字卦。"① 这十六卦中，乾、坤、震、巽、坎、离、艮、兑为八本卦，其余八错卦分别为泰、否、损、咸、恒、益、既济、未济。

邵雍也有推重《周易》十六卦的观念。对于《周易》八卦及六十四卦的形成，邵雍《观物外篇》提出了"一分为二"的主张，其中已萌生了"十六"的概念：

> 太极既分，两仪立矣。阳下交于阴，阴上交于阳，四象生矣。阳交于阴，阴交于阳，而生天之四象；刚交于柔，柔交于刚，而生地之四象，于是八卦成矣。八卦相错，然后万物生焉。是故一分为二，二分为四，四分为八，八分为十六，十六分为三十二，三十二分为六十四。故曰分阴分阳，迭用柔刚，易六位而成章也。②

"一分为二"法的实质是认为阴阳相交而依次生成四象八卦乃至六十四卦。此外，邵雍还有"一变而二，二变而四，三变而八卦成矣；四变而有十六，五变而三十有二，六变而六十四卦备矣"之说，并导出伏羲六十四卦次序图。朱熹《易学启蒙》解释此图曰：

---

① 金圣叹著，陆林辑校整理：《唱经堂通宗易论·十六卦》，载《金圣叹全集》（修订版）第陆册，凤凰出版社，2016年，第807页。
② 邵雍著，郭彧、于天宝点校：《皇极经世书》卷十二，上海古籍出版社，2021年，第1196页。

> 八卦之上各生一奇一偶，而为四画者十六，于经无见。邵子所谓"八分为十六"者是也。又为两仪之上各加八卦，又为八卦之上各加两仪也。四画之上各生一奇一偶，而为五画者三十二。邵子所谓"十六分为三十二"者是也。又为四象之上各加八卦，又为八卦之上各加四象也。五画之上各生一奇一偶，而为六画者六十四，则兼三才而两之，而八卦之乘八卦亦周。于是六十四卦之名立，而《易》道大成矣。①

在此六变中，"四变而十六"的结果是"八卦之上各生一奇一偶，而为四画者十六"，并未形成卦象，因此，邵雍的"一分为二"说中只是出现了与阴阳相交有关的"十六"这一数字。邵雍《大易吟》所说的"十六事"才是指由八卦相错而成十六卦："天地定位，否泰反类。山泽通气，损咸见义。雷风相薄，恒益起意。水火相射，既济未济。四象相交，成十六事。八卦相荡，为六十四。"② 乾坤、艮兑、震巽、坎离等八卦相交相错，分别形成否泰、损咸、恒益、既济未济等八卦，这就是"十六事"。

金圣叹的十六卦说，虽然就卦序而言是依照《序卦》，与邵雍说并不相同，但十六卦卦目却与邵氏"十六事"说完全一致。总之，金氏十六卦说是受到了邵雍"一分为二"和《大易吟》等说的影响。上述邵雍的六十四卦方位图、乾坤生六子、十六卦等观念，在朱熹《周易本义》和《易学启蒙》中都有所引用和论及，因此金圣叹推崇邵雍易说，应当受到了朱熹易学著述的引导。最后还应指出，就金圣叹的整个易学体系来看，金氏吸收邵雍、朱熹等人的易学，为其以佛释易提供了理论基础。

---

① 朱熹：《易学启蒙》卷二，载《朱子全书》壹，上海古籍出版社、安徽教育出版社，2002年，第222—228页。按：有的学者将"六变"解释为分别形成两仪、八卦、十六卦、三十二卦、六十四卦（参见朱伯崑《易学哲学史》第二卷，第123页），此说似乎不符合邵雍的本义，也与朱熹的解释相悖。依据六十四卦次序图，六十四卦形成虽然经历了六变，但其中成卦的仅八卦和六十四卦两个层次，这正是邵雍把六变分成"三变而八卦成矣……六变而六十四备矣"两个阶段加以叙述的原因。
② 邵雍著，郭彧整理：《伊川击壤集》卷十七，中华书局，2013年，第275页。

二、以人法关系诠释《周易》的基本结构

金圣叹认为，佛教的人法关系观念可以诠释《周易》的基本结构以及《周易》中所有对立统一的概念之间的关系。《周易》中的人法关系包含了人法合一和人重于法这两个层面。进一步寻绎金氏的人法关系理论可知，所谓人法合一的实质是破除我执与证悟自性的合一，而人重于法则意味着破除我执是人法关系中的决定性层面，因此金圣叹又常常将破除我执视为《周易》经传的主要线索。

（一）人法论与佛教思想的关系

金圣叹主张《周易》的结构、概念都体现了人法关系。一方面，他以人法关系来理解周易上下经之间的关系："由《乾》《坤》迄《既》《未》，一半是人，一半是法。约法为天地，约人为圣人，于是遂分天地、圣人为两大科。上经发挥天地文字之卦，下经发挥圣人修行之卦。"① 《周易》是由上经之人和下经之法两大部分构成的。另一方面，他将《周易》中若干组范畴之间的对立统一关系也诠释为人法关系。比如天数五和地数十分别对应于人和法："约法，则分为天地盛德句，是为五字；约人，则分为圣人大业句，是为十字。"② 除此之外，乾卦与坤

---

① 金圣叹著，陆林辑校整理：《唱经堂通宗易论·义例》，载《金圣叹全集》（修订版）第陆册，凤凰出版社，2016年，第797页。
② 金圣叹著，陆林辑校整理：《唱经堂通宗易论·五十》，载《金圣叹全集》（修订版）第陆册，凤凰出版社，2016年，第802页。

卦、既济与未济乃至《周易》中的任意前卦与后卦、"大哉乾元"与"至哉坤元"之间都存在着人法关系。

人法对待是佛教中常用的概念。其中，人是指学佛者，而法则指一切事物和现象，兼有精神世界和物质世界，自然也包括佛法。金圣叹所强调的人法关系主要包含两个层面：其一，人法本来合一，区分人法只是为了说法的方便："据实而论，只是一副大千，不应有约法、约人之事。其所以必须约人者，无他，只为法故；其所以必须约法者，亦无他，只为人故。"①类似的论述②在《通宗易论》《语录纂》中多次出现。其二，人重于法。圣人说法的主要目的在于成就人而非弘扬法。《通宗易论·乾坤》称"圣人意重在人，不重在法，人不终则法不始，如《乾》《坤》虽齐举，而必先《乾》后《坤》，所以明《坤》必本乎《乾》之义也"③。对于这一观点，圣叹更是反复申说。④概言之，以人为主的人法合一是金圣叹人法关系论的主要内容。

若论金氏人法论的思想资源，则不能不提及禅宗和天台宗的影响。

---

① 金圣叹著，陆林辑校整理：《唱经堂通宗易论·五十》，载《金圣叹全集》（修订版）第陆册，凤凰出版社，2016年，第802页。
② 比如，同篇还说："盖圣人所见，惟是大千。大千从本是一，故复次，圣人立出十个字来，只为得一件事体。心中只一件，眼中只一件，口中说不得一件，于是不得不作两样方法以说之，因而以一一字分为两一字。"［《唱经堂通宗易论·五十》，载《金圣叹全集》（修订版）第陆册，第802页］
③ 金圣叹著，陆林辑校整理：《唱经堂通宗易论·乾坤》，载《金圣叹全集》（修订版）第陆册，凤凰出版社，2016年，第804页。
④ 如同篇指出："虽人与法双约，究竟归重为人上，故《学而》章虽是开经第一章，而《论语》实以《孝弟》章始也。"［《唱经堂通宗易论·乾坤》，载《金圣叹全集》（修订版）第陆册，第805页］又，《唱经堂语录纂》卷一称："然意在约人，不在约法，上下经所同也。"［《唱经堂语录纂》卷一，载《金圣叹全集》（修订版）第陆册，第822页］又《唱经堂随手通·大势至缘起》论述"大哉乾元"之"大"与"至哉坤元"之"至"的人法合一，也主张"大上一点"即人是这一人法关系的归宿："'大'字上一点，乃当机菩萨现前一心；'至'字下一横，乃讲主座全举大千世界。……'至'下一横，与'大'上一点不同。现前心是一点，但凭说者说'至'下一横，听者看定'大'上一点，总要销归到一点上去，所谓'一以贯之'也。"［《唱经堂随手通·大势至缘起》，载《金圣叹全集》（修订版）第陆册，第910—911页］

一方面，就前者而论，上述人法关系论在《通宗易论》中出现得颇为频繁，而《通宗易论》这一篇名已经提示了金氏人法论的禅宗背景。具体来说，南宗禅重视本心的主张中既包含了心为万法本原的观念，又意味着人乃弘扬佛法的主体。比如《坛经》30节就有"故知万法，本因人兴；……故知一切万法，尽在自身中，何不从于自心顿现真如本性"①之说，主张人之自心是生起万法、弘扬佛法的主体。而南宗禅著名的"即心即佛"的口号更是凸显了清净自性与佛性无别的主张。② 另一方面，人法统一的观念可以追溯到天台宗人智𫖮之心法相即的主张："若从一心生一切法者，此则是纵；若心一时含一切法者，此即是横。纵亦不可，横亦不可，只心是一切法，一切法是心故。非纵非横，非一非异，玄妙深绝，非识所识，非言所言，所以称为不可思议境。"③ 显然，天台宗的心法不二既不同于《华严经》的心造万法，也有别于般若的缘起性空，而是强调心与法在空间上、时间上都相即不二。④ 由此可见，对于兼重禅学和天台学的金圣叹来说，这两种思想都曾激荡过他的观念，但是禅宗在人法关系方面更突出人（心）的地位，而天台宗则倾向于将心法都圆融于实相，⑤ 因而金圣叹的人法关系论更接近于禅宗思想。

（二）人法关系论与《易传》的契合和冲突

就人法合一这一理论框架的总体而言，它与《易传》固有的天人合

---

① 慧能著，郭朋校释：《坛经校释》，中华书局，1983年，第58页。
② 关于"即心即佛"说的源流，参见葛兆光《中国禅思想史——从6世纪到9世纪》，北京大学出版社，1995年，第316—320页。
③ 智𫖮说：《摩诃止观》卷五，载《大正新修大藏经》第46卷，第54页。
④ 潘桂明：《智𫖮评传》，南京大学出版社，1996年，第234页。
⑤ 潘桂明：《智𫖮评传》，南京大学出版社，1996年，第258页。

一观念是颇为吻合的，因而，人法合一可说是《易传》理论的逻辑延伸。众所周知，《易传》在论述易道的性质时，采取的是圣人摹拟天地和天地不违圣人的天人合一模式，这在乾卦《文言》中表现得尤为明显："夫大人者，与天地合其德，与日月合其明，与四时合其序，与鬼神合其吉凶。先天而天弗违，后天而奉天时。"又如，《序卦》所建构的宇宙生成秩序中，把《周易》上下经理解为各述天道与人道，这也是金圣叹以为周易上下经"一半是人，一半是法"的渊源所自。《序卦》开篇便称"有天地，然后万物生焉。盈天地之间者唯万物，故受之以《屯》"，接着，在"受之以《离》"之后，提出了"有天地然后有万物，有万物然后有男女，有男女然后有夫妇，有夫妇然后有父子，有父子然后有君臣，有君臣然后有上下，有上下然后礼义有所错。夫妇之道不可以不久也，故受之以《恒》"。由此可见，《序卦》是将从《乾》至《离》的上经与从《咸》至《未济》的下经判为"天地万物"与"男女夫妇父子君臣上下"两个相关的理论层次，因而韩康伯《序卦》注总结为"先儒以《乾》至《离》为上经，天道也。《咸》至《未济》为下经，人事也"①。金氏有关上下经之间的人法关系观念可从《序卦》的天人关系中直接转换过来，因而是金氏人法论中最契合于《易传》固有观念的部分。

必须承认，在某些理论层面上，金圣叹人法关系的框架与《易传》固有思想是有所不同乃至相互冲突的，对此金圣叹采用了种种方法进行理论上的弥合，但仍然不能完全避免穿凿附会之弊。比如，《易传》在天人关系上更多地强调圣人对天地的模拟，如《系辞》说"圣人有以见天下之赜，而拟诸其形容，象其物宜，是故谓之象"，又说"古者包牺

---

① 李学勤主编：《十三经注疏·周易正义》，北京大学出版社，1999年，第337页。

氏之王天下也，仰则观象于天，俯则观法于地，观鸟兽之文，与地之宜"。而金氏的人法论则突出人重于法的观念。又以《乾坤》的人法关系而论，《乾坤》之间的人法关系与《易传》乾天坤地的取象说是凿枘不合的。金圣叹解决这一矛盾的做法是突出乾坤二卦的健、顺之义，以禅宗的"心无住"阐释乾卦之健，又以禅宗的"法住"比附坤卦之"顺"。具体说来，如前所说，慧能禅的"三无论"主张"无念为宗，无相为体，无住为本"，其中的"无住为本"是强调心无住于法："心不住法即通流，住即被缚。"① 禅宗的无住之心与乾卦的"健"德有着一定程度的契合："《乾》约一心最小，而一心不住于一心，如龙之御天最健，故曰大。"② 这样一来，乾卦便因"健"义而具有了"心"的意味；又《妙法莲华经·方便品》有"是法住法位，世间相常住"的说法，禅宗将此说理解为依从自性，如《大慧普觉禅师语录》卷十八云："得怎么受用自在了，眼依旧观色，耳依旧听声，乃至鼻舌身意，一一依本分，故曰'眼色耳声鼻嗅香，身触意思无差别'，适来所谓'是法住法位，世间相常住'是也。"③ 金圣叹曾有"'卓尔'者是法住法位，世间相常住，各各自立，不相倚藉之谓"④ 等说法，可见他对这一禅宗观念特别重视，他正是以这一思想建立了"法"与《坤》的联系："《坤》约万法，而法法各住于本位，如马之行地最顺，故曰至也。"⑤ 这是将《易传》的"坤，顺也"比附为"法法各住于本位"，从而引申出法与坤卦

---

① 慧能著，郭朋校释：《坛经校释》，中华书局，1983年，第28页。
② 金圣叹著，陆林辑校整理：《唱经堂通宗易论·义例》，载《金圣叹全集》（修订版）第陆册，凤凰出版社，2016年，第798页。
③ 蕴闻编：《大慧普觉禅师语录》卷十八，载《大正新修大藏经》第47卷，第889页。
④ 金圣叹著，陆林辑校整理：《唱经堂语录纂》卷一，载《金圣叹全集》（修订版）第陆册，凤凰出版社，2016年，第847页。
⑤ 金圣叹著，陆林辑校整埋：《唱经堂通宗易论·义例》，载《金圣叹全集》（修订版）第陆册，凤凰出版社，2016年，第798页。

的联系。在乾坤分别对应于人法的观念中，由于《易传》中的乾卦本是兼指天与"大人"的，因而以人约乾是比较顺理成章的，而"坤"本义是指"地"与臣道，是故以"法"比附坤卦则显得有些勉强。

（三）人法论与禅宗的无执无碍

金圣叹认为《周易》的理论框架是以人为主的人法合一，这是他将禅宗的人法关系观念运用于《周易》的结果。这就启发我们追问这样一个问题：所谓人法合一的实质究竟是什么？人法为什么是合一的？从金圣叹对乾坤、五十等概念的人法关系的分析中可以看出，人法关系实质上就是破除我执与证悟自性的统一，这一观念也是金氏在禅宗思想的启发下形成的，其前提也是对传统易学的继承和改造。

金圣叹的人法论意味着破除我执与证悟自性的统一。比如金圣叹分析五与十之间的关系：

> 五是天地之盛德，……十是圣人之大业。……何故九字是十字之基？盖大千群龙具在，游戏满足，是十字，而独无奈领头一龙，常要出来生事，致令一切群龙悉不得静。今但不许此领头一龙出来生事，则群龙各各自在。不许领头一龙，此是九字；群龙各得，此是十字。不许一龙而群龙即各得，故九字是十字之基也。何谓领头一龙？即宗家劈面所诃之拟议是也。我等平昔为凡夫，各赖此拟议，从今以往，须要破尽执我，而后方与用九之义有少分相应也。问：圣人大业，既于十内减一而用九，天地盛德，复当云何？答：天地圣德，则于五外增一而用六。何以故？天地之为天地，直至今日，但会得五，除五之

外,更无所能。全赖有圣人者,于其间为持地菩萨,而裁成辅相之。①

这段冗长的文字论述了五和十的关系中所蕴含的人法合一的观念:"五"和"十"分别对应于法(天地之盛德)和人(圣人之大业),而"五"和"十"的基础则分别是用六和用九。其中,用九意味着"破尽执我",用六则体现了圣人对于佛法的裁成辅相之功。由此我们可以推测:所谓人法关系,就是破尽执我与弘扬佛法的关系。金圣叹还特别强调了这两者是相互统一的:

> 应知《乾》卦用九者,非所云老阳之谓,乃是十中缺一也;《坤》卦用六者,亦非所云老阴之谓,乃是五外增一也。云何是十中所缺之一?未成乎人,执我之凡夫是;云何是五外所增之一?已成乎人,参赞之圣人是。由是言之,《乾》卦所缺,正即《坤》卦所增;《坤》卦所增,正即《乾》卦所缺也。盖《乾》卦纯说人,不说法;《坤》卦纯说法,不说人。然《乾》卦虽实实说人,而实实不是人,故减一数;《坤》卦则实实说法,而实实竟是人,故增一数。②

这段话包含两个层次:(1)从用九到用六,是从执我之凡夫至参赞之圣人,是转凡为圣的过程,破除我执所减之一,正是参赞佛法所增之一,因此凡圣统一于同一个主体。(2)乾卦用九与坤卦用六分别对应于人与法,但乾卦是为凡夫说法,坤卦乃圣人参赞佛法,因此人中有法,法中

---

① 金圣叹著,陆林辑校整理:《唱经堂通宗易论·五十》,载《金圣叹全集》(修订版)第陆册,凤凰出版社,2016年,第800—801页。
② 金圣叹著,陆林辑校整理:《唱经堂通宗易论·五十》,载《金圣叹全集》(修订版)第陆册,凤凰出版社,2016年,第803页。

有人，十和五的人法关系是相互统一、相互涵摄的。这两个层面都表明了破除执我与弘扬佛法的统一。

乾卦和坤卦的人法关系也是如此，只不过金圣叹采用了另一种表述，即不住之心与住位之法的圆融：

> 《乾》约一心最小，而一心不住于一心，如龙之御天最健，故曰大；《坤》约万法，而法法各住于本位，如马之行地最顺，故曰至也。①
>
> 云何为《乾》？只据现在一法，迅疾起灭，不曾暂停，卦之曰《乾》。《乾》卦本小，而破于一物，翻出万物，以其弃小就大，为"万物资始"，故曰大。云何为《坤》？遍约大千微尘，泺布无外，不漏一丝，卦之曰《坤》。《坤》卦本大，而借彼前法，出生后法，以其如法各得，为"万物资生"，故曰至。②

这两段文字都以乾坤两卦的人法关系为宗旨。如前所述，金圣叹将乾卦比附迅疾起灭的无住之心，"无住"就是无执无碍；又将坤卦与"各住于本位"的万法相类比，禅宗所理解的"各住于本位"就是证悟自性。于是乾坤两卦的心无住与法住本位的合一，便意味着无执无碍与证悟自性的合一，这与用九、用六中所包含的破除执我与参赞佛法的统一是完全契合的。

对于《周易》的人法关系，金圣叹更为强调无执无碍这一层面。如前所说，《周易》之人法关系的重点是人重于法。既然人法合一意味着

---

① 金圣叹著，陆林辑校整理：《唱经堂通宗易论·五十》，载《金圣叹全集》（修订版）第陆册，凤凰出版社，2016年，第798页。
② 金圣叹著，陆林辑校整理：《唱经堂通宗易论·乾坤》，载《金圣叹全集》（修订版）第陆册，凤凰出版社，2016年，第803—804页。

破除我执与证悟自性的统一，那么人重于法的实质便是强调无所执著在人法关系中的决定性地位。金圣叹在诠释《周易》经传时，须臾不忘"破除我执"这一主干。又由于破除我执就是心无住于法，因此他又常常强调提出"现前一心"①。除了上述有关乾坤、五十等概念的论述外，他在论述《系辞上》"仰以观于天文，俯以察于地理"时，以为其宗旨在于"脱去凡夫""放倒自己"②。还有，金圣叹认为《周易·系辞上》的"知周乎万物而道济天下，故不过"一说中寄寓着"不曾翘然有我"③，损卦、咸卦、恒卦分别意味着"但破我执""狂妄之见应时而歇""写出来与他决绝"④，凡此种种，无不渗透了"破除我执"的因素。此外，屯卦象征着"现前一心"⑤，伏羲八卦象征着"坐在法界里边，止要照管现前一心"⑥，这类说法同样显示了金圣叹以破除我执为《周易》核心的观点。

金氏以无执无碍为《周易》的核心，显然受到了禅宗思想的影响。从前文对乾坤之人法关系的分析，我们已经可以看出金圣叹对禅宗思想资源的运用。值得注意的是，金氏在诠释《周易》中的人法关系时，常常直接点出《周易》的破除我执与禅宗观念的对应关系。比如，他剖析"用九"中的"破尽执我"曰："何谓领头一龙？即宗家劈面所诃之拟议

---

① 参见吴正岚《金圣叹评传》附表六《金氏易学中的"破除我执""现前一心"说一览》，南京大学出版社，2006年，第501—503页。
② 金圣叹著，陆林辑校整理：《唱经堂语录纂》卷一，载《金圣叹全集》（修订版）第陆册，凤凰出版社，2016年，第825—826页。
③ 金圣叹著，陆林辑校整理：《唱经堂语录纂》卷一，载《金圣叹全集》（修订版）第陆册，凤凰出版社，2016年，第830页。
④ 金圣叹著，陆林辑校整理：《唱经堂语录纂》卷二，载《金圣叹全集》（修订版）第陆册，凤凰出版社，2016年，第862—863页。
⑤ 金圣叹著，陆林辑校整理：《唱经堂通宗易论·小八卦》，载《金圣叹全集》（修订版）第陆册，凤凰出版社，2016年，第809页。
⑥ 金圣叹著，陆林辑校整理：《唱经堂随手通·先后天胜义幢》，载《金圣叹全集》（修订版）第陆册，凤凰出版社，2016年，第907页。

是也。"① 所谓"宗家劈面所诃之拟议",当是指禅宗的反对知见言语,这就提示了"破尽执我"是源于禅宗思想的。禅宗灯录中有关扫除知见言语的文字俯拾皆是,临济一系更是常以棒喝破除拟议。比如,《五灯会元》卷十一《临济玄义禅师》一传中,"僧拟议,师便喝""僧拟议,师便打"之类的记载竟出现了五次②,足见禅宗对"拟议"的破除;又《五灯会元》卷十二载临济宗长水子璿讲师曾有"敲空击木,尚落筌蹄。举目扬眉,已成拟议"之论,又说"道非言象得,禅非拟议知。会意通宗,曾无别致"。③ 可知"拟议"之于禅宗,正如言象之于大道一样,是筌蹄方便而非究竟,因而学禅者不必拘泥偏执于拟议。禅宗之破除知见言语乃是其扫除主体的执著、分别的表现,故金圣叹又称之为"破尽执我"。又如,金圣叹《通宗易论·小八卦》在以"现前一心"诠释屯卦时说:"屯、蒙卦,达摩遇神光时也。蒙卦不过陪说屯卦。"金氏于此篇标题下自注"为《五灯会元》说"④,可见他诠释《周易》是以禅宗为旨归的。在此,金氏还指出了屯卦的意味可从达摩遇神光一事中体会出。据《五灯会元》卷一《初祖菩提达磨大师》载,达摩⑤为神光(慧可)说法,"可曰:'诸佛法印,可得闻乎?'祖曰:'诸佛法印,匪从人得。'可曰:'我心未宁,乞师与安。'祖曰:'将心来,与汝安。'可良久曰:

---

① 金圣叹著,陆林辑校整理:《唱经堂通宗易论·五十》,载《金圣叹全集》(修订版)第陆册,凤凰出版社,2016年,第801页。
② 普济著,苏渊雷点校:《五灯会元》卷十一《临济玄义禅师》,中华书局,1984年,第645—649页。
③ 普济著,苏渊雷点校:《五灯会元》卷十二《长水子璿讲师》,中华书局,1984年,第742、743页。
④ 金圣叹著,陆林辑校整理:《唱经堂通宗易论·小八卦》,载《金圣叹全集》(修订版)第陆册,凤凰出版社,2016年,第809页。
⑤ 《金圣叹全集·唱经堂圣人千案》作"达磨",《金圣叹全集·唱经堂通宗易论》作"达摩",中华书局1984年版《五灯会元》作"达磨"。本书依据这三种资料而分别写作"达磨"或"达摩"。

'觅心了不可得。'祖曰:'我与汝安心竟。'"① 这一记载的寓意当是达摩认为安心就是现前一心,只不过妄者起分别心而分作两件。可见,禅宗之所以看重"现前一心",在于它蕴含了两重意义:一是重视安心,即将心安住于一处,使之安定寂静;二是强调安心的途径是不起分别。② 在此,金圣叹引用《五灯会元》达摩遇神光的典故,可见其明确承认了他的"现前一心"说与禅宗思想的联系。值得一提的是,金圣叹将《周易》的核心思想诠释为无执无碍,这与我们在《金圣叹兼奉台禅的佛学思想》一文中所论证的、金氏于禅宗最重无执无碍的倾向是完全一致的。③

必须指出,正如金圣叹在以人法关系诠释《周易》时既要寻求传统易学的支持,又须弥合其说与传统易学的分歧一样,金圣叹将《周易》的核心理解为无执无碍之心,同样要面临着对传统易学的继承和改造。比如,在论述天地之数五与十的关系时,他利用了《周易》中的用六用九的概念,同时又否定了传统易数学以六、九为老阴、老阳的说法。一方面,金圣叹注意到乾坤两卦中用六、用九的存在,于是巧妙地利用五、十、六、九之间的数学关系,指出用九是"十内减一",用六乃"五外增一",这样一来,金氏便可从"减一"引申出"破除我执",又从"增一"引申出弘扬佛法,并且指出"减一"与"增一"都统一于主体。另一方面,由于这样的阐释与传统的以六、九为老阴老阳的易数学相悖,因而他又不得不宣告对传统易数学的扬弃。金氏指出:"应知

---

① 普济著,苏渊雷点校:《五灯会元》卷一《初祖菩提达磨大师》,中华书局,1984年,第44页。
② 参见方立天《中国佛教哲学要义》上卷,中国人民大学出版社,2002年,第373页。
③ 金圣叹强调破除我执,除了为个人的解脱寻求思想资源外,还有证成其自然政治观的意义。参见潘运告《金圣叹的性命之说及其民本思想》,《晋阳学刊》1987年第5期;马积高《论金圣叹的哲学思想》,《学术月刊》1990年第12期。

《乾》卦用九者,非所云老阳之谓,乃是十中缺一也;《坤》卦用六者,亦非所云老阴之谓,乃是五外增一也。"① 这是对其"五十"之说与传统易数学的沿革关系的最好概括。又如,金圣叹以"现前一心"解说屯卦时,采取了屯卦初爻"盘桓"之说。金圣叹释屯卦曰:

> 盖不曾屯底时节,他三魂六魄,不知飘荡在那里,纵有屈原《大招》,也招不来。而今兜头一喝,提出眼前一心,便立刻屯住。屯了现前,已有这个人了,然后把这个人渐渐里摆布他。②

在此,金氏将屯卦释为"屯住""眼前一心",也就是将"屯"释为"住",这大概是取屯卦初爻"盘桓"之义。

三、以华严宗的事事无碍说解释乾坤两卦的关系

《通宗易论·乾坤》一篇在以人法关系为框架解释乾坤两卦的过程中,还借用了华严宗的事事无碍说。金氏以儒家的孝弟与仁分别对应于乾坤两卦,又将仁与不仁解释为通达与不通达,从而确立了华严宗的事事无碍论与乾坤两卦的联系。

首先,金氏在重申乾坤之间的人法关系的前提下,提出了乾为坤之

---

① 金圣叹著,陆林辑校整理:《唱经堂通宗易论·五十》,载《金圣叹全集》(修订版)第陆册,凤凰出版社,2016年,第803页。
② 金圣叹著,陆林辑校整理:《唱经堂通宗易论·小八卦》,载《金圣叹全集》(修订版)第陆册,凤凰出版社,2016年,第811页。

本的主张："《乾》，约人之卦也；《坤》，约法之卦也。圣人意重在人，不重在法，人不终则法不始，故《乾》《坤》虽齐举，而必先《乾》后《坤》，所以明《坤》必本乎《乾》之义也。"接着，金氏依据《论语·学而》"孝弟也者，其为仁之本与"一说，建立了乾坤与仁孝的对应关系："'其为人也孝弟'章，孝弟为仁之本，盖言《乾》卦为《坤》卦本也。《坤》是仁卦，约法。《乾》是孝弟卦，约人。"必须承认，金氏有关《乾》《坤》对应于仁孝的建构是颇为牵强的，其理由除了乾为坤之本与孝弟为仁之本之间的相似性之外，就只有他所认为的《论语》首章中的"学而时习之""有朋自远方来"与乾坤两卦的相合了："《论语》首章'时习'，即'乾乾因其时而惕'，《乾》之义也；朋来，即'西南得朋'，《坤》之义也。"由于"其为人也孝弟"是"学而"的次章，故乾坤与仁孝也是相互对应的。

在此基础上，金圣叹将《乾》《坤》两卦纳入了华严宗的事事无碍理论中。他指出仁即通达无碍："仁之为言，七通八达之谓也。一佛国土，通于无量佛国土；无量佛国土，通于一佛国土。尘尘刹刹，你既为我，我复为你，如八门五花，无有隔碍，故名仁。"[1] 这里所说的事物之间相互通达、相互含容、没有差别的观念，出自《华严经》。《华严经·首贤菩萨行品》讲十种"入法"，其中"一切世界入一毛道，一毛道出不可思议刹"[2] 等说，认为染净、广狭等各不相同的事物可以互相包含。华严宗人智俨、法藏在《华严经》的启发下，先后创立了两种"十玄"说，从时间、空间、数量、容积、形态等方面说明事物与事物之间的相

---

[1] 金圣叹著，陆林辑校整理：《唱经堂通宗易论·乾坤》，载《金圣叹全集》（修订版）第陆册，凤凰出版社，2016年，第804—805页。
[2] 佛驮跋陀罗译：《大方广佛华严经》卷三十三，载《大正新修大藏经》第9卷，第607页。

即相入、自在无碍的关系。①

从中土固有的思想资源而论,将"仁"解释为七通八达,可能是受到了程子《论语·雍也》注的启发。金氏所谓"仁者,推而行之,处处行得通之谓",当是出自《论语·雍也》"夫仁者,己欲立而立人,己欲达而达人,能近取譬,可谓仁之方也"的推己及人的思想。对此,程子释为:"医书以手足痿痹为不仁,此言最善名状。仁者以天地万物为一体,莫非己也。认得为己,何所不至;若不属己,自与己不相干。如手足之不仁,气已不贯,皆不属己。故博施济众,乃圣人之功用。仁至难言,故止曰:'己欲立而立人,己欲达而达人。能近取譬,可谓仁之方也已。'欲令如是观仁,可以得仁之体。"② 金圣叹在本篇中也提到了"譬如人周身气血,少有一处窒碍,则周身气血应时便阻,谓之不仁之疾"③,可以推测金氏是由程子的"气已不贯"逆推出"仁"的"七通八达"之意。

金圣叹为什么要借用华严宗的事事无碍观点呢?还是让我们来看他的逻辑推演吧。金圣叹将"仁"诠释为通达无碍的华严境界后,又进而以"通达""不通达"来观照乾坤两卦:

> 《乾》之为卦,乃是搜寻一切不通达之卦也。不通达,虽止在一处;而搜寻不通达,则须遍一切处。遍处搜寻,并无一处不通达可得,而后《乾》之能事始毕。故《坤》卦是实,《乾》卦是假。然遍一切搜寻不通达,此是实实一事,若所谓处处通达之境界,则谁当见,谁当

---

① 参见魏道儒《中国华严宗通史》,江苏古籍出版社,2001年,第125—131、152—155页。
② 朱熹:《论语集注》卷三引,载《四书章句集注》,中华书局,1983年,第92页。
③ 金圣叹著,陆林辑校整理:《唱经堂通宗易论·乾坤》,载《金圣叹全集》(修订版)第陆册,凤凰出版社,2016年,第806页。

说?故又应《坤》卦是假而《乾》卦是实也。且夫《乾》卦虽求处处通达,而其实只求去一处之不通达。……故知《乾》卦医治全法界不通达,不在处处,而在一处也。复次,仁者推而行之,处处行得通之谓;孝者反而求之,并无一处行不通之谓。……故仁是大千之实法,而孝乃君子之用心也。①

在此,金氏从"通达"的角度阐述乾坤之间的对立统一关系。坤之仁,意味着"处处通达之境界",而乾之孝便是"只求去一处之不通达",换言之,乾坤两卦之间存在着去一处不通达与处处通达的关系,这正是金圣叹所反复强调的破除我执与证悟自性的统一。于此我们恍然大悟:金圣叹不辞劳苦地把乾坤与仁孝拉上关系,又借用华严宗的事事无碍之说,其目的还是为了从另一种角度阐述乾坤之间的人法关系。

四、以因缘和合诠释阴阳合德

前文已经提到,金圣叹特别强调十六卦在《周易》全经六十四卦中的纲领作用。他从不同的角度论述了这种重要性。《唱经堂语录纂》卷一云:

譬诸人身,十六句卦,骨也;四十八字卦,肉也;《乾》《坤》,骨

---

① 金圣叹著,陆林辑校整理:《唱经堂通宗易论·乾坤》,载《金圣叹全集》(修订版)第陆册,凤凰出版社,2016年,第806页。

中之髓也。譬诸人伦，十六句卦，父母也；四十八字卦，子也；《乾》《坤》，大父母也。十六句卦落墨，四十八字卦设色。①

"骨""父母"等说法揭示了十六卦的骨干地位。金氏《通宗易论》以此解释六十四卦序曰：

自《乾》《坤》开章，历《屯》《蒙》八小卦，则以《泰》《否》束之，虽结上文，实起下文也。上经《泰》《否》一束，《坎》《离》一束；下经以《咸》《恒》为上下之纽，又《损》《益》一束，《震》《艮》一束，《巽》《兑》一束，《既济》《未济》一束。而四十八卦错综于其间，所谓"鸳鸯绣出从君看"，以十六卦为金针也。②

这是以《序卦》为依据论述十六卦之提纲挈领的作用。

不唯如此，金圣叹试图通过《周易》、《尚书》、佛教等思想中都有"十六"这一数字，说明十六卦的重要意义。他甚至建立了不同的"十六"之间的对应关系：

《乾》，苦法忍也；《坤》，苦法智也。《泰》，苦比忍也；《否》，苦比智也。《坎》，集法忍也；《离》，集法智也。《咸》，集比忍也；《恒》，集比智也。《损》，灭法忍也；《益》，灭法智也。《震》，灭比忍也；《艮》，灭比智也。《巽》，道法忍也；《兑》，道法智也。《既济》，道比忍也；《未济》，道比智也。《十六观经》，首落日观，《乾》卦也；次大

---

① 金圣叹著，陆林辑校整理：《唱经堂语录纂》卷一，载《金圣叹全集》（修订版）第陆册，凤凰出版社，2016年，第821页。
② 金圣叹著，陆林辑校整理：《唱经堂通宗易论·十六卦》，载《金圣叹全集》（修订版）第陆册，凤凰出版社，2016年，第807页。

水结冰观,《坤》卦也。《尚书》十六字,"人心惟危",苦谛也;"道心惟微",集谛也;"惟精惟一",灭谛也;"允执厥中",道谛也。①

金氏没有解释十六卦与四谛、十六观经、《尚书》十六字分别对应的依据是什么。从《十六卦》全篇来看,他也没有具体论述《法华》十六王子与周易十六卦之间的关系。在论述了以上对应后,金氏总结道:"由此推之,十六卦功德可见矣。"可见,金氏拉出四谛、《法华》十六王子、《十六观经》、《尚书》十六字等来与十六卦相对应,只是为了说明《周易》十六卦之不可忽视。

金圣叹如此推崇十六卦功德,是受到了邵雍十六卦观念的影响。从理论基础而言,则是由于他特别重视阴阳相合观念。在论述"十六卦功德"之重要性后,金氏指出八卦相错而生十六卦是因缘法:

> 天地是因缘法,天为因,地为缘。"山泽通气",好因好缘也;"雷风相薄",恶因恶缘也;"水火不相射",不好不恶因缘也。号物有万,或从好因缘和合而生,或从恶因缘和合而生,或从两件不好不恶因缘而生。②

十六卦乃至世间万物都从因缘和合而生。在此,金圣叹以佛教的因缘说诠释周易的阴阳相合。众所周知,《易传》中有多处论述了阴阳二气的和合生成万物,比如《系辞传》称"天地氤氲,万物化醇;男女构精,

---

① 金圣叹著,陆林辑校整理:《唱经堂通宗易论·十六卦》,载《金圣叹全集》(修订版)第陆册,凤凰出版社,2016年,第807—808页。
② 金圣叹著,陆林辑校整理:《唱经堂通宗易论·十六卦》,载《金圣叹全集》(修订版)第陆册,凤凰出版社,2016年,第808页。

万物化生","阴阳合德而刚柔有体",又《序卦》认为"有天地然后有万物,有万物然后有男女",凡此都表明了阴阳和合而生成万物的观点。金圣叹论述阴阳合德的文字颇多,比如《唱经堂语录纂》云:"少阴少阳即是太阴太阳,不守本性。厥阴阳明,阴会于阳,阳会于阴,其间便有宾主。太阴太阳,决不和会底,故云'太'。动不知静,静不知动;会了,才生出络来。父母赤白和会,儿子业力揽着,白住于赤,赤住于白,阳住于阴,阴住于阳,即今镌图书侵让法。"① 同样是以男女交配生子为例说明阴阳化生之理。金圣叹这段文字中所引用的《说卦》"天地定位,山泽通气,雷风相薄,水火不相射",正是说明具有阴阳关系的乾坤、艮兑、震巽、坎离这四组卦分别交通感应而成十六卦乃至万物。

佛教的"因缘和合"是以事物的普遍联系来解释事物的存在,认为一切事物现象都是由诸种因缘(条件)会合而成的,因而是空的。一般认为,"佛教的'缘起'理论有一个历史发展的过程。原始佛教的'此有故彼有,此生故彼生'主要指的是'十二因缘'这种类型的业感缘起,其中当然包含'无我'(我空)的思想。《般若经》则侧重从人的主观分别方面讲缘起,说明世间事物由幻现而生,事物不过是假名'缘起'(产生)的外法(缘起实际上成了幻变)。"② 无论小乘还是大乘,都把"缘起"作为"空"的原因,只不过是对"空"的理解有所不同而已,因此佛教的因缘和合是与"空"紧密相联的。

佛教的因缘和合与《易传》的阴阳合德既有共同之处,也有明显分歧。两者最主要的共同点在于都主张事物的产生是由不同的事物聚合而成的。其分歧之处主要有二:其一,周易有关阴阳生万物的观念中,并

---

① 金圣叹著,陆林辑校整理:《唱经堂语录纂》卷一,载《金圣叹全集》(修订版)第陆册,凤凰出版社,2016年,第861页。
② 姚卫群:《佛教般若思想发展源流》,北京大学出版社,1996年,第204页。

无万物为空的成分，而佛教的因缘是与空密不可分的。其二，阴阳之间存在着对立统一关系，是成双成对的，而因缘会合说中因与缘的关系并非如此。就广义而言，因与缘并无分别，统称事物形成的原因和条件；狭义而论，产生结果的直接原因为因，起间接或辅助性作用的原因为缘，因而有"内因""亲因"和"外缘""疏缘"的说法。① 又智顗《妙法莲华经玄义》卷二上称"习因为因，助因为缘"②，因而狭义的因缘有着直接与间接、主要与次要的区别，两者并非对立统一关系。

金圣叹对佛教因缘和合与《易传》阴阳合德的上述分歧是有所认识的。对于第一点分歧，他曾经提及佛教因缘说与性空的关系，③ 可见他清楚地看到因缘和合与阴阳合德在"空"上的分歧，但由于这一分歧是不可调和的，因此他只能忽略这一方面。但他在调和第二点分歧方面做了很多努力。一是在数量上将因缘理解为"两件"："或从两件不好不恶因缘而生"，这就将因缘与成双成对的阴阳之间的距离拉近了；二是在性质上突出因缘的同一性。"号物有万，或从好因缘和合而生，或从恶因缘和合而生，或从两件不好不恶因缘而生"一说，既是将因缘分为好、恶、不好不恶三种，又包含了因缘同好同恶的意味。而因缘在性质上取得一致后，其关系也就更接近于阴阳关系了。

金圣叹如此煞费苦心地以因缘生法来诠释十六卦乃至世间万物生成中的阴阳相合，当然是为了突出阴阳合德这一易学观念。同样，《通宗易论·十六卦》一篇如此推崇十六卦在六十四卦中的纲领地位，也正是因为十六卦的形成是阴阳合德法则最典型的体现。

---

① 任继愈主编：《中国佛教史》第二卷，中国社会科学出版社，1985年，第307页。
② 智顗说：《妙法莲华经玄义》卷二上，载《大正新修大藏经》第33卷，第694页。
③ 参见本书《佛教"因缘"说对金圣叹文学观念的多重影响》一文。

五、晚明援佛释易的思潮对金圣叹的影响

以佛释易、糅合易佛的思维方式有着悠久的历史。在华严学史上，以《周易》思想诠释《华严经》的现象十分普遍，唐代李通玄《新华严经论》堪称其中的代表；在禅学界，以禅言易的风气兴起于南宋之初。① 明代中期以后，儒佛合一的思潮逐渐兴盛，② 援引佛学思想来解释《周易》的著作层出不穷，焦竑《易筌》、张镜心《易经增注》、方时化解易著作六种等都是这一思潮的表现，名列晚明四大高僧的真可和智旭可算是以佛释易的代表人物。金圣叹援佛释易的思路明显受到了以真可、智旭等人为代表的晚明易佛合一思潮的影响。

关于真可和智旭的以佛释易，先行研究已经进行了深入考察。他们已揭示出真可将佛教的"无我而灵""有我而昧"对应于《周易》的卦爻，以禅宗的心无执著诠释《系辞》的何思何虑以及用佛教无常比附《周易》之变易等特征，还指出了智旭以天台宗的止观定慧思想诠释《周易》的倾向。③ 本文则试图探讨真可和智旭的以佛释易如何启发了金圣叹的易学。

真可和智旭以佛释易的具体路径虽然不同，但共同之处在于重视

---

① 永瑢等：《四库全书总目提要》卷三"童溪易传三十卷"条，中华书局，1965年，第16页。
② 朱伯崑：《易学哲学史》第三卷，华夏出版社，1995年，第248页。
③ 参见朱伯崑《易学哲学史》第三卷，华夏出版社，1995年，第51—268页；张学智《明代哲学史》，北京大学出版社，2000年，第632—638页；王仲尧《易学与佛教》，中国书店，2001年，第345—366页；陈坚《以佛解易 佛易一家——读智旭〈周易禅解〉》，《周易研究》1998年4期；陈坚《智旭对〈周易·大过卦〉的佛学解读》，《周易研究》2002年2期；陈坚《真可论易——〈易经〉"佛经化"的一个实例》，《周易研究》2003年5期。

《周易》中的对立统一关系,并主张对立统一的双方是以心为归宿的。比如,真可认为《周易》中存在着卦爻性情的相反相成关系:"卦则无我而灵者寓焉,爻则有我而昧者寓焉,心则又寓乎卦爻之间,故可以统情性。统,通也。盖善用其心,则情通而非有,性通而非无。"卦爻的关系可以理解为有我与无我、灵与昧的对待,而双方又统一于心,因而这种对待是可以相互转化的。其中,"心统性情"之说与宋代张载的理学观念一脉相承,更重要的是,"无我而灵者寓焉""有我而昧者寓焉"的观念显然契合于禅宗的无执无碍与证悟自性相统一的思想。真可对佛教与《周易》的这一相通之处极为重视,因而他在释咸卦时又说:"咸之四爻,吾知之矣。如有心而应之,终不甚光大也。无心而听天,则未光者,亦光大也。噫!吾才生心,则性变而为情矣。性无我而灵,故能通天下之情。情通则无事不吉,不通则有我而滞。"这是将咸卦解释为"无心而听天",所谓无心就是"性无我而灵",其对立面乃"有我而滞"。类似的论述还有"如'一心不生万法无咎'者,即卦之意也。如'一微涉动静,成此颓山势者',即爻之意也"①。概言之,真可融合易佛的主要方法是将佛教的有我无我归于一心,与《周易》卦爻的对立统一关系相比附。

智旭主要是以天台宗的止观不二、定慧均平、性修一如的思想来解释《周易》,其《周易禅解》全书充斥着这类论述。如卷一释乾卦《文言》曰:"统论乾坤二义。约性则寂照之体,约修则明静之德,约因则止观之功,约果则定慧之严也。若性若修,若因若果,无非常乐我净。"② 这是主张《周易》乾坤二卦包含了性修因果统一于常乐我净的观

---

① 紫柏真可:《紫柏老人集》卷二十二《解易》,载《故宫珍本丛刊》第518册,海南出版社,2001年,第369、370页。
② 智旭著,方向东、谢秉洪校注:《周易禅解》卷一,广陵书社,2006年,第8页。

念。何谓定慧均平或曰止观双行？"止"是使所观察对象住心于内，不分散注意力；"观"是指集中观察、思维预定的对象，从而得到佛教的智慧、功德等。止观双修本是印度佛教大小乘各流派普遍强调的修持方法，而天台智𫖮则将止观双修的理论及实践系统化，使得止观并行、定慧均平成为天台佛教的重要内容。① 又，所谓性修不二是天台宗知礼所极力强调的思想，其内容可概括为"全性起修则诸行无作，全修在性则一念圆成。是则修外无性，性外无修，互泯互融，故称不二"②。此说主张佛性与修德的互具不二。智旭《周易禅解》中的定慧均平、性修不二在概念和内涵上都承袭了天台学说。以性修不二为例，他认为《周易》中所包含的性修一如思想，既是以修合性："此一节显以修合性也，非君子之妙修，何能显乾健之本性哉！"③ 又是指性必具修："极则必返，证佛果者，必当同流九界，性必具修，全性起修，乃见性修不二之则。"④ 这与上述天台知礼的性修一如说是一脉相承的。

值得注意的是，智旭在建构天台的定慧止观、性修互具不二与《周易》的关系时，还揭示了"一心"作为性修定慧之归宿的意义。比如他论述《系辞上》之"存乎德行"曰云："德行者，体乾坤之道而修定慧，由定慧而彻见自心之易理者也。"⑤ "存乎德行"可诠释为由定慧而证自心；又如他揭示了性修合一与即心的关系："六十四卦《大象传》，皆是约观心释，所谓无有一事一物而不会归于即心自性也。本由法性不息，所以天行常健。今法天行之健而自强不息，则以修合性矣。"⑥

---

① 潘桂明、吴忠伟：《中国天台宗通史》，江苏古籍出版社，2001年，第105—108页。
② 知礼述：《十不二门指要钞》卷下，载《大正新修大藏经》第46卷，第713页。
③ 智旭著，方向东、谢秉洪校注：《周易禅解》卷一，广陵书社，2006年，第8页。
④ 智旭著，方向东、谢秉洪校注：《周易禅解》卷一，广陵书社，2006年，第11页。
⑤ 智旭著，方向东、谢秉洪校注：《周易禅解》卷八，广陵书社，2006年，第182页。
⑥ 智旭著，方向东、谢秉洪校注：《周易禅解》卷一，广陵书社，2006年，第7页。

真可、智旭援引佛学思想阐述《周易》对立统一观念的做法，无疑对金圣叹的援佛释易产生了很大影响。如前所述，金圣叹认为《周易》的宗旨在于以人为主的人法合一，这首先是对真可以佛释易的继承。金圣叹所认为的《周易》人法合一，其内涵是"破尽执我"与"裁成辅相"的对立统一，或者说是"未成乎人，执我之凡夫是"与"已成乎人，参赞之圣人是"之间的相反相成，这与真可"卦则无我而灵者寓焉，爻则有我而昧者寓焉"的思路颇为接近。更重要的，金圣叹强调《周易》人法关系是以人为主即以破尽我执为核心的，这又呼应了真可的卦爻性情统一于一心的观点。金圣叹与真可思想的这一承袭关系突出地体现在对于咸卦的解释。如前所述，金圣叹论咸卦云："无心之谓'咸'，气尽之谓'既'。菩提心，昔所本有，而今适无。原来遍虚空、尽法界，都是菩提心。"① 从"无心为咸"出发，金氏引申出了无心则呈露本体的思想，这与真可的以"无心而听天"释"咸"的思路之间有着明显的渊源关系。

智旭的定慧均平、性修不二且会归于自心的思路对金圣叹的影响也是不容忽视的。从概念本身来看，定慧、性修等说法在金氏的易论中并不多见，但金氏人法合一的易学体系与智旭定慧性修不二的理论框架是颇为相似的。而且，金圣叹提出"现前一心"的主张，既是吸收禅学思想的表现，也与天台宗的"妄心观"密不可分。智旭强调"迩静而正，曾不离我现前一念心性也"②，他还说"无明动而种智生，妄想兴而涅槃现"，③ 凡此都是强调现前一念妄心与本性真心的相即不二。在这一点上，金圣叹"只要狂妄之见应时而歇，菩提之心亦不复起"之说，④ 显

---

① 金圣叹著，陆林辑校整理：《唱经堂语录纂》卷二，载《金圣叹全集》（修订版）第陆册，凤凰出版社，2016年，第863页。
② 智旭著，方向东、谢秉洪校注：《周易禅解》卷八，广陵书社，2006年，第171页。
③ 智旭著，方向东、谢秉洪校注：《周易禅解》卷二，广陵书社，2006年，第22页。
④ 金圣叹著，陆林辑校整理：《唱经堂语录纂》卷一，载《金圣叹全集》（修订版）第陆册，凤凰出版社，2016年，第863页。

然胎息于智旭"既全以性德为行，则狂心顿歇，歇即菩提"的说法。①

综上所述，将《周易》诠释为以一心为归宿的种种对立统一关系，是晚明真可、智旭易佛合一论的共同之处，又是金圣叹援佛释易之学濡染时代思潮的表现。

至于金圣叹受真可、智旭等人影响的可能性，似乎无需作特别说明。真可和智旭都是晚明时期声名甚著的高僧大德，在天启丁卯（1627）年《紫柏老人集》刊刻之前，真可思想早已广泛流传。两位高僧都与当时的士林有着密切的交游往还②。真可在金圣叹生前已辞世，目前虽无资料证明金圣叹与智旭的直接交往，但金圣叹很有可能间接地濡染了两位高僧的思想。其一，真可为江苏吴江人，长期止于虎丘云岩寺，可以想见，金圣叹生活的时期，吴中地区仍带有真可佛学的流风余绪，金圣叹当对真可思想有所吸收。其二，智旭为江苏吴县人，同样在吴中具有广泛深远的影响，金圣叹推崇天台学就足以证明他与智旭的究心天台学之间有着千丝万缕的联系。其三，金圣叹可能通过钱谦益这一中间环节来接受真可、智旭等人的影响。关于钱谦益与紫柏真可、蕅益智旭的交往，学界已有深入研究③，众所周知，钱谦益曾为紫柏真可编撰《紫柏尊者别集》④，又前引紫柏真可《刻大藏经疏》"誓刻经律论之全藏"等说法，当启发了钱谦益、毛晋提倡"经史全书"的观念。⑤ 由

---

① 智旭著，方向东、谢秉洪校注：《周易禅解》卷一，广陵书社，2006年，第12页。
② 关于真可与冯梦祯等士人的交往，参见黄卓越《明中后期文学思想研究》之附录《冯梦祯与晚明东南佛教》，北京大学出版社，2005年，第266—283页。
③ 参见谢正光《钱谦益奉佛之前后因缘及其意义》，《清华大学学报》2006年第3期；*Brill's Encyclopedia of Buddhism*（Leidon-Boston：Brill，2016）之"Qian Qianyi"条（严志雄撰）；王彦明《钱谦益佛教文献与文学研究》，中国社会科学出版社，2020年，第29—111页。
④ 钱谦益著，钱曾笺注，钱仲联标校：《牧斋有学集》卷二十一《紫柏尊者别集序》，载《钱牧斋全集》第伍册，上海古籍出版社，2003年，第873—875页。关于钱谦益与紫柏真可的思想联系，参见吴正岚《金圣叹与明清之际江南佛学——以"月爱三昧"说为视角》，《中山大学学报》2022年第1期。
⑤ 钱谦益著，钱曾笺注，钱仲联标校：《牧斋有学集》卷三十一《隐湖毛君墓志铭》，载《钱牧斋全集》第陆册，上海古籍出版社，2003年，第1141页。

此可见钱谦益对真可思想的推崇。如前所述,金圣叹与钱谦益在天台学方面有过深入的互动,那么金圣叹间接地接受真可的学说,也是情理中事。

以上的分析表明,在继承真可、智旭等人的易学观念的同时,金圣叹的援佛释易自有其特点。就逻辑归宿而论,金氏的以佛释易是兼容了禅宗和天台的,而真可的《解易》主要贯穿着禅宗"前念迷佛是众生,后念悟众生是佛"的思路,[①] 智旭则以天台的一念三千、一心三观为宗旨。在理论框架上,不同于真可"有我—无我"和智旭"止—观""定—慧""性—修"的理论框架,金圣叹建构了人法的对立统一关系,从人法关系的角度阐述破尽我执与印证自性合一、人法合一等命题。

---

① 参见张学智《明代哲学史》,北京大学出版社,2000年,第636页。

金圣叹兼奉台禅的佛学思想

关于金圣叹的佛学思想，以往的研究关注得很少。① 金圣叹佛学思想的构成极为复杂多元，仅金氏引用的佛教典籍就有《妙法莲华经》《维摩诘所说经》《金刚般若经》《大般涅槃经》《华严经》《楞伽经》《圆觉经》《四阿含经》《首楞严经》《仁王经》《梵网经》《中论》《金光明经》等十几种②，但金氏并非对所有佛典都等量齐观，从引用、论及的频率来看，他最关注的佛经为《妙法莲华经》《维摩诘所说经》《金刚般若经》《大般涅槃经》等，而其佛学思想的主要倾向则是兼重天台和禅宗。

---

① 陈洪《金圣叹传论》（第168—169页）已指出空宗对金圣叹影响较大。本篇拟对金氏佛学的特色及背景作一全面论述。
② 参见吴正岚《金圣叹评传》附表二《金圣叹论述、引用〈法华经〉一览》、附表三《金圣叹论述、引用〈维摩诘经〉一览》、附表四《金圣叹论述、引用〈金刚般若经〉一览》，南京大学出版社，2006年，第493—500页。又，金圣叹引用《华严经》如《水浒传》第五回夹批："大雄先生之言曰：'心如工画师，造种种五阴；一切世间中，无法而不造。'"[载《金圣叹全集》（修订版）第叁册，第157页]出自晋译《华严经》卷十《夜摩天宫菩萨说偈品》。引用《楞伽经》如《唱经堂语录纂》卷二："《楞伽经》：'佛告大慧菩萨：能住为住，所住为地；有住为住，无住为地；有地为住，无地为地。'"[载《金圣叹全集》（修订版）第陆册，第881页]引用《圆觉经》如《西厢》卷七评点："如《圆觉经》之于

一、推崇天台宗的主要表现

金圣叹与钱谦益的"仙坛倡和"反映了金氏对天台学的熟悉。① 在金氏著述中,金圣叹并未直接表明他推崇天台宗的立场,他更不会以天台宗人自居,相反,如前所述,他对佛教不同宗派的纷争颇有点不以为然。不过,他确实从天台思想中汲取了很多成分。

首先,金圣叹援引了天台智颛的判教思想。其说云:

> 从佛出十二部经,从牛出乳也;从十二部出修多罗,从乳出酪也;从修多罗出《方等经》,从酪出生酥也;从《方等》出《摩诃般若》,

---

(接上页)诸安心亦不息灭,是则真我先师'五十学《易》可无大过'之道也矣。"[载《金圣叹全集》(修订版)第贰册,第 1045 页]引用《四阿含经》如《唐才子诗》卷四评点孟浩然《除夜有怀》:"此即世尊《四阿含经》说'不能尽'之无常精义也。"[载《金圣叹全集》(修订版)第壹册,第 180 页]引用《首楞严经》如《贯华堂选批唐才子诗》卷四评点万楚《五日观妓》:"艳,心动也。《首楞严》云'心发爱涎,举体光润',是也。"[载《金圣叹全集》(修订版)第壹册,第 205 页]引用《仁王经》如《贯华堂选批唐才子诗》卷四评点李白《登金陵凤凰台》:"此便是《仁王经》中最尊胜偈。"[载《金圣叹全集》(修订版)第壹册,第 217 页]引用《梵网经》如《唱经堂语录纂》卷二:"《梵网经·菩萨心地品》,先说十金刚心,而后说十长养心。"[载《金圣叹全集》(修订版)第陆册,第 866 页]引用《中论》如:"因缘生法,一切具足。是故龙树著书,以破因缘品而弁其篇。"[载《金圣叹全集》(修订版)第肆册,第 999 页]这是说龙树《中论》以《观因缘品》开篇。引用《金光明经》如《西厢·惊梦》总评:"经曰:世间虚空,本自不有,业力机关,和合即有。"[载《金圣叹全集》(修订版)第贰册,第 1080—1081 页]此说盖出自《金光明经》卷一:"从诸因缘,和合而有。无有坚实,妄想故起。业力机关,假为空聚……我说诸大,从本不实,和合而有,无明体相,本自不有,妄想因缘,和合而有。"(昙无谶译:《金光明经》卷一《空品》第五,载《大正新修大藏经》第 16 卷,第 340 页)

① 参见本书《金圣叹与钱谦益的思想渊源》一文。

从生酥出熟酥也;从《摩诃般若》出《法华》《涅槃》,从熟酥出醍醐也。①

这是以五种牛乳制品乳、酪、生酥、熟酥、醍醐性味的浓淡不同,比喻十二部经等五种佛教经典的意义和地位高下有别。这一判教说源于《大般涅槃经》卷一四《圣行品》:

> 善男子!譬如从牛出乳,从乳出酪,从酪出生酥,从生酥出熟酥,从熟酥出醍醐。醍醐最上,若有服者,众病皆除,所有诸药悉入其中。善男子!佛亦如是,从佛出生十二部经,从十二部经出修多罗,从修多罗出《方等经》,从《方等经》出《般若波罗蜜》,从《般若波罗蜜》出《大涅槃》,犹如醍醐。言醍醐者,喻于佛性;佛性者即是如来。②

将《大般涅槃经》原文与金氏所述加以对照,可以很清楚地发现其间的重要区别:《大般涅槃经》以本经为醍醐,而金氏将《法华》和《涅槃》都视为"醍醐",这与天台宗创始人智𫖮的"前番五味"和"后番五味"的判教说极为相似。"前番五味"指经由《华严》《阿含》《方等》《般若》等至于《法华》,而以《法华经》为五味中的后教后味。后番五味则指于《法华》中未得入者,更以《般若》淘汰,令于《涅槃》中悟入,故《涅槃经》也是后教后味。③ 总之,《法华经》和《涅槃经》"俱

---

① 金圣叹著,陆林辑校整理:《唱经堂语录纂》卷二,载《金圣叹全集》(修订版)第陆册,凤凰出版社,2016年,第858页。
② 昙无谶译:《大般涅槃经》,载《大正新修大藏经》第12卷,第449页。
③ 潘桂明:《智𫖮评传》,南京大学出版社,1996年,第380页。

是醍醐"①。众所周知,判教是佛教各派别褒扬自身地位的重要方式,判教说往往是不同派别的标志性主张。金氏采纳天台智者的判教思想,表明天台学在金氏佛学中占有相当重要的地位。

其次,金圣叹以各种方式、从不同角度表达了对天台宗所依据的佛教经典《法华经》的尊信。如前所述,他曾自述幼年以《妙法莲华经》消遣养病的情形道:

> 明年十一岁,身体时时有小病。病作,辄得告假出塾。吾既不好弄,大人又禁不许弄,仍以书为消息而已。吾最初得见者,是《妙法莲华经》。……《法华经》《史记》解处为多,然而胆未坚刚,终亦不能常读。②

金氏自称十一岁左右便能于《法华经》有所领悟,可见《法华经》对于金圣叹思想的影响几乎是贯穿其一生的。又,金圣叹还将《法华经》视为佛教的核心宗旨:

> 一切圣人文字,悉有三科,谓单提、双开及杂色也。双开,是善知识门庭施设;单提,是向学人分中,劈面提出;杂色,有奢说、切说,只是余文耳。此方圣人,以"修身"为单提,以"诚意""正心"为双开;亦可云以"诚意""天下平"为双开,其余皆杂色也。彼方以《法华》为单提,《般若》《涅槃》为双开,《璎珞》《维摩》等为杂色。③

---

① 智𫖮说:《妙法莲华经玄义》卷十下,载《大正新修大藏经》第33卷,第808页。
② 金圣叹著,陆林辑校整理:《第五才子书施耐庵水浒传·序三》,载《金圣叹全集》(修订版)第叁册,凤凰出版社,2016年,第19页。
③ 金圣叹著,陆林辑校整理:《唱经堂语录纂》卷一,载《金圣叹全集》(修订版)第陆册,凤凰出版社,2016年,第844页。

"单提",即"单堕""单波逸提",本出自佛教戒律,是指单对有关之人忏悔即可得清净之堕罪。比如,《摩诃僧祇律》卷十二至二十论"明单提九十二事法",《四分律》和《十诵律》皆阐述"单提法"。自北宋圆悟克勤禅师起,"单提本分宗乘""单提向上机""单提正印""直截单提"等说法逐渐盛行,可见"单提"自此具有标举禅宗根本的意味。金圣叹所云"单提",当是指文章的主题或学(教)派的宗旨。金氏认为《法华》之于佛教,正如"修身"之于儒家一样,是最主要的精神所在。与《法华》相比较,《般若》《涅槃》只是用以说明《法华》的两个主要层面,而《璎珞》《维摩》则只不过是点缀(杂色)了。这等于是说《法华》在佛教典籍中居于至高无上的地位。

金圣叹重视《法华》之最具体的表现,当是对《法华经》中的故事、论点的引用。金氏援引、化用《法华经》的《化城喻品》《信解品》《方便品》等篇中的文字有二十多处,① 其频率远远高于他对另外几部佛经的引用。虽然《法华经》并非天台宗专用的典籍,其他佛学派别如禅宗也常常运用《法华经》中的比喻来阐述重视本心、顿悟成佛等观念②,但金氏视法华为"醍醐""单提"等说法,将《法华经》推尊为最核心的佛教经典,这不能不说是受了天台宗思想影响的缘故。

最后,金圣叹表达了对天台宗的圆融三谛、教观双用等独具特色的思想的认同。

天台智者的圆融三谛说是对大乘佛教二谛说的发展,主张空假中三

---

① 参见吴正岚《金圣叹评传》附表二《金圣叹论述、引用〈法华经〉一览》,南京大学出版社,2006年,第493—496页。
② 吴言生:《禅宗思想渊源》,中华书局,2001年,第289—320页。

种相对真理相即无碍，它们与绝对真理"一实谛"也圆融统一，① 所谓"若谓即空即假即中者，虽三而一，虽一而三，不相妨碍"②。又曰"一实谛即空即假即中，无异无二，故名一实谛"③。金圣叹的文学评点明显受到了天台圆融三谛说的影响。比如，金圣叹评点唐末周朴《桐柏观》一诗的颈联"岩深水落寒侵骨，门静花开色照衣"云："五不留色相，六不坏色相。不留色相，而非空谛；不坏色相，而非俗谛。此便是一切真灵境界、极大总持，不图唐人写入诗来。"④ 这里虽然仅仅点出了空、俗二谛，但"非空谛""非俗谛"的说法，已经蕴含了圆融三谛说之"二谛中道，事理具足，不偏不别"的原则。⑤ 而以下说法则明确地借用圆融三谛的观念解说诗歌：

> 世间法，以日为俗谛，月为真谛，灯为中谛。出世间法，以文殊般若为真谛，普贤解脱为俗谛，世尊得法于传灯为中谛。此方以伯夷为真谛，叔齐为俗谛，国人立其中子为中谛。真俗二谛，不相无者也。⑥

在此，真谛、俗谛、中谛的概念被用来描述三组对立统一的事物之间的关系。这三组事物的关系与圆融三谛的原意有合有不合。其中，出世间法之三谛分别代表了追求成佛的三种境界，文殊般若与普贤解脱分别相

---

① 潘桂明：《智𫖮评传》，南京大学出版社，1996年，第226页。
② 智𫖮说：《摩诃止观》卷一下，载《大正新修大藏经》第46卷，第7页。
③ 智𫖮说：《妙法莲华经玄义》卷八下，载《大正新修大藏经》第33卷，第781页。
④ 金圣叹著，陆林辑校整理：《贯华堂选批唐才子诗甲集七言律》卷八上，载《金圣叹全集》（修订版）第壹册，凤凰出版社，2016年，第542页。
⑤ 智𫖮：《四教义》卷一，载《大正新修大藏经》第46卷，第722页。
⑥ 金圣叹著，陆林辑校整理：《唱经堂杜诗解》卷四《谒真谛寺禅师》评，载《金圣叹全集》（修订版）第贰册，凤凰出版社，2016年，第791页。

当于性空和假名，而世尊得法于传灯则是究竟成佛的中道境界，这三种境界之间是相即无碍的，因此出世间法之三谛大致符合圆融三谛的原意，而此说很可能还来源于李通玄以佛、文殊、普贤为三圣一体的信仰格局。① 但是，另外两组事物的三谛关系就显得牵强附会了。特别是伯夷、叔齐和中子三者之间的关系与性空、假名和中道没有必然联系，这里的"三谛"不过是一种不够贴切的比喻而已，是比拟伯夷、叔齐放弃王位而最终中子登帝的事实。无论金圣叹是否忠实于圆融三谛的本义，他对这一天台思想很感兴趣，自无可疑。

教观双用是天台宗的重要特征，该宗创始人智𫖮认为通过教门而得悟的闻教和通过观门而得悟的修观不可偏废，即所谓"教观相资"②。教观双用的观念在天台宗和其他宗派中都有深远的影响。尤其是晚明时期，狂禅泛滥，教观严重失衡，天台宗的教观双用更是被人们称为救治时弊的良方。③ 明末四大高僧之一的智旭在其《教观纲宗释义》中，以儒家的思学并重来阐述天台的教观双用：

> 得意之人，举一教字，教为法界，便具观法，不必更别言观；举一观字，观为法界，便具教法，不必更别言教。只因众生但认语言为教，不能与观相应，但认工夫为观，不能与教相应。故设做工夫，不以教印，则盲修瞎炼，未免行邪险径，名之为殆，犹所云思而不学也。设学文字，不解观心，则说食数宝，究竟茫无受用，名之为罔，犹所云学而不思也。④

---

① 李通玄：《新华严经论》卷三，载《大正新修大藏经》第36卷，第739页。
② 智𫖮说：《妙法莲华经玄义》卷八下，载《大正新修大藏经》第33卷，第784页。关于天台的教观双用，参见潘桂明、吴忠伟《中国天台宗通史》，江苏古籍出版社，2001年，第196页。
③ 潘桂明、吴忠伟：《中国天台宗通史》，江苏古籍出版社，2001年，第744页。
④ 蕅益智旭：《蕅益大师全集》第十二册，巴蜀书社，2014年，第318页。

在此，智旭主张教观相应正如思学结合，相反，光做工夫容易导致迷失方向，好比"思而不学则殆"；单学义理则可能导致茫无受用，正如"学而不思则罔"。

金圣叹对天台教观双用的主张颇为关注。如前所述，他也用思学不分来阐述教观双用的观点：

> 从来思与学一合相，学之卦为《震》，颜渊职掌"学"字。子与之言，全是法界，如云"用舍行藏""天下归仁"等。思之卦为《艮》，曾子职掌"思"字。子与之言，乃用提喝，止得"参乎，吾道一以贯之"一句。无量义处三昧，为思；法华三昧，是学。"学而不思""思而不学"，应知是料简之文，非药病之文。既是不思，则直谓之"罔"，不得谓之学。非谓学之所病在不思，而以思药之也。下句亦然。"罔"即帝网重重，于法界中，取那一件？"殆"，及也，危也。丢开法界，所思何事？"以思无益，不如学也"；还有一句在，"以学无益，不如思也"。总之思与学，再割不开。①

金圣叹论思学合一，提到了"法华三昧"，足证这一主张与其天台学的修养有关。金氏此说与智旭的教观双用说显然是一脉相承的：金氏认为"思而不学"的危害在于"罔即帝网重重，于法界中，取那一件？"这与智旭"说食数宝，究竟茫无受用"的说法类似。又，"学而不思"的弊端乃"丢开法界，所思何事"，也与智旭"盲修瞎炼，未免行邪险径"的旨趣相近。值得注意的是，金圣叹对于思学合一的强调更有甚于智旭，乃至认为"既是不思，则直谓之罔，不得谓之学"，反之亦然。换

---

① 金圣叹著，陆林辑校整理：《唱经堂语录纂》卷二，载《金圣叹全集》（修订版）第陆册，凤凰出版社，2016年，第870页。

言之,思学割裂的结果是思不成其为思,学亦不成其为学,可见学思之联系紧密到了辅车相依的地步。

从金圣叹吸收天台智者的判教思想、推崇《法华经》、采纳天台宗所独有的"圆融三谛""教观双用"等学说这三个层面来看,天台学在金圣叹的佛学思想体系中无疑占有极为重要的地位。尤其值得注意的是,天台宗为金氏以"砭伪"兼绳狂的思想提供了重要资源:其一,如前所述,天台"教观双用"为金氏的主张绳狂、兼重渐修提供了依据;其二,天台圆融不二的思想与金圣叹无可无不可的"素位"人生观也是相互呼应的。

二、金圣叹禅宗思想的特点

金圣叹对禅宗思想极为热衷,杨复吉《西城风俗记跋》称"唱经堂主人以禅学入门,即以禅学为归宿,故谈禅诸文,靡不三藏贯彻"[①]。圣叹现存有关禅宗的著述中,不仅有记录他与友朋相与论禅、各逞机锋的《西城风俗记》,而且有圣叹评析禅门公案的《唱经堂圣人千案》。此外,《通宗易论》《语录纂》《随手通》等著述中也渗透了禅思,他在评点戏曲、小说、诗文时也常常援引禅学典故来诠释文学意境。金圣叹的禅宗思想具有兼收并蓄的倾向,其核心在于强调无所执著与呈露本心的相即不二。

---

① 金圣叹著,曹方人、周锡山标点:《金圣叹全集》(三),江苏古籍出版社,1985年,第707页。

（一）对各宗派兼收并蓄的倾向

从金圣叹参究、引用的禅门公案、禅师言行来看，金圣叹对禅宗各派兼容并包，这与前文所引的、他反对佛门"每争我宗他宗"的主张是相互呼应的。金圣叹对永嘉玄觉、南阳慧忠、庞居士、马祖一系等人的言行都有所论述。

金氏对永嘉玄觉等禅师的思想颇为关注。他曾评析慧能弟子永嘉玄觉参谒慧能的"一宿觉"①。据《五灯会元》卷二，永嘉玄觉"精天台止观圆妙法门"，②有学者指出其禅学思想的特点"是以般若的空观来泯除一切对立，同时又融会天台的实相说，突出'心'的地位，强调三谛一境、三观一心"③。可以说，永嘉玄觉是曹溪门徒中独具特色的一脉。金氏重视永嘉玄觉，与他兼重天台和禅宗的佛学思想相呼应。

金圣叹还关注南阳慧忠的言行。南阳慧忠的师承关系比较复杂，禅风也别具一格，印顺认为"慧忠有独立的禅风，出入于东山及牛头，南宗与北宗之间"④。其最具独创性的观点是一反慧能的无情无佛性说，主张无情有佛性，墙壁瓦砾有佛性。⑤金圣叹重视南阳慧忠之说的表现有二：其一，金氏曾研究过无情有佛性说。《西城风俗记》载："问雨兄：'墙壁瓦砾，皆有佛性，时人未审如何理会？'雨云：'亦有人极力说到，依正不二底田地，只是不敢信渠。'问：'为甚不敢信渠？'雨云：'为渠

---

① 金圣叹著，陆林辑校整理：《唱经堂圣人千案·一宿案第五》，载《金圣叹全集》（修订版）第陆册，凤凰出版社，2016年，第926—927页。
② 普济著，苏渊雷点校：《五灯会元》卷二《永嘉玄觉禅师》，中华书局，1984年，第91页。
③ 洪修平：《中国禅学思想史纲》，南京大学出版社，1994年，第167页。
④ 印顺：《中国禅宗史》，江西人民出版社，1999年，第210页。
⑤ 道原辑，朱俊红点校：《景德传灯录》第二十八卷，海南出版社，2011年，第986页。

说来不如圣叹。'问:'某甲又如何说?'雨云:'圣叹说墙说壁,如象王行处,无有踪迹。'叹急掩其口。"① 可见金圣叹对无情有佛性之说别有会心,其诠释颇为时人叹服。其二,金氏《唱经堂圣人千案·他心案第二十五》乃南阳慧忠国师奉帝命试验西天大耳三藏的"他心通"一事,金氏借此案阐述其"谁人无他心通"的思想,② 推崇"圣自觉三昧"即本心和个性。

此外,金圣叹对唐代居士庞蕴的禅思也颇为重视。庞蕴字道玄,"世本儒业,少悟尘劳,志求真谛"③,曾参访丹霞、马祖等禅师,于顿辑有《庞蕴语录》。金圣叹《贯华堂选批唐才子诗》曾两次引用庞居士"但愿空诸所有,慎勿实诸所无"之说来诠释唐诗意境,④ 又《唱经堂圣人千案·弄巧案第十二》则评析了庞居士参马大师一案。⑤ 关注庞居士乃晚明士人的普遍现象,其时李贽、袁宏道等人都曾在著述中称引庞居士的机锋偈颂。⑥

金圣叹谈得最多的是出于慧能门下之南岳怀让的马祖一系。《唱经堂圣人千案》25 例公案中,与马祖相关的有 9 例;金氏在评点《西厢记》时三次提到马祖门下南泉普愿的弟子赵州从谂;此外,马祖门徒百丈怀海的言行也是金氏所津津乐道的。金圣叹对马祖一系颇感兴趣的原

---

① 金圣叹著,陆林辑校整理:《西城风俗记》,载《金圣叹全集》(修订版)第陆册,凤凰出版社,2016 年,第 951 页。
② 金圣叹著,陆林辑校整理:《唱经堂圣人千案·他心案第二十五》,载《金圣叹全集》(修订版)第陆册,凤凰出版社,2016 年,第 946 页。
③ 普济著,苏渊雷点校:《五灯会元》卷三《庞蕴居士》,中华书局,1984 年,第 186 页。
④ 金圣叹著,陆林辑校整理:《贯华堂选批唐才子诗甲集七言律》卷四张说《泛湖山寺》评、王维《过乘如禅师萧居士嵩丘兰若》评,载《金圣叹全集》(修订版)第壹册,凤凰出版社,2016 年,第 150、173 页。
⑤ 金圣叹著,陆林辑校整理:《唱经堂圣人千案·弄巧案第十二》,载《金圣叹全集》(修订版)第陆册,凤凰出版社,2016 年,第 931—932 页。
⑥ 周群:《袁宏道评传》,南京大学出版社,1999 年,第 144—147 页。

因是多方面的，马祖"平常心是道"、无所取舍的思想给予金氏很大启发（说详下），马祖在禅机方面的开创性和李贽对于马祖的重视也是值得注意的因素。据《五灯会元》卷三《江西马祖道一禅师》载，马祖乃汉州什邡县人，姓马，唐开元中遇怀让受印。① 马祖在垂机接物上尤重棒喝之风。比如金氏《唱经堂圣人千案·都打案第十四》就记载了马祖"入也打，不入也打"之说②，又如《五灯会元》卷三《百丈怀海禅师》称马祖"振威一喝，师（百丈）直得三日耳聋"③。正因马祖接引学人的方式灵活多变而又机锋峻峭，日人忽滑谷快天称后世棒喝之风"渊源于此"④。金圣叹撰写《唱经堂圣人千案》的动机，一方面是出于好尚禅宗思想，另一方面也是出于对圣人垂机接物方式的兴趣，其序曰："看老吏手下，无得生之囚，不胜快活；看良医手下，无误用之药，又不胜快活。"⑤ 老吏、良医云云，都是突出公案中接引手法的机智。从这一角度出发，金圣叹乐于称道马祖的举止云为，便是顺理成章之事了。此外，金氏之重马祖，还可能受到了李贽的影响。李贽《五宗说》认为马大师在禅宗史上具有举足轻重的地位："是五宗也，始于六祖而盛于马祖，盖自马祖极盛，而分派始益远耳，故江西马大师亦以祖称，以其为五家之宗祖也。虽药山诸圣咸嗣石头之胄，而机缘契悟，实马大师发之，马祖之教不亦弘欤！"⑥

---

① 普济著，苏渊雷点校：《五灯会元》卷三《江西马祖道一禅师》，中华书局，1984年，第128页。
② 金圣叹著，陆林辑校整理：《唱经堂圣人千案·都打案第十四》，载《金圣叹全集》（修订版）第陆册，凤凰出版社，2016年，第935—936页。
③ 普济著，苏渊雷点校：《五灯会元》卷三《百丈怀海禅师》，中华书局，1984年，第131页。
④ 忽滑谷快天撰，朱谦之译：《中国禅学思想史》下册，上海古籍出版社，2002年，第155页。
⑤ 金圣叹著，陆林辑校整理：《唱经堂圣人千案序》，载《金圣叹全集》（修订版）第陆册，凤凰出版社，2016年，第922页。
⑥ 李贽著，张建业主编：《续焚书》卷二《五宗说》，载《李贽文集》第一卷，社会科学文献出版社，2000年，第71页。

总之，金圣叹于禅宗各家，既重马祖一系，又关注永嘉玄觉、南阳慧居以及居士庞蕴等人，足证他是不拘一派、兼收并蓄的。

（二）无执无著与呈露本体的统一

和晚明许多奉禅的士人一样，金圣叹好禅但于禅宗思想并无创见。如前所述，他对禅宗各派都兼收并蓄，但这并不意味着金圣叹的禅学思想是一个毫无特色的混合体。相反，金圣叹关于禅学的文字中始终贯穿着一条主线，那就是无所执著与呈露本心的统一。

无执无碍与呈露本心的统一实际上是慧能所创南宗禅的基本观点。关于慧能的禅学思想，有的学者认为"世界观上，他是一位'真心'一元论——'真如缘起'论（它与'性空缘起'论是针锋相对的）者"①，有的学者把慧能的思想理解为"融摄空有""般若宗与心性说的融摄"②。笔者更倾向于后者。众所周知，以"识心见性"为修行观的南宗禅与同样主张息妄显真的北宗禅是有所不同的，这不仅表现在解脱论上南宗以顿悟取代北宗的渐修，而且在于心性论上对妄心理解的不同。北宗将妄心理解为三毒六根等邪恶，③而南宗的慧能则认为一切执著都是妄念，特别指出北宗的"起心看净却生净妄"④，对清净佛性的执著也属于妄念之列，因此南宗禅旨在扫除包括佛性在内的一切执著，其独特性在于空前地强化了破除执著的观念，认为无执就意味着本心的呈露。慧能的无执无著，突出地表现在"无念为宗，无相为体，无住为本"⑤的"三无

---

① 慧能著，郭朋校释：《坛经校释》，中华书局，1983年，序言第4页。
② 洪修平：《中国禅学思想史纲》，南京大学出版社，1996年，第142—143页。
③ 洪修平：《中国禅学思想史纲》，南京大学出版社，1996年，第115页。
④ 慧能著，郭朋校释：《坛经校释》，中华书局，1983年，第36页。
⑤ 慧能著，郭朋校释：《坛经校释》，中华书局，1983年，第31—32页。

论"中。比如《坛经》释"无相为体"曰："无相者，于相而离相。……但离一切相，是无相；但能离相，性体清净。"这里的所谓"离相"就是不执著于相。实际上，慧能以后禅宗各派的主张看似纷繁多样，但都是从不同角度强调破除执著与证悟本心的统一。比如马祖禅主张"平常心是道"，而石头宗提倡"无心合道"，前者的内涵是"平常心无造作、无是非、无取舍、无断常、无凡无圣。……只如今行住坐卧、应机接物，尽是道"①。这实质上是将慧能的无执无碍理解为不假人为、齐同是非、不取不舍，尤其是将慧能的反对看净理解为当下即佛，因而提出了带有自然主义色彩的"行住坐卧，应机接物，尽是道"的主张；而石头宗的"无心合道"也是强调不执著于外物而体悟本心，其中也包含了反对有心求道的意味，因此这两种表述不同的主张其实是由基本相同的因素构成的，只不过侧重点有所不同而已。

金圣叹从不同角度论述了无所执著与呈露本体的统一。《唱经堂圣人千案·对朕案第一》中，他指出了扫除知见执著与显露本心的必然联系："梁武用处，何曾不是大师用处，却怪其以知见油，无端搀入。及至大段没依傍时，十成法界，宛然具足，曾欠何处一尘一点来？"②扫除了对于知见的依傍后，无尘无点的清净本体、十成法界便宛然具足了。

在这一问题上，金圣叹的"圣自觉三昧"说更为著名。廖燕《金圣叹先生传》称圣叹"于所居贯华堂设高座，召徒讲经，经名《圣自觉三昧》，稿本自携自阅，秘不示人"③。由此我们可以推测所谓《圣自觉三昧》大概是金氏自撰的、有关体悟本心的学说。《唱经堂圣人千案·他

---

① 道原辑，朱俊红点校：《景德传灯录》第二十八卷，海南出版社，2011年，第992页。
② 金圣叹著，陆林辑校整理：《唱经堂圣人千案》，载《金圣叹全集》（修订版）第陆册，凤凰出版社，2016年，第924页。
③ 廖燕著，林子雄点校：《廖燕全集》卷十四《金圣叹先生传》，上海古籍出版社，2005年，第301页。

心案第二十五》解释了"圣自觉三昧"的内涵:

> 我亦安知其是竹笛铁笛,只是彼自有彼之笛,我自用我之玉。人生并处天地之间,岂有我是奴儿婢子,应伺候他竹笛铁笛来?他若责我:"我实吹竹笛,汝何得错用'玉'字者?"我便责他:"我已用'玉'字,汝何得错吹竹笛?"总之一刻一刻,了不相借。我已一时用作"玉"字,便是既往不咎,于今纵改得十成,在方才济什么事。此谓之圣自觉三昧。①

这就足证"圣自觉三昧"确实包含了"我自用我之玉"的、凸显本体的境界。而且,体悟"圣自觉三昧"的必经之路是"不作奴儿婢子",即不依傍他人乃至一切外物,因此"圣自觉三昧"同样反映了无执无碍与呈露本体的统一。②

此外,金圣叹还常常批评"逐物""随声逐色"。比如《西城风俗记》有"兄老老大大,必须脚跟稳实,不得逐物意移"③,又《唱经堂圣人千案·藏头案第十一》讽刺僧人"顾乃随声逐色,辞却和尚,别上西堂,将佛法一似百钱三处安相似"④。反对"随声逐色"之类的说法既隐含了不可执著于知解、外物之意,又寄寓了本心自有的旨趣,因而实际上是破除执著与呈现本体相互统一的另一种表达方式。

---

① 金圣叹著,陆林辑校整理:《唱经堂圣人千案·他心案第二十五》,载《金圣叹全集》(修订版)第陆册,凤凰出版社,2016年,第946页。
② "圣自觉三昧"的说法可能是受到了《楞伽经》"自觉圣智"(《一切佛语心品之一》)的启发,据《续高僧传·慧可传》,禅师慧可已有"豁然自觉是真珠"(《续高僧传》卷十六,第568页)之说,当为圣叹"圣自觉三昧"的源流所自。
③ 金圣叹著,陆林辑校整理:《西城风俗记》,载《金圣叹全集》(修订版)第陆册,凤凰出版社,2016年,第952页。
④ 金圣叹著,陆林辑校整理:《唱经堂圣人千案·藏头案第十一》,载《金圣叹全集》(修订版)第陆册,凤凰出版社,2016年,第932页。

由于南宗禅主张本心被遮蔽的根源在于本体的执著，因此，金圣叹的无执与本心统一的观点，常表现为强调无执无碍。在圣叹看来，破除执著意味着扫除一切知见和外相执著。《唱经堂圣人千案》25则中，涉及扫除知见、脱离"讲窟"的有15条①之多，有关不起分别心的多达7条②。又《西城风俗记》中，有23条③论及无执著于知见和其他外相，12条④申论无分别心。在形形色色的执著依傍中，金圣叹视之为洪水猛兽、避之唯恐不及的是闻见知解的执著。他反复论述破除"业识"为学佛第一要务，将知见称为"讲窟""鬼窟"，比如《湖满案第十六》云："圣教出兴于世，单为破除茫茫业识，岂有马大师倒牵人入鬼窟之理？"又，《阶级案第四》称"此等案，最魔魅人入于讲窟"。他认为义理见解之于学佛人，非但是无济于事即《不及案第二》所谓"靠不着"，反而有害于明心见性。他在《藏头案第十一》中指出："善知识在世，以无量百千法门而为己任。若是慈悲深厚，曲为来学，因而生枝布叶，巧撰楼阁，反譬侧喻，多安船筏，即好人家男女，遭他囊藏被盖，极为不少，除非慈悲浅薄，庶几还较些子。"简言之，那些慈悲深厚、诲人不倦的禅师以义理蒙惑人心，反倒不如慈悲浅薄者。于是他再三提醒学佛人对于知见执著保持警觉，要领会《不会案第六》所谓"火星迸上身来，各人且图自拂"，要切记《消息案第十七》所谓"揽这般干系在身，何年得脱去？"⑤ 与此同时，他干脆赞赏不知不解的态度，对禅门的"不

---

① 分别是第1、2、4、6、7、11、14、15、16、17、18、19、20、23、24条。
② 分别是第3、5、7、8、12、14、21条。
③ 分别是第4、9、11、12、14、15、21、23、25、26、29、30、31、35、36、37、38、39、40、41、42、46、48条。
④ 分别是第3、10、16、17、18、20、27、49、50、51、52、54条。
⑤ 金圣叹著，陆林辑校整理：《唱经堂圣人千案》之《湖满案第十六》《阶级案第四》《不及案第二》《藏头案第十一》《不会案第六》《消息案第十七》，载《金圣叹全集》（修订版）第陆册，凤凰出版社，2016年，第937、926、925、931、927、938页。

会"说叹赏不已,如《唱经堂圣人千案·露柱案第十九》和《西城风俗记》第35至42条都谈到了"不会"之妙。此外,"无分别"也是金氏再三阐述的观点。他认为对一切事物现象应不取不舍。比如,《不染案第三》反对"争甚么内体正、外体直大小",《藏头案第十一》主张"藏头、海头,不过官打现在,有甚么拣择",他还在《何起案第二十一》中说:"有时起立,是坐久成劳;有时起立,是见皇帝来。且问此两起立,是同是异?一总是躬身祗候,屈顺今时,有何骄心态色与胁肩谄笑之别?"① 总之,无"争"、无"拣择"、无"同异"等说法都表明了金氏对禅宗无分别、无执著思想的吸收。

金圣叹对于慧能传人马祖禅"平常心是道"的认同,也体现了他突出无执无碍的倾向。其表现之一是金圣叹多次提及马祖弟子南泉普愿的"随分"牧牛说:"南泉云:老僧有一条水牯牛,拟向溪东牧,犯他国王水草;拟向溪西牧,犯他国王水草;不如随分纳些些。"② 南泉的"随分",是作为"拟向"即有所偏执的对立面出现的,可说是对马祖禅"平常心是道"的一种诠释。金圣叹十分欣赏南泉的"随分",以至在著述中一再论及。他以南泉"随分"来解释《大学》"止于至善"之"善":"乃'善'字注脚也。两'拟向',是不光前;两'犯他',是不绝后,是两'言'字义。两'言'字,即两臂。'不如随分纳些些',即烧两臂得金色身也。(坐断两头,中间正好。)"③ "随分"与"善"都是

---

① 金圣叹著,陆林辑校整理:《唱经堂圣人千案》之《不染案第三》《藏头案第十一》《何起案第二十一》,载《金圣叹全集》(修订版)第陆册,凤凰出版社,2016年,第925、932、940页。
② 金圣叹著,陆林辑校整理:《唱经堂语录纂》卷一,载《金圣叹全集》(修订版)第陆册,凤凰出版社,2016年,第843页。按:《五灯会元》卷三《南泉普愿禅师》(第137页)作:"王老师自小养一头水牯牛。拟向溪东牧,不免食他国王水草。拟向溪西牧,亦不免食他国王水草。不如随分纳些些,总不见得。"
③ 金圣叹著,陆林辑校整理:《唱经堂语录纂》卷一,载《金圣叹全集》(修订版)第陆册,凤凰出版社,2016年,第843页。

无所偏执的中道。他还指出南泉"随分"是破除知见执著后的自得境界,可与儒家曾点的暮春气象相通:"大德之敦化如是,所以常见、断见等,为如来所诃也。水槛、浮槎,乃是现前介尔一法,南泉大师所谓'随分纳些须'者,即曾点'暮春'遗意也。"① 又《西城风俗记》中也有关于"随分"的对话:"蓦举茶壶云:'是甚么?'衍兄云:'随分唤作个茶壶'。叹云:'随分到何日始了?'衍云:'要了却又做甚么那?'叹云:'也要了过一次。'"② 这段话的禅意微妙,颇难索解,不过隐约可以感觉到金圣叹试图开拓出比"随分"更为无执无碍的境界。

金圣叹吸收"平常心是道"的另一表现是主张佛法不异于自然万物和日常生活。他曾说:"吾尝云菩萨摩诃萨应机说法,只与世间鸡啼狗咬一例,谓之一种鸟,一种声。譬如早晨,人问:'吃粥也未?'答云:'未。'人云:'未则请吃去。'答云:'来也。'"③ 他认为说法之自然而然,正如早晨携手吃粥一般。他还说:"马大师、智藏、海兄,虽即共住一处,并是赤骨立汉,有甚宝箧真言,可以持赠来人?这僧吃江西饭,屙江西屎,随分盐酱,粗过一生便休。"④ 原来禅师也不过是随分过日而已。

更具说服力的是,以金圣叹一贯的善于怀疑、勇于批判的学术精神,他在评析公案时常常反驳前人的观点,这类反驳也显示了圣叹比前人更为注重无执无碍。《唱经堂圣人千案》明确批驳前人观点者有四

---

① 金圣叹著,陆林辑校整理:《唱经堂杜诗解》卷二《江上偵水如海势聊短述》评,载《金圣叹全集》(修订版)第贰册,凤凰出版社,2016年,第712页。
② 金圣叹著,陆林辑校整理:《西城风俗记》,载《金圣叹全集》(修订版)第陆册,凤凰出版社,2016年,第951页。
③ 金圣叹著,陆林辑校整理:《唱经堂圣人千案·镜像案第七》,载《金圣叹全集》(修订版)第陆册,凤凰出版社,2016年,第928页。
④ 金圣叹著,陆林辑校整理:《唱经堂圣人千案·藏头案第十一》,载《金圣叹全集》(修订版)第陆册,凤凰出版社,2016年,第931页。

条①，其论述往往都围绕着无所执著这一话题。比如《对朕案第一》乃梁武帝与达磨大师的一段对话："梁武帝问达磨大师：'如何是圣谛第一义？'磨曰：'廓然无圣。'帝曰：'对朕者谁？'磨曰：'不识。'帝不悟。"对此，前人认为梁武之所以不悟，是因为他于佛学好义理，金圣叹却加以反驳道：

> 每见前人因下有"不悟"二字，便斥其为义学俗汉，殊不知彼亦不以章句推度为极事，彼亦煞能劈面全提，宛有大人之作。只看其被夺后，眼明口快，便问对朕者谁，可验其一切时、一切处，离于章句，别有得意之事。彼所得意之事，便与大师无二无别，真正极英灵、最真实之大士也。②

金氏认为梁武"对朕者谁"一说，折射出其人对佛法的会心得意，所谓"彼亦煞能劈面全提，宛有大人之作"，因而梁武并非一味讲求章句的"义学俗汉"。显然，金氏为梁武翻案的目的，一是强调离于章句之必要，二是不满于前人分别高下的做法，主张梁武与大师"无二无别"。

又如《著⊙案第二十》中，马祖令人送书于径山道钦禅师，书中作一圆圈，钦山遂于圆圈中作一点。前人认为此案中钦山有被马祖所惑的嫌疑："虽是从容下点，早被马师勾引了也"，因而以"无风荷叶动，决定有鱼行"为颂。金圣叹却不以为然：

---

① 分别为《对朕案第一》《著⊙案第二十》《何起案第二十一》《他心案第二十五》。
② 金圣叹著，陆林辑校整理：《唱经堂圣人千案·对朕案第一》，载《金圣叹全集》（修订版）第陆册，凤凰出版社，2016年，第923页。按：此事见《五灯会元》卷一《初祖菩提达磨大师》，第43页。

殊不知马师亦为好手场中骋好手，所以有此相寄。不因钦山钟子期，他亦何故奏此《高山流水》之曲？然则后人亦徒知"无风荷叶动，决定有鱼行"，而未知此处无荷叶，鱼儿也不行矣。①

在此，金氏指出此公案中马师与钦山如伯牙子期般相互默契，不分高下，因而此处荷叶既无，鱼儿也不行。显然，与"对朕案"相似，金圣叹之批驳成说也是意在突出其扫除知见执著、无所分别的主张。

以上的分析表明，金氏之无执无碍与呈露本体相统一的观念，在扫除知见执著的同时弘扬了主体精神即"十成法界，宛然具足"，在强调个性即"我自用我之玉"的同时破除了对于权威的执著即"不作奴儿婢子"，"不得逐物意移"之说也意味着主体不为外物所转移。他所强调的无执无碍，则主要包括扫除知解执著、随分而行、无所分别等内涵，其中，"随分"说为其肯定不同人生价值的"素位"说提供了理论依据，无所分别则隐含了重视个体价值的意味。概言之，这一禅宗思想为金氏的肯定主体精神、弘扬个性和认同多元的人生价值提供了思想资源。

三、兼奉台禅与重视《维摩诘经》《涅槃经》

由于兼奉天台和禅宗，金圣叹除了多次援引《法华经》和《金刚经》之外，对于与这两种宗派都密切相关的《维摩诘经》《大般涅槃经》也颇感兴趣。

---

① 金圣叹著，陆林辑校整理：《唱经堂圣人千案·著⊙案第二十》，载《金圣叹全集》（修订版）第陆册，凤凰出版社，2016年，第940页。

（一）兼奉台禅与重视《维摩诘经》

金圣叹之于《维摩诘经》，更多地倾向于从禅宗的角度加以理解。至于禅宗与《维摩诘经》的关系，我们只要翻开《坛经》便可了然于心。《坛经》吸收了《维摩诘经》的"直心"、"本心"、唯心净土、反对"宴坐"等观念。① 金圣叹则从以下几个层面吸取了《维摩诘经》的思想。

一是"直心是道场"说。《水浒传》第三回夹批："《维摩诘经》云：'菩萨直心是道场，无谄曲众生，来生其国。'长老深解此言。"② 在此，金圣叹引用《维摩诘经》的"直心是道场"来评点小说中"心地刚直"一语。值得注意的是，这段引文在《维摩诘经》中并不存在，金氏很可能是将《佛国品第一》"当知直心是菩萨净土。菩萨成佛时，不谄众生来生其国"与《菩萨品第四》"直心是道场，无虚假故"③ 两句糅合而成此说。而《坛经》引用《维摩诘经》时，恰好也是连续引用了"直心是道场"和"直心是菩萨净土"。由此可见，虽然金圣叹引用"直心是道场"的用意，与《坛经》中"于一切法，无有执著"的"直心"说不一致，但金氏引用《维摩诘经》"直心"说的方式颇为接近于《坛经》，因此金氏的这一引用仍是受《坛经》影响的表现。

二是心净佛土净说。金氏《语录纂》论心本清净云："业从惑生，惑因识有。识依不觉，不觉依心。《维摩诘》云：'随其心净，则佛土

---

① 慧能著，郭朋校释：《坛经校释》，中华书局，1983年，第27、25、66、28页。
② 金圣叹著，陆林辑校整理：《第五才子书施耐庵水浒传》卷八第三回夹批，载《金圣叹全集》（修订版）第叁册，凤凰出版社，2016年，第109页。
③ 鸠摩罗什译：《维摩诘所说经》之《佛国品第一》《菩萨品第四》，载《大正新修大藏经》第14卷，第538、542页。

净。'心从本是净，只为你不能清，故不净。"① 而《坛经》也引用了这段出于《维摩诘经·佛国品》中的文字："迷人念佛生彼，悟者自净其心。所以佛言：'随其心净，则佛土净。'"② 《坛经》主要是借《维摩诘经》申论唯心净土的观念，以反对客观的西方净土说。值得一提的是，金圣叹对《维摩诘经》心净佛土净说的重视，除了与禅宗的影响有关，还可能吸收了云栖袾宏的净土观念（说详下）。

三是不二法门。《维摩诘经》将体认相反或不同概念之间的无差别关系称为"入不二法门"。比如"有为无为为二，若离一切数，则心如虚空，以清净慧无所碍者，是为入不二法门"③。禅宗对"不二"观念的汲取，仍可以《坛经》为例，如"定惠体一不二"。④ 金圣叹《西城风俗记》直接以《维摩诘经》为例谈论"不二法门"道："圣叹问：'维摩诘掌擎世界，未审维摩诘向甚处立？'衍云：'维摩诘从来不是世界。'叹云：'如是，如是。'动云：'维摩诘通身是世界。'叹云：'如是，如是。'"⑤ 维摩诘既"从来不是世界"又"通身是世界"的说法，正是典型的"不二"观念。

金圣叹从天台宗的角度理解《维摩诘经》，则表现为对无明"如来种"的重视。《维摩诘经》主张明无明不二法门："明无明为二。无明实性即是明，明亦不可取离一切数。于其中平等无二者，是为入不二法

---

① 金圣叹著，陆林辑校整理：《唱经堂语录纂》卷二，载《金圣叹全集》（修订版）第陆册，凤凰出版社，2016年，第840页。
② 慧能著，郭朋校释：《坛经校释》，中华书局，1983年，第66页。
③ 鸠摩罗什译：《维摩诘所说经·入不二法门品第九》，载《大正新修大藏经》第14卷，第551页。
④ 慧能著，郭朋校释：《坛经校释》，中华书局，1983年，第26页。
⑤ 金圣叹著，陆林辑校整理：《西城风俗记》，载《金圣叹全集》（修订版）第陆册，凤凰出版社，2016年，第950页。

门"①,又提出了"何等为如来种?文殊师利言:有身为种,无明有爱为种"②的主张,这对天台智者"一念无明法性心"的形成起了重要作用。此说主张无明与法性和合于一念心中,两者相即不二:"问:无明即法性,法性即无明。无明破时,法性破不?法性显时,无明显不?答:然。理实无名,对无明称法性。法性显,则无明转变为明;无明破,则无无明,对谁复论法性耶?"③这段话论述了无明与法性的相互依存:法性显则无明转变为明,无明破则法性亦不复存在。有的学者认为这既是借鉴了真心派的必然解脱成佛,又避免了真心派在缘起染污法上的理论困难。④"一念无明法性心"中,无明法性相即的层面当是源于《维摩诘经》的明无明不二,因为智者《妙法莲华经玄义》卷五下在论述"若解无明,即是于明"时曾引用《维摩诘经》云"无明即是明"⑤。与此相关联,《维摩诘经》之无明有爱为如来种的观念,当为"一念无明法性心"中所包含的如来藏观念的思想资源之一。金圣叹对《维摩诘经》的"如来种"说颇感兴趣。《西厢·惊梦》夹批云:"只要梦觉,政不必作悟语。《维摩诘》固云:'何等为如来种?'以'无明、有爱为种'矣。"⑥这一评点当理解为:《西厢记》描写了张生梦醒后"旧恨新仇,连绵郁结"的沉溺,而并未直接表现他对西厢恋情的悔悟。但是,正如无明有爱为如来种一样,沉溺和悔悟是相即不二的,这正是从天台"一念无明

---

① 鸠摩罗什译:《维摩诘所说经·入不二法门品第九》,载《大正新修大藏经》第14卷,第551页。
② 鸠摩罗什译:《维摩诘所说经·佛道品第八》,载《大正新修大藏经》第14卷,第549页。
③ 智颛:《摩诃止观》卷六下,载《大正新修大藏经》第46卷,第82—83页。
④ 李四龙:《天台智者研究——兼论宗派佛教的兴起》,北京大学出版社,2003年,第177—178页。
⑤ 智颛说:《妙法莲华经玄义》卷五下,载《大正新修大藏经》第33卷,第743页。
⑥ 金圣叹著,陆林辑校整理:《贯华堂第六才子书西厢记》卷七,载《金圣叹全集》(修订版)第贰册,凤凰出版社,2016年,第1090页。

法性心"之无明与法性共存的角度来理解《维摩诘经》的"如来种"。

综上所述,对于《维摩诘经》,金圣叹既从禅宗思想的角度吸取了其中推重直心、净心、净土、不二法门等观念,又受天台思想的启发而引用其中的"如来种"说。金圣叹接受《维摩诘经》的方式也表明了他兼奉天台和禅宗的佛学倾向。

（二）兼奉台禅与推重《大般涅槃经》

金圣叹对《大般涅槃经》的重视也与其兼重天台和禅宗有关。据《沉吟楼诗选》所附《唱经堂遗书目录》,金氏佚著有《涅槃讲场私钞》共十一期一本。金圣叹于《大般涅槃经》,主要关注以下三个层面。其一,判教说。众所周知,天台智者的判教思想是吸收改造《大般涅槃经》中的相关说法而形成的,[①] 金圣叹引用了天台智者的判教思想,自然也就接受了《大般涅槃经》的判教理论。其二,"常乐我净"之说。《坛经》中明心见性的思想除了胎息于《楞伽经》《金刚经》之外,还可能得到了《大般涅槃经》的启迪。比如,《大般涅槃经》的"常乐我净"[②] 之说,很可能正是慧能得法偈中"佛法常清净"一语的源头之一。[③]《大般涅槃经》将既见世间"无常苦无我不净",又见出世间"常乐我净"的中道智慧称为佛性。金圣叹在阐述破除执著与证悟自性相即的思想时,多次引用《大般涅槃经》之"常乐我净":

---

① 参见本书《金圣叹兼奉台禅的佛学思想》一文。
② 昙无谶译：《大般涅槃经》卷二《寿命品第一之二》,载《大正新修大藏经》第12卷,第377页。
③ 参见慧能著、郭朋校释《坛经校释》,中华书局,1983年,序言。

> 世尊始而破我，故分说因缘；既而立我，即"常乐我净"之"我"。①
>
> 涅槃四德，常乐我净，世尊平日说"无常"，此则曰"常"。所谓无常者，常无；常常者，即无常常也。《坤》卦"先迷失道，后顺得常"者，道为生死轮转之"道"，因众生有常见，故云"先迷"，即世尊"诸行无常，皆生灭法"之前半偈；常乃获是常色之"常"，因众生又有断见，故云"后得"，即世尊"生灭灭已，寂灭为乐"之后半偈。乃至涅槃言"乐"，与平日谈八苦不同；涅槃言"我"，与平日谈无我不同；涅槃言"净"，与平日谈五浊不同。②

第一段文字说明"常乐我净"是在破除我执之后证得的自性本心。第二段文字以坤卦象辞"先迷失道，后顺得常"与《大般涅槃经》中如来般涅槃时所说无常偈"诸行无常，是生灭法，……生灭灭已，寂灭为乐"相比附，③认为坤卦之先迷后得，正如此偈之先破常见，后破断见；然后又强调"常乐我净"与"无常、苦、无我、五浊"的关系。显然，金圣叹是将"常乐我净"等同于禅宗之自性本心的，而"自性本心"又与破除我执即"无常、苦、无我、不净"相即不二，因此金氏的"常乐我净"之说是遵循了《大般涅槃经》的中道智慧，又契合于禅宗的识心见性。其三，"月爱三昧"之说。"月爱三昧"出自《大般涅槃经·梵行品第八》："尔时世尊大悲导师，为阿阇世王入月爱三昧。入三昧已，放大

---

① 金圣叹著，陆林辑校整理：《唱经堂语录纂》卷二，载《金圣叹全集》（修订版）第陆册，凤凰出版社，2016年，第859页。
② 金圣叹著，陆林辑校整理：《唱经堂语录纂》卷二，载《金圣叹全集》（修订版）第陆册，凤凰出版社，2016年，第872页。
③ 昙无谶译：《大般涅槃经》卷十四《圣行品第七之四》，载《大正新修大藏经》第12卷，第450—451页。

光明。其光清凉,往照王身。身疮即愈,郁蒸除灭。……譬如月光能令一切优钵罗花开敷鲜明,月爱三昧亦复如是,能令众生善心开敷。"又,《唱经堂圣人千案·独超案第十三》论"月爱三昧"曰:"止因夜静,明月中时,天无纤云,以为遮障,种种一切,如阑干等,则皆呈露清凉本体。"① 此乃以"月爱三昧"来形容尘劳停息、本心呈露的禅宗境界。②

四、金圣叹与晚明禅宗思想的关系

严格说来,金圣叹禅宗思想的各个层面,包括上文所述的对各宗派兼收并蓄的倾向和强调破除执著等等,都是浸染了晚明禅学思潮的结果,只不过禅净合一和《金刚经》崇拜这两种现象在晚明颇为突出,因此本文在论述金圣叹禅学思想的这两个特征时,将其归因于所受晚明思潮的影响,并在与晚明思潮的对比中发掘其独特性所在。

(一) 不以妄心念佛的禅净合一论

众所周知,明代佛学以禅净合流为主潮,时人或以禅宗归净土,或以念佛助参禅,金圣叹自然也不会置身于时代潮流之外。作为一位重视禅宗思想的士人,虽然他直接论述净土念佛的文字仅存《随手通》之《念佛三昧》一篇,但由此我们可以窥见禅净合一思潮对他的濡染。

---

① 金圣叹著,陆林辑校整理:《唱经堂圣人千案·独超案第十三》,载《金圣叹全集》(修订版)第陆册,凤凰出版社,2016年,第935页。
② 参见本书《金圣叹"大般涅槃经体"与明清之际江南佛学的征实倾向》一文。

晚明时期的禅净合一理论尽管形形色色，但就禅净关系而论，似可以归纳为两大类型：一是以紫柏真可为典型，以禅宗为本位，主张净土外力是参禅等自力的助缘，反对以净土为唯一法门。① 真可驳斥专修净土曰："以为念佛求生净土，易而不难，比之参禅看教，惟此着子最为稳当。我且问你：净土染心人生耶？净心人生耶？半净半染人生耶？全净心人生耶？若染心人可生净土，则名实相乖，因果离背。……若全净心生者，心既全净，何往而非净土，奚用净土为？"② 这是从禅净关系中的一个传统问题即净心与念佛的关系出发所作的质疑。《坛经》中已有唯心净土的观念，因而以禅宗为本位者认为既然净心必生净土，念佛又有何益？真可正是以此反对念佛最为稳当的说法。二是以云栖袾宏为典型，视念佛为最上法门，认为持律、看经、参禅皆当以念佛为基础："若人持律，律是佛制，正好念佛。若人看经，经是佛说，正好念佛。若人参禅，禅是佛心，正好念佛。若人悟道，悟须佛证，正好念佛。"③

金圣叹在禅净关系上基本属于前一类，即以禅宗思想为基准来评价净业。这首先表现在他以禅宗之破除执著、于世间涅槃的观念解释净土："世尊说《阿弥陀经》，另一施设，与诸经不同。乃是为一切众生，毕竟不能破我故，特地全举法界，说你本住在极乐国土中，各各莲花化生，有甚不好？……极乐国土，九品化生。上品上生者，乃是弥勒一生补处于此成佛；下品下生者，乃是阿鼻大地狱罪人，于此成佛。……此

---

① 张学智：《明代哲学史》，北京大学出版社，2000年，第630—631页。
② 紫柏真可：《紫柏老人集》卷三《法语》，载《故宫珍本丛刊》第518册，海南出版社，2001年，第70页。
③ 《普劝念佛往生净土》，《云栖遗稿》卷三《云栖法汇》，明崇祯己卯年智瑛刊本。陈永革《从智慧到信仰：议晚明净土佛教的思想转向》认为晚明丛林通过摄禅归净（如云栖袾宏、憨山德清）、摄教归净（如无尽传灯）及消禅归净（如蕅益智旭），实现对净土信仰的全面皈依，其中摄禅归净、消禅归净可以看成是晚期禅净合一的两种类型，它们同属于本文所说的以净土为本位的禅净合一论，而真可的禅净关系论则是以禅宗为本位的。（《浙江学刊》1998年第2期，第96—102页）

阿弥陀佛世界，乃即在无量大地狱内一罪人之八识田中。"① 这是说，《阿弥陀经》的宗旨是因为众生毕竟不能破我，故以众生本住极乐国土的观念引导众生。显然，这是遵循"唯心净土"、世间涅槃的思路，吸收唯识学说，阐述主观净土寓于八识之中，从而否认西方客观净土。

其次，更值得重视的是金圣叹"不可以妄心念佛"说：

> 念佛之法，不可以妄心念于遥佛，亦不可以妄心念于妄心。何以故？妄心者，是生死因，不能感通于本际故。……复次，妄心念于妄心者，凡夫正为妄心连持，至堕地狱，今复教以如是念佛，彼即以前妄心为念，后妄心为佛，或以前妄心为佛，后妄心为念。如是即与世间流浪何异？是故此法所不应用。②

"不可以妄心念佛"之说，折射了金圣叹对云栖袾宏净土观的濡染。从表面上看，金氏对云栖佛学不以为然，比如他曾经在评点《弋不射宿》这篇时文的题目时，借题发挥，斥责云栖之说流毒甚广：

> 人亦知此题必须写圣人，不得写作云栖和尚。如刻像人，必须刻梅檀，不得刻粪，固也。亦知入手才写，便早落云栖和尚，不复厘毫是圣人耶。此岂五十年来，云栖之毒中人既深，不能摆脱之故，亦徒以不知用笔之故耳。③

---

① 金圣叹著，陆林辑校整理：《唱经堂随手通·念佛三昧》，载《金圣叹全集》（修订版）第陆册，凤凰出版社，2016年，第912—913页。
② 金圣叹著，陆林辑校整理：《唱经堂随手通·念佛三昧》，载《金圣叹全集》（修订版）第陆册，凤凰出版社，2016年，第913页。
③ 金圣叹著，陆林辑校整理：《小题才子书》卷二，载《金圣叹全集》（修订版）第陆册，凤凰出版社，2016年，第608页。

但是就心净佛土净这一点而论，金氏与云栖之说并无分歧。云栖《弥陀疏钞》亦曾引用《维摩诘经》此说。在笺疏《阿弥陀经》"舍利弗，极乐国土，成就如是功德庄严"时，云栖袾宏先是在"疏"中指出此功德与心净土净的关系："又此功德，虽佛力成就，亦兼由众生，以心净土净故。"然后于《钞》中进一步援引《维摩诘经》来加以诠释："兼由众生者，《维摩经》云：直心是菩萨净土，菩萨成佛时，不谄众生，来生其国。……则极乐种种清净庄严，虽彼佛为菩萨时之所成就，而谓勤修净业众生，共与成就，亦可也。故曰随其心净则佛土净。"① 云栖此说引用《维摩诘经》以论证心净佛土净，与此相类似，金圣叹申论不以妄心念佛："念佛之法，不可以妄心念于遥佛，亦不可以妄心念于妄心。何以故？妄心者，是生死因。"② 此说实质上主张以净心念佛。换言之，不以妄心念佛之说凸显净心，与其对《维摩诘经》心净则佛土净的引用相一致。

金圣叹主张不以妄心念佛，也可能是受到了晚明僧人慧经（1548—1618）"净心念佛"说的影响。其《念佛法要》开宗明义云："念佛人，要心净，净心念佛净心听。心即佛兮佛即心，成佛无非心净定。"③ "不可以妄心念佛"的理由是妄心非但不能感通于佛国反而导致学佛人堕入地狱，因而此说实质上阐明了净心破妄必先于念佛，也就是说参禅是念佛的前提；同时，心之净妄决定了往生西方的可能与否，因此参禅又决定了念佛的得失。这段文字表面上是讨论念佛的方式，实际上是从另一

---

① 云栖袾宏：《莲池大师全集》第三册，东初出版社影印本，1992年，第3633—3634页。
② 金圣叹著，陆林辑校整理：《唱经堂随手通·念佛三昧》，载《金圣叹全集》（修订版）第陆册，凤凰出版社，2016年，第913页。
③ 忽滑谷快天撰，朱谦之译：《中国禅学思想史》，上海古籍出版社，2002年，第782—783页。

角度阐述唯心净土的观念。概言之，金圣叹在禅净关系上主张以禅摄净，即参禅破妄是念佛的基础，又是往生西方的关键，比较接近于真可的禅净关系论。

（二）禅宗思想与推崇《金刚经》

晚明僧俗都极为重视《金刚经》。明末四大高僧中有三人撰有关于《金刚经》的著述，如真可《释金刚经》、德清《金刚经决疑》、智旭《金刚经观心释》等。其他僧人和居士也不乏相关著作，如李贽著有《金刚经说》。晚明僧俗之于《金刚经》，不仅强调其与禅宗思想的关联，而且视诵念此经为净业修行的一部分。

一方面，正如印顺所说，《金刚经》"阐明无相的最上乘说，又不断地校量功德，赞叹读诵受持功德，篇幅不多，是一部适于持诵流通的般若经"[①]，因此历代重视修行的僧俗都持诵《金刚经》。晚明净土念佛之风兴盛之际，诵念《金刚经》更是成为僧人和居士的修行内容之一。比如，晚明问道真可的士人王肯堂曾为其父王樵诵读《金刚经》，又德清要求修净业者以诵念《金刚经》为功课之一："每日早起礼佛，即诵《弥陀经》一卷，或《金刚经》一卷，即持数珠，念阿弥陀佛名号，或三五千声，或一万声，完即对佛回向，发愿往生彼国，语在《功课经》中，此是早功课，晚亦如之。"[②]

另一方面，晚明士人以《金刚经》为依据来阐述禅宗思想，可以李贽《金刚经说》为例。《金刚经说》开篇便援引明藏本《坛经》曰："故

---

① 印顺：《中国禅宗史》，江西人民出版社，1999年，第129页。
② 憨山德清：《憨山老人梦游集》卷五《法语》，新文丰出版公司，1992年，第499页。

忍和尚为能大师说此经典,至应无所住而生其心,豁然大悟,便尔见性成佛,一何伟也!"① 明藏本《坛经》的原文如下:"五祖夜至三更,唤惠能于堂内,……为惠能说《金刚经》,恰至'应无所住而生其心',言下便悟:一切万法,不离自性。惠能启言:'和尚!何期自性本自清净,何期自性本不生灭,何期自性本自具足,何期自性本无动摇,何期自性能生万法!'"② 众所周知,明藏本《坛经》主张《金刚经》中蕴含着见性成佛的因素,与敦煌本相比,更为渲染《金刚经》在见性成佛中的作用。受此影响,李贽《金刚经说》一方面肯定《金刚经》中包含了人性不坏之说:"吾闻经云:'金最刚,能摧伏魔军,普济群品,故谓之金刚云。'人性坚利,物不能坏,亦复如是。"另一方面,将《大学》正心诚意与《金刚经》"应无所住而生其心"加以类比:

> 夫诚意之实,在毋自欺;心之不正,始于有所。有所则有住,有住则不得其正,而心始不得自在矣。故曰"心不在焉,视不见,而听不闻",而生意灭矣。惟无所住则虚,虚则廓然大公,是无物也。既无物,何坏之有?惟无所住则灵,灵则物来顺应,是无息也。既无息,何灭之有?此至诚无息之理,金刚不坏之性,各在当人之身者如此。③

这段论述的逻辑可以归纳为:心有所住则不正,不得自在;反之,心无所住则虚灵,虚灵则无物而物来顺应,于是至诚无息之理、金刚不坏之性存矣。概言之,在明藏本《坛经》的影响下,李贽于《金刚经》,最

---

① 李贽著,张建业主编:《续焚书》卷二,载《李贽文集》第一卷,社会科学文献出版社,2000年,第70页。
② 慧能著,郭朋校释:《坛经校释》,中华书局,1983年,第19—20页。
③ 李贽著,张建业主编:《续焚书》卷二,载《李贽文集》第一卷,社会科学文献出版社,2000年,第70页。

为看重的是其中的心无所住而金刚之性不坏的思想,并且他认为这一思想就是禅宗见性成佛的思想资源所在。

与晚明的时代思潮相适应,金圣叹极为推崇《金刚经》,《金圣叹全集》中引用、论及《金刚经》的文字有十几处之多。从金圣叹最注重《金刚经》的"住"来看,其《金刚经》崇拜也与明藏本《坛经》的影响密不可分。

金圣叹不止一次地称赏《金刚经》,并称金刚般若为般若之最:"金刚般若,乃般若部中最尊胜之般若也。摩诃般若,文殊师利出身;金刚般若,普贤出身。"① 作为最尊最胜之般若,《金刚般若》不仅优于摩诃般若,而且也胜于《大般若》:"是故当知《大般若经》简去波罗蜜三字者,乃正为今《金刚般若经》作地也。"② 金圣叹奉金刚般若为最尊最胜的理由何在呢?当与他对禅宗思想的推崇有关。

换言之,金圣叹是从无执无碍与证悟本心相即的角度阐述《金刚经》思想的,其说包括以下两方面。

其一,摩诃般若侧重于性空,因而是证悟《金刚般若》的前提:"善付嘱只一句,是《金刚般若》之正文。然必先护念者,欲证《金刚般若》,须打从《摩诃般若经》来,果然淘汰尽情,然后乃得付嘱。不然,着衣持钵,须成不得。"③ 金氏认为《摩诃般若》的特点在于"淘汰尽情",这大概是因为《摩诃般若经》中有著名的"十八空"之说,从

---

① 金圣叹著,陆林辑校整理:《唱经堂语录纂》卷一,载《金圣叹全集》(修订版)第陆册,凤凰出版社,2016年,第844页。
② 金圣叹著,陆林辑校整理:《唱经堂语录纂》卷一,载《金圣叹全集》(修订版)第陆册,凤凰出版社,2016年,第858页。按:事实上,《摩诃般若经》与《大般若经》有重合关系。关于各种《般若经》的关系,参见姚卫群《佛教般若思想发展源流》,北京大学出版社,1996年,第108—119页。
③ 金圣叹著,陆林辑校整理:《唱经堂语录纂》卷二,载《金圣叹全集》(修订版)第陆册,凤凰出版社,2016年,第846页。

内空、外空、内外空、空空、大空、第一义空、有为空、无为空、毕竟空、无始空、散空、性空、自相空、诸法空、不可得空、无法空、有法空、无法有法空等十八个层面阐述了空观。金氏认为，《摩诃般若》的"淘汰尽情"即揭示性空、破除我执，便是《金刚经》中的"护念"，而此护念只是《金刚般若经》"付嘱"的前提。

其二，《金刚般若经》在《摩诃般若经》破除我执的基础上证悟了自性。金氏指出《金刚经》中蕴含着佛性本来具足的思想："金刚不指定一物。'金'以言乎坚固不坏；'刚'以言乎纤尘不染。刚者，金之德也。金以守为体，金与火相守而流。火走不进金里去，但为火摧坏耳。金之为物，纵经烧打磨，毫厘没有增减，故以喻佛性。凡夫是金矿，圣人是精金。"① 遵循这一思路，金圣叹对《金刚经》中以下三段文字进行了重新诠释：（1）《金刚经》中有大量的"佛说……即非……是名……"句式，比如《法受持分第十三》有"佛说般若波罗蜜，即非般若波罗蜜，是名般若波罗蜜"。金圣叹认为"即非是名，是两句，而意归重是名句"。这一句式的宗旨在于肯定而不是否定。（2）《金刚经·善现启请分第二》有"如来善护念诸菩萨，善付嘱诸菩萨"。金氏指出这一说法的重点在"善付嘱"："空生问善护念、善付嘱，意重善付嘱一边，善护念只带说耳。"如前所述，"护念"是指"淘汰尽情"即破尽我执，那么"付嘱"当是指证悟佛性。（3）《金刚经·善现启请分第二》有"云何应住，云何降伏其心。……应如是住，如是降伏其心"一说，金圣叹的理解是："住为体，降伏为用。住则不住，不住则住。但凭你不住，他到底住；但凭你住，他到底不住。故住不必言，下只说降伏其心，然后缴

---

① 金圣叹著，陆林辑校整理：《唱经堂语录纂》卷一，载《金圣叹全集》（修订版）第陆册，凤凰出版社，2016年，第844—845页。

还他'住'字。"又说:"住为所住,降伏其心为能住。空生第七住,菩萨未到'从心不逾'地位,故须降伏。世尊亦先答他降伏,而后缴还他'住'字。"① 金圣叹反复论述"应如是住,如是降伏其心"的含义,其旨趣不外乎降伏其心而住,即破除我执而得清净本心。总之,通过对《金刚经》中"即非是名""善护念善付嘱""应如是住、应如是降伏其心"这三段文字的再诠释,金圣叹将《金刚经》诠释为破除我执与证悟自性的统一。金圣叹把这一思想概括为"空空如"三字:

> 《金刚般若》,只"空空如"三字。单说一空,空有对待,仍是色法。空空则无对待,人法二执空,曰空空;又分别俱生二执空,曰空空。约圣人论,一空无二空;约凡夫论,既空人,又空法,而人与法本如如。先师言空空,文殊出身已竟;释尊言如如,普贤妙行方来。"如有所立卓尔",即此"如"字。如故"有",有则"有所",有所则"立",立故"卓尔"。物各得其所则不乱,故云"所";既得其所,即于此安身立命,故云"立"。"卓尔"者是法住法位,世间相常住,各各自立,不相倚藉之谓。②

这段文字包含三个层次:其一,"空空"是指消除了一切偏执,既空人空法,又空"执空"。其二,空空则如,无执无碍则呈露本性。其三,"空空如"意味着万物各住自性。显然,"空空如"也好,"应无所住而生其心"也好,都表明金圣叹以无执与自性的统一来解释《金刚经》。

---

① 金圣叹著,陆林辑校整理:《唱经堂语录纂》卷一,载《金圣叹全集》(修订版)第陆册,凤凰出版社,2016年,第845—847页。
② 金圣叹著,陆林辑校整理:《唱经堂语录纂》卷一,载《金圣叹全集》(修订版)第陆册,凤凰出版社,2016年,第847页。

金圣叹对《金刚经》的上述解释，显然受到了明藏本《坛经》的影响。在金氏着力阐述的"即非是名""善护念善付嘱""应如是住，如是降伏其心"三段文字中，最后一段尤为金氏反复致意，而且金氏认为其内涵在于"空空如"，即无所执著与证悟自性的统一，这就与明藏本《坛经》所强调的"应无所住而生其心"具有了相同的内涵。

值得注意的是，金圣叹还有"然则其心泊然，初无所住；因无所住，而生现心"① 的说法，此说显然直接渊源于《金刚经》的"应无所住而生其心"。此外，金圣叹还打通儒家"诚意"与《金刚经》"应无所住而生其心"云：

> 心从本是净，只为你不能清，故不净。淳去渣滓曰"清"，盖心所以不清者，为住色住声香味触法故。应知色声等尘，本无有住。……恶臭至而恶生，恶臭去而心犹住于恶；好色至而好生，好色去而心犹住于好，岂非意之不诚甚耶？意本自诚，何苦弄出把戏来。略或住色住声，便要弄出把戏来。②

这段话提示了"诚意"与"无住"的相通之处：心从本是净（意本自诚），住于法则心不清（意不诚），因此无住于法则意诚心净。

显然，金圣叹重视《金刚经》的"应无所住而生其心"与禅宗思想的关联，并且以儒家的"诚意"比附"无住"，凡此都表明了金圣叹的《金刚经》崇拜和李贽一样，是接受了明藏本《坛经》的影响所致。不

---

① 金圣叹著，陆林辑校整理：《贯华堂选批唐才子诗甲集七言律》卷九陆龟蒙《寒夜同袭美访北禅院寂上人》评，载《金圣叹全集》（修订版）第壹册，凤凰出版社，2016年，第521页。
② 金圣叹著，陆林辑校整理：《唱经堂语录纂》卷二，载《金圣叹全集》（修订版）第陆册，凤凰出版社，2016年，第849页。

过,金圣叹的《金刚经》论也有不同于李贽《金刚经说》之处:李贽在诠释《金刚经》之"应无所住而生其心"时,遵循的是"物来顺应而无物"的思路,其思想资源乃是道家"应物而无累于物"[①]之说;而金圣叹的解释却采取了无所执著则自性呈露的"遮蔽—显现"思路。很显然,相形之下,李贽的分析带有老庄思想的痕迹,而金圣叹的诠释更接近于禅宗的思维方式。

以上对金圣叹佛学兼奉台禅的特征作了一番粗浅的论述。事实上,在晚明佛教融合贯通的大趋势下,金圣叹之佛学也是杂糅禅教净诸家而不拘一格的。仅以"教"而言,除了天台宗以外,他对华严宗、唯识宗也有所涉猎,因此金圣叹佛学可说是融合各家各派而以台禅为主。

[①] 陈寿撰,陈乃乾校点:《三国志》卷二十八《魏书·钟会传》注,中华书局,1982年,第795页。

佛教"因缘"说对金圣叹文学观念的多重影响

金圣叹好谈因缘,认为"因缘生法"是施耐庵创作《水浒传》的重要方法:"耐庵作《水浒》一传,直以因缘生法,为其文字总持,是深达因缘也。"① 对于金圣叹的"因缘生法"说与其文学理论的关系,学界已经进行了多方面探讨,揭示出金圣叹"因缘生法"说中的性空假有和因果联系这两个因素,并且分析了"因缘生法"说对文学创作的重视表现心灵、强调因果联系以及突出人物个性等三方面的影响。② 这样看来,关于金氏"因缘生法"的研究似乎已是题无剩义了。然而,我们在梳理金圣叹的佛学思想时,才发现金氏曾花费大量笔墨论述佛教因缘说的多重内涵,而以往的研究对此关注得不够,因而忽视了金氏之作为文论的"因缘生法"说与其佛教因缘说之间的逻辑关系;同时,我们在反思金

---

① 金圣叹著,陆林辑校整理:《第五才子书施耐庵水浒传》卷六十第五十五回总评,载《金圣叹全集》(修订版)第肆册,凤凰出版社,2016年,第999页。
② 参见谭帆《金圣叹与中国戏曲批评》,华东师范大学出版社,1992年,第46—50页;陈洪《金圣叹传论》,天津人民出版社,1996年,第168—179页;姚文放《金圣叹的美学思想与儒、佛、禅、道》,《文艺理论研究》1994年第2期;白岚玲《才子文心——金圣叹小说理论探源》,北京广播学院出版社,2002年,第70页。

氏"因缘生法"说中最主要的层面即突出人物个性由因缘自然聚合而成时，则发现重视人物个性与佛教"因缘生法"之间的逻辑联系还有待论证，要解决这一问题，还必须注意到金氏之融合佛教"因缘生法"说与中土阴阳气化说。

一、金圣叹论佛教"因缘生法"的多重内涵

金圣叹的"因缘"说颇为驳杂，既包含了小乘"十二因缘"说，又吸收了天台宗的"一念无明法性心"缘起论，其重点则是中观般若学派的性空缘起论。

一般认为，佛教"因缘"说经历了从小乘"十二因缘"到大乘"性空缘起"的发展过程。小乘主要讲"十二因缘"，又称业感缘起，其中的一种说法是"十二支""两重三世因果"，"十二支"是把生死轮回的过程分成十二阶段："无明缘行，行缘识，识缘名色，名色缘六处，六处缘触，触缘受，受缘爱，爱缘取，取缘有，有缘生，生缘老死。"① 这里的"A缘B"意味着A为B的原因，B为A的结果，十二因缘处于环环相连的因果联系中。其中，前七支包含了一对大因果关系，即"无明""行"为前世因，"识""名色""六处""触""受"为现世果；后五支为另一对大因果关系，即"爱""取""有"为现世因，"生""老死"为来世果，这就是十二支组成的两重三世因果。②

---

① 玄奘译：《大般若波罗蜜多经》卷二百四十五《第二分帝释品第二十五之一》，载《大正新修大藏经》第7卷，第134页。
② 参见任继愈主编《中国佛教史》第一卷，中国社会科学出版社，1985年，第245—246页。

小乘十二因缘侧重于"人我"的非实体性,主张人无我。而大乘般若学的缘起说则一方面进一步倡导"法无我",把"人无我""法无我"统称为无自性,① 无自性意味着性空而有假相;另一方面又往往从人的主观分别即幻觉方面讲缘起。大乘般若学的缘起性空论可以《中论·观四谛品》的"三是偈"来概括:"众因缘生法,我说即是无,亦为是假名,亦是中道义。"② 也就是说,一切事物由因缘聚合而成,依赖条件而生,因而其本质是"空"即无自性的,但它又具有虚假不实的名相,概言之,既看到性空又承认假有是中观般若派因缘说的核心所在。③

金圣叹曾论及"十二因缘"说:

> 十二因缘,亦名十二璎珞,乃三世三支牵连而成者也。"无明缘行"一句,是过去一支;"行缘识"至"取缘有"八句,是现在一支;"有缘生""生缘老死,忧悲苦恼"二句,是未来一支。缘非缘而上之缘,乃是落下来。一切众生,头出头没,不外此三支也。④

这段文字论述的是小乘"十二因缘","三支"说显然脱胎于"十二支""两重三世因果"等说。

不过,小乘"业感缘起"并非金圣叹因缘说的重点,他最关心的仍是般若中观学的性空缘起说。其依据有二。

其一,金氏曾论及龙树《中论》中的"因缘"说:"因缘生法,一

---

① 参见任继愈主编《中国佛教史》第一卷,中国社会科学出版社,1985年,第323页。
② 龙树菩萨造,梵志青目释,鸠摩罗什译:《中论》卷四《观四谛品第二十四》,载《大正新修大藏经》第30卷,第33页。
③ 参见姚卫群《佛教般若思想发展源流》,北京大学出版社,1996年,第204、206页。
④ 金圣叹著,陆林辑校整理:《唱经堂语录纂》卷二,载《金圣叹全集》(修订版)第陆册,凤凰出版社,2016年,第856页。

切具足。是故龙树著书,以破因缘品而弁其篇。"① 这是说龙树《中论》以《观因缘品》开篇。《中论》是中观学派的代表著作,其宗旨便是依据缘起性空来阐述诸法实相。由此可以推测,金圣叹是深受中观派因缘说浸染的。

其二,金圣叹曾论述大乘的"因缘生法"说并批驳小乘的因缘说:

> 世尊说因缘法,为破我而说也。大千一切,皆因缘生法。然因缘所生法,非如父母所生子,乃纵横所成十也。众生执我成病,世尊以"因缘"二字为药,即将所执之我,分作两半句,半说是因,半说是缘。六根,因也;六尘,缘也;根尘合而识生焉。三法和合,是故有我,其实本无有我。二乘人闻了"因缘"两字,遂极力破我。渐渐想来,觉得因亲而缘疏。欲修道必须绝因,以灰身灭智为绝因;欲绝因必先破缘,以水边林下为绝缘:是又执药成病也。殊不知因缘两行,本绝妙字。谓之因者,即因于缘;谓之缘者,即缘于因:亦曰因因,亦曰缘缘。佛法破情不破法,若必绝去缘者,乃得因净。则如修灭尽定比丘,虽到旷野,保无一声入耳,便入胎受生,随声而去,世尊无可奈何,为说《方等经》。②

这段论述包含了以下几个层次:其一,三法和合而成我,是故本无有我,"因缘生法"说是为了破除众人的我执而设的药方。其二,二乘人以灰身灭智、水边林下为绝因破缘、破除我执之法,这就陷入了另一种

---

① 金圣叹著,陆林辑校整理:《第五才子书施耐庵水浒传》卷六十第五十五回总评,载《金圣叹全集》(修订版)第肆册,凤凰出版社,2016年,第999页。
② 金圣叹著,陆林辑校整理:《唱经堂语录纂》卷二,载《金圣叹全集》(修订版)第陆册,凤凰出版社,2016年,第858—859页。

执著即"执药成病"。其三,世尊"因缘生法"的实质是破情不破法,可见金圣叹所服膺的"因缘生法"不同于小乘的"恶趣空",而是中观派既看到性空又承认假有的缘起性空说。

值得注意的是,金圣叹的"因缘"说可能还吸收了天台宗"一念无明法性心"的思想。金圣叹《唱经堂语录纂》卷二云:

> 因于识,缘于意,谓之男女构精,遂成今日大千世界,故圣人目男女之事为一大事因缘。然识是前法之真影,意是后来之实法。此二从来双宿双飞,云何分析得开?但不使之构精,则为大事因缘已毕。盖因缘有三:一谓小乘初教,以识为因,以意为缘,而不提起心字。此是凡夫因缘,在所必破。以必破故,名为苦切因缘,亦名刀杖因缘。二谓方等中教,以一大千分为两半,一半是千红万紫,一半是寂绝忘离。以寂绝忘离之心,等于千红万紫之意,不须破坏意,而意竟是心。是则不提起识,又假立一心,而以意为因,心为缘。故此名为虚妄因缘,亦名楼阁因缘。三谓大乘后教,以意为因,识为缘,意因如母,识缘如子。要使常忆其母,不复妄有他缘,是为母子因缘。既云母子,自无构精之事矣。①

这段文字论述了心意识与因缘的关系。一般认为,"心意识"是佛教对人的精神活动所作的界定,小乘佛教说一切有部认为心意识三者是同义异名,而大乘唯识宗主张心是第八识阿赖耶识,是产生万物的根本识;"识"是指前六识,"意"是第七识。心意识的关系是:心为精神的主体,"意""识"是精神的两种不同作用,其中"识"是了知识别的作

---

① 金圣叹著,陆林辑校整理:《唱经堂语录纂》卷二,载《金圣叹全集》(修订版)第陆册,凤凰出版社,2016年,第854页。

用，通过分析、分类，对外境对象具有认知作用，以了别为特征；"意"是思维度量的作用，侧重于记忆、计量、执著，以我执为特征。① 金圣叹对"心意识"三者的看法与上述唯识学观念并不完全一致。他说："识者，记也，谓前法影响灭不及，故犹记在此也。意者心之相，识者意之影。"又说："识是前法之真影，意是后来之实法。"② 在此，识是前法"真影""影响"的说法与识具有认知外境对象的作用是基本吻合的，③ 但意是实法的主张则不同于唯识学对"意"的界定。不过，对于这段文字，我们虽不能完全把握其中的心意识关系，但却能够大致领会作者所论述的三种因缘的思想归宿。第一种是小乘初教的"在所必破"之凡夫因缘，如前所述，是以绝因破缘为特征的。第二种因缘"以寂绝忘离之心，等于千红万紫之意"，即中观般若派的亦空亦假名。值得注意的是第三种"大乘后教"的因缘说，这似乎是指天台宗的一念无明法性心缘起。天台智顗认为"一念无明法性心"具有缘起造作的功能，其中的心兼容了无明与法性。④ 金圣叹的第三种因缘说中"大乘后教"说当是胎息于天台智顗以《法华经》和《涅槃经》为五味中的后教后味的判教思想，又金氏认为大乘后教缘起说的特点是"以意为因，识为缘，意因如母，识缘如子"，这实际上是说大乘后教是由"意"缘起造作的。由意与心的体用表里关系即"意者心之相"，又可以推演出"心"缘起

---

① 参见方立天《中国佛教哲学要义》上卷，中国人民大学出版社，2002年，第271页。
② 金圣叹著，陆林辑校整理：《唱经堂语录纂》卷二，载《金圣叹全集》（修订版）第陆册，凤凰出版社，2016年，第851、854页。
③ 以"影"喻"识"的说法，也许是受到了李通玄《新华严经论》的启发。《新华严经论》卷一云："如深密经云，如净镜面，若有一影生缘现前，唯一影起，若二若多，影生缘现前有多影起。非此镜面转变为影，亦无受用灭尽可得。此明五六七八识所依第九净识处也。"（载《大正新修大藏经》第36卷，第722页）此说以镜生多影来比拟五六七八识依于第九识。
④ 参见李四龙《天台智者研究——兼论宗派佛教的兴起》，北京大学出版社，2003年，第173—180页。

造作且"心"中包含了"识"的主张,这与上述一念无明法性心缘起的兼容无明法性是颇为契合的。

二、"因缘"说与金氏文学观念的关系

如前所述,以往的研究已经指出了金氏因缘说对其文学观念的影响主要表现在强调因果联系、重视文学假有以及突出人物个性等三方面。本文拟一一分析作为文论的因缘说与金氏佛学因缘说的不同层面之间关系:金氏重视因果联系主要是受了小乘"十二因缘"的影响;"因缘生法"说对金圣叹的人生虚幻观是有所影响的,但文学假有性的直接思想资源却不是"因缘生法"说;突出人物个性这一层面的背景则是金氏在中观"因缘生法"说中掺入了中土阴阳气化说的因素。

(一) 重视因果联系与小乘"十二因缘"的关系

金圣叹评点《水浒传》《西厢记》时,颇关注小说戏曲中各个事件的因果关系。比如《第五才子书施耐庵水浒传》第二十回夹批评点宋江怒杀阎婆惜一事云:"宋江之杀,从婆惜叫中来;婆惜之叫,从鸾刀中来,作者真已深达十二因缘法也。"① 他认为这一事件可以理解为"鸾刀→婆惜叫→宋江杀婆惜"这样一个环环相扣的因果链条。又如《水浒

---

① 金圣叹著,陆林辑校整理:《第五才子书施耐庵水浒传》卷二十五第二十回夹批,载《金圣叹全集》(修订版)第叁册,凤凰出版社,2016年,第395页。

传》第二十三回写潘金莲失手将叉竿滑倒，正好打在西门庆头巾上："那人立住了脚，意思要发作；回过脸来看时，却是一个妖娆的妇人"，金氏对此感慨道："因缘生法，福倚祸伏，真有如此。"① 将"因缘生法"与《老子》的"福倚祸伏"相比附，也是为了突出事件之间的因果联系。又如《贯华堂第六才子书西厢记》卷四总评中，金圣叹论西厢月下之事以相国为因曰：

> 圣叹之为是言也，有二故焉。其一，教天下以慎诸因缘也。佛言：一切世间皆从因生。有因者则得生，无因者终竟不生。不见有因而不生，无因而反忽生。亦不见瓜因而豆生，豆因而反瓜生。是故如来教诸健儿，慎勿造因。②

这同样论述了有因必有果即因果联系的必然性。

强调事物之间的因果联系固然是大小乘因缘说的共性所在，但以上所举的因果联系侧重于单个事件之间的环环相扣，从形式上来看，与小乘"无明缘行，行缘识"的十二因缘之间环环相连的关系更为接近，都表现为"此有故彼有，此生故彼生"的逻辑结构。如前所述，金圣叹曾专门论述小乘十二因缘法的内涵，因此，金氏重视因果联系的观点与小乘十二因缘的关系是最为直接的。

---

① 金圣叹著，陆林辑校整理：《第五才子书施耐庵水浒传》卷二十八第二十三回夹批，载《金圣叹全集》（修订版）第叁册，凤凰出版社，2016年，第445页。
② 金圣叹著，陆林辑校整理：《贯华堂第六才子书西厢记》卷四总评，载《金圣叹全集》（修订版）第贰册，凤凰出版社，2016年，第889页。

(二) 人生虚幻、文学假有与"缘起性空"说的关系

如前所说，中观般若学派的"缘起性空"说既强调事物的性空又承认事物假有。在这一观念的熏染下，金圣叹曾流露出人生虚无的意识。《唱经堂杜诗解》卷二评点《江上值水如海势聊短述》之"新添水槛供垂钓，故着浮槎替入舟"一联曰：

> 此一节，乃先生现前结证之文，不必于江上无涉，而实非着意江上也，言我近日亦有事江上矣。"水槛"曰"新添"，"浮槎"曰"故着"，似乎有所经营。由今思之，槛不过供垂钓而已，不"新添"可，即新添亦可也；槎不过替入舟而已，不"故着"可，即故着亦可也。何则？世间一切有为，无细无巨，只是因缘生法，又况乎水槛、浮槎哉。①

世间一切皆是"因缘生法"，亦性空亦假有，因而世人于一切有为也当无所执著，水槛新添可不新添亦可，浮槎故着可不故着亦可，万事无可无不可。在这类论述中，金圣叹直接点明了他那无所执著的人生观与中观"因缘生法"说的联系。

虽然无所执著是金圣叹思想的重要内容，但他阐述人生虚无时常用的思想资源却是禅宗、华严学的心本原说，以中观"因缘生法"来论述

---

① 金圣叹著，陆林辑校整理：《唱经堂杜诗解》卷二《江上值水如海势聊短述》夹批，载《金圣叹全集》（修订版）第贰册，凤凰出版社，2016年，第711页。

人生虚无的情况很少,① 这很可能是因为金圣叹更强调"因缘生法"说中的事物由因缘聚合而成的层面（说详下）。换言之，对于事物由因缘聚合而成故无自性的中观般若学说，金氏更重视其原因而忽视其结论。

与此相联系，就"因缘生法"说与金氏文学假有论的关系来看，有的学者认为"惟耐庵于三寸之笔、一幅之纸之间，实亲动心而为淫妇，亲动心而为偷儿"之说，提示了文学的假有性，乃受"因缘生法"观念的影响,② 有的研究者主张金圣叹从"因缘生法"的假有推导出了文学是心灵的产物之说。③ 其实，"动心"说等文学假有论的最直接的思想资源并非"因缘生法"说，而是金氏的心本原论。因为，金圣叹的文学假有观念中包含了推崇主体精神、认为"心"在一定程度上为实有的意味，这与般若中观学将主体认识比为梦幻泡影④是有所不同的。而金圣叹一再强调的、源自《华严经》和禅宗的心本原说主张心能够缘起造作万法，突出作家文心的想象力和虚构才能，同时揭示了事物和文学的假有性,⑤ 因而更接近于"动心"说的旨趣。换言之，金圣叹主要是以心本原说的心造作万法来解释人生虚无和文学假有，而不太强调"因缘生法"说的万法由因缘和合而成故虚假不实这一层面。因此我们不妨说，金圣叹虽然认识到"缘起性空"说中的空无成分，但其因缘说的重点并不在此。

---

① 除这一例之外，另有《西厢·惊梦》总评云："'愚人无梦'者，非无梦也，实在梦中而不以为梦，所有幻化皆为实。经曰：'世间虚空，本自不有，业力机关，和合即有。'"[《贯华堂第六才子书西厢记》卷七《惊梦》总评，载《金圣叹全集》（修订版）第贰册，第1080—1081页] 这也是以"因缘生法"论万法皆空幻。
② 陈洪：《金圣叹传论》，天津人民出版社，1996年，第177页。
③ 谭帆：《金圣叹与中国戏曲批评》，华东师范大学出版社，1992年，第47页。
④ 姚卫群：《佛教般若思想发展源流》，北京大学出版社，1996年，第131页。
⑤ 参见吴正岚《华严心本原说与金圣叹的文学思想》，《东南学术》2004年第1期。

(三) 因缘和合与阴阳气化的关系

佛教因缘说对金氏文论最主要的影响在于为人物个性论提供了思想资源。金圣叹在论述作家塑造各具个性的人物时多次提到了"因缘生法"的原则，他认为"因缘生法"意味着事物由因缘自然和合而成，因缘所生事物又是各具个性的，这实际上是在中观派"因缘生法"说中掺入了中土阴阳气化说的因素。《第五才子书施耐庵水浒传·序三》赞赏《水浒传》一百零八人的鲜明个性，剖析作家的创作方法曰：

> 《水浒》所叙，叙一百八人，人有其性情，人有其气质，人有其形状，人有其声口。夫以一手而画数面，则将有兄弟之形；一口而吹数声，斯不免再映也。施耐庵以一心所运，而一百八人各自入妙者，无他，十年格物而一朝物格，斯以一笔而写百千万人，固不以为难也。
>
> 格物亦有法，汝应知之。格物之法，以忠恕为门。何谓忠？天下因缘生法，故忠不必学而至于忠，天下自然，无法不忠。火亦忠，眼亦忠，故吾之见忠；钟忠，耳忠，故闻无不忠。吾既忠，则人亦忠，盗贼亦忠，犬鼠亦忠。盗贼犬鼠无不忠者，所谓恕也。夫然后物格，夫然后能尽人之性，而可以赞化育、参天地。今世之人，吾知之，是先不知因缘生法；不知因缘生法，则不知忠；不知忠，乌知恕哉？是人生二子而不能自解也。谓其妻曰：眉犹眉也，目犹目也，鼻犹鼻，口犹口，而大儿非小儿，小儿非大儿者，何故？而不自知实与其妻亲造作之也。夫不知子，问之妻。夫妻因缘，是生其子。天下之忠，无有过于夫妻之事者；天下之忠，无有过于其子之面者。审知其理，而睹天下人之面，察天下夫妻之事，彼万面不同，岂不甚宜哉！忠恕，

量万物之斗斛也；因缘生法，裁世界之刀尺也。施耐庵左手握如是斗斛，右手持如是刀尺，而仅乃叙一百八人之性情、气质、形状、声口者，是犹小试其端也。①

对于这段文字，以往的研究者都注意到了金圣叹以"因缘生法"解释人物个性的自然形成，但由于佛教"因缘生法"说中并没有明确的事物自然具有个性的观念，因而人们尚未厘清"因缘生法"与人物个性之间的逻辑联系。实际上，这段冗长的论述可以解析为三个层面：其一，《水浒传》人物的个性化是作家格物的结果。其二，格物之法，以忠恕为门。忠恕意味着作家由自身的遵循自然个性推扩到尽人之性。其三，忠恕的依据是"因缘生法"。"因缘生法"正如夫妻生子，夫妻自然和合而生万面不同之子，因缘自然和合所生之法也各具个性。在此，金圣叹将"因缘生法"与夫妻生子相比附，从而得出个性由因缘自然聚合而成这一结论。

"因缘生法"与夫妻生子之所以具有可比性，首先是因为这两者都包含了事物由不同成分聚合而成的观念。如前所述，金圣叹认为"因缘生法"可与阴阳气化的普遍规律相通：

  天地是因缘法，天为因，地为缘。"山泽通气"，好因好缘也；"雷风相薄"，恶因恶缘也；"水火不相射"，不好不恶因缘也。号物有万，或从好因缘和合而生，或从恶因缘和合而生，或从两件不好不恶因缘

---

① 金圣叹著，陆林辑校整理：《第五才子书施耐庵水浒传·序三》，载《金圣叹全集》（修订版）第叁册，凤凰出版社，2016年，第20页。

213

而生。①

这是说,乾坤、艮兑、震巽、坎离(即天地、山泽、雷风、水火)等四组阴阳相对的卦交通感应而成十六卦,正如好恶因缘和合而成事物一样。作为万物起源的理论,阴阳化生万物和因缘和合生法的共同之处在于"和合而生"即由不同条件聚合而成。② 夫妻生子正是阴阳化生万物的典型表现,因此"因缘生法"与夫妻生子的契合,也就不言而喻了。

从思想资源来看,金氏强调"因缘生法"中的事物由因缘和合而成这一层面,很可能是受到了龙树《十二门论》中"外因缘"说的影响:"外因缘者,如泥团、转绳、陶师等和合,故有瓶生。又如缕绳、机杼、识师等和合故有叠生……当知外缘等法皆亦如是。"③ 显然,龙树"外因缘"其实是说瓶、叠等事物的形成是自然材料和人类劳动共同作用的结果,这与阴阳二气自然融合而化生万物并不完全一致,但在事物由不同条件聚合而成这一点上颇为相似。

其次,佛教唯识学有关父母极微和合生子的说法,当是金圣叹将"因缘生法"与夫妻生子相比附的思想来源。《瑜伽论记》卷十四云:"劫初父母极微于空劫中散住处处,后成劫时,父母和合而生子微名合。"④ 这一说法体现了胜论对于事物生成的看法:"父母极微和合生子微,子微和合生孙微……事物都是由极微和合而产生。"⑤ 这一说法表明

---

① 金圣叹著,陆林辑校整理:《唱经堂通宗易论·十六卦》,载《金圣叹全集》(修订版)第陆册,凤凰出版社,2016年,第808页。
② 关于金圣叹论因缘和合与阴阳气化的关系,参见本书《金圣叹援佛释易的易学思想》一文。
③ 龙树:《十二门论》,载《大正新修大藏经》第30卷,第159—160页。
④ 通伦集撰:《瑜伽论记》,载《大正新修大藏经》第42卷,第632页。
⑤ 玄奘译,韩廷杰校释:《成唯识论校释》卷一"校释〔三〕",中华书局,1998年,第27页。

佛教唯识学和《易传》在阴阳和合方面的相通，金圣叹敏锐地把握到这一点并加以巧妙地糅合。

再次，佛教中观派"因缘生法"说中并没有明确的事物多样化的观念，"因缘生法"与阴阳气化又何以能够在事物各具个性这一点上达成一致呢？实际上，佛教"因缘生法"说中也隐含了事物差异的观念，只不过是以否定形式出现的。当金圣叹以阴阳气化比附"因缘生法"之后，阴阳气化中的事物各具个性的观念就渗入了"因缘生法"之中。如前所述，般若中观学派在主张事物性空的同时，也承认其虚假不实的名相，这就在一定程度上承认了事物的差别。正因如此，金圣叹在《水浒传》第五十五回总评中论述人物个性各不相同时，便引用了"经曰：因缘和合，无法不有"，又说"因缘生法，一切具足"，① 般若学承认了因缘和合而成的事物是千姿百态、千差万别的，只不过把这种差别解释为"假有"罢了。

中土的阴阳气化说常被作为事物各具个性的理论依据。宋代以来，以禀受之气不同来解释人性差异的观念逐渐成为共识。如周敦颐《通书·理性命》说："厥彰厥微，匪灵弗莹。刚善刚恶，柔亦如之，中焉止矣。二气五行，化生万物。五殊二实，二本则一。是万为一，一实万分。万一各正，小大有定。"② 这是说，由二气化生的万物各有自己的规定性。张载《正蒙·诚明》明确提出了人性有天命之性与气质之性之分，后者正是人性差异的原因。二程、朱熹等人的著述中更是随处可见气禀清浊决定人性个体差异的言论。③ 比如《朱子语类》卷四说："且如

---

① 金圣叹著，陆林辑校整理：《第五才子书施耐庵水浒传》卷六十第五十五回总评，载《金圣叹全集》（修订版）第肆册，凤凰出版社，2016年，第999页。
② 周敦颐著，谭松林、尹红整理：《通书·理性命》，载《周敦颐集》，岳麓书社，2002年，第41—42页。
③ 参见陈来《朱子哲学研究》，华东师范大学出版社，2000年，第197—200页。

天地之运，万端而无穷，其可见者，日月清明气候和正之时，人生而禀此气，则为清明浑厚之气，须做个好人；若是日月昏暗，寒暑反常，皆是天地之戾气，人若禀此气，则为不好底人，何疑！"①禀清明浑厚之气则为好人，受昏暗反常之气便为不好的人。这一说法虽然常有鲜明的伦理色彩，但也是以阴阳气化的万物生成规律来论述人性差异。晚明时期，崇尚自然个性的思潮盛行，李贽等人纷纷援引元气说论证个性的自然存在，比如李贽《九正易因》说"是故一物各具一乾元，是性命之各正也，不可得而同也"②，其说从乾元之气的角度论述事物各具个性。当此之时，金圣叹自然深受这一时代思潮的鼓扇，这使得他将阴阳气化中的个性论因素糅合进佛教"因缘生法"之中，从而强化了其中的个性论色彩。

最后，当"因缘生法"与阴阳气化相比附时，阴阳气化说中的事物由元气聚合而成、因而是自然无人为的观念也融入了"因缘生法"之中。由于具备了事物各具个性和由因缘自然聚合而成这两个因素，"因缘生法"就终于成为解释人物个性由因缘自然聚合而成的理论资源。

金圣叹还从作家如何把握不同人物的角度，讨论了塑造个性化人物的问题，其中也隐含了"因缘生法"与阴阳气化相通的观念：

> 盖耐庵当时之才，吾直无以知其际也。其忽然写一豪杰，即居然豪杰也；其忽然写一奸雄，即又居然奸雄也；甚至忽然写一淫妇，即居然淫妇；今此篇写一偷儿，即又居然偷儿也。人亦有言：非圣人不

---

① 黎靖德编，王星贤点校：《朱子语类》卷四《性理一·人物之性气质之性》，中华书局，1994年，第69页。
② 李贽著，张建业主编：《九正易因》卷上，载《李贽文集》第七卷，社会科学文献出版社，2000年，第94页。

知圣人。然则非豪杰不知豪杰,非奸雄不知奸雄也。耐庵写豪杰,居然豪杰,然则耐庵之为豪杰可无疑也。独怪耐庵写奸雄,又居然奸雄,则是耐庵之为奸雄又无疑也。虽然,吾疑之矣。夫豪杰必有奸雄之才,奸雄必有豪杰之气。以豪杰兼奸雄,以奸雄兼豪杰,以拟耐庵,容当有之。若夫耐庵之非淫妇、偷儿,断断然也。今观其写淫妇居然淫妇,写偷儿居然偷儿,则又何也?噫嘻,吾知之矣!非淫妇定不知淫妇,非偷儿定不知偷儿也。谓耐庵非淫妇、非偷儿者,此自是未临文之耐庵耳。夫当其未也,则岂惟耐庵非淫妇,即彼淫妇亦实非淫妇;岂惟耐庵非偷儿,即彼偷儿亦实非偷儿。经曰:"不见可欲,其心不乱。"群天下之族,莫非王者之民也。若夫既动心而为淫妇,既动心而为偷儿,则岂惟淫妇偷儿而已。惟耐庵于三寸之笔、一幅之纸之间,实亲动心而为淫妇,亲动心而为偷儿。既已动心,则均矣,又安辨泚笔点墨之非入马通奸,泚笔点墨之非飞檐走壁耶?经曰:"因缘和合,无法不有。"自古淫妇无印板偷汉法,偷儿无印板做贼法,才子亦无印板做文字法也。因缘生法,一切具足。是故龙树著书,以破因缘品而弁其篇,盖深恶因缘;而耐庵作《水浒》一传,直以因缘生法,为其文字总持,是深达因缘也。夫深达因缘之人,则岂惟非淫妇也,非偷儿也,亦复非奸雄也,非豪杰也。何也?写豪杰、奸雄之时,其文亦随因缘而起,则是耐庵固无与也。或问曰:"然则耐庵何如人也?"曰:"才子也。""何以谓之才子也?"曰:"彼固宿讲于龙树之学者也。"讲于龙树之学,则菩萨也。菩萨也者,真能格物致知者也。①

金氏首先称赞作家惟妙惟肖地塑造了豪杰、奸雄、淫妇、偷儿等不同性

---

① 金圣叹著,陆林辑校整理:《第五才子书施耐庵水浒传》卷六十第五十五回总评,载《金圣叹全集》(修订版)第肆册,凤凰出版社,2016年,第998—999页。

格、身份、品德的人物，接着分析作家如何把握这些人物的个性特征：作家塑造人物个性的方法可以概括为"动心"与"无与"的结合。① 换言之，作家在"格物致知"即充分熟悉世态人情的基础上，依据生活中固有的千差万别的性格逻辑进行想象创造，从而刻画出个性鲜明的人物形象。如前所述，"动心"说主要是受了佛教心本原说的影响，而"无与"则以"因缘生法"为依据。由于人物个性如同"因缘生法"一样，是由外部环境、内在素质等条件综合形成的，因而作家的想象应遵循生活本身的规律，即"其文亦随因缘而起，则是耐庵固无与也"。

与《第五才子书施耐庵水浒传·序三》相比，这段文字同样是以"因缘生法"来说明人物个性由因缘自然聚合而成，但对于作家如何塑造人物个性的说明更为具体。作家在塑造个性化人物过程中主观"无与"之说，实际上是从创作论的角度进一步强调了人物个性由因缘自然聚合而成、不假作家之人力的观点。因此，这段文字虽然没有提及阴阳气化之说，但其实质是更进一步地凸显"因缘生法"与阴阳气化在人物个性由因缘自然聚合而成这一点上的相通。

综上所述，在金圣叹的佛学思想中，"因缘"说以中观般若学派的性空缘起论为重点，兼容了小乘"十二因缘"说和天台宗的"一念无明法性心"缘起论，前两者分别为金氏"因缘生法"论的两个层面即重视事物的自然个性和因果联系提供了思想资源。至于金圣叹有关人生虚幻和文学假有的观念，却并非人们所认为的源自"因缘生法"说，而是受到了华严学和禅宗的心本原说的影响。佛教"因缘生法"说之所以能够推演出人物个性自然生成的主张，是由于其中已经融入了中土阴阳气化观念。

---

① 参见陈洪《金圣叹传论》，天津人民出版社，1996年，第170—176页。

华严心本原说与金圣叹的文学思想

不可否认的是，明清之际士大夫大多习禅修净，华严学已渐趋衰微。就金圣叹的佛教学养而论，如前所述，他自称十一岁时读书，"吾最初得见者，是《妙法莲华经》"，他还撰有《法华百问》《法华三昧》等著述，可见他最感兴趣的佛经并不是《华严经》而是天台宗的经典。① 也许正因如此，以往的研究并未注意到金圣叹与华严学的关系。事实上，华严学的心本原说对金氏的文学思想产生了很大影响，为金氏的诗歌"不写景"理论和小说"出其珠玉锦绣之心"的观念提供了思想资源，使得其诗歌情景理论和小说虚构观念呈现出独特的风貌。金圣叹文学思想重视"心"的特点，与明末弘扬主体精神的时代思潮息息相通，同时又具有其自身的独特性。

---

① 参见本书《金圣叹兼奉台禅的佛学思想》一文。

一、金圣叹与华严学的关系

明末清初的僧人和士大夫的佛学取向,大多以习禅修净为主而兼弘华严。明末四大高僧中,云栖袾宏侧重于关注《华严经》所载神异事迹,曾辑录《大方广佛华严经感应略论》一卷;憨山德清由听无极师讲《华严玄谈》而得悟的经历,已如前述。① 与此相关联,憨山德清对时人但宗李通玄《新华严经论》的现象颇为不满,曾节要录取澄观的《华严经疏》并加以解释,编成《大方广佛华严经纲要》八十卷。真可于华严思想亦多有吸收。他在《文殊师利菩萨赞》《华严岭诗》等诗文中流露了对华严菩萨的崇拜,他的《摹书金字华严经缘起》等篇涉及以《华严经》金书求取功德等活动。他最强调的华严宗教理则是"四法界"。其《持华严偈》曰:"《大方广佛华严经》,如来初转根本轮。此轮转不离四门,理转事转事理转。事事无碍最幽玄,拈来便用无廉纤。"② 在此,真可吸收了华严宗人澄观的四法界说即"然此十观融四法界:初二理法界,始终不异。三即事理无碍法界。四即随事法界。次五即事事无碍法界"③,并以此作为《华严经》的基本思想。实际上,自从既被奉为禅宗祖师又被奉为华严宗祖师的宗密(780—841)将"一心"与"四法界"相结合之后,"四法界"就成为禅宗的重要思想资源,禅师们开始以

---

① 参见本书《概论》一文。
② 紫柏真可:《紫柏老人集》卷二十《持华严偈》,载《故宫珍本丛刊》第518册,海南出版社,2001年,第344页。
③ 澄观述:《大方广佛华严经随疏演义钞》卷一,载《大正新修大藏经》第36卷,第271页。

"四法界"为参禅话头,并将无碍法界视为禅宗任运自适的依据,甚至出现了"事事无碍,如意自在。手把猪头,口诵净戒。趁出淫坊,未还酒债。十字街头,解开布袋"的偈颂。①

明末名士以禅净兼华严者,也不乏其人。其时的士大夫多推崇属于教外华严学的唐代李通玄《新华严经论》,如方泽作有《华严经合论纂要》三卷,李贽有《华严经合论简要》四卷。袁宏道《西方合论》在组织结构上吸取了华严宗尚"十"的特点,并批驳了李通玄将华严与净土分为权实的观点。②

综观明末华严学的状况可知,其时人们对华严宗的汲取具有以下三个特点:一是重视华严宗的信仰实践;二是在李通玄的《新华严经论》大行其道的同时,也出现了推崇澄观华严学的声音;三是作为华严学禅化的一个主要现象,人们往往对华严"四法界"观念津津乐道。

金圣叹的华严学也打上了晚明时代思潮的烙印。首先,就李通玄《新华严经论》的影响而言,金圣叹批点杜甫《谒真谛寺禅师》曰:"世间法,以日为俗谛,月为真谛,灯为中谛。出世间法,以文殊般若为真谛,普贤解脱为俗谛,世尊得法于传灯为中谛。"③ 在此,金氏以真谛、俗谛、中谛说三圣,是承袭了隋智顗的三谛圆融说;而金氏并重三圣的观念,则与李通玄以佛、文殊、普贤为"三圣一体"的信仰格局一脉相承。由此可见,与晚明其他士大夫一样,金氏也或多或少受到了《新华严经论》的影响。其次,在明末社会思潮的熏染下,金圣叹好尚禅宗,因而,此前的禅宗僧人对华严学四法界尤其是事事无碍法界的弘扬,在

---

① 释晓莹撰,陈继儒、高承埏校:《罗湖野录》卷一,民国景明宝颜堂秘笈本。关于明末华严学的特点,参见魏道儒《中国华严宗通史》,江苏古籍出版社,2001年,第276—301页。
② 关于袁宏道佛学,参见周群《袁宏道评传》,南京大学出版社,1999年,第138—178页。
③ 金圣叹著,陆林辑校整理:《唱经堂杜诗解》卷四《谒真谛寺禅师》评,载《金圣叹全集》(修订版)第贰册,凤凰出版社,2016年,第791页。

金氏学说中也有所反映。如他评点齐己《寄庐岳僧》一诗云："写心地，不用寂寞字，偏说'烟霞明媚'；写行履，不用孤峭字，偏说'藤竹萦纡'。此是'雪埋''冰折'后自然无碍境界，非他人所得滥叨也。"①"自然无碍境界"之说，当源自禅化华严思想。又如，他还以华严"四无碍"比附儒家典籍："准之《华严》四'无碍'：《周易》，理无碍之书也；《书》《春秋》，事无碍、事事无碍之书；《诗》及《论语》，理事无碍之书也。"②

从学术渊源来看，金圣叹的好尚华严，一方面是受李贽的影响。众所周知，金圣叹在立身、思想等方面多有与李贽相似之处，他在评点《水浒传》时大力攻击李贽骂世，③ 这正透露出他濡染李贽学说的实质。由此可以推测，李贽重视《新华严经论》的倾向，也会对金圣叹的佛学观念有所冲击。另一方面，更值得注意的是，明清之际士大夫竞相抄写《华严经》，苏州地区华严宗呈复兴之势，因而钱谦益、金圣叹和徐增等人都曾以《华严经》"唯心偈"论文。④

金圣叹从多方面汲取了华严思想，而在金氏的文学思想中，华严心本原说的影响显得尤为突出。金圣叹评《水浒传》第五回鲁智深火烧瓦官寺云：

> 耐庵说一座瓦官寺，读者亦便是一座瓦官寺；耐庵说烧了瓦官寺，读者亦便是无了瓦官寺。大雄先生之言曰："心如工画师，造种种五

---

① 金圣叹著，陆林辑校整理：《贯华堂选批唐才子诗甲集七言律》卷八齐己《寄庐岳僧》评，载《金圣叹全集》（修订版）第壹册，凤凰出版社，2016年，第592页。
② 金圣叹著，陆林辑校整理：《唱经堂随手通·序离骚经》，载《金圣叹全集》（修订版）第陆册，凤凰出版社，2016年，第901页。
③ 金圣叹著，陆林辑校整理：《第五才子书施耐庵水浒传》卷三十六第三十一回夹批，载《金圣叹全集》（修订版）第叁册，凤凰出版社，2016年，第593页。
④ 参见本书《金圣叹以〈华严经〉"唯心偈"论文艺对徐增的影响》一文。

阴；一切世间中，①无法而不造。"圣叹为之续曰："心如大火聚，坏种种五阴；一切过去者，无法而不坏。"今耐庵此篇之意则又双用，其意若曰："文如工画师，亦如大火聚。随手而成造，亦复随手坏。如文心亦尔，见文当观心；见文不见心，莫读我此传。"②

上述金圣叹所引大雄先生之言，出自晋译《华严经》卷十《夜摩天宫菩萨说偈品》：

> 心如工画师，画种种五阴，一切世界中，无法而不造。如心佛亦尔，如佛众生然。心佛及众生，是三无差别。诸佛悉了知，一切从心转。若能如是解，彼人见真佛。心亦非是身，身亦非是心。作一切佛事，自在未曾有。若人欲求知，三世一切佛，应当如是观：心造诸如来。③

这段唯心偈集中反映了华严学的心本原思想。与此相类似，《华严经·十地品》有"三界虚妄，但是心作"之说。金圣叹对《华严经》"唯心偈"极为重视，他在评点权德舆《待漏假寐梦归江东旧居因思惠阁黎茅处士》"南宗长老知心法，东郭先生识化源"一联时也引用了此偈："《华严经》云：'心如工画师，造种种五阴。一切世间中，无法而不

---

① "造种种五阴"，《大正新修大藏经》第9卷下作"画种种五阴"（第465页）；"一切世间中"，《大正新修大藏经》第9卷下作"一切世界中"（第465页）。
② 金圣叹著，陆林辑校整理：《第五才子书施耐庵水浒传》卷十第五回夹批，载《金圣叹全集》（修订版）第叁册，凤凰出版社，2016年，第157页。
③ 佛驮跋陀罗译：《大方广佛华严经》卷十《夜摩天宫菩萨说偈品》，载《大正新修大藏经》第9卷，第465—466页。

造。'此南宗长老之所知也。"① 可见金氏受《华严经》的心本原思想浸润之深。

华严心本原说对佛教各派都产生了影响。天台宗智顗等人就曾引用《华严》唯心偈说明"心"的创造功能，② 禅宗也吸收了《华严》的心造万法论。最典型的如百丈怀海弟子黄檗希运的"法由心造"说："心生种种法生，心灭种种法灭。故知一切诸法皆由心造，乃至人天地狱六道修罗，尽由心造。"③ 金圣叹引用《华严》唯心偈，当与他的天台、禅宗修养不无关系，不过，金氏"圣叹为之续曰：'心如大火聚，坏种种五阴'"云云，与希运所引用的"心灭种种法灭"的说法比较接近，因而禅宗更有可能是金氏接受《华严经》心本原说的中介。

二、小说虚构论与华严心本原说的关系

《华严经》的心本原说首先为金氏的小说虚构论提供了思想资源。金圣叹不止一次论述《水浒传》的虚构性，除了前引《水浒传》第五回的评点外，金氏《读第五才子书法》云："《宣和遗事》具载三十六人姓名，可见三十六人是实有。只是七十回中许多事迹，须知都是作书人凭

---

① 金圣叹著，陆林辑校整理：《贯华堂选批唐才子诗甲集七言律》卷五权德舆《待漏假寐梦归江东旧居因思惠阇黎茅处士》评，载《金圣叹全集》（修订版）第壹册，凤凰出版社，2016年，第309页。
② 参见李四龙《天台智者研究——兼论宗派佛教的兴起》，北京大学出版社，2003年，第173—174页。
③ 裴休集：《黄檗断际禅师宛陵录》卷一，载《大正新修大藏经》第48卷，第386页。

空造谎出来。"① 又，第十三回夹批云："此处为一部大书提纲挈领之处，晁盖为一部大书提纲挈领之人，而为头先是一梦，可见一百八人、七十卷书，都无实事。"② 这类论述反映了金圣叹小说虚构论的独特性，也说明了华严心本原说对金氏小说理论的影响。

(一) 金氏小说虚构论的独特性

关于金圣叹的小说虚构论，以往的研究已揭示了其说重视作家主体的特点和"以文为戏"的倾向，③ 也多少涉及佛教思想与金氏小说虚构观念的关系。④ 本文认为金氏小说虚构论的独特之处在于糅合了以往的"寄托"和"游戏"两种创作动机论，强调了小说虚构的必然性。

自古以来，人们对小说是虚构还是实录的看法，经历了从"言不必信"到"须是虚实相半"的发展演变过程，换言之，从主张小说可以虚构，逐步发展到认为小说必须虚构。在金圣叹之前，小说虚实论大致有以下五种。⑤

其一，小说乃作家情志的寄托，故不必信实。如南宋郑樵《通志》卷四十九《乐略第一》论"稗官之流"的虚构云："顾彼亦岂欲为此诬罔之事乎？正为彼之意向如此，不得不如此。不说无以畅其胸中也。"

---

① 金圣叹著，陆林辑校整理：《第五才子书施耐庵水浒传》卷三《读第五才子书法》，载《金圣叹全集》（修订版）第叁册，凤凰出版社，2016年，第31页。
② 金圣叹著，陆林辑校整理：《第五才子书施耐庵水浒传》卷十八第十三回夹批，载《金圣叹全集》（修订版）第叁册，凤凰出版社，2016年，第272页。
③ 参见陈洪《金圣叹传论》，天津人民出版社，1996年，第180—186页。
④ 参见白岚玲《才子文心——金圣叹小说理论探源》，北京广播学院出版社，2002年，第99页。
⑤ 关于古代小说虚实论的源流，参见陈洪《中国小说理论史》（安徽文艺出版社，1992年），袁震宇、刘明今《中国文学批评通史·明代卷》（上海古籍出版社，1996年），恕不一一注明。

明万历四十六年（1618）署名"玉茗主人题"的《北宋志传序》、胡应麟的《二酉缀遗》承袭此说。

其二，强调小说乃阐述某种哲理的寓言，因而"言不必信"。如南宋洪迈《夷坚支志》丁卷一《夷坚支丁序》云："稗官小说家言不必信，固也。信以传信，疑以传疑，自《春秋》三传则有之矣，又况乎列御寇、惠施、庄周、庚桑楚诸子汪洋寓言者哉？"① 后来，明代谢肇淛《五杂组》、睡乡居士作于崇祯五年（1632）的《二刻拍案惊奇序》中有类似观点。

其三，主张小说有劝惩意义，因而不必追求实录。如万历四十年（1612）刻袁无涯本《出像评点忠义水浒全传发凡》主张："传始于左氏，论者犹谓其失之诬，况稗说乎！顾意主劝惩，虽诬而不为罪。"② 其后，明崇祯刊吟啸主人《平虏传序》也有"苟有补于人心世道者，即微讹何妨"之说。

其四，从小说为消遣游戏的创作动机出发，主张小说不必求实甚至必须虚构。比如万历三十八年（1610）容与堂刊本《李卓吾先生批评忠义水浒传》第五十二回评："有一村学究道：李逵太凶狠，不该杀罗真人；罗真人亦无道气，不该磨难李逵。此言真如放屁。不知《水浒传》文字当以此回为第一。试看种种摹写处，哪一事不趣？哪一言不趣？天下文章当以趣为第一。既是趣了，何必实有是事，并实有是人？若一一推究如何如何，岂不令人笑杀！"③ 这里的"趣"，当是指小说中的滑稽游戏成分。也就是说，小说的娱乐性决定了小说不必追求事实。至谢肇

---

① 洪迈：《夷坚支志》丁卷一《夷坚支丁序》，清光绪十万卷楼丛书本。
② 陈曦钟、侯忠义、鲁玉川辑校：《水浒传会评本》卷首，北京大学出版社，1981年，第30页。
③ 陈曦钟、侯忠义、鲁玉川辑校：《水浒传会评本》第五十二回，北京大学出版社，1981年，第984页。

湖《五杂组》卷十五则曰:"凡为小说及杂剧戏文,须是虚实相半,方为游戏三昧之笔。"① 所谓"须是虚实相半",当是指小说必须包含虚构成分,才能实现游戏消遣的目的。在诸家的小说虚构论中,这是唯一一种将虚构性作为小说必要条件的。如前所述,刊于万历丁未(1607)、王圻编录的《稗史汇编》论述《水浒传》《西厢记》的虚构性曰:"文至院本、说书,其变极矣。然非绝世轶材,自不妄作。……今读罗《水浒传》,从空中放出许多罡煞,又从梦里收拾一场怪诞,其与王实甫《西厢记》始以蒲东邂逅,终以草桥扬灵,是二梦语,殆同机局。总之,惟虚故活耳。"这也是从追求"活"的审美效果着眼,推崇小说的虚构。

其五,从文体辨析的角度,认为小说与史书不同,非但不必求实,反而以虚构为上。袁于令(1592—约1672)《隋史遗文序》主张:"正史以纪事,纪事者何?传信也。遗史以蒐逸,蒐逸者何?传奇也。传信者贵真:为子死孝,为臣死忠,摹圣贤心事,如道子写生,面面逼肖;传奇者贵幻:忽焉怒发,忽焉嬉笑,英雄本色,如阳羡书生,恍惚不可方物。"②

由以上叙述可以看出,在金圣叹之前,人们已经从小说的寄托、寓言、劝惩、游戏等创作动机和小说文体特征的角度,论述了小说的虚构性。金圣叹的小说虚构论也是从小说的创作动机角度立论的,但其独特之处在于糅合了寄托和游戏两种创作动机,并突出了小说虚构的必然性。

首先,金圣叹指出《水浒传》的创作动机是"写出自家许多锦心绣口",不同于《史记》:

---

① 谢肇淛:《五杂组》卷十五,明万历四十四年潘膺祉如韦馆刻本。
② 袁于令评改:《隋史遗文》卷首,古本小说集成本,上海古籍出版社,1994年,第1—3页。

大凡读书，先要晓得作书之人是何心胸。如《史记》，须是太史公一肚皮宿怨发挥出来，所以他于《游侠》《货殖》传特地着精神；乃至其余诸记、传中，凡遇挥金杀人之事，他便啧啧赏叹不置。一部《史记》，只是"缓急人所时有"六个字，是他一生著书旨意。《水浒传》却不然。施耐庵本无一肚皮宿怨要发挥出来，只是饱暖无事，又值心闲，不免伸纸弄笔，寻个题目，写出自家许多锦心绣口，故其是非皆不谬于圣人。①

　　在此，金圣叹认为《水浒传》作者为"写出自家许多锦心绣口"而著书，不同于司马迁作《史记》是由于"一肚皮宿怨发挥出来"。那么，何谓"写出自家许多锦心绣口"？金圣叹在评点中多次提到的"才子之心""文心""耐庵匠心"等等，都是"自家许多锦心绣口"的异名同谓。金圣叹所称赏不已的"才子文心""锦心绣口"等，是指小说家的虚构事件、设计情节、安排结构、变化表现手法等艺术方法和才能。②因此，"写出自家许多锦心绣口"一说，完全可以理解为作家展示其包括虚构在内的各种艺术手法和才能。

　　将金圣叹的小说创作动机论与前人的观点加以对比可以发现，"写出自家许多锦心绣口"的观点是糅合了以往的"寄托"说和"游戏"说而成的。一方面，"写出自家许多锦心绣口"之说吸收了"寄托"说中

---

① 金圣叹著，陆林辑校整理：《第五才子书施耐庵水浒传》卷三《读第五才子书法》，载《金圣叹全集》（修订版）第叁册，凤凰出版社，2016年，第28页。
② 参见吴正岚《金圣叹评传》附表九《金圣叹"锦心绣口"说一览》，南京大学出版社，2006年，第513—518页。

弘扬作家主体精神的成分,但扬弃了"发愤著书"说即作家的情感意志,① 而代之以作家的艺术才能。另一方面,金圣叹又认为《水浒传》与《史记》一样,是"文人之事":

> 尝怪宋子京官给椽烛,修《新唐书》。……夫修史者,国家之事也;下笔者,文人之事也。国家之事,止于叙事而止,文非其所务也。若文人之事,固当不止叙事而已,必且心以为经,手以为纬,踌躇变化,务撰而成绝世奇文焉。如司马迁之书,其选也。……吾见其有事之巨者而櫽括焉,又见其有事之细者而张皇焉,或见其有事之阙者而附会焉,又见其有事之全者而轶去焉,无非为文计,不为事计也。……岂有稗官之家,无事可纪,不过欲成绝世奇文以自娱乐,而必张定是张,李定是李,毫无纵横曲直、经营惨淡之志者哉?②

这段文字中的结尾部分,既承袭了前人的"游戏"说,又强调了作家的"经营惨淡之志"。由于娱乐消遣之类的说法常使人产生"文成于易"的错觉,金圣叹特别强调"文成于难":"依文成于难之说,则必心绝气

---

① 金圣叹在评点中偶尔也承认《水浒传》中有"发愤著书"的成分,比如《水浒传》楔子总评中两次提出"为此书者之胸中,吾不知其有何等冤苦,而必设言一百八人,而又远托之于水涯"[载《金圣叹全集》(修订版)第叁册,第40页]。又,第十一卷第六回夹批曰:"发愤作书之故,其号耐庵不虚也。"[载《金圣叹全集》(修订版)第叁册,第172页]对于这两者的矛盾,白岚玲《才子文心——金圣叹小说理论探源》指出:"他虽然认为小说创作从根本动机上不同于'圣人'书,亦有别于史书,为'以文为乐''以文为戏'的产物,但实现其'乐''戏'的具体途径又多方面,其中并不排除作者在作品中对于表达其创作才华时所借用的一定题材内容进行一定的评论、批评,对社会不良现象的愤激之情可由此得以勃郁倾泄。况且,正如本文一再强调的那样,金圣叹所谓的'乐''戏'本质并非主张纯然以游戏文字为务,而是在更为深入地强调为文过程中自我个性才能的充分实现和由此得到的满足愉悦。"(第74—75页)本书认为金圣叹立论时有自相矛盾的现象,"发愤著书"说在金氏的小说创作动机论中属于偶然的、不占主要地位的因素。
② 金圣叹著,陆林辑校整理:《第五才子书施耐庵水浒传》卷三十三第二十八回总评,载《金圣叹全集》(修订版)第叁册,凤凰出版社,2016年,第529—530页。

尽，面犹死人者，才子也。"① 概言之，金圣叹的"出其珠玉锦绣之心"说融合了以往"寄托"说的重主体精神和"游戏"说的重娱乐消遣，同时分别扬弃了"发愤著书"说和"文成于易"的倾向。

在小说"写出自家许多锦心绣口"这一创作动机论的基础上，金圣叹强调了小说虚构性的必然性。既然小说家的创作动机就是驰骋包括虚构故事、设计情节等在内的艺术才能，那么小说的虚构性就与结构、文采等要素一样，成为建构小说的必要因素。正如金圣叹所说，"若文人之事……务撰而成绝世奇文焉"，这固然不仅是指想象虚构，但从"吾见其有事之巨者而櫽括焉"之说来看，想象虚构是其中的重要成分。

从金圣叹的"因文生事"说，我们可以更清楚地看出金氏对小说虚构的重视程度。与前引的一段文字有所不同，金氏在比较《水浒传》与《史记》的差异时，提出了"因文生事"说：

> 某尝道《水浒》胜似《史记》，人都不肯信，殊不知某却不是乱说。其实《史记》是以文运事，《水浒》是因文生事。以文运事，是先有事生成如此如此，却要算计出一篇文字来。虽是史公高才，也毕竟是吃苦事。因文生事即不然，只是顺着笔性去，削高补低都由我。②

对于这一理论，历来的研究者都认为其意义在于揭示了小说与史书的纪

---

① 金圣叹著，陆林辑校整理：《第五才子书施耐庵水浒传·序一》，载《金圣叹全集》（修订版）第叁册，凤凰出版社，2016年，第16页。
② 金圣叹著，陆林辑校整理：《第五才子书施耐庵水浒传》卷三《读第五才子书法》，载《金圣叹全集》（修订版）第叁册，凤凰出版社，2016年，第29—30页。

实与虚构之别,① 有的学者则进一步认识到"因文生事"之"文"并非泛指小说的文学性特征,而是"指小说中体现了作者独具匠心的艺术描写,即各种艺术化的细节描写的总和,是对'事'即主要故事情节所作的具有美学意味的、充满文学想象力的渲染,是作者'珠玉锦绣之心'即艺术想象力、表现力等艺术创造才能的集中体现,是以刻画人物性格、塑造人物形象为直接目的"②。此说全面揭示了"文"的具体内容,但"因文生事"的独特内涵仍有待进一步发掘。

事实上,要了解金氏"因文生事"的最核心的含义,首先应仔细咀嚼"顺着笔性去,削高补低都由我"这段话。从"笔性""由我"等表述可知,"因文生事"意味着作家的"笔性"即文学创造才能和手段是小说虚构的决定性因素。换言之,这里的"笔性",完全可以换成金氏常用的"文心"这一概念,那么"因文生事"的实质也就是因"心"生事。金圣叹本人的论述已暗示了这一点。他以第二十八回武松醉打蒋门神为例,阐述其"因文生事"说云:"如此篇,武松为施恩打蒋门神,其事也;武松饮酒,其文也。打蒋门神,其料也;饮酒,其珠玉锦绣之心也。"③ 显然,所谓"其文",就是作家的"珠玉锦绣之心"。

于此我们终于明白,从创作动机来看,《史记》和《水浒传》的区别在于"心"与"事"的主次有别,即《史记》是事实决定文心,或曰

---

① 有的学者据此认为金氏的虚构论建立在小说文体特征的基础上。其实,金氏主要着眼于《水浒》作者的创作动机不同于《史记》,文体特征是隐含的因素,其原因有二,其一,前一段引文认为《史记》与《水浒》都是文人之事,都有虚构性;其二,"以文运事"和"因文生事"不是虚构与否的区别,而是虚构方式、程度的不同。而且此说也并不意味着《史记》与《水浒》因文体差异而有虚构方式、程度的不同。总之,虚构性与小说文体特征之间并无必然联系。
② 白岚玲:《才子文心——金圣叹小说理论探源》,北京广播学院出版社,2002年,第115页。
③ 金圣叹著,陆林辑校整理:《第五才子书施耐庵水浒传》卷三十三第二十八回,载《金圣叹全集》(修订版)第叁册,凤凰出版社,2016年,第530页。

以实录为主；《水浒传》则是以文心安排事实，或曰以展示文心为主。这便是"因文生事"的核心所在。①"因文生事"实际上是"写出自家许多锦心绣口"的另一种表述，此说进一步说明了作家主体精神和小说虚构的关系，突出了小说虚构的必然性。

实际上，在"因文生事"这一命题中，"文"所蕴含的作家艺术才能和小说艺术手法这两个层面是紧密联系、不可分割的，两者的关系相当于能和所的关系。就作家而论，"文心"是指作家的艺术才能；就作品而言，"文"是指包括虚构在内的艺术手法。以"文"和"心"的关系来说，"心"对"文"具有不容置疑的决定性。为了主张小说虚构的必然性，金圣叹甚至提出了小说一味实录将有碍于艺术效果的观点："如必欲但传其事，又令纤悉不失，是吾之文先已拳曲不通，已不得为绝世奇文，将吾之文既已不传，而事又乌乎传耶？"② 可以说，金圣叹对小说虚构性强调的程度，超过了此前的所有论家。

（二）华严心本原说对小说虚构论的影响

金圣叹不仅以"写出自家许多锦心绣口""因文生事"等说阐述小说虚构的必然性，还援引《华严经》唯心偈来论证小说虚构的必然性。

从前引《华严经》"唯心偈"来看，《华严经》的心本原说至少包括两方面的内容：其一，强调"心"创造万法的主导地位。这里的"法"，

---

① 有学者批评金圣叹"因文生事"说强调了"虚构的任意性"（参见何满子《金圣叹》，载《中国历代著名文学家评传》，山东教育出版社，1985年），这显然忽略了金氏还有"格物之法，以忠恕为门"一说，此说主张艺术思维须遵循生活逻辑，这与"因文生事"说是相辅相成的。不过，"因文生事"说确实反映了金圣叹在强调小说虚构这一点上是超越了前人的。
② 金圣叹著，陆林辑校整理：《第五才子书施耐庵水浒传》卷三十三第二十八回，载《金圣叹全集》（修订版）第叁册，凤凰出版社，2016年，第530页。

不仅指世界中的种种事物和现象,甚至连佛也包括在内。其二,认为心所创造的三界是虚妄不实的。至于心本身的虚实,众所周知,《华严经》中"心"的内涵十分复杂,存在着认知作用、修行枢纽、妄心、清净心等不同层次。① 在这段偈中,这种与佛、众生无差别的、能造如来的"心",似乎很接近于清静自性,但偈文本身并未明言这一点,所以此"心"本身是实有还是虚妄,很难说得清楚。而金圣叹所说的"心"似乎是虚妄的:

> 颇有人读至此处,潸然泪落者,错也。此只是作书者随手架出、随手抹倒之法,当时且实无林冲,又焉得有娘子乎哉? 不宁惟是而已,今夫人之生死,亦都是随业架出、随业抹倒之事也。岂真有人昔日曾作此书,亦岂真有我今日方读此书乎哉!②

这是说,包括小说家创作、金圣叹评点在内的种种现象,都是随业起灭、虚妄不实的,那么作家文心亦莫能外。尽管如此,金氏心本原说主张心造万法,因而文心至少相对于万法来说更具实体意味,这与中观学视主体为虚妄是有所不同的。

金圣叹的小说虚构论与华严心本原说的契合,主要表现在心物关系上。如前所述,金氏"写出自家许多锦心绣口""因文生事"等说,极为推崇小说家的虚构等文学才能,强调作家主体对于小说虚构的决定性作用,这与华严强调"心"是世间与出世间的本原,推崇"心"在生灭万法中的决定性作用是极为相似的;另一方面,《华严经》对万法虚妄

---

① 参见邓克铭《华严思想之心与法界》第二章,文津出版社,1997年。
② 金圣叹著,陆林辑校整理:《第五才子书施耐庵水浒传》卷二十四第十九回,载《金圣叹全集》(修订版)第叁册,凤凰出版社,2016年,第367页。

的体认,也颇接近于金氏对小说虚构乃至人生虚幻性的强调。换言之,作为一种心物关系,小说虚构论中的心(文)与事的关系,与《华严经》"唯心偈"的心与三界的关系,具有类似的逻辑结构。从金圣叹小说虚构理论的独特性可以看出,对于金氏来说,华严心本原说包含的心生万法之思维模式的意义,不仅在于凸显了小说乃虚构而非纪实的观点,而且有助于金圣叹揭示作家的珠玉锦绣之心与小说虚构的关系,使得他能够从小说创作动机的高度把握小说虚构特征的必然性。

三、诗歌"不写景"说与华严心本原说的关系

在诗歌理论领域,由于受到华严心本原说的影响,金圣叹尤为强调诗歌表现心灵世界的情感思绪,并进而提出了否定诗歌单纯描摹景物的"不写景"说。

金圣叹不止一次地以"心"来阐述诗歌的本质。他指出:"诗者,人之心头忽然之一声耳。……动于心、声于口,谓之诗,故子夏曰:'在心为志,发言为诗。'故'志'之为字,从之从心,谓心之所之也。"① 这一说法表明他的诗歌抒写心灵的思想,是源于汉儒诗说的。《毛诗序》② 云:"诗者,志之所之也。在心为志,发言为诗,情动于中

---

① 金圣叹著,陆林辑校整理:《贯华堂选批唐才子诗甲集七言律》卷二《鱼庭闻贯·与许青屿之渐》,载《金圣叹全集》(修订版)第壹册,凤凰出版社,2016年,第100—101页。
② 关于《毛诗序》的作者,参见王运熙、顾易生主编,顾易生、蒋凡著《中国文学批评通史·先秦两汉卷》,上海古籍出版社,1996年,第398—400页。子夏作《毛诗序》的说法显然不可靠,一般认为,《毛诗序》非一时一人之作,其主体约完成于两汉中期以前的学者之手。

而形于言。"《毛诗序》论述了诗歌抒写心志的本质,但并未突出"心"的地位。《礼记·乐记》论述乐的产生曰:"凡音之起,由人心生也。"在综合汉儒的这两种诗歌本质论的基础上,金圣叹提出了诗歌表达心声的观点。他似乎更喜欢用"心"而不是"志"来阐释诗歌本质,我们姑且称其说为"诗言心"。与此相类似,金圣叹还阐述了"诗之为言思也"的观点:

> 诗之为言思也。其出也,必于人之思;其入也,必于人之思。以其出入于人之思,夫是故谓之诗焉。若使不比不兴而徒赋一物,则是画工金碧屏幛,人其何故睹之而忽悲忽喜?夫特地作诗,而人乃不悲不喜,然则不如无作。此皆不比不兴,纯用赋体之过也。①

心也好,思也好,都旨在强调诗歌应抒写主体的情感思想。这段论述还指出了咏物诗创作中存在着以比兴咏物和以赋体咏物两种写法,这两种写法实际上反映了两种心物关系:一是以咏物抒写情志,重心而轻物;一是纯粹摹写景物,重物而轻心。这是文学史和批评史上的一个老问题。汉儒以比兴解说《诗经》,相对忽视《诗经》中纯粹描写景物的"赋"体。迄于晋宋之际,文坛上勃兴描摹自然风景的山水诗,体物形似被视为与抒写情志并列的诗歌追求,以比兴言志与纯粹描摹景物的对立也就因此形成。显然,金圣叹的"诗之为言思也"一说,是作为诗歌纯粹描写景物的对立面而出现的。不过,在这一论述中,金圣叹反对的是"徒赋一物""纯用赋体",即为写景而写景的诗篇,他没有完全否定

---

① 金圣叹著,陆林辑校整理:《贯华堂选批唐才子诗甲集七言律》卷九郑谷《鹧鸪》评,载《金圣叹全集》(修订版)第壹册,凤凰出版社,2016年,第534页。

诗句的为写景而写景。

金圣叹的诗歌"不写景"说，却在进一步肯定诗歌言志的同时，彻底否定了写景之诗句：

> 余尝谓唐人妙诗，从无写景之句。盖自《三百篇》来，虽草木鸟兽毕收，而并无一句写景，故曰"诗言志"。"志"者，心之所之也。①

金圣叹"不写景"说一方面更加强调诗歌抒写心灵，另一方面否定了诗篇乃至诗句的为写景而写景，这一情景理论的独特性是不难看出的。尤其值得注意的是否定纯粹写景这方面。汉儒虽然大力推崇《诗经》的比兴手法，但由"诗言志"一说并不能推导出诗歌之"不写景"，相反，《周礼·春官·大师》载："大师教六诗，曰风，曰赋，曰比，曰兴，曰雅，曰颂"，东汉郑玄注以赋比兴为《诗经》的三种表现手法，其中"赋"意味着"直铺陈"，这实际上多少承认了《诗经》中不含比兴意味的写景句的存在，可见金圣叹对诗歌写景的否定程度甚于汉儒诗说。

金氏的诗歌"不写景"说在诗歌理论史上的意义已如前述。② 如果联系金圣叹所服膺的华严心本原说，我们就能多少了解金氏"不写景"说的思想史依据。如前所述，《华严经》"唯心偈"视"心"为世间和出世间的本源，其说对"心"的推崇可说是无以复加，这与金圣叹以心论诗的观点之间显然具有逻辑上的相似性。更重要的是，《华严经》"唯心偈"在肯定心的本原性的同时，强调外物的虚妄。从表面上看，诗人追

---

① 金圣叹著，陆林辑校整理：《唱经堂杜诗解》卷三《孤雁》评，载《金圣叹全集》（修订版）第贰册，凤凰出版社，2016年，第750页。
② 参见吴正岚《江苏历代文化名人传·金圣叹》第十一章第二节《诗歌不写景说的形成背景》，江苏人民出版社，2019年，第313—322页。

求体物形似并不等于执著于三界,因而华严学否定三界实有与金氏否定诗歌纯粹写景并不是一回事,但就心物关系而论,诗歌为写景而写景确实意味着忽视人的心灵世界,这与执著于三界将导致迷失本原之心颇为类似,换言之,《华严经》"唯心偈"的"心"与"三界"的对立统一关系,与诗歌情景理论中的抒写心灵与描摹景物的对立统一关系之间,无疑存在着类似的逻辑结构。正因如此,华严学的心物关系理论完全能够为金圣叹的诗歌情景理论提供思想资源。在《华严经》"唯心偈"推崇心原而否定三界之理论的启发下,金圣叹萌生了否定诗歌单纯写景的"不写景"说,并强化了他的诗为"心之所之"的诗歌本质论,当是顺理成章的。

四、金氏心物论的思想史意义

华严心本原说对金圣叹诗歌和小说理论之影响的共同之处在于心物关系理论,即强化了有关文学主体性的认识,将传统的带有儒家教化色彩的"诗言志"说,转化为突出创作主体的精神世界和艺术才能的理论;与此同时,金氏的小说理论突出了小说虚构的必然性,而诗歌理论则否定了诗歌的为写景而写景。

众所周知,由于阳明心学和禅宗的交叉影响,心本原说在晚明思想界盛行一时,并直接冲击了当时的文学思潮。为了矫正明代七子派拟古文风的弊端,晚明文学界所受的心学思潮的影响主要表现为推崇"性灵"即创作个性;同时,出于廓清程朱理学导致的假道学的需要,以李赞为代表的士人又大力提倡文学表现"童心""真心",可以说,晚明思想界和文学界的现实要求,决定了心学对文学理论的影响突出体现在"性灵""童心"等方面,而心学中的心物关系理论,倒不是人们最感兴趣的。

华严心本原说影响下的金圣叹的文学思想,则较多地关注了文学思想中的心物关系问题。当然,和同时代人一样,金圣叹也极为重视文学的独创性,厌弃文学创作的拘守格套,① 不过,如前所说,他主要关注的还是文学创作中的心物关系问题,以上所说的诗歌情景关系和小说虚实理论,是他的心物论在文学思想中的主要体现。

金圣叹以心本原说为依据来思考心物关系的思路,在文学思想史上具有重要的开创意义。以诗歌情景关系为例,王夫之等人的情主景宾的观点,显然是沿着金圣叹所开辟的道路继续前进的。从王夫之"语有全不及情而情自无限者,心目为政,不恃外物故也"② 等说来看,王夫之情景理论的成就,并不仅仅在于强化了古已有之的情景相生的观念,更重要的是他运用心本原说中的心物关系理论,重新阐释了诗歌的情景关系。后来王国维提出"一切景语,皆情语"的主张,固然是由西方美学思想所催生的,而其本土资源则是来自于王夫之的情景理论。从这一角度来看,金圣叹的上述心物理论可说是开辟了将心本原说运用于文学思想的一条新道路,其筚路蓝缕之功,确实是不应该忽视的。

---

① 参见吴正岚《江苏历代文化名人传·金圣叹》第六章第二节《〈水浒传〉评点与标新立异的学术个性》,江苏人民出版社,2019年,第124—128页。
② 王夫之著,李中华、李利民校点:《古诗评选》卷五谢朓《之宣城郡出新林浦向板桥》评语,上海古籍出版社,2011年,第230页。

金圣叹以《华严经》"唯心偈"论文艺对徐增的影响

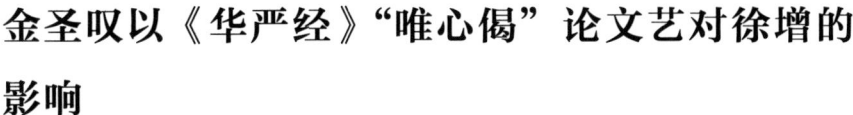

关于明清之际金圣叹与徐增在诗歌分解理论方面的交流,近年来学界已有极为深入的研究。① 从金圣叹与徐增交往的主要内容来看,"为诗"与"学道"是相辅相成的两个方面,这从徐增"学道多生幸,为诗一世忙"② 之句中,可以窥见其端倪。本文拟分析金、徐二人在佛学观念上的契合,考察徐增如何接受和发展金圣叹的以《华严经》"唯心偈"论文艺,并揭示其背景是以钱谦益为中心、崇尚"反经明教"的士僧群体的互动,其中即中大师、刘心城等人尚未引起学界的足够重视。

---

① 参见邬国平《徐增与金圣叹》(《中华文史论丛》2002 年第 2 期)、蒋寅《徐增对金圣叹诗学的继承和修正》(《北京师范大学学报》2006 年第 4 期)、陆林《徐增与金圣叹交游新考》(《文史哲》2016 年第 4 期)。
② 徐增:《九诰堂集》诗十一《访圣叹先生》,载《清代诗文集汇编》第 41 册,上海古籍出版社,2010 年,第 206 页。

一、徐增"心如工画师"说与金圣叹的渊源关系

《华严心本原说与金圣叹的文学思想》一文已分析金圣叹如何借用《华严经》"唯心偈"来强调诗歌的情重于景和小说的虚构性。事实上,如前所述,徐增也不止一次引用《华严经》"唯心偈"论绘画。从两者的具体内涵来看,其渊源关系颇为明显。

徐增以"心如工画师"论绘画,当是受到了金圣叹的影响。其理由如次。

第一,从写作时间来看,徐增援引"心如工画师"的两篇文章中,《画苑汇隽序》写于1661年之后,① 《瑞木图说》撰于1662年。② 又,徐增《送三耳生见唱经子序》评价金圣叹"批第五第六才子书"曰"此二书乃圣叹之外篇,非圣叹之内学也"③,可见此时(1660年)徐增已读过前引金圣叹评《第五才子书施耐庵水浒传》中有关《华严经》"唯心偈"的论述。

第二,徐增提出"心如工画师"一说,当是依据唐译《华严》,不同于金圣叹之立足于晋译《华严》;但徐增此说突出心、佛与众生的平等,可见也暗袭了晋译《华严》,与金圣叹之说一脉相承。徐增《善财

---

① 徐增《画苑汇隽序》云"余年过五十",徐增生于1612年,故此文当作于1661年之后。
② 徐增《瑞木图说》述此文的缘起是"壬寅(1662)秋九月,粤中陈子明使君从云间来见予"。
③ 徐增:《九诰堂集》古文二《送三耳生见唱经子序》,载《清代诗文集汇编》第41册,上海古籍出版社,2010年,第387—388页。

房建华严期募单引》云"《华严经》八十一卷，唐朝金轮皇帝重译"①，足见徐增所读的"佛氏书大经"为唐译《华严》。将两种《华严》相对照，可以发现晋译《华严》中有"如心佛亦尔，如佛众生然。心佛及众生，是三无差别"，而唐译《华严》省略了后两句，因而其中三者无差别的观点并不十分突出。然而，徐增《瑞木图说》明确申论三者无差别："《易》曰：'履道坦坦，幽人贞吉。'又佛法平等，平等则坦然。夫太公之心即孔圣之心，即佛之心；佛心如画师，孔子之心如画师，太公之心亦如画师。"② 由此可以推测，徐增"心如工画师"之说，与金氏之说一样，也多少吸收了晋译《华严》的成分。

第三，更重要的是，徐增《瑞木图说》在援引《华严经》"唯心偈"论述画家之心的同时，有多处文字与金圣叹的学术思想相呼应。

其一，徐增独重"当前一心"之说与金圣叹的心法论相契合。徐增论法与心的关系曰："昔孔子以五伦主教曰：夫妇者，夫以天地盛德为义，妇以圣人大业为义也。佛法每言男女，男指当前一法，女指当前一心也。窥其意，不重男而重女，盖天地之德、三千大千之法，无有不忠，每患人心之不恕，故独重女也。"③ 此说与金圣叹以下独特的观点相呼应：《唱经堂通宗易论》以与"人法"或曰"心法"相反相成的思路诠释《周易》，并反复强调"意重在人，不重在法"。比如，金氏论《乾》《坤》两卦云："《乾》约一心最小，而一心不住于一心，如龙之御天最健，故曰大；《坤》约万法，而法法各住于本位，如马之行地最顺，

---

① 徐增：《九诰堂集》古文四《善财房建华严期募单引》，载《清代诗文集汇编》第41册，上海古籍出版社，2010年，第470页。
② 徐增：《九诰堂集》古文三《瑞木图说》，载《清代诗文集汇编》第41册，上海古籍出版社，2010年，第423页。
③ 徐增：《九诰堂集》古文三《瑞木图说》，载《清代诗文集汇编》第41册，上海古籍出版社，2010年，第424页。

故曰至也。"① 金氏以乾为心、坤为法,② 然而徐增以男为法、女为心,二者对应关系正好相反,但"心法"并立的结构是相通的。更重要的是,《唱经堂通宗易论》多次申论"意重在人,不重在法"③,显然,徐增"独重女"即独重"当前一心"的说法与之颇为契合。

其二,徐增接受了金圣叹的"忠恕"说。前引徐增之说主张万法无有不忠而患人心之不恕,此说与金圣叹的"忠恕"说相呼应。金圣叹的《水浒传》评点中计有五次提到"忠恕",④ 其中,《第五才子书施耐庵水浒传·序三》中论述了关于人物个性创作论的"忠恕"说:"格物之法,以忠恕为门。何谓忠?天下因缘生法,故忠不必学而至于忠,天下自然,无法不忠。……今世之人,吾知之,是先不知因缘生法;不知因缘生法,则不知忠;不知忠,乌知恕哉?"⑤ 金氏以"无法不忠"为立论前提,认为今世之人不知恕的根源在于不知因缘生法。由此可见,徐增的"忠恕"说正是对金氏之说的概括。

其三,徐增的"境智"论与金圣叹一脉相承。《瑞木图说》还阐述了境智合一的关系:"佛转法轮,《维摩诘经》有境智一双,盖为境智说也。境是法界,智是人心。维摩诘号净名居士,乃比丘入灭尽定所弃之法界,与智有间,故示疾;佛遣文殊菩萨问疾,文殊,大智也。问则境

---

① 金圣叹著,陆林辑校整理:《唱经堂通宗易论·义例》,载《金圣叹全集》(修订版)第陆册,凤凰出版社,2016年,第798页。
② 类似的说法还见于《唱经堂随手通·先后天胜义幢》:"约伏羲《乾》卦,是现前一心;《坤》卦,是微尘法界。"[载《金圣叹全集》(修订版)第陆册,第907页]
③ 金圣叹著,陆林辑校整理:《唱经堂通宗易论·乾坤》,载《金圣叹全集》(修订版)第陆册,凤凰出版社,2016年,第804页。
④ 分别见金圣叹《第五才子书施耐庵水浒传》之《序三》、第四十一回总评、第四十一回夹批、第四十二回总评、第四十二回夹批。参见吴正岚《金圣叹的心性论与晚明思想的困境——以"忠恕"说为核心》,《南京大学学报》2006年第4期。
⑤ 金圣叹著,陆林辑校整理:《第五才子书施耐庵水浒传·序三》,载《金圣叹全集》(修订版)第叁册,凤凰出版社,2016年,第20页。

智合一,维摩诘疾应时得愈,比丘灭尽定即坏,此入大乘之夫机也。"①此说与金圣叹《唱经堂语录纂》中的说法如出一辙:

> 维摩诘者,境之别名;文殊师利,智之别名。境与智齐,从不相离。维摩诘所以示疾者,为诸比丘入灭,法法皆病,故曰:"因众生病,是故我病。"小乘人灰身灭智,不任问疾,惟彼智者,可为酬对也。……然天下岂有离境之智、离智之境哉?②

"文殊菩萨问疾"出自《维摩诘经》卷中《文殊师利问疾品第五》。③ 徐、金二人的"境智"论都包含以下两个层面:其一,境智不离;其二,维摩诘为境而文殊师利为智。值得注意的是,徐增对金氏之说有所发展,提出"境是法界,智是人心",这就与《华严经》"心如工画师"相通,突出了心具法界的观点。

二、徐增对金圣叹其他佛学思想的吸收

徐增从 1644 年起听金圣叹说法,④ 虽然与金圣叹见面次数不多,但

---

① 徐增:《九诰堂集》古文三《瑞木图说》,载《清代诗文集汇编》第 41 册,上海古籍出版社,2010 年,第 424—425 页。
② 金圣叹著,陆林辑校整理:《唱经堂语录纂》卷二,载《金圣叹全集》(修订版)第陆册,凤凰出版社,2016 年,第 859 页。
③ 鸠摩罗什译:《维摩诘所说经》,载《大正新修大藏经》第 14 卷,第 544—546 页。
④ 参见徐增《送三耳生见唱经子序》(《九诰堂集》古文二,载《清代诗文集汇编》第 41 册,第 388 页)。关于徐增与金圣叹的交游,参见陆林《徐增与金圣叹交游新考》,《文史哲》2016 年第 4 期。

是由于二人交游圈的重叠，徐增有机会通过不同渠道了解金圣叹的佛学思想。因此，在无我之学、中道论等层面，徐增都吸收了金圣叹的佛学思想。

（一）无我之学

"无我"是老庄和禅宗的常见话题，但是，由于徐增将金圣叹的佛学概括为"无我之学"，徐增的相关论述也就与金圣叹有着千丝万缕的联系。

徐增《唱经子赞》云"无我之学，喻如虚空"①，他本人亦好谈"无我"，并且其论述"无我"的形式也与金圣叹颇为接近。其一，徐增崇尚无我之境，主张"不着"，与凡夫之心的"有着"恰成对照。《看圣默法师画梅喜赠》指出"凡夫心有着，与梅迥然异"②；《庄严法师十燕诗跋》褒赞"燕之处世，真是无我"③；《集陶诗序》赞誉陶渊明为"得无我之道者也"④；与此相似，《冷庵法师画梅跋》亦极言称赞密公："然支公曾不免为累，孰若吾密公寄意一枝、时时点缀之为不着也。"⑤ 其二，徐增和金圣叹都引用禅宗的话头"百花丛里过，一叶不沾身"来阐述

---

① 徐增：《九诰堂集》古文四《唱经子赞》，载《清代诗文集汇编》第 41 册，上海古籍出版社，2010 年，第 461 页。
② 徐增：《九诰堂集》诗之二《看圣默法师画梅喜赠》，载《清代诗文集汇编》第 41 册，上海古籍出版社，2010 年，第 136 页。
③ 徐增：《九诰堂集》古文四《庄严法师十燕诗跋》，载《清代诗文集汇编》第 41 册，上海古籍出版社，2010 年，第 480 页。
④ 徐增：《九诰堂集》古文一《集陶诗序》，载《清代诗文集汇编》第 41 册，上海古籍出版社，2010 年，第 357 页。
⑤ 徐增：《九诰堂集》古文四《冷庵法师画梅跋》，载《清代诗文集汇编》第 41 册，上海古籍出版社，2010 年，第 480 页。

"无我"。金氏此说见于《唱经堂语录纂》卷二,① 徐增《书薛堆山先生序后》诗题则以此话头的对立面自嘲:"不肖数年来颇留心于大雄氏之学,聊藉黄牡丹作'百花丛里过',却未免沾着一二叶子。"② 其三,徐增和金圣叹都引用庞居士之说论空无。如前所述,金圣叹对唐代居士庞蕴的禅思颇为重视。金圣叹《贯华堂选批唐才子诗》曾两次引用庞居士"但愿空诸所有,慎勿实诸所无"之说来诠释唐诗意境。比如,对于王维《过乘如禅师萧居士嵩丘兰若》后半四句"迸水定侵香案湿,雨花应共石床平,深洞长松何所有,俨然天竺古先生",金圣叹赞誉其以有写无,洵为异样笔墨。

> 庞居士常曰:"但愿空诸所有,慎勿实诸所无。"此一解四句,正特表二大士已尽得"空诸所有",而先生妙笔则反戏写其"实诸所无",以俟人之从空悬解,迥然失笑也。言二大士澄清绝点,彼其兰若之中,则岂更有纤尘得染者乎?有则或有珠玉迸水,有则或有天女散花。除此二者而外,如再彻底检阅,有则或有瞿昙先生,金像俨然,深洞庄严,长松荫覆,如是焉而已耳。看他四句二十八字,只为欲写"何所有"之三字,却乃翻作如此异样笔墨,真为翰林之罕事也。③

在此,金圣叹援引庞居士的空有之说,赞誉王维诗中纤尘不染、澄清绝点的超脱之境。同样,徐增《书薛堆山先生序后》也征引庞居士此说:

---

① 其说曰:"《乾》卦'百花丛里过,一叶不沾身';《坤》卦'一叶不沾身',仍旧'百花丛里过'。"[《唱经堂语录纂》卷二,载《金圣叹全集》(修订版)第陆册,第873页]
② 徐增:《九诰堂集》诗之十《书薛堆山先生序后》,载《清代诗文集汇编》第41册,上海古籍出版社,2010年,第200—201页。
③ 金圣叹著,陆林辑校整理:《贯华堂选批唐才子诗》卷四王维《过乘如禅师萧居士嵩丘兰若》评,载《金圣叹全集》(修订版)第壹册,凤凰出版社,2016年,第173—174页。

"先生辛未唱第日,唯恐首及第。……世乱隐于空门。又四世甲科,视之漠如,若生长于寒素者。其不改臣节,陶柴桑也;空诸所有,庞居士也。"徐增此说褒美薛寀①的忠义气节,认为其堪与"自以曾祖晋世宰辅,耻复屈身后代"的陶潜相提并论;又叹赏其超脱世间荣利的淡泊情怀,颇似空诸所有的庞居士。在《哭润三上人》中,徐增又以"倘念庞居士,虚空可再来"②之句,抒发对润三上人的哀悼之情。

(二)"两轮"与"两行"

金圣叹以《庄子·齐物论》之"两行"说阐述佛教中道论,与此相类似,徐增有"两轮"说。般若中观学派以"八不"即"不生亦不灭,不常亦不断,不一亦不异,不来亦不出"③来阐述无分别观和"中道"思想,主张万法既是性空又是假有,一切概念对事物所作的"分别"都不实在。这一思想后来被禅宗吸收利用。由于佛教中观思想与庄子齐物论有相通之处,金圣叹依据《齐物论》"是以圣人和之以是非而休乎天钧,是之谓两行"④之说来论述中观思想:"却妙于'明明'者,两行之谓也。德从来两行,我与之为两行,于现前一心,去尽思维卜度,所谓破情不破法。"⑤由《庄子》"两行"所包含的齐物论思想,可以推测金

---

① 薛寀生平见朱彝尊《明诗综》卷七十三:"寀字谐孟,武进人。崇祯辛未进士。选武学教授,升国子助教,转南刑部主事,历郎中,出知开封府。晚为僧,号'米堆和尚'。"(文渊阁四库全书本)
② 徐增:《九诰堂集》诗之十六《哭润三上人》,载《清代诗文集汇编》第41册,上海古籍出版社,2010年,第241页。
③ 龙树菩萨造,梵志青目释,鸠摩罗什译:《中论》卷一《观因缘品》,载《大正新修大藏经》第30卷,第1页。
④ 郭庆藩辑,王孝鱼整理:《庄子集释》卷一下《齐物论》,中华书局,1961年,第70页。
⑤ 金圣叹著,陆林辑校整理:《唱经堂语录纂》卷一,载《金圣叹全集》(修订版)第陆册,凤凰出版社,2016年,第842页。

圣叹所谓"两行"侧重于齐同是非。金氏以下说法则明确了无是无非的主张:"二谓方等中教,以一大千分为两半,一半是千红万紫,一半是寂绝忘离。以寂绝忘离之心,等于千红万紫之意,不须破坏意,而意竟是心。"① 在阐述"因缘两行"时,金氏重申了这一观点。②

徐增"两轮"说见于《而庵诗话》,因而为世人所熟知:"释迦说法,妙在两轮,故无死句。作诗有对,须要互旋,方不死于句下也。"③ 值得注意的是,徐氏《松花处士诗引》"两轮"说与金圣叹"两行"说在内涵和表述上完全一致:

> 余因是而悟西方圣人说法之有两轮也。西方圣人之法为中道,非有非无,非虚非实,故文殊寂绝亡离,与普贤千红万紫,乃对待而立,交相为旋者也。余本山泽癯也,赋玉堂富贵之花,正苦无旋处,今乃得青云之彦赋孤岭岁寒之花,余黄牡丹诗有旋处矣。吾两人遂为花藏之双轮乎!④

这段文字深入阐述了"两轮"说的理论依据是佛教"中道"思想,其核心为"非有非无,非虚非实"。此说以"文殊寂绝亡离"与"普贤千红万紫"的非同非异,呼应了金圣叹的"以寂绝忘离之心,等于千红万紫之意",从而显示了徐增"两轮"说与金圣叹"两行"说的一致性。

不可否认的是,与金圣叹"两行"说相比,徐增"两轮"说具有更

---

① 金圣叹著,陆林辑校整理:《唱经堂语录纂》卷二,载《金圣叹全集》(修订版)第陆册,凤凰出版社,2016年,第854页。
② 参见本书《佛教"因缘"说对金圣叹文学观念的多重影响》一文。
③ 徐增:《而庵诗话》第42条,载王夫之等撰《清诗话》,中华书局,1963年,第432页。
④ 徐增:《九诰堂集》诗之十六《松花处士诗引》,载《清代诗文集汇编》第41册,上海古籍出版社,2010年,第246页。

为丰富生动的理论内涵,这表明佛教"中道"论为诗歌意象的对立统一和内在张力提供了思想资源。"对待而立,交相为旋"的说法,揭示了诗歌对句的意义在于由对比、冲突而带来的张力。徐增以山泽寒士的身份描绘象征玉堂富贵的黄牡丹花,其间的张力已不言而喻,但徐增仍以为不足,待到王世桢以青云之彦①的身份赋岁寒孤岭之花,诗歌意象之间的张力才达到了顶峰。

此外,以"现身说法""三昧"等佛教观念说诗,也是徐增与金圣叹的共同之处。

三、以钱谦益为中心、崇尚"反经明教"的士僧群体

如上所述,徐增以《华严经》"心如工画师"论绘画,是受到了金圣叹相关观念的直接影响。实际上,当时崇尚《华严经》、以华严观念论文艺者,还有钱谦益等人。其推崇《华严经》的思想动力,在于提倡包括华严、天台在内的"反经明教",这一圈子中的即中大师、刘心城等人尚未引起学术界的足够重视。

---

① 所谓"青云之彦",当是指王世桢的隐居状态。由清陈恭尹《王础尘行状》(《独漉堂诗文集》文集卷十二,清道光五年陈量平刻本)可知,王世桢(1626—1693),无锡人,初字础臣,中年以后改字础尘。1645 年南都失陷后,王世桢先后寄迹僧寺三年,娶顾氏而家居三年,馆洞庭东山之宋湾八年,由此可以推测,王世桢在咏《松花》七言律一百首的己亥(1659)年仍是隐居之士。又,魏禧《阴符昌言序》云"梁溪王础臣抱服雄略,隐于吴门之塾"(《魏叔子文集外篇》卷八,载《魏叔子文集》,第 424 页),可见王世桢于居吴期间确为隐士。

（一）钱谦益以《华严》论文

众所周知，钱谦益曾以《华严》境界论东坡之文，其说云："文而有得于《华严》，则事理法界，开遮涌现，无门庭，无墙壁，无差择，无拟议。世谛文字，固已荡无纤尘，又何自而窥其浅深，议其工拙乎？"① 这实际上是依据华严宗的法界圆融说立论的。钱氏《华严忏法序》曾经列举华严典籍曰："《华严》之为经王也，夫人而知之矣。肇于晋，广于唐，于是有实叉难陀之译，有清凉国师之《疏钞》，有李长者之《合论》，有杜顺和尚之《法界观》。"② 可见他对晋译《华严》、唐译《华严》、杜顺之华严学、李通玄《新华严经论》都有所了解。其中，杜顺《华严五教止观》已有"事理圆融门"，由此可以推测钱谦益"事理法界，开遮涌现"一说的渊源所自。

如前所述，钱谦益《徐子能黄牡丹诗序》也曾以类似于"心如工画师"的佛教观念来阐述文学。③ 从观念形成的先后而论，由于金圣叹引用《华严经》"唯心偈"论文艺在先，钱氏此说应当也受到了金圣叹的启发。钱谦益此文当撰于徐增《黄牡丹诗》写成的丙申（1656）三月之后，此时金圣叹评点《第五才子书施耐庵水浒传》已完成十五年，④ 其中有关文如工画师、令万法生灭的说法，钱谦益当有所了解。

---

① 钱谦益著，钱曾笺注，钱仲联标校：《牧斋初学集》卷八十三《读苏长公文》，载《钱牧斋全集》第叁册，上海古籍出版社，2003年，第1756页。
② 钱谦益著，钱曾笺注，钱仲联标校：《牧斋初学集》卷二十八《华严忏法序》，载《钱牧斋全集》第贰册，上海古籍出版社，2003年，第863页。
③ 参见本书《概论》一文。
④ 金圣叹《第五才子书施耐庵水浒传·序三》署"皇帝崇祯十四年（1641）二月十五日"［载《金圣叹全集》（修订版）第叁册，第22页］。

（二）明清之际抄写《华严经》的风气和苏州华严宗的复兴

徐增以《华严经》"心如工画师"论文，还与明清之际士大夫抄写《华严》的风气有关。徐增《九诰堂集》不止一次地提及这一风气："迩来士大夫好书《华严经》，有如钱宗伯牧斋师、娄东黄刺史子羽舅氏、王周臣中翰、徐武子太学诸公，皆手书成帙，装池灿然。"① 在钱谦益笔下，关于这一风气的记载就更为丰富，比如钱谦益的朋友李流芳"未久而病作，犹焚香洮颊，手书《华严》不辍"，王志坚亦"手写《华严》至再"。② 又如，王铎《题孙谋书华严经》亦记丁丑（1637）时孙谋手书全卷《华严经》。③

与此相适应，崇祯十一年至十四年（1638—1641），苏州一地华严宗多有刻书、讲经之举，以至世人有华严复兴的感叹。其一，崇祯戊寅（1638）年，释汰如、道开校刻《华严教义章》，苍雪读彻为撰《华严教义章说》④。其二，崇祯十三年（1640）和十四年（1641），汰如和苍雪

---

① 徐增：《九诰堂集》古文四《梵授庵沙门一乘师书华严经跋》，载《清代诗文集汇编》第41册，上海古籍出版社，2010年，第478页。又，《善财房建华严期募单引》中也有类似说法："（《华严经》）近世学士大夫好为书写持诵。"（《九诰堂集》古文四，载《清代诗文集汇编》第41册，第470页）
② 钱谦益著，钱曾笺注，钱仲联标校：《牧斋初学集》卷五十四《李长蘅墓志铭》《王淑士墓志铭》，载《钱牧斋全集》第贰册，上海古籍出版社，2003年，第1349、1352页。
③ 王铎：《拟山园选集》卷三十八，载《清代诗文集汇编》第7册，上海古籍出版社，2010年，第113页。
④ 苍雪读彻：《苍雪大师南来堂诗集》附遗文，载《清代诗文集汇编》第5册，上海古籍出版社，2010年，第79页。

先后讲《华严疏钞》第一期和第二期。① 其三，校刻《华严忏法》。由苍雪之诗题可知，崇祯十四年辛巳（1641），丽江太守木增以唐一行禅师所集《华严忏法》付苍雪，委托其校雠刊刻。有识之士将这一系列的举措视为华严复兴的标志，苍雪在诗题中欣喜地记下了此说："识者咸谓于两年间初得《教义章》，再得《贤首传》，三得《华严忏》，次第出世，得非吾贤首宗之几断而复续、晦而复显之明验欤？"②

（三）崇尚"反经明教"的士僧群体

明清之际士僧诵读、手书《华严经》这一现象背后的社会思潮颇为复杂，本文主要考察抄写《华严经》与提倡"反经明教"之间的联系。在钱谦益周围存在着一个提倡以教疗禅、"反经明教"的士僧群体，金圣叹、徐增两人与这一群体有着千丝万缕的联系。

徐增以《华严经》"唯心偈"论文，不仅仅是吸收金圣叹佛学的结果，还与当时的"反经明教"思潮密不可分。徐增在论述庶明和惟素禅

---

① 参见《贤首宗乘》卷六《汰如明河法师传》（载《明清华严传承史料两种——〈贤首宗乘〉与〈贤首传灯录〉》，第247—248页），苍雪读彻《讲华严大钞十回向解制》（《苍雪大师南来堂诗集》卷二，第42页）、《辛巳春道开以汰兄遗命请予续讲华严第二期解制予时落一齿》（《苍雪大师南来堂诗集》卷三下，第62页）。按：由钱谦益《牧斋有学集》卷三十六《中峰苍雪法师塔铭》可知，继汰如之后，苍雪读彻讲《华严疏钞》至第六期，甲午（1654）因病笃而辍座。（载《钱牧斋全集》第陆册，第1264—1265页）又，由钱谦益《牧斋有学集》卷二十七《华山讲寺新建讲堂记》、卷五十《题华严法会笺启》可知，丙申（1656）之冬，汰如之徒含光法师重宣《华严疏钞》，完成了汰、苍的心愿。（载《钱牧斋全集》第伍册，第1015—1016页；《牧斋有学集》卷五十，载《钱牧斋全集》第陆册，第1618页）

② 苍雪读彻：《苍雪大师南来堂诗集》补编卷三上《辛巳春华山讲期中滇南丽江木太守生白公遣使以唐一行禅师所集华严忏法见委校雠刊行江南识者咸谓于两年间初得教义章再得贤首传三得华严忏次第出世得非吾贤首宗之几断而复续晦而复显之明验欤恭赋一诗纪之》，载《清代诗文集汇编》第5册，上海古籍出版社，2010年，第109页。

师诵读《华严经》的意义时，提到了"宗教不分""宗教复合"等说法，其说云：

> 如来转法，宗教不分。至达摩大师从西天来时，象法方兴，乃立宗旨，迄今临济一枝最盛。庶、惟两公之法祖为尉堂和尚，和尚得法于顶目和尚，是为临济正宗。尉和尚化行四方，庶、惟两公乃礼诵《华严》，从水求源，从木得本，以左右法祖和尚，宗教复合，则宜诵三。①

在此，徐增呼应了钱谦益有关"反经明教"的观念。钱谦益曾疾言厉色地批评"今世狂禅盛行，宗教交丧"②，徐增则从正面肯定"宗教复合"；同样，徐增"从水求源，从木得本"的说法，其实是钱谦益"反经明教"③ 之说的另一表达方式。

关于钱谦益"反经明教"的观念，学界已有深入研究。④ 值得注意的是，在"反经明教"的宗旨下，为了救治狂禅之弊端，钱谦益对天台和华严两教都寄予厚望。比如，在面对天台中人时，钱氏以推尊天台为救治狂禅的首要任务："长夜将旦，台教聿兴。……攻台教以治狂禅，

---

① 徐增：《九诰堂集》古文四《善财房建华严募单引》，载《清代诗文集汇编》第41册，上海古籍出版社，2010年，第470页。
② 钱谦益著，钱曾笺注，钱仲联标校：《牧斋初学集》卷八十一《书西溪济舟长老册子》，载《钱牧斋全集》第叁册，上海古籍出版社，2003年，第1732页。
③ 钱谦益《牧斋初学集》卷八十一《北禅寺兴造募缘疏》云："居今之世，而欲树末法之津梁，救众生之狂易。非反经明教，遵古德之遗规，其道无繇也。"（载《钱牧斋全集》第叁册，第1729页）
④ 参见孙之梅、王琳《钱谦益的佛学思想》，《佛教研究》1996年第4期。

庶几废疾可兴,膏肓可砭。立方疗病,其莫先于此乎?"① 而在写给华严宗惟新法师的《与惟新和尚书》中,钱谦益又主张振兴华严乃当务之急:"窃惟今日妖邪炽盛,狂瞽交驰,皆以正法不明之故。而三宗之中,急宜提唱者,尤莫先于贤首。"② 与此相对应,在推崇《华严经》的同时,钱谦益以华严宗旨著《楞严经疏解蒙钞》;由其《复即中乾老》可知,他也曾点勘天台教的《涅槃经疏》。③

在"反经明教"的视野下,金圣叹、徐增和钱谦益的学术联系可以得到更好的理解。众所周知,金圣叹早年降乩钱谦益家,④ 笔者曾撰《金圣叹与钱谦益的思想渊源》,⑤ 揭示了金圣叹和钱谦益在崇尚天台、反经明教方面的联系。实际上,由徐增《九诰堂集》可知,徐增以《华严经》"心如工画师"论绘画,主张"宗教复合",足证徐增也是这一思潮的支持者。不唯如此,徐增《九诰堂集》还提供了天台教刘心城的更多信息,使得这一群体的全貌更为清晰。

---

① 钱谦益著,钱曾笺注,钱仲联标校:《牧斋初学集》卷八十一《天台山天封寺修造募缘疏》,载《钱牧斋全集》第叁册,上海古籍出版社,2003 年,第 1724—1725 页。又,Brill's Encyclopedia of Buddhism (Leidon-Boston: Brill, 2016) 之 "Qian Qianyi"条(严志雄撰)高屋建瓴地论述了钱谦益佛学的研究现状、钱谦益的佛学著述、钱谦益与四大高僧的交游以及钱谦益的佛教信仰和实践。
② 钱谦益著,钱曾笺注,钱仲联标校:《牧斋有学集》卷四十《与惟新和尚书》,载《钱牧斋全集》第陆册,上海古籍出版社,2003 年,第 1370 页。
③ 钱谦益著,钱曾笺注,钱仲联标校:《牧斋有学集》卷四十《复即中乾老》,载《钱牧斋全集》第陆册,上海古籍出版社,2003 年,第 1375 页。
④ 参见孟森《金圣叹考》,载《心史丛刊》(外一种),秦人路校点,岳麓书社,1986 年,第 150—155 页;陆林《金圣叹早期扶乩降神活动考论》,载李国章、赵昌平主编《中华文史论丛》第 77 辑,上海古籍出版社,2004 年。
⑤ 吴正岚:《金圣叹与钱谦益的思想渊源》,《福州大学学报》2007 年第 2 期。

四、结语

金圣叹援引晋译《华严经》"唯心偈",依据心能生灭万法、三界虚妄的观念,阐述诗歌"不写景"理论和小说"出其珠玉锦绣之心"之说。徐增《画苑汇隽序》和《瑞木图说》也引用《华严经》"唯心偈"论绘画,强调心应万法的神妙,突出心、佛与众生的平等,显然也是受到了晋译《华严》的影响;加之《瑞木图说》还呼应和发展了金圣叹的心法关系论、"忠恕"说和境智不离论,因而徐增的"心如工画师"之说与金圣叹一脉相承。

徐增对金圣叹的其他佛学思想也有所继承:一是,他赞赏金氏的"无我之学",其论述"无我"的具体表述如"百花丛里过,一叶不沾身"、庞居士空诸所有等等,都是金圣叹好用的说法。二是,徐增"两轮"说源自金圣叹"两行"说,两者都通过"寂绝亡离"与"千红万紫"的相反相成关系,来说明般若中道观。

金圣叹和徐增都援引《华严》"唯心偈"论文艺,这一现象还应从明清之际"反经明教"的思潮中加以考察。包括金圣叹和徐增在内、以钱谦益为中心的士僧群体,主张以教疗禅,对天台和华严都十分重视。值得注意的是,其中天台教的即中大师和刘心城师徒分别与金圣叹和徐增有交往。根据徐增《怀感诗·刘心城锡玄》这一线索,可以对两位天台中人的生平和著述有更多的了解。

金圣叹的文学命题与儒释道思想的离合关系

晚年的金圣叹在戏曲、诗文评点中,越来越多地将儒释道思想渗透于文学评点,不仅借用三教思想诠释文学理论,而且将儒释道境界与文学作品的意境相比附。关于这一问题,以往的研究已多有论及,[①] 本文则侧重于分析金氏所借用的儒释道思想的本义与文学理论、文学意境之间的离合关系。

一、儒释道思想与文学理论

金氏曾借用佛教的"极微""现身说法"和《老子》"当其无有器之用"的概念,来阐述其重视戏曲细节,主张作家设身处地把握人物特

---

① 参见吴正岚《江苏历代文化名人传·金圣叹》第五章第三节《兼奉台禅与重视〈维摩诘经〉〈涅槃经〉》,江苏人民出版社,2019 年,第 111—112 页。

征,以及作家写出平凡事物的美感等思想。

(一) 佛教"极微"说与重视戏曲细节

关于"极微"说对金氏戏曲理论的影响,时贤已有所论及。① 但"极微"说的思想渊源、"极微"说与文学理论之间的异同等问题,仍值得我们进一步思考。金圣叹认为佛教"极微"说的启示在于:一切事物都起于极微,像清秋轻云、野鸭腹毛、草木之花、灯火之焰之类看似细微简单的事物中间,都各自有无限层折变化。作家若能把握到这些极微的层折变化,便能将平凡简单的事物描绘得精彩生动,用金圣叹的话来说,就是"彼天下更有何逼迮题能缚我腕,使不动也哉?"② 他以《酬韵》一折为例,说明把握极微、刻画细节的重要性:

> 上文《借厢》一章,凡张生所欲说者,皆已说尽。下文《闹斋》一章,凡张生所未说者,至此后方才得说。今忽将于如是中间写隔墙酬韵,亦必欲洋洋自为一章。斯其笔拳墨渴,真乃虽有巧媳不可以无米煮粥者也。忽然想到张、莺联诗,是夜则为何二人悉在月中露下,因凭空造出每夜烧香一段事,而于看烧香上,生情布景,别出异样花样。粗心人不解此苦,读之只谓又是一通好曲。殊不知一字一句一节,都从一黍米中剥出来也。③

---

① 参见谭帆《金圣叹与中国戏曲批评》,华东师范大学出版社,1992年,第101—102页;陈洪《金圣叹传论》,天津人民出版社,1996年,第138页。
② 金圣叹,陆林辑校整理:《贯华堂第六才子书西厢记》卷四《酬韵》总评,载《金圣叹全集》(修订版)第贰册,凤凰出版社,2016年,第919页。
③ 金圣叹,陆林辑校整理:《贯华堂第六才子书西厢记》卷四《酬韵》总评,载《金圣叹全集》(修订版)第贰册,凤凰出版社,2016年,第919页。

这是说，在《酬韵》一章中，看烧香是一段重要的细节描写，是隔墙酬韵这一主要情节中的"极微"。① 隔墙酬韵单独作为一章，情节未免单薄，令人有巧妇难为无米之炊的苦恼，因此作家想到了二人同在月中露下的起因是双文每夜烧香，于是他便从"看烧香"这个细节上"生情布景"，写出张生等待佳人时的心急难忍、双文走出角门时的袅袅婷婷、烧香祝告时的倚栏长叹以及明月之下香烟人气氤氲的微妙情境，以上"层折"都为二人的月下联诗做了充分的铺垫，使得月下联诗成为当时的情感和氛围自然触发的结果。金氏认为，在这段细节描写中，写莺莺的"风过处衣香细生"一句则是细节中的细节："吾适言天云之鳞鳞，其间则有委委属属，正谓此等笔法也。"②

金氏的"极微"说包含了他对戏曲细节的以下认识：其一，细节往往是与主要情节有着因果联系但并非主要情节的琐事，如烧香这一生活琐事就是月下联诗的前奏。其二，细节是表现人物性格情感和推动情节发展的重要手段，比如《西厢记》作者通过烧香这个细节写出了男女主人公内心情感的脉动。其三，细节描写要求作家仔细观察和分析生活，烧香细节便是作家在思考男女主人公月下联诗的起因、触媒时的所得。

"极微"说是佛教关于世界构成的一种观点，视"极微"为事物组成的最小单位。金圣叹所熟悉的佛教典籍《大智度论》《仁王经》《大般涅槃经》《华严经》中都有"极微"的概念，其中《大般涅槃经》卷二有"有诸众生，身体极大。长万六千逾阇那，或复身长八千逾阇那，或复身长四千逾阇那，或复身长千逾阇那，或复身长 寸半寸，乃至极

---

① 以往的研究将《酬韵》全章理解为戏曲细节，似不够准确。
② 金圣叹著，陆林辑校整理：《贯华堂第六才子书西厢记》卷四《酬韵》夹批，载《金圣叹全集》（修订版）第贰册，凤凰出版社，2016 年，第 922 页。

微"①之说，比较接近于金圣叹所谓"夫婆娑世界，大至无量由延，而其故乃起于极微。以至婆娑世界中间之一切所有，其故无不一一起于极微"②的主张，因此金氏"极微"说很可能是受到了《大般涅槃经》的启发。此外，如前所说，金圣叹"因缘生法"说吸收了佛教胜论有关父母极微和合生子的观念，因而佛教《瑜伽论记》等文献对金氏"极微"说的影响也不可忽视。③

佛教"极微"说与金氏戏曲细节论的关联在于：任何事物，哪怕再简单平凡，也是由更细小的成分或经历了细微的变化形成的。概言之，"极微"说主要证明了把握戏曲细节的必要性和可能性，而金圣叹细节论中有关细节之审美作用的认识，则基本上与佛教"极微"说无关。因此，金氏只是借用"极微"这一概念中的起于细微的内涵，不暇论及其他，对此他交代得很清楚："此其事甚大，非今所得论。今者止借菩萨极微之一言，以观行文之人之心。"④

（二）佛教现身说法与作家设身处地

金圣叹曾赞美《西厢记》准确把握女性生活细节云：

前篇《粉蝶儿》，是红娘从外行入闺中来，故先写帘外之风，次写窗内之香。此是双文从内行出闺外来，故先写深闭之窗，次写不卷之

---

① 昙无谶译：《大般涅槃经》，载《大正新修大藏经》第12卷，第196页。
② 金圣叹著，陆林辑校整理：《贯华堂第六才子书西厢记》卷四《酬韵》总评，载《金圣叹全集》（修订版）第贰册，凤凰出版社，2016年，第917页。
③ 参见本书《佛教"因缘"说对金圣叹文学观念的多重影响》一文。
④ 金圣叹著，陆林辑校整理：《贯华堂第六才子书西厢记》卷四《酬韵》总评，载《金圣叹全集》（修订版）第贰册，凤凰出版社，2016年，第917页。

帘。夫帘之与窗，只争一层内外，而必不得错写者，此非作者笔墨之精致而已，正即《观世音菩萨经》所云，应以闺中女儿"身得度者"，即现闺中女儿"身而为说法"。盖作者当提笔临纸之时，真遂现身于双文闺中也。①

这一说法揭示了《观世音菩萨经》中的现身说法对金氏的作家设身处地描写人物之说的影响。②

金圣叹极为重视作家设身处地把握人物特征的创作方法。在《水浒传》评点中，金氏已经提出了设身处地的主张。第十八回《林冲水寨大并火》一节中，金圣叹称赞作家传神地描写了林冲的语言行动："此处若便立起，却起得没声势；若便踢倒桌子立起，又踢得没节次。故特地写个'坐在交椅上'骂，直等骂到分际性发，然后一脚踢开桌子，抢起身来，刀亦就势掣出。有节次，有声势，作者实有设身处地之劳也。"③作家只有想象自己置身于林冲的情境中，才能分析出林冲当时应有的"节次"与"声势"。类似的评点在《水浒传》中不止一处。如同一回揭示"原来都是一丛小船，两只价帮住"的妙处云："村中苦无大船，若用小船，又不发火势。设身处地，算出此五字来。此书处处设身处地而后成文，真怪事也。"④ 此外，前引金圣叹的"亲动心"说，实际上是"设身处地"的另一种表述："惟耐庵于三寸之笔、一幅之纸之间，实亲

---

① 金圣叹著，陆林辑校整理：《贯华堂第六才子书西厢记》卷六《赖简》夹批，载《金圣叹全集》（修订版）第贰册，凤凰出版社，2016年，第1019页。
② 与此相举似，《哭宴》折夹批有"前文闲闲写得'张生这壁坐，孩儿这壁坐'，不意中间又有如是一节至文妙文，真乃应以离别身得度，即现离别身而为说法矣"〔《贯华堂第六才子书西厢记》卷七，载《金圣叹全集》（修订版）第贰册，第1075页〕。
③ 金圣叹著，陆林辑校整理：《第五才子书施耐庵水浒传》卷二十三第十八回夹批，载《金圣叹全集》（修订版）第叁册，凤凰出版社，2016年，第360页。
④ 金圣叹著，陆林辑校整理：《第五才子书施耐庵水浒传》卷二十三第十八回夹批，载《金圣叹全集》（修订版）第叁册，凤凰出版社，2016年，第351页。

动心而为淫妇,亲动心而为偷儿。"① 至批点《西厢记》时,金氏又申说"设身处地"云:"双文此酬,真乃意外。若使略迟一刻,张生实将不顾唐突矣。今反因骤然接得,正来不及,于是只图再共酬和,便已心满志足,更不算到别事。此真设身处地,将一时神理都写出来。"② 这是说,张生本来对莺莺怀有无数绮思,在意外地得到莺莺的酬和之后,骤然之间,不暇多思,反将别事抛在一边,只图"酬和到天明"了。金圣叹认为作家对张生心理的瞬间变化把握得极其准确,可谓"将一时神理都写出来",而其奥妙,则在于作家的"设身处地",即将自己的感情完全投入人物的情境中去。

现身说法是佛教的普遍观念,金圣叹"应以某某身得度者,即现某某身而为说法"的句式,出自《观世音经》③。此经实为《法华经·普门品》,在什译《法华经》问世以前,已有单行本以《观世音经》或《光世音经》的名称流行于僧俗间,④ 其中的"现身说法"本是指观世音菩萨为了超度众生,以种种形相游于诸国土,其说云:"若有国土众生,应以佛身得度者,观世音菩萨即现佛身而为说法;应以辟支佛身得度者,即现辟支佛身而为说法;应以声闻身得度者,即现声闻身而为说法。"⑤ 金圣叹对"现身说法"的思维方式非常着迷,他在评点《水浒传》《西厢记》《贯华堂选批唐才子诗》时曾多次引用此说,除了前文所

---

① 参见石钟扬《处处设身处地而后成文》(载张国光主编《水浒争鸣》第五辑,武汉大学出版社,1987年,第301页)、本书《佛教"因缘"说对金圣叹文学观念的多重影响》一文。
② 金圣叹著,陆林辑校整理:《贯华堂第六才子书西厢记》卷四《酬韵》夹批,载《金圣叹全集》(修订版)第贰册,凤凰出版社,2016年,第924页。
③ 即金氏所谓《观世音菩萨经》。
④ 参见周一良《魏晋南北朝史札记》"观世音经"条,中华书局,1985年,第114—115页。
⑤ 鸠摩罗什译:《妙法莲华经·观世音菩萨普门品》,载《大正新修大藏经》第9卷,第57页。

引诸例外,还有"可谓应以哥哥得度者,即现兄弟而为说法矣"①,"先生应以无常身得度,即现无常身而说法矣"② 等。

金圣叹将《观世音经》的现身说法与其设身处地的创作论结合起来,这和上述的"极微"说一样,是一种概念、表述上的借用。此说借用观世音菩萨现身说法的慈悲和神力,阐述作家设身处地的苦心和才能。两者的共同之处在于都化身为所要把握的对象,只不过观世音采用的是现身法,作家则是通过想象和分析来实现的。值得注意的是,所谓设身处地,实际上是指作家在刻画人物性格或描写事件时,想象自己置身于人物的境遇和事件的发展过程中,调动自己的生活经验和其他知识,对人物的心理、言行或事件的情形、状态加以分析、想象,从而准确把握人物性格和事件特征的过程。显然,设身处地说中包含着文学创作中的感性想象和理性分析、主观体验和客观观察相交织的意味,这是佛教现身说法观念所不能涵括的。

(三)《老子》"当其无有器之用"与"当其无有文之用"的观念

金圣叹十分赞赏《西厢记》之《请宴》一折,认为它说明了"老氏当其无有文之用"的文学现象,也就是说,根据《老子》"当其无有器之用"的思想,平淡无奇的事件正好为作家发挥其创造才能提供了机会。作家只有发现和揭示平凡事物中的奇妙,才算是接近了文学创作的

---

① 金圣叹著,陆林辑校整理:《第五才子书施耐庵水浒传》卷二十一第十六回总评,载《金圣叹全集》(修订版)第叁册,凤凰出版社,2016年,第326页。
② 金圣叹著,陆林辑校整理:《贯华堂选批唐才子诗》卷七赵嘏《登安陆西楼》评,载《金圣叹全集》(修订版)第壹册,凤凰出版社,2016年,第451页。

真谛。

金圣叹先以旅游为喻，说明《老子》"当其无有器之用"与发现平凡景物之奇妙的关系。首先，善游者认为天地之间一鸟一鱼和洞天福地一样，都是造化全力生出的，因而都有骇目惊心、奇奇妙妙之处。其次，在无峰无岭、平凡无奇之地，由于旅游者胸中之才与眉下之眼的翱翔排荡，换言之，由于旅游者主观欣赏和想象能力的驰骋，平淡无奇的一篱一犬亦能呈现出洞天福地般的奇奇妙妙。最后，游览者只有识得一篱一犬的不平凡，才能真正领会洞天福地之奇妙。在这段论游之法的文字中，最重要的是第二层次：

> 老氏之言曰："三十辐共一毂，当其无，有车之用。埏埴以为器，当其无，有器之用。凿户牖以为室，当其无，有室之用。"……盖当其无，则是无峰无岭、无壁无溪、无坪坡梁礀当其无有之地也。然而当其无，斯则真吾胸中一副别才之所翱翔，眉下一双别眼之所排荡也。夫吾胸中有其别才，眉下有其别眼，而皆必于当其无处而后翱翔，而后排荡。然则我真胡为必至于洞天福地，正如顷所云，离于前未到于后之中间三二十里，即少止于一里半里，此亦何地不有所谓"当其无"之处耶。一略彴小桥，一槎枒独树，一水一村，一篱一犬，吾翱翔焉，吾排荡焉，此其于洞天福地之奇奇妙妙，诚未能知为在彼而为在此也。……如圣叹意者，天下亦何别才、别眼之与有，但肯翱翔焉，斯即别才矣；果能排荡焉，斯即别眼矣。①

这是说，在洞天福地之外、平淡无奇的一篱一犬中，在所有"当其无"

---

① 金圣叹著，陆林辑校整理：《贯华堂第六才子书西厢记》卷五《请宴》总评，载《金圣叹全集》（修订版）第贰册，凤凰出版社，2016年，第955—956页。

之处，游览者的胸中别才和眉下别眼便得以翱翔排荡，甚至，不必别才别眼，只要主体调动其欣赏才能，就会于平淡中见奇妙。这是旅游中的"当其无有游之用"。

与此相类似，在文学创作中，平淡无奇的事件也能成为作家笔下充满情感的文字。金圣叹激赏《请宴》一折的命意构思道：

> 千不得已，万不得已，算出赖婚必设宴，设宴必登请，而因于两大篇中间，忽然闲闲写出一红娘请宴。亦不于张生口中，亦不于莺莺口中，只闲闲于闲人口中，恰将彼一双两好之无限浮浮热热、脉脉荡荡，不觉两边都尽。……今红娘承夫人命请客走一遭，此岂不至轻至淡、至无聊、至不意，而今观其但能缓缓随笔而行，亦便真有此一大篇。然则如顷所云，一水一村，一桥一树，一篱一犬，无不奇奇妙妙，又秀又皱，又透又瘦，不必定至于洞天福地而始有奇妙，此岂不信乎？普天下及后世锦绣才子，将欲操觚作史，其深念老氏当其无有文之用之言哉？①

正如游览者在平常景物中发现奇奇妙妙一样，在"请宴"这一"至轻至淡、至无聊、至不意"的事件中，作家借莺莺之口写出了退贼之后莺莺与张生一双两好的款款深情和心满意足，这就是所谓"当其无有文之用"。

"当其无有文之用"这一说法，正如"当其无有游之用"一样，实际上强调了自然和文章的奇妙不取决于客观对象，而是主体精神"翱翔排荡"即发现创造的结果，换言之，客观对象的"无奇"正好为主体精

---

① 金圣叹著，陆林辑校整理：《贯华堂第六才子书西厢记》卷五《请宴》总评，载《金圣叹全集》（修订版）第贰册，凤凰出版社，2016年，第957—958页。

神提供了发现和创造奇妙的机会。

《老子》以无为用的思想与"当其无有文之用"的契合之处在于：它们都揭示了有无相生的辩证关系。但是，"当其无有文之用"所包含的客体之无成就主体之用的观念，却是《老子》所不具备的。至于金氏这一说法所反映的强调主体性的倾向，更是偏离了"当其无，有器之用"的本义。

值得一提的是，金圣叹在论述"当其无有游之用"的主张时，还汲取了庄子和佛教的思想。其一，运用《庄子》论证天地之间一鸟一鱼都是造化全力生成的："然吾每每谛视天地之间之随分一鸟一鱼、一花一草、乃至鸟之一毛、鱼之一鳞、花之一瓣、草之一叶，则初未有不费彼造化者之大本领、大聪明、大气力，而后结撰而得成者也。谚言：'师子搏象用全力，搏兔亦用全力。'"① 这段文字既暗用了郭象《庄子·逍遥游》注"物各有性，性各有极"② 的观念，又引用了佛教"狮子搏象用全力"的说法。后者盖出于《佛果圆悟禅师碧岩录》卷四"云居弘觉禅师示众云：譬如狮子捉象亦全其力，捉兔亦全其力"③。

其二，援引《庄子·则阳》证成其万物亦同亦异、一鸟一鱼皆有其奇妙之处的观点。金氏曰："庄生有言：'指马之百体非马，而马系于前者，立其百体而谓之马也。'比于大泽，百材皆度；观乎大山，水石同

---

① 金圣叹著，陆林辑校整理：《贯华堂第六才子书西厢记》卷五《请宴》总评，载《金圣叹全集》（修订版）第贰册，凤凰出版社，2016年，第955页。按：金圣叹好用"狮子搏象用全力"之喻，在其《水浒传》第二十五回总评中亦援引此喻："忆大雄氏有言：'狮子搏象用全力，搏兔亦用全力。'今岂武松杀虎用全力，杀妇人亦用全力耶？"[《第五才子书施耐庵水浒传》卷三十，载《金圣叹全集》（修订版）第叁册，第479页]
② 郭象注，成玄英疏：《南华真经注疏》卷一《逍遥游》，中华书局，1998年，第5页。
③ 重显颂古，克勤评唱：《佛果圆悟禅师碧岩录》，载《大正新修大藏经》第48卷，第177页。

坛。"① 此说出于《庄子·则阳》，其原文曰："合异以为同，散同以为异。今指马之百体而不得马，而马系于前者，立其百体而谓之马也。……比于大泽，百材皆度；观乎大山，木石同坛。"成玄英解释这段文字前半的寓意曰：

> 如采丘里之言以为风俗，斯合异以为同也。一人设教，随方顺物，斯散同以为异也。亦犹指马百体，头尾腰脊无复是马，此散同以为异也；而系于前见有马，此合异以为同也。②

由此可知，《庄子》这段文字的前半可以解读为万物亦同亦异；对于后半的"比于大泽……木石同坛"，郭象注亦理解为"无弃材也""合异以为同也"，可见亦同亦异的逻辑归宿是造化于万物无分别，因而鸟鱼花草、毛鳞瓣叶皆各有其奇妙之处。正因如此，金圣叹指出游览的最高境界是认识到洞天福地由普通的水石构成：

> 夫人诚知百材万木杂然同坛之为大泽大山，而其于游也，斯庶几矣。其层峦绝巘，则积石而成是穹窿也；其飞流悬瀑，则积泉而成是灌输也。果石石而察之，殆初无异于一拳者也；试泉泉而寻之，殆初无异于细流者也。③

---

① 金圣叹著，陆林辑校整理：《贯华堂第六才子书西厢记》卷五《请宴》总评，载《金圣叹全集》（修订版）第贰册，凤凰出版社，2016年，第955页。
② 郭象注，成玄英疏：《南华真经注疏》卷八《庄子杂篇·则阳》，中华书局，1998年，第512—514页。
③ 金圣叹著，陆林辑校整理：《贯华堂第六才子书西厢记》卷五《请宴》总评，载《金圣叹全集》（修订版）第贰册，凤凰出版社，2016年，第955页。

金圣叹则借用此说来阐述洞天福地同样由积石、积泉而成。对于金圣叹所要阐述的"当其无有文之用"这一命题来说,为了引申出主体之翱翔与排荡使得山水呈现出奇妙之境的观点,金氏在理论上做了足够的铺垫,其中的重要环节之一,就是《庄子》万物各有其性、万性各有其极的思想。

值得一提的是,金氏所谓"老氏当其无有文之用"一说,强调主体精神的翱翔与排荡决定山水境界之奇妙,这实质上与前引金氏"文如工画师,亦如大火聚,随手而成造,亦复随手坏"之说异曲同工,都突出了文心缘情托物、想象虚构的创造力。

二、儒释道境界与文学意境

有时,金圣叹在文学评点中引用儒释道思想,只是意在以儒释道境界来印证某种文学意境。此类例子俯拾皆是,今略述几种金圣叹多次论及的境界。

(一)《庄子·齐物论》之物我兼忘与"无我"意境

金圣叹两次运用《庄子·齐物论》"南郭子綦隐几而坐,仰天而嘘,嗒焉似丧其耦"的境界来诠释诗歌中的无我之境:

后解,看他写到看景知山,闻声识水,二三属吏,尽捐町畦。则不知山水之为我，我之为山水；自之为他，他之为自；一之为多，多之为一。所谓休乎天钧，嗒焉尽丧，是先生之杜德机也。然则后解乃写人无其人。①

日高犹慵起，此是闲客常理。今加"睡足"而犹慵起，此便是南郭子綦仰天长嘘、嗒焉自丧境界，固非心未降伏人所得冒滥也。②

这两段文字中，金氏提到的"休乎天钧""嗒焉尽丧"等说法，都出自《庄子·齐物论》。"休乎天钧"全句为"是以圣人和之以是非而休乎天钧"③，不言而喻，此说以齐同是非为宗旨；又，"南郭子綦……嗒焉似丧其耦"一段，郭注为"同天人，均彼我，故外无与为欢，而嗒焉解体，若失其配匹"，而成玄英疏为"身心俱遣，物我兼忘"，④ 这两种解释都揭示了"嗒焉似丧其耦"的境界意味着齐同物我。那么，诗境与《庄子》境界的关系如何呢？金圣叹以为第一首诗的后解描述了山水与我、自与他、一与多浑然为一的境界，是人无其人的境界；第二首诗描绘了睡足慵起、心已降伏的意境。显然，这两首诗中齐同物我、无我无心的境界，恰好与南郭子綦的物我兼忘之境交相辉映。

（二）《香严立锥颂》与臻于极致的文学境界

从金圣叹熟悉的佛教典籍来看，《香严立锥颂》出自《五灯会元》

---

① 金圣叹著，陆林辑校整理：《贯华堂选批唐才子诗》卷二张谓《西亭子言怀》评，载《金圣叹全集》（修订版）第壹册，凤凰出版社，2016年，第211页。
② 金圣叹著，陆林辑校整理：《贯华堂选批唐才子诗》卷五白居易《香炉峰下新卜山居草堂初成偶题东壁》评，载《金圣叹全集》（修订版）第壹册，凤凰出版社，2016年，第352页。
③ 郭象注，成玄英疏：《南华真经注疏》卷一《齐物论》，中华书局，1998年，第38页。
④ 郭象注，成玄英疏：《南华真经注疏》卷一《齐物论》，中华书局，1998年，第23—24页。

卷九《香严智闲禅师传》。香严智闲禅师，青州人，先从百丈，后参沩山，因沩山不为之说破根本，遂泣别沩山，憩止于南阳忠国师遗迹。后因芟除草木，偶抛瓦砾，击作竹声而省悟。仰山令香严自说其正悟，香严成颂云："去年贫未是贫，今年贫始是贫。去年贫，犹有卓锥之地，今年贫，锥也无。"① 这是以无锥之贫比喻彻悟之境。

金圣叹以《香严立锥颂》来比喻两种稍有不同的文学意境：

其一，今不如昔、凄凉到极点的境地。金氏评韩偓《过临淮故里》"交游昔岁已凋零，第宅今来亦变更"一联道："一、二写昔岁还是凋零，今来乃并无凋零，此即暗用《香严立锥颂》成妙诗也。"② 金圣叹认为这首诗的意境正与《香严立锥颂》的"去年贫，犹有卓锥之地，今年贫，锥也无"相仿佛。昔岁交游凋零，今来更是凄凉到连凋零都没有，可说是凄凉到了极点。又如，《贯华堂第六才子书西厢记》之《哭宴》一折以"假若便是土和泥，也有些土气息，泥滋味"来极写莺莺因离别而无精打采、憔悴不堪的情形，金圣叹对此叹赏不置："庵主半夜被婆子遣丫角女儿抱住，凝然说颂云：'枯木倚寒岩，三冬无暖气。'此即'酒共食，一似土和泥'也。婆子明日便烧却庵，趁去此庵主，恶其有'土气息、泥滋味'也。今双文不但似土和泥，乃至无有土气息、泥滋味，此正香岩'去年无立锥之地，今年锥也无'时候也。"③ 这同样是以《香严立锥颂》比拟双文较之"枯木倚寒岩"的庵主更为生气衰萎、憔悴到了极点的情态。

---

① 普济著，苏渊雷点校：《五灯会元》卷九《香严智闲禅师》，中华书局，1984年，第537页。
② 金圣叹著，陆林辑校整理：《贯华堂选批唐才子诗》卷八韩偓《过临淮故里》评，载《金圣叹全集》（修订版）第壹册，凤凰出版社，2016年，第555页。
③ 金圣叹著，陆林辑校整理：《贯华堂第六才子书西厢记》卷七《哭宴》夹批，载《金圣叹全集》（修订版）第贰册，凤凰出版社，2016年，第1075页。按："岩"当作"严"。又此处颂文与前引普济《五灯会元》卷九《香严智闲禅师》所记不同。

其二，在至妙之文面前，欣赏者甚至找不到合适赞语来形容其不可名状的感受。金氏激赏《西厢记》之《闹简》一折中张生与红娘谈莺莺回信时的对白，以至用一连串比喻来形容他的阅读感受，《香严立锥颂》是其中之一："香严大师至脱然撒手时，遥望沩山，连说颂曰：'去年贫，未是贫；今年贫，真是贫。去年贫，无立锥之地；今年贫，锥也无。'我于此文，锥也无。"① 所谓"锥也无"，当是描绘金氏对这段文字欣赏到了非笔墨所能形容的程度。

若论禅境与文境的契合，以上两种文学意境，一是凄凉到极点的人生境况，一是对至文妙笔的激赏。虽然其具体内容并不相同，但两者的共同之处在于都是一种臻于极致的、无以复加的意境。《香严立锥颂》就字面而言是说每况愈下、贫穷到极点，但其实际意义却是形容香严智闲禅师大彻大悟的境界，因此，此颂与上述两种文学意境在描绘臻于极致的境界一点上是相通的。

金氏在文学评点中常援引儒释道境界为佐证，可以说是信手拈来，除了本文所论的数例外，"龙女成佛""象王转身"等典故也常被他用来赞美文学作品中的神来之笔。②

---

① 金圣叹著，陆林辑校整理：《贯华堂第六才子书西厢记》卷六《闹简》总评，载《金圣叹全集》（修订版）第贰册，凤凰出版社，2016年，第1010页。按：这段叙述与普济《五灯会元》所载不同：其一，如前所述，颂文不同；其二，据《五灯会元》，《香严立锥颂》不是香严遥望沩山说出，而是对仰山说出。不知是圣叹误记，还是所依典籍或版本不同，待考。

② 关于"龙女成佛"的典故，参见吴正岚《金圣叹评传》附表二《金圣叹论述、引用〈法华经〉一览》，南京大学出版社，2006年，第493—496页。金圣叹引用"象王转身"的典故如：《贯华堂选批唐才子诗》卷四评崔颢《行经华阴》云"此五、六运笔，真如象王转身，威德殊好"[载《金圣叹全集》（修订版）第壹册，第193页]；《水浒传》第三回夹批评鲁智深"掮着两个膀子上山来"一段道："狮子频申，象王回顾，想复尔尔。"[载《金圣叹全集》（修订版）第叁册，第114页]

金圣叹"大般涅槃经体"与明清之际江南佛学的征实倾向

先行研究已经注意到,明清之际的金圣叹推崇《大般涅槃经》"月爱三昧",① 但是,金氏所谓"月爱三昧"的理论内涵、美学意蕴、文体特征以及学术背景仍是未解之谜。本文试图分析金氏"月爱三昧"中的佛意和诗境,论述金氏《唱经堂圣人千案·独超案第十三》和《怀感诗序》等篇对《大般涅槃经》文体的模仿,从而揭示当时文坛关注《大般涅槃经》"月爱三昧"的背景是江南佛学征实风尚与文学的互动。

---

① 吴正岚《金圣叹评传》第二章第三节《兼奉台禅的佛学思想》论及金圣叹推崇《大般涅槃经》的判教说、"常乐我净"和"月爱三昧"(南京大学出版社,2006 年,第 235—237 页);丁利荣《金圣叹美学思想研究》第二章《哲学思想的阐释:易佛互释》亦提及金圣叹所谓"月爱三昧"出自《大般涅槃经》(武汉大学博士论文,2007 年)。

一、"遮蔽—显现"思路与《大般涅槃经》"月爱三昧"

关于金圣叹崇尚《大般涅槃经》之"月爱三昧",一个尚未引起关注的问题是:就金圣叹思想的内在逻辑来看,他对《大般涅槃经》的接受,其实面临着不得不克服的理论困难。①《大般涅槃经》主张"常乐我净",这与金圣叹津津乐道的、源于南宗禅的破除我执之间,在侧重点上有着立与破的不同。虽然禅宗从《大般涅槃经》中汲取了重要资源,比如,《大般涅槃经》的"常乐我净"之说,② 很可能正是惠能得法偈中"佛法常清净"一语的源头之一,③ 但是,众所周知,南宗的惠能认为一切执著都是妄念,还特别指出北宗的"起心看净,却生净妄"④,这种对清净佛性的执著也属于妄念,因此南宗禅旨在扫除包括佛性在内的一切执著,认为无执就意味着本心的呈露。

在南宗禅无执观念的影响下,金圣叹以一系列相互关联的表述,反复申论无所执著的主张。除了"破尽执我"⑤"但破我执"⑥"执我之凡

---

① 吴正岚《江苏历代文化名人传·金圣叹》第五章第三节《兼奉台禅与重视〈维摩诘经〉〈涅槃经〉》(第111—112页)未能明确指出金氏之无执、无常说与《大般涅槃经》"常乐我净"的内在矛盾。
② 昙无谶译,《大般涅槃经》卷二《寿命品第一之二》,载《大正新修大藏经》第12卷,第377页。
③ 参见慧能著、郭朋校释《坛经校释》,中华书局,1983年,序言。
④ 慧能著,郭朋校释:《坛经校释》,中华书局,1983年,第36页。
⑤ 金圣叹著,陆林辑校整理:《唱经堂通宗易论·五十》,载《金圣叹全集》(修订版)第陆册,凤凰出版社,2016年,第801页。
⑥ 金圣叹著,陆林辑校整理:《唱经堂语录纂》卷二,载《金圣叹全集》(修订版)第陆册,凤凰出版社,2016年,第862页。

夫"① 等说法之外,"知见油"②"狂妄之见"③"讲窟"④"拟议"⑤ 等破除知见执著的主张也随处可见。与无执之说相呼应,无常更是金圣叹频繁谈论的话题,金氏无常说的来源颇为多元,其中,金氏多次化用《庄子》中《达生》篇"生之来不能却,其去不能止"⑥ 和《大宗师》篇"化则无常也"⑦ 的说法,佛教《仁王经》"四无常偈"⑧ 亦常出现在金氏笔下。⑨

金氏如此推崇的无执、无常与《大般涅槃经》的核心观念"常乐我净"显然有所冲突,对此,金氏试图以"遮蔽—显现"思路来加以调和。⑩ 由于去除遮蔽与无所执著有相通之处,"显现"之说有助于理解佛性本有,因而"遮蔽—显现"思维能够统摄南宗禅的无所执著与证悟本心、《大般涅槃经》的一切众生皆有佛性以及《金刚经》的"应无所住而生其

---

① 金圣叹著,陆林辑校整理:《唱经堂通宗易论·五十》,载《金圣叹全集》(修订版)第陆册,凤凰出版社,2016年,第803页。按:金圣叹多次提及"凡夫",多数都意味着主张无执。比如,"脱去凡夫""凡夫因缘"[《唱经堂语录纂》卷一、卷二,载《金圣叹全集》(修订版)第陆册,第825、854页]。
② 金圣叹著,陆林辑校整理:《唱经堂圣人千案·对朕案第一》,载《金圣叹全集》(修订版)第陆册,凤凰出版社,2016年,第924页。
③ 金圣叹著,陆林辑校整理:《唱经堂语录纂》卷二,载《金圣叹全集》(修订版)第陆册,凤凰出版社,2016年,第862—863页。
④ 金圣叹著,陆林辑校整理:《唱经堂圣人千案·阶级案第四》,载《金圣叹全集》(修订版)第陆册,凤凰出版社,2016年,第926页。
⑤ 金圣叹著,陆林辑校整理:《唱经堂通宗易论·五十》,载《金圣叹全集》(修订版)第陆册,凤凰出版社,2016年,第801页。
⑥ 郭庆藩辑,王孝鱼整理:《庄子集释》卷七上《达生》,中华书局,1961年,第630页。
⑦ 郭庆藩辑,王孝鱼整理:《庄子集释》卷三上《大宗师》,中华书局,1961年,第285页。
⑧ "四无常偈"出自《佛说仁王般若波罗蜜经》卷下《护国品第五》,此偈四节,每节八句,依次阐述无常、苦、空、无我之义。(载《大正新修大藏经》第8卷,第830页)
⑨ 参见吴正岚《江苏历代文化名人传·金圣叹》,江苏人民出版社,2019年,第257—258页。
⑩ 金氏调和这一冲突的另一办法是强调无常与常的相即不二。《唱经堂语录纂》卷二云:"涅槃四德,'常乐我净'。世尊平日说'无常',此则曰'常'。所谓无常者,常无;常者,即无常常也。"[载《金圣叹全集》(修订版)第陆册,第872页。按:《金圣叹全集》将此句标点为"所谓无常者,常无;常常者,即无常常也",似不符合金氏将"无常"与"常"加以糅合的用意,疑误]此说看似文字游戏,实质上意在说明无常与常无二无别。

心"。比如,《大般涅槃经》云:"善男子!声闻、缘觉、菩萨亦尔,皆得成就同一佛性。何以故?除烦恼故,如彼金矿除诸滓秽。以是义故,一切众生同一佛性,无有差别。"① 这一说法中蕴含的"遮蔽—显现"思维,意味着佛性本有、去除烦恼遮蔽则佛性显现,正好可与《金刚经》的应无所住—生清净心的逻辑结构相契合,② 也与南宗禅之自性本净—无念为宗③的观念相一致。

《大般涅槃经》"月爱三昧"说正是采取了"遮蔽—显现"的思路,此说以月光为喻,阐述"月爱三昧"象征着除贪恼热则善心开敷的境界(说详下),与金圣叹推崇的"常无常"正是二而一的关系,由此可见,金圣叹于《大般涅槃经》尤重"月爱三昧",原因之一在于他试图以"遮蔽—显现"的思路整合上述多种佛教资源。

二、金氏"月爱三昧"中的佛意与诗境

金圣叹在《唱经堂语录纂》《唱经堂圣人千案·独超案第十三》和《怀感诗序》中都曾阐述"月爱三昧"。其说既包含了"常乐我净"的佛意,亦建构了先隐后显、翻苦为乐的美学境界。具体说来,金圣叹在吸收《大般涅槃经》"月爱三昧"之除贪恼热则善心开敷、常乐我净等观念的同

---

① 昙无谶译:《大般涅槃经》卷十《如来性品第四之七》,载《大正新修大藏经》第12卷,第423页。
② 《金刚般若波罗蜜经》曰:"是故须菩提!诸菩萨摩诃萨应如是生清净心:不应住色生心,不应住声、香、味、触、法生心,应无所住而生其心。"(载《大正新修大藏经》第8卷,第749页)
③ 慧能著,郭朋校释:《坛经校释》,中华书局,1983年,第36、31页。

时，亦崇尚其中先隐后显的变化之美；他尝试着揭示《易传·系辞上》"安土敦乎仁，故能爱"与"月爱三昧"的契合，并借用《大般涅槃经》"月爱三昧"来描述超尘脱俗的文学境界。

其一，金圣叹对"月爱三昧"如此津津乐道，一则由于他关注《大般涅槃经》的"常乐我净"之旨，二则因为"月爱三昧"描述了善心先遮蔽后显现的境界，具有变化之美。其说云：

> 尔时世尊大悲导师，为阿阇世王入月爱三昧。入三昧已，放大光明。其光清凉，往照王身。身疮即愈，郁蒸除灭。……王即问言："何等名为月爱三昧？"耆婆答言："譬如月光能令一切优钵罗花开敷鲜明，月爱三昧亦复如是，能令众生善心开敷，是故名为月爱三昧。……大王，譬如盛热之时一切众生常思月光，月光既照，郁热即除，月爱三昧亦复如是，能令众生除贪恼热。大王，譬如满月众星中王为甘露味，一切众生之所爱乐，月爱三昧亦复如是，诸善中王为甘露味，一切众生之所爱乐，是故复名月爱三昧。"①

这段经文以六重比喻来申论善心的开敷和增长，从而引导出"常乐我净"这一《大般涅槃经》的核心宗旨，自不必论；值得注意的是，正如月光令优钵罗花开敷鲜明，月爱三昧令郁蒸除灭、令善心开敷、令贪恼热除去等境界，都以先遮蔽、后显现的思维方式，呈现出忽隐忽现、惝恍迷离的美学效果。

从金圣叹《唱经堂圣人千案·独超案第十三》来看，金圣叹对"月爱三昧"的先隐后显之美深有会心，他建构了"止因夜静，明月中时，天无

---

① 昙无谶译：《大般涅槃经》卷二十《梵行品第八之六》，载《大正新修大藏经》第12卷，第480—481页。

纤云，以为遮障，种种一切，如阑干等，则皆呈露清凉本体"① 的意境，象征清凉本体先被遮蔽、后显现的本质，这一类似拨云见月的境界，同样包含了《大般涅槃经》"常乐我净"的宗旨，其先隐后显的变化之美更是不可忽视。

金圣叹崇尚"月爱三昧"中包含的隐显美学，与其文学评点中对遮蔽与显现的变化之美的敏感相互呼应。梳理金圣叹所重视的小说评点命题，可以发现其中至少有两个命题关乎遮蔽与显现的变幻：一是若隐若跃。《第五才子书施耐庵水浒传》卷八第三回写鲁智深在五台山做了四五个月的和尚，日子过得清汤寡水，一日出门散心，在半山亭子上想酒喝，"只见远远地一个汉子挑着一副担桶，唱上山来，上面盖着桶盖，那汉子手里拿着一个旋子"，金圣叹批道："惟是桶则盖着，手里却拿个酒镟，若隐若跃之间，宛然无限惊喜不定在鲁达眼头心坎。真是笔歌墨舞。"② 在此，金圣叹从"惊喜不定"这一心理效果着眼，分析了"若隐若跃"所具有的审美意味。二是影灯漏月。金圣叹改动《第五才子书施耐庵水浒传》第二十回阎婆惜"正在楼上自言自语"一段，指出其妙处是"一片都是听出来的。有影灯漏月之妙"③。关于影灯漏月的涵义，先行研究多解释为视角的限制和突出，此说大致正确，只是细节上似有可商榷之处。首先，就"影灯"的内涵来看，在古代典籍中，将"影灯"用作动宾词组"遮住灯"的用例很少，以往的研究未能举出类似用例，笔者则迄今未见；而把"影灯"作为双音节名词的例子却很多，是指"燃火取影的彩灯，如后来的走

---

① 金圣叹著，陆林辑校整理：《唱经堂圣人千案·独超案第十三》，载《金圣叹全集》（修订版）第陆册，凤凰出版社，2016 年，第 935 页。
② 金圣叹著，陆林辑校整理：《第五才子书施耐庵水浒传》卷八第三回夹批，载《金圣叹全集》（修订版）第叁册，凤凰出版社，2016 年，第 113 页。
③ 金圣叹著，陆林辑校整理：《第五才子书施耐庵水浒传》卷二十五第二十回夹批，载《金圣叹全集》（修订版）第叁册，凤凰出版社，2016 年，第 393 页。

马灯"①。比如,唐白居易原本、宋孔传续撰《白孔六帖》卷 4"正月十五"条引唐郑处诲《明皇杂录》曰:"上在东都,遇正月望夜,移仗上阳宫,大陈影灯,设庭燎。"② 其次,就"漏月"而论,《水浒传》第二十回夹批有"前忽然住,此忽然接,有云穿月漏之妙"③ 的说法,可见"月漏"是指月亮半隐半现之状。最后,由于"漏月"是半隐半现之月,按照语法惯例,"影灯"之"影",也当取"隐现"之义。因此,"影灯漏月"似应理解为一个同义联合的词组,其中,"影灯"是燃火取影之灯,"漏月"是被部分遮蔽后映进来的月光。"影灯"和"漏月"这两个意象的共同之处在于它们都是半隐半现、富于暗示性的。概言之,"月爱三昧"构建了先隐后显的变化之美,与此相关联,金氏"若隐若跃"和"影灯漏月"这两个命题亦敏锐地揭示了若隐若现、半隐半现所呈现的美感。

值得一提的是,与《大般涅槃经》的原意有所不同,金圣叹"月爱三昧"之说还融入了《系辞上》"安土敦乎仁,故能爱"的因素,这一理论建构是以释迦牟尼之号"能仁"为中介的。《唱经堂语录纂》卷一云:

> 菩萨因三个知,一时疾发四三昧。……"安土敦乎仁"云云,月爱三昧。……月爱三昧,生成在里边,不消修,不消入,只为凡夫云所掩。善知识于此,放三个"不"字进去,菩萨于月爱三昧已能了。……世尊号"能仁",他于仁里边"能"得紧,听了三个"不"字,于爱无所不能。……一片清凉法界,不必择一仁来安,"安土"竟是安仁。……

---

① 《辞源》,商务印书馆,1988 年,第 577 页。
② 白居易原本,孔传续撰:《白孔六帖》卷 4 "正月十五",景印文渊阁《四库全书》第 891 册,上海古籍出版社,1987 年,第 62 页。
③ 金圣叹著,陆林辑校整理:《第五才子书施耐庵水浒传》卷二十五第二十回夹批,载《金圣叹全集》(修订版)第叁册,凤凰出版社,2016 年,第 382 页。

无我为月,纯他为爱。梵语月爱三昧,此云能仁。①

关于"能仁",《文选》卷五十九王巾《头陀寺碑文》"皇矣能仁,抚期命世"下有注云"天竺言释迦牟尼,此言能仁。……刘虬曰:能仁哀此忍立,俯来拯拔,故曰能仁"②,可见释迦牟尼"能仁"之号蕴含着能爱的意味,正因如此,金圣叹指出"安土敦乎仁,故能爱"就是"能仁",也就是于爱无所不能,也就是"月爱",从而建构了易传《系辞》与"月爱三昧"的内在联系。

其三,金圣叹《怀感诗序》以"月爱三昧"来象征诗歌的超尘脱俗之境:

> 徐子能先生《怀感诗》四百二十绝句成,手钞示余。是时三月上旬,花事正繁,风㬉日长,鸟鸣不歇。乃余读之,如在凉秋暮雨,窗昏虫叫之候;如病中彻夜不得睡,听远邻哭声,呜呜不歇;如五更从客店晓发,长途渺然,不知前期;如对白发老寡妇,询其女儿时、新妇时一切密事;如看腊月卅日傍晚,阛阓南北,行人渐少渐歇:一何凄清切骨、坏人欢乐也!因致问先生:"始作是诗,是何缘起?……"先生笑曰:"是诗胡能祟余?余则有故为诗耳。十年以来,贫、病两剧,饘粥尚难,何况汤药?……因念平生最贪成癖,无逾友生一途。……又况余既以软脚病不出门户,则虽诸子悉在,余已先住异国。……翻苦为乐,从闲觅忙,既代按摩,亦当参术,人各一诗,诗各一境,既是四百余诗,便是四百余境。我分身住四百余境中,不愈于独住贫病一境中耶?

---

① 金圣叹著,陆林辑校整理:《唱经堂语录纂》卷二,载《金圣叹全集》(修订版)第陆册,凤凰出版社,2016年,第829—833页。
② 萧统编,李善注:《文选》,上海古籍出版社,1986年,第2540页。

我日夕与四百余人周旋，不愈于独与一贫病人周旋耶？……此皆一切圣人行处，所谓如幻三昧，月爱三昧，一切佛集三昧，宿王游戏三昧也者。……盖四百余绝句，审尔则皆佛氏之至言要道也。"①

在这段话中，包括"月爱三昧"在内的三昧系列，既意味着佛教的至言要道，又象征着诗歌的造境抒情。金圣叹反复慨叹徐增《怀感诗》诗境的凄苦："一何凄清切骨、坏人欢乐也"，恰与徐增从诗歌创作中获得的快乐和满足成为鲜明对比："翻苦为乐，从闲觅忙……我是以不能自已，而为此诗；又不欲弃去，而留作自娱也。"② 这一从悲苦中觅欢乐的思维方式，③ 正与《大般涅槃经》"常乐我净"的主旨相适应，即所谓"汝等比丘，不应如是修习无常苦无我想、不净想等以为实义，如彼诸人各以瓦石草木沙砾而为宝珠。汝等应当善学方便，在在处处常修我想、常乐净想"④。

值得注意的是，由于糅合了其他佛教思想资源，此处的"月爱三昧"呈现出更鲜明的超尘脱俗的倾向。比如，前引的"我分身住四百余境中，不愈于独住贫病一境中耶"之说，采用了"分身"的意象，这一意象在佛教典籍中较为常见，而《法华经》和《华严经》有关"分身"神变的描述更为引人注目。比如，永明延寿《宗镜录》阐述供养功德在心不在事曰："是以法华会上，十方佛国，通为一土，分身共座，同证

---

① 金圣叹：《怀感诗序》，见徐增《九诰堂集》卷首，载《清代诗文集汇编》第41册，上海古籍出版社，2010年，第18—20页。
② 金圣叹：《怀感诗序》，见徐增《九诰堂集》卷首，载《清代诗文集汇编》第41册，上海古籍出版社，2010年，第19页。
③ 关于徐增《怀感诗》的写作背景，其《怀感诗引》和《书薛堆山先生序后》都有所论述，其中《书薛堆山先生序后》诗题点明了作者通过诗歌写作排遣苦痛的心理："虽然，余饥寒疾病，患难忧愁，岁月甚遥，聊以诗作消遣法，实不欲溺诗人窠臼中。"（《九诰堂集》诗之十，载《清代诗文集汇编》第41册，第200页）此说可与金圣叹《怀感诗序》参看。
④ 昙无谶译：《大般涅槃经》卷二《寿命品第一之二》，载《大正新修大藏经》第12卷，第378页。

一乘；亦如华严教明，此土说法，十刹咸然。"① 可见人们在论述佛教的超越空间时，就会想到《法华经》和《华严经》的分身神变。相对来说，《法华经》的分身给人的印象更为深刻，以至于"法华分身"成为人们常常提及的话头。② 金圣叹对《法华经》和《华严经》十分推崇，③因而援引其中的"分身"这一颇具超越意味的境界，阐述以诗歌超脱尘世苦难的主张。

概言之，金圣叹"月爱三昧"在凸显"常乐我净"、呈现先隐后显的变化之美这一点上，遵循了《大般涅槃经》的核心宗旨和原意；金氏"月爱三昧"说还糅合了《易传·系辞上》的儒家"仁爱"思想；此外，取资于《法华经》和《华严经》的"分身"境界，也是金圣叹赋予"月爱三昧"的独特内涵，其意义在于提升了诗境的超尘脱俗之美。

三、金氏"大般涅槃经体"的文体特征

金圣叹在以"月爱三昧"呈现隐显变化和超尘脱俗之美时，其文体也模仿《大般涅槃经》，本文姑且将这种文体称为"大般涅槃经体"，这在其《唱经堂圣人千案·独超案第十三》和《怀感诗序》中都有所表现。以前者为例：

---

① 延寿集：《宗镜录》卷十三，载《大正新修大藏经》第48卷，第487页。
② 比如，澄观《大方广佛华严经随疏演义钞》卷九十二云"法华分身，有多净土"（载《大正新修大藏经》第36卷，第698页），其后，永明延寿于《宗镜录》卷二十四（第548页）、卷九十一（第911页）多次提及此说。
③ 参见本书《金圣叹以〈华严经〉"唯心偈"论文艺对徐增的影响》一文。

马大师一时潦倒，不觉便入月爱三昧。问：何为月爱三昧？是三昧如八月十五，月光盛满，有静女人，为爱月故，于自深房，露井中坐，时夜转深，万响沉寂，天上地下，如水一色。是静女人，不觉微叹。而是女人，身无疾苦，亦无种种不如意事，又无远人撄其怀抱。何以故？都无所为，但爱心起，斯发长叹。迦叶当知，是静女人，实不望月，惟自嚬哦，垂头而坐。所以者何？……复次迦叶，是静女人，正发叹时，为复爱月，为爱一切阑干等事？……复次迦叶，是静女人，于阑干上，爱彼月时，既取月色，遗阑干否？亦复嫌于阑干诸法，污染月色，择去阑干，方爱月否？不也迦叶，月色无有，喻如虚空，不应阑干，上有月色。如世白垩，薄若鱼鳞。止因夜静，明月中时……则皆呈露清凉本体。迦叶当知，阑干呈露，名为月色，非有月色加阑干也。……然是女人，只名爱月，终不说为爱阑干者。迦叶当知，月天子者，能为众生，作大荫凉，普令一切，尘劳停息。是静女人……尘劳息时，同体悲现，视诸阑干，一切物事，有情无情，成一眷属，别久初聚，悲极发叹。……复次迦叶，是静女人，发叹声时，非特不可说爱阑干，亦复不可说为爱月。何以故？爱月义者，女人有爱，爱于外月。既是月光，流入身中，停息尘劳，悲切成爱，则是爱者，即是月成。月即是爱，爱即是月；在空成月，在心成爱。……若是如来，大地菩萨，细细别知，何处非爱？以是义故，迦叶当知，此大三昧，不名爱月，名曰月爱。①

由此可见，本文所谓"大般涅槃经体"的文体特征，是由字词、篇章结构、逻辑脉络和修辞手法共同构成的，主要表现为以下几个方面。

---

① 金圣叹著，陆林辑校整理：《唱经堂圣人千案·独超案第十三》，载《金圣叹全集》（修订版）第陆册，凤凰出版社，2016年，第934—935页。

金圣叹"大般涅槃经体"与明清之际江南佛学的征实倾向

其一,采用问答体。如前所引,金氏《唱经堂圣人千案·独超案第十三》交替采用"问""何以故""所以者何"这三种提问词,同样,《怀感诗序》亦以"因致问先生"和"先生笑曰"的一问一答构成全篇的主干。这一问答体,尤其是"问""何以故""所以者何"等提问词轮流出现的形式,在《大般涅槃经》卷二《寿命品第一之二》等章节中反复出现。①

其二,以"迦叶当知""复次迦叶"等语句连缀逐层递进的逻辑结构。一方面,从逻辑上来看,金氏《唱经堂圣人千案·独超案第十三》和《怀感诗序》体现出逐层递进的结构。以前者为例,该篇包含了以下六个层次:(1)静女人因爱心起,于月下微叹。(2)静女人实不望月,睇诸一切而叹。(3)静女人因爱月而叹。(4)天无纤云则一切呈露清凉本体。(5)静女人尘劳停息,同体悲现。(6)在空成月,在心成爱。显然,这段文字是通过逐层转折来实现递进的。比如,经过静女人微叹、静女人都无所为但爱心起这一转折,作者否定了静女人身有疾苦、有不如意事、思念远人等常见的情境,突破了静女人月下微叹这一意象的俗套,从而提炼出因爱心起而微叹的独特意蕴。尤其值得注意的是,作者通过爱月而非爱栏杆、月爱而非爱月等多层否定和递进,一层深似一层地阐述了尘劳停息则同体悲现的主旨。

在《怀感诗序》中,逐层递进的结构相对隐蔽:全篇从徐增十年来贫病两剧而难以排遣、平生最重友生却出行不便的人生困境出发,提出

---

① 卷三《寿命品第一之三》、卷五《如来性品第四之一》、卷六《如来性品第四之二》、卷八《如来性品第四之五》、卷十《如来性品第四之七》、卷十一《现病品第六》、卷十六《梵行品第八之二》、卷二十一《光明遍照高贵德王菩萨品第十之一》、卷二十三《光明遍照高贵德王菩萨品第十之三》、卷二十四《光明遍照高贵德王菩萨品第十之四》、卷二十六《光明遍照高贵德王菩萨品第十之六》、卷二十七《狮子吼菩萨品第十一之一》、卷三十《狮子吼菩萨品第十一之四》、卷三十二《狮子吼菩萨品第十一之六》、卷三十五《迦叶菩萨品第十二之三》等章皆是如此。

"人各一诗,诗各一境"的解决方案,又进而披露其分身住四百余境、日夕与四百余人周旋的乐趣。最后,金氏指出这四百余首绝句折射了佛氏之至言要道,即翻苦为乐、从闲觅忙的"常乐我净"之旨。可见,此篇在逻辑上同样采取了逐层转折和递进的写法。

金圣叹"月爱三昧"说的逻辑结构显然受到了《大般涅槃经》"月爱三昧"的影响。唐代天台学者湛然《法华玄义释签》已经梳理了《大般涅槃经》"月爱三昧"的六种喻意(说详下),实际上这六种喻意之间的逐层递进关系更值得重视:从月爱三昧能令众生善心开敷起,经过令修习涅槃道者心生欢喜、令初发心诸善根本渐渐增长、令所有烦恼渐灭、令众生除贪恼热等环节,最终引申出月爱三昧为一切众生之所爱乐的主张,从而凸显"常乐我净"的主旨。

另一方面,金圣叹《唱经堂圣人千案·独超案第十三》中用以连缀六个层次的关联词,是以称呼语形式出现的"迦叶当知""复次迦叶"。交替使用这两种结构性称呼语的写法,在《大般涅槃经》卷三《寿命品第一之三》和卷四《如来性品第四之一》中都可以看到。

其三,通篇运用比喻来说理。从《唱经堂圣人千案·独超案第十三》中的一系列比喻词,如"是三昧如八月十五""喻如虚空""如世白垩"等等,自可明显地看出文章的比喻手法;从文末"若是如来,大地菩萨,细细别知,何处非爱"一说,则可悟出全篇的"静女人爱月"之意象,同时也比喻尘劳停息则同体悲现的境界。同样,金氏《怀感诗序》在文体上的引人注目之处,也是开篇就连续运用"如在凉秋暮雨,窗昏虫叫之候"等五个比喻,这些比喻所渲染烘托的凄清之境,正是文末"佛氏之至言要道"的逻辑起点。

这一连续采用比喻来说理的写法,是《大般涅槃经》最鲜明的文体特

征之一,以往的研究已揭示了《大般涅槃经》用喻的生动与丰富。① 值得一提的是,在金圣叹所熟悉的佛经中,《大般涅槃经》是唯一一部系统探讨譬喻的种类和形式的经典,并指出"喻有八种:一者顺喻,二者逆喻,三者现喻,四者非喻,五者先喻,六者后喻,七者先后喻,八者遍喻"②。对明清之际佛学影响甚深的湛然和澄观(738—839)都曾引用和讨论《大般涅槃经》的八种比喻说。③ 可以说,在普遍运用比喻的诸种佛经中,《大般涅槃经》的特色在于自觉地采用接连不断的比喻来说理。

其四,在将上述三个层面视为"大般涅槃经体"时,必须解决的问题是:上述文体特征是《大般涅槃经》所独有的吗?如果不是,将金圣叹上述文体称为"大般涅槃经体"的依据是什么呢?这是因为,在金圣叹所熟悉和关注的佛经中,综合运用了上述文体形式的,只有《大般涅槃经》。一方面,从引用、论及的频率来看,金圣叹最关注的佛经为《妙法莲华经》《维摩诘所说经》《金刚般若经》《大般涅槃经》《华严经》。④ 另一方面,虽然从《大正新修大藏经》来看,运用"问""何以故""所以者何"等问答体和比喻的佛经篇章成千上万,交错采用"迦叶当知""复次迦叶"等连缀语的佛经,在《大般涅槃经》之外,还有《添品妙法莲华经》《大法鼓经》《大宝积经》《大方广三戒经》《圣善住意天子所问经》《佛说称扬诸佛功德经》等,不过,如果将金圣叹最关注的佛经和采用上述文体形式的佛经加以比对,就会发现两者的交集只有《大般涅槃经》。更重

---

① 陈允吉《汉译佛典偈颂中的文学短章》指出:"又昙译北本《大般涅槃经》四十卷,尝被经录家列为大乘五大部经之一。该经以世尊最后嘱咐名义贯穿首尾,作为其演叙艺术的醒目特征,是喜好运用接连不断的譬喻辅助说理。"(《佛教中国文学溯论稿》,第 23 页)
② 昙无谶译:《大般涅槃经》卷二十九《狮子吼菩萨品第十一之三》,载《大正新修大藏经》第 12 卷,第 536 页。
③ 湛然述:《法华玄义释签》卷十六,载《大正新修大藏经》第 33 卷,第 927 页。澄观述:《大方广佛华严经随疏演义钞》卷三十六,载《大正新修大藏经》第 36 卷,第 275 页。
④ 参见吴正岚《江苏历代文化名人传·金圣叹》第五章《兼奉台禅的佛学思想》,江苏人民出版社,2019 年,第 95 页。

要的是,从金圣叹本人的用意来说,他在阐述源自《大般涅槃经》的"月爱三昧"时,与其他佛经相比,模仿《大般涅槃经》文体的可能性更大。

概言之,本文所谓"大般涅槃经体",侧重于强调金圣叹在化用《大般涅槃经》"月爱三昧"的义理和意境时,于文体形式也多有借鉴《大般涅槃经》之处。

四、"月爱三昧"与明清之际江南佛学的征实风尚

明清之际江南佛学界兴起征实学风,致力于刊刻方册藏,推崇佛经古注疏,提倡以教疗禅。① 其中,对于佛经古注疏的推崇,是对唐宋以来舍传从经之风加以扬弃的结果,也是为救治当时空疏浮泛的学风而发的。晚明的高僧大德中,云栖祩宏尤其重视佛经古注疏,其《竹窗随笔》多次批评时人对佛经注疏的忽视。下文拟梳理智𫖮、湛然等天台学者的佛经注疏对《大般涅槃经》"月爱三昧"的重视,分析钱谦益等人推崇"月爱三昧"与关注古注疏之间的关系,从而指出明清之际江南佛学的征实风尚对金圣叹的影响。

(一)天台学者援引《大般涅槃经》"月爱三昧"

我们在探究"月爱三昧"在佛教史上的意义和影响时,注意到天台宗的创建者智𫖮在其佛经注疏中多次援引《大般涅槃经》"月爱三昧",

---

① 参见本书《概论》一文。

金圣叹"大般涅槃经体"与明清之际江南佛学的征实倾向

其后,于天台宗有中兴之功的湛然,其佛经注疏亦关注"月爱三昧"。究其原因,在于诸家试图借用"月爱三昧"来推崇渐修之境界。

智𫖮《妙法莲华经玄义》卷五援引《大般涅槃经》论述渐修的位数曰:

> 二,次引众经,明位数多少者。《大涅槃》云:"月爱三昧,从初一日至十五日,光色渐渐增长;又从十六日至三十日,光色渐渐损减。光色增长,譬十五智德摩诃般若;光色渐减,譬十五断德无累解脱。"①

这是说,月亮光色从初一至十五、从十六至三十的增减,可以比喻为渐修位次的十五智德和十五断德。在论述位数之前,作者提到学人对"明位数"的必要性或提出质疑,或表示赞成,而作者的看法是:"然平等法界,尚不论悟与不悟,孰辨浅深;既得论悟与不悟,何妨论于浅深。究竟大乘,无过《华严》《大集》《大品》《法华》《涅槃》,虽明法界平等,无说无示,而菩萨行位终自炳然。"② 此说认为《华严》等大乘重要经典既阐述法界平等,又标明菩萨行位。由此可见,智𫖮依据"月爱三昧"来论述渐次修行的做法,与其既肯定顿悟又崇尚渐修的观念相表里。

从智𫖮对月性与圆教智断位的相似之处的分析,也可窥见其对于渐修的重视:

> 月体譬法身。大经云:月性常圆,实无增减。因须弥山,故有亏盈。不增而增,白月渐著;不减而减,黑月稍无。法身亦尔,实无智

---

① 智𫖮说:《妙法莲华经玄义》卷五,载《大正新修大藏经》第33卷,第734页。
② 智𫖮说:《妙法莲华经玄义》卷五,载《大正新修大藏经》第33卷,第732—733页。

断。因无明故，约如论智，如实不智；约如论断，如实不断。虽无智而智，般若渐渐明；虽无断而断，解脱渐渐离。举月为喻，知是圆教智断位也。①

在此，作者进一步征引《大般涅槃经》之《如来性品第四之六》"而此月性实无亏盈，因须弥山而有增减"的说法，指出法身实无智断，因无明而有智断，明般若、离解脱都如月之黑白一般渐次变化。对于以"月爱三昧"比喻圆教智断位的说法，智𫖮十分重视，除了《妙法莲华经玄义》卷五之外，其《维摩经玄疏》卷四、《四教义》卷十二都提及此说。在智𫖮之后，湛然《法华玄义释签》在承袭智𫖮"智断"说的同时，概括了《大般涅槃经》"月爱三昧"的六层喻意："初喻善心开敷，次喻行者心喜。三四二喻善根增烦恼减，五喻除贪，六喻爱乐。"②

概言之，智𫖮、湛然等天台学者的佛经注疏多次援引《大般涅槃经》"月爱三昧"，其主要用意则是突出渐修的重要性。

（二）关注"月爱三昧"与佛学征实风尚

金圣叹等人对"月爱三昧"的关注，折射了明清之际江南文人对佛经古注疏的重视，是当时文学与佛学互动的重要内容之一。如前所述，金圣叹在为徐增《怀感诗》所作序中，以"月爱三昧"来象征翻苦为乐、超尘脱俗的诗境，由此可以推测，"月爱三昧"是金圣叹和徐增都非常关注的佛经境界。实际上，在吴中地区的天台学群体中，钱谦益、

---

① 智𫖮说：《妙法莲华经玄义》卷五，载《大正新修大藏经》第33卷，第734—735页。
② 湛然述：《法华玄义释签》卷十，载《大正新修大藏经》第33卷，第889—890页。

刘心城和徐增都曾濡染"月爱三昧"说。

钱谦益直接或间接地提及"月爱三昧",与其推崇修习、崇尚天台、重视佛经古注疏的佛教观有关。其一,钱氏《楞严蒙钞》卷三十六引用了智𫖮《妙法莲华经玄义》卷五有关"月爱三昧"的论述。在解释《楞严经》"如来逆流,如是菩萨,顺行而至。觉际入交,名为等觉"时,钱注所引智𫖮之说,从"等觉地者,观达无始无明源底"起,至"此即最后智断也"止,① 着重探讨佛教修证的等觉和妙觉境界。重视修习,正是《楞严蒙钞》的核心宗旨之一。钱谦益设立的注经纲领《咨决疑义十科》之第七条就是"闻修增进",用以救治"行人浮慕圆通,不思真实修习"② 的弊端。另外,钱谦益《般若心经略疏小钞》间接提到了"月爱三昧"。其说引用了广承③有关智断的论述:"智果者,无智而智,如白月渐盈;断果者,无断而断,如黑月渐灭。"④ 显而易见,此说源自前引智𫖮《妙法莲华经玄义》卷五有关"月爱三昧"的解释,与智𫖮的"白月渐著""黑月稍无""无智而智""无断而断"等说法相呼应,其侧重点仍然是渐修观念。其二,智𫖮的弟子——隋灌顶法师(561—632,号章安)的《大般涅槃经疏》卷十九"梵行品之五"也提到"后一番解

---

① 钱谦益:《楞严蒙钞》卷三十六,载《中国宗教历史文献集成》之一《藏外佛经》第十二册,黄山书社,2005年,第496—497页。
② 钱谦益:《楞严蒙钞》卷一,载《中国宗教历史文献集成》之一《藏外佛经》第十二册,黄山书社,2005年,第27页。
③ 由明幻轮编《释鉴稽古略续集》卷三可知,绍觉法师讳广承,住莲居,双弘性相,启迪英贤(载《大正新修大藏经》第49卷,第952页)。又据《宗统编年》卷三十二"(顺治)庚寅七年"条,莲居大真新伊法师寂,嗣绍觉。觉云栖弟子,结庵土桥口莲居。真依止之,嗣其席(载《大藏新纂卍续藏经》第86册,第305页)。又憨山德清为撰《绍觉法师赞》(《憨山老人梦游集》卷三十五,第1889—1890页),其《合刻法华文句记序》提及绍觉法师有《法华经》方面的著作,智河行公将其与《法华经》合刻(《憨山老人梦游集》卷十九,第1007页)。钱谦益《般若心经略疏小钞》所引广承之说,当出于此。
④ 钱谦益:《般若心经略疏小钞》卷下,载《中国宗教历史文献集成》之一《藏外佛经》第九册,黄山书社,2005年,第196页。

月爱",从钱谦益《楞严蒙钞》多次引用此疏来看,虽然钱氏没有提到其中的"月爱",但此疏对钱谦益的影响是毋庸置疑的。其三,对于华严宗澄观有关"月爱三昧"的论述,钱谦益虽然没有直接引用,但很可能也是非常关注的。澄观《大方广佛华严经疏》卷七和卷二十八分别提到"月爱三昧",前者云"五以慈善根力,放月爱等光"①,后者曰"涅槃二十云,譬如月光能令一切优钵罗华开敷鲜明"②。由于澄观在《大方广佛华严经疏》中没有明确"月爱"之说的出处,为了回答听讲者的提问,③ 澄观《大方广佛华严经随疏演义钞》卷二十一和卷四十八都援引"月爱三昧"加以解释。值得一提的是,不同于智𫖮以"月爱三昧"比喻圆教智断位,澄观只是概述《大般涅槃经》的原意:"何等名为月爱三昧?耆婆答言:有六义似,一譬如月光能令一切优钵罗华开敷鲜明,月爱三昧亦复如是。"④ 就钱谦益与澄观华严学的关系而论,对于主张以教疗禅、宗教合一的钱谦益来说,华严学和天台学一样,具有拯救时弊的意义。钱氏《佛顶蒙钞目录后记》旗帜鲜明地表示"兼综性相,和会台贤"⑤。众所周知,钱氏于华严诸祖尤尊澄观,褒奖其华严疏钞,⑥ 赞誉憨山德清于"华严法界,悟彻于清凉"⑦,且多次赞美含光法师讲澄观

---

① 澄观:《大方广佛华严经疏》卷七,载《大正新修大藏经》第 35 卷,第 554 页。
② 澄观:《大方广佛华严经疏》卷二十八,载《大正新修大藏经》第 35 卷,第 711 页。
③ 参见魏道儒《中国华严宗通史》,江苏古籍出版社,2001 年,第 188—189 页。
④ 澄观述:《大方广佛华严经随疏演义钞》卷二十一,载《大正新修大藏经》第 36 卷,第 163 页。
⑤ 钱谦益:《楞严蒙钞》卷首,载《中国宗教历史文献集成》之一《藏外佛经》第十二册,黄山书社,2005 年,第 4 页。
⑥ 钱谦益著,钱曾笺注,钱仲联标校:《牧斋初学集》卷二十八《华严忏法序》,载《钱牧斋全集》第贰册,上海古籍出版社,2003 年,第 863 页。
⑦ 钱谦益著,钱曾笺注,钱仲联标校:《牧斋有学集》卷二十一《憨山大师梦游全集序》,载《钱牧斋全集》第伍册,上海古籍出版社,2003 年,第 870 页。

之华严疏。① 钱氏《楞严蒙钞》和《般若心经略疏小钞》都大量引用澄观《大方广佛华严经疏》和《大方广佛华严经随疏演义钞》。值得注意的是，钱氏《楞严蒙钞序》云"与闻草创，共事蓝缕；采掇清凉，欻助旁论者，含光渠师也"②，可知《楞严蒙钞》中引用的澄观之说，正是由含光收集整理的。总之，钱谦益对澄观的华严类著述非常熟悉，虽然他没有在著述中引用澄观有关"月爱三昧"的论述，但他无疑是非常了解的。概言之，在天台学者智顗《妙法莲华经玄义》、章安灌顶法师《大般涅槃经疏》、华严学者澄观《大方广佛华严经疏》和《大方广佛华严经随疏演义钞》等佛经古注疏的影响下，钱谦益直接或间接地注意到"月爱三昧"。

在江南天台学群体中，徐增也敏锐地感受到江南佛学的征实风尚。他不止一次地褒赞近世学士大夫"好为书写持诵《华严经》"的风气，③又多次提及觉浪和尚、三昧律师于吴门讲说《梵网经》和戒律，④宗教合一也是他反复阐述的观点。⑤ 如前所述，金圣叹在为徐增《怀感诗》所作序中，以"月爱三昧"来象征翻苦为乐、超尘脱俗的诗境，由此可以推测，"月爱三昧"是金圣叹和徐增都非常关注的佛经境界。

值得一提的是，吴中地区的天台学人刘心城亦有可能关注"月爱三

---

① 参见钱谦益《牧斋有学集》卷八《题含光法师像二首》（载《钱牧斋全集》第肆册，第376页）；钱谦益《牧斋有学集》卷五十《题华严法会笺启》（载《钱牧斋全集》第陆册，第1618页）。
② 钱谦益：《楞严蒙钞》卷首，载《中国宗教历史文献集成》之一《藏外佛经》第十二册，黄山书社，2005年，第5页。
③ 参见徐增《九诰堂集》古文四《善财房建华严期募单引》《梵授庵沙门一乘师书华严经跋》，载《清代诗文集汇编》第41册，上海古籍出版社，2010年，第470、478页。
④ 参见徐增《九诰堂集》诗之十三《送觉浪和尚天界寺说戒》、古文二《送三昧律师还华山序》，载《清代诗文集汇编》第41册，上海古籍出版社，2010年，第228、382—383页。
⑤ 参见徐增《九诰堂集》古文四《善财房建华严期募单引》《妙高峰元长禅师画像赞》，载《清代诗文集汇编》第41册，上海古籍出版社，2010年，第470、505页。

昧"。晚明天台宗人幽溪传灯《性善恶论》亦引用《大般涅槃经》有关"月爱三昧"的论述,其中卷一和卷五都提到阿阇世王在月爱三昧之光明的照耀之下身疮痊愈,① 卷五转引了有关"月光能令一切优钵罗花开敷鲜明"的论述。传灯《性善恶论》在士僧间流传颇广,卷首有"心城居士弟子刘锡玄同校正"的记载,由此可以推测,包括刘心城在内的江南天台学群体重视"月爱三昧"的原因,当与传灯《性善恶论》对《大般涅槃经》相关文字的介绍有关。

除了弘扬天台之外,金圣叹对于明清之际重视佛经古注疏的风尚也作出了回应。笔者曾经指出,金圣叹曾援引智顗《法华玄义》中的判教思想,并化用其中的圆融三谛之说。② 以往的研究尚未注意到,金圣叹对交光真鉴《楞严正脉》提出了批评。③

五、结语

金圣叹采用《大般涅槃经》的文体来阐述"月爱三昧",无论是翻苦为乐的诗歌之境,还是先隐后显、清凉本体呈露的佛学境界,都显示了空灵澄澈、超尘脱俗、变幻莫测的美学意味,这令我们不禁感叹金圣叹真是化实为虚的圣手。究其原因,一方面在于《大般涅槃经》的"遮蔽—显现"思维本身具有迷离惝恍的美学效果,金圣叹在小说评点中一向重视"若隐若跃""影灯漏月"等隐显变幻之美,自然对《大般涅槃

---

① 传灯:《性善恶论》卷一,载《大藏新纂卍续藏经》第 57 册 970,第 390 页。
② 参见吴正岚《江苏历代文化名人传·金圣叹》,江苏人民出版社,2019 年,第 895—898 页。
③ 参见本书《概论》一文。

经》"月爱三昧"的先隐后显之境再三致意；另一方面，金圣叹又将《法华经》和《华严经》的"分身"意象糅入其中，更增强了倏忽变幻的神秘意味。金圣叹在文体上模仿《大般涅槃经》的问答体、逐层递进的逻辑结构和以连续比喻来说理，更有助于其"月爱三昧"之境打通文苑与佛境，呈现出变化和超脱之美，折射了明清之际文体创新与佛学征实风尚的关系。

金圣叹以"大般涅槃经体"建构"月爱三昧"这一个案，既是金圣叹"领异标新，迥出意表"① 之学术个性绽放的奇葩，又植根于明清之际江南文坛与佛学界在崇尚渐修、重视佛经古注疏、提倡以教疗禅等方面密切互动的土壤。

---

① 廖燕著，林子雄点校：《廖燕全集》卷十四《金圣叹先生传》，上海古籍出版社，2005 年，第 302 页。

论魏禧"偏至"说对明代文论折衷倾向的超越

以宋濂为先导,明代归有光、唐顺之、焦竑、钱谦益等人前后相续地传承和发展欧苏经学,构成了明代文人经学的谱系。在文人经学的影响下,明代文学思想以折衷的理论形式,强化了崇尚新变、追求神明与法度的动态平衡以及表现真情等观念。①

明清之际的魏禧(1624—1681)与明代文人经学传统有着密切联系。其文集中充斥着与欧苏争鸣的文字,显示了他深受欧苏影响而又努力超越欧苏的状态。其"偏至"说的理论意义首先在于试图超越文人经学笼罩下的折衷倾向。

事实上,文人经学传统的内部,已经包含了对折衷倾向加以反拨的因素。比如,《东坡易传》强调"阴阳之相资"②,而《东坡书传》以"刚柔相济"为"寡过之法"的观点,③ 其实是对折衷思维的超越。

耐人寻味的是,魏禧用以改变折衷倾向的"偏至"说,正与东坡这

---

① 参见吴正岚《明代文人经学与文学思想变革的关系》,《文学评论》2014年第2期。
② 苏轼:《东坡易传》卷三,上海古籍出版社,1989年,第56页。
③ 苏轼:《东坡书传》卷三,文渊阁四库全书本。

一思想有着不可忽视的渊源。本文在追溯"偏至"说的两种源头的基础上,揭示魏禧"偏至"说主张矫枉过正、对均衡和中庸加以反驳的特色,考察其说与苏轼以"刚柔相济"为"寡过之法"之间的逻辑联系,①进而分析魏禧的文学法度论对明代文论折衷倾向的超越。

一、"偏至"说溯源

"偏至"之说源于魏刘劭《人物志》,是指人之才性未及兼具众德的中庸,而只能拥有一种德行或才能。南朝宋范晔《后汉书·独行传序》论及偏至之才,则赞赏其特立独行的个性风采。

《人物志》于人物之才性,虽然承认了偏至之才的存在,但最推崇的还是兼具众美的中庸。其《九征第一》将人才分为中庸、德行、偏材、依似、间杂五种:

> 是故兼德而至,谓之中庸。中庸也者,圣人之目也。具体而微,谓之德行。德行也者,大雅之称也。一至谓之偏材。偏材,小雅之质也。一征谓之依似,依似,乱德之类也。一至一违谓之间杂,间杂,无恒之人也。无恒、依似,皆风人末流。②

---

① 朱泽宝《魏禧散文研究》(南京大学硕士论文,2013年)第四章第三节《"偏至之端"——魏禧史论文特色之三》论述了魏禧史论的"偏至"倾向,揭示了其说与明代陶望龄思想的相通之处。
② 刘劭撰,梁满仓译注:《人物志》,中华书局,2014年,第29页。

在此，除了对依似和间杂颇为不屑外，①《九征第一》认为中庸、德行和偏材都是值得肯定的，而三者又以中庸为上，其理由是："凡人之质量，中和最贵矣。"又同篇中有"故偏至之材，以材自名；兼材之人，以德为目；兼德之人，更为美号"的说法，也点明了兼德之中庸为上的观点。此外，《英雄第八》论英、雄和英雄三种人才的分别：

> 必聪能谋始，明能见机，胆能决之，然后可以为英，张良是也。气力过人，勇能行之，智足断事，乃可以为雄，韩信是也。体分不同，以多为目，故英雄异名，然皆偏至之材，人臣之任也。故英可以为相，雄可以为将。若一人之身兼有英雄，则能长世，高祖、项羽是也。②

此说认为英和雄都是偏至之才，只能充人臣之任，唯兼有英雄者，才能长世③。显然，兼德之中庸胜过偏至之才。

《后汉书·独行传序》在承认偏至之才失于周全的基础上，肯定了独行者的个性风采和超拔人格：

> 孔子曰："与其不得中庸，必也狂狷乎！"又云："狂者进取，狷者有所不为也。"此盖失于周全之道，而取诸偏至之端者也。然则有所不为，亦将有所必为者矣；既云进取，亦将有所不取者矣。如此，性尚分流，为否异适矣。
>
> 中世偏行一介之夫，能成名立方者，盖亦众也。或志刚金石，而

---

① 根据北魏刘昺注，"依似"意味着"纯讦似直而非直，纯宕似通而非通"，"间杂"意味着"善恶参浑，心无定是，无恒之操，胡可拟议"，无怪乎刘劭以依似和间杂为末流。
② 刘劭撰，梁满仓译注：《人物志》，中华书局，2014年，第117页。
③ 根据下文"故一人之身，兼有英雄，乃能役英与雄。故能成大业也"可知，"长世"意味着成大业。

克扞于强御。或意严冬霜,而甘心于小谅。亦有结朋协好,幽明共心;蹈义陵险,死生等节。虽事非通圆,良其风轨有足怀者。……以其名体虽殊,而操行俱绝,故总为《独行篇》焉。①

这段论述凸显了偏至之才的两重人格内涵:其一,由"性尚分流,为否异适"之说,可见偏至之人虽未能达到中庸境界,却呈现出个性化的追求,无怪乎《后汉书》注曰:"人之好尚不同,或为或否,各有所适。"其二,与此相关,"操行俱绝"的评价说明了偏至之人的超出流俗。

二、明中后期褒扬"偏至"的风气

南朝至元代,论"偏至"者寥寥。② 有趣的是,以陶望龄(1562—1609)"偏嗜必奇"说为代表,明代中后期文坛兴起了褒扬"偏至"的风气,其重点在于弘扬《后汉书·独行传序》的"偏至"观,提倡个性和创新。

以往的研究已经注意到陶望龄"偏至"说与刘劭《人物志》的渊

---

① 范晔撰,李贤等注:《后汉书》卷八十一《独行传序》,中华书局,1965年,第2665页。
② 这一历史时期论及"偏至"说的,如宋祁《景文集》卷四十九《丁承旨书》:"窃惟出处一道,取舍殊辙。居山林者,怀偏至之素;在朝廷者,抱均济之德。非较有用无用,直才与不才耳。"(清武英殿聚珍版丛书本)以偏至之素与均济之德的不同,论述出处的取舍。又,吴师道辑《敬乡录》卷七"张垓"条所论"偏至",理学气息颇浓:"读《论语》至'君子喻于义,小人喻于利',宣公顾问,伯广起对曰:'此精神之所偏至也。人为万物之灵,虽贤不肖异习,顾其用之不同。用之所在,精神集焉,□而□之谓喻。宣公欣然是之。'"(文渊阁四库全书本)这是以"精神之所偏至"来解释《论语·里仁》"君子喻于义"之"喻"。

源。① 必须说明的是，陶望龄虽重刻《人物志》并撰《人物志新刻引》，其"偏至"论却基本上接续《后汉书·独行传序》，而与《人物志》异趣。一方面，陶望龄误以为《人物志》最重视"偏至"。如前所述，《人物志》最尚兼德而至的中庸，以中和为贵，在具体才性上肯定兼有英雄之才。而陶望龄《人物志新刻引》却认为："刘劭《人物志》其言九征十二流备矣。然括其大凡，略有四者：一曰中庸，二曰偏至，三曰间杂，四曰依似。昔夫子叹中庸之为德，自昔难之。而间杂、依似，邵以为风人末流，不足具论。其于偏至之论，独详焉。"② 这段论述将《人物志》中人才的五分法改为四分法，漏掉了"德行"一类，或许是疏忽所致；而所谓刘劭独详于偏至的说法，当是有意识的误读了。另一方面，陶望龄不仅在推崇个性上与《后汉书·独行传序》遥相呼应，其论证由偏而至的思维方式也受惠于后者。其说云：

> 夫人之性有所蔽，材有所短。短而蔽者若穷于此，而后修而通者始极于彼。此恒数也。古之人缘性而抒文，因能而效法，文以达意，法以达材，务自致于所通，而不求全于所短。③

所谓缘性、因能，实质就是扬长避短，将长处发挥到极致，从而由偏而至，这与《人物志》崇尚兼备的思维方式迥异其趣，而与《后汉书·独行传序》"然则有所不为，亦将有所必为者矣"的说法一脉相承。

---

① 参见陈玉强《陶望龄"偏嗜必奇"说及其心学语境》，《清华大学学报》2012年第3期。
② 陶望龄撰，李会富编校：《歇庵集》卷十四《人物志新刻引》，载《陶望龄全集》，上海古籍出版社，2019年，第812页。
③ 陶望龄撰，李会富编校：《歇庵集》卷三《马曹稿序》，载《陶望龄全集》，上海古籍出版社，2019年，第166页。

陶望龄推崇"偏至"的用意在于，通过张扬个性，实现文学的新变："诸君子者，殆以偏而至，以至而传者与？……独至之所造，夫是之谓曰新。"① 又，《徐文长三集序》有类似说法："古之为文者，各极其才而尽其变。故人有一家之业，代有一代之制，其洼隆可手模，而青黄可目辨。"② 将各自的偏至之性发挥到极致，文章便能千变万化，千姿百态，传之久远。

众所周知，陶望龄提出"偏至"说的背景，是针对胡应麟以"兼工""集大成"为出路、实际上沦为模拟的文学倾向。③ 胡氏主张"古惟独造，我则兼工。集其大成，何忝名世"④。又，其《少室山房集》卷一百《策一首》则指出，此乃求一代之胜的途径："夫独造而不能兼该，固前人之所短。自开一堂奥，自立一门户，亦明代之所阙也。盖前人当特起之运，天肇其机，人殚其力，故偏至非难，而兼长并茂为难；明文承累代之余，蹊径无余，矩矱备极，故总统非难，而特出创造为难。时也，势也，亦莫非才也。"⑤ 这是说，时、势、才等多种因素，决定了明人的强项在于兼该、总统，而有别于前人的独造、偏至。当其时，与胡氏桴鼓相应者不乏其人，如王世贞"有偏至而鲜中节"⑥，申时行"然尝闻之，诗必穷而后工。尚矣！顾其牢憁沉郁、侘傺不平之怀，蓄而时

---

① 陶望龄撰，李会富编校：《歇庵集》卷三《马曹稿序》，载《陶望龄全集》，上海古籍出版社，2019年，第167页。
② 陶望龄撰，李会富编校：《歇庵集》卷三《徐文长三集序》，载《陶望龄全集》，上海古籍出版社，2019年，第168页。
③ 参见袁震宇、刘明今《中国文学批评通史·明代卷》，上海古籍出版社，1996年，第474—475页。
④ 胡应麟：《诗薮》续编卷一，中华书局，1958年，第334页。
⑤ 胡应麟：《少室山房集》卷一百，清文渊阁四库全书补配清文津阁四库全书本，第5页。
⑥ 王世贞：《弇州四部稿》卷六十七《坏溪草堂集序》，明万历刻本。

发,不入于怨诽,则出于愤激。虽有偏至,终乏大雅"① 等说,明确地贬抑偏至。

正因如此,陶望龄所提倡的"偏至",其侧重点在于救治兼工和模拟,即所谓"向令诸君子者,舍独以群众,易己以摹古,疗偏以造完,将困踬之不暇,而暇成其能哉?"② 其《人物志新刻引》将"中庸"视为"偏至"的对立面:"於虖!后世之士,抑何中庸之多而偏至之少欤?"③ 此处"中庸"一词的重心在于无所创新的平庸,而非《论语·子路》作为理想境界的"中行"。

概言之,明代中后期陶望龄"偏嗜必奇"说影响下的"偏至"论,反对文学上的集大成和模拟因袭,提倡个性和新变。

三、魏禧"偏至"说的内涵

明清之际,魏禧提倡的"偏至"说与陶望龄等人的观点相呼应,但侧重点有所转移,其核心是主张矫枉过正,对均衡和折衷既加以反拨又有所融合。

魏禧不止一次地指出,古今学术无不有所偏至,原因在于矫枉必先过正:"禧愚尝谓古今立言,虽圣贤不能无偏至。盖不偏至则其理不出,

---

① 申时行:《赐闲堂集》卷十《织里草引》,四库全书存目丛书本。
② 陶望龄撰,李会富编校:《歇庵集》卷三《马曹稿序》,载《陶望龄全集》,上海古籍出版社,2019年,第167页。
③ 陶望龄撰,李会富编校:《歇庵集》卷十四《人物志新刻引》,载《陶望龄全集》,上海古籍出版社,2019年,第812页。

不可以救当时之弊。"① 所谓"不偏至则其理不出"，当是指学人只有采取偏至、过正的理论形式，才能凸显自己的观点、纠正时代的弊端。《再答谢约斋书》中有类似说法："既思语不偏则意不出，终无以告君子。常观古圣贤立言，亦有不能不偏者，如孟子草芥寇仇之论，何以为人臣地？责善则离之论，何以为人子地？亦在读者以意逆志，知此语原为君父发耳。"② 即便孟子这样的圣贤，也不无偏至之论。比如，《孟子·离娄下》"君之视臣如土芥，则臣视君如寇仇"，《孟子·离娄上》"古者易子而教之。父子之间不责善，责善则离，离则不祥莫大焉"等说，貌似无君无父，大逆不道，实质上是以偏激的理论形式，说明君父当以恩义待臣子。读者当遵循孟子"以意逆志"的读书法，把握此类偏至之论矫枉过正的实质。

值得注意的是，魏禧以不无偏颇的立论来纠正时弊的用意，得到了其兄魏际瑞的认可。魏际瑞曾为魏禧与涂宜振之论的合集《古论合刻》作序，点明了魏禧之偏见笃论有别于涂宜振的和平中正之论："宜振持论贵和平，尚中正，有儒者之度；凝叔则不讳其偏见笃论，欲为俊杰之言。"③ 此说旗帜鲜明地肯定了偏见笃论乃俊杰之言，不同于儒家的和平中正。④ 不仅如此，在通过偏至之论来矫正时弊方面，魏际瑞与魏禧也是桴鼓相应的。比如，魏际瑞《魏伯子文集》卷四《偶书一》有云：

---

① 魏禧撰，胡守仁等校点：《魏叔子文集外篇》卷五《复李廷尉书》，载《魏叔子文集》，中华书局，2003年，第247页。
② 魏禧撰，胡守仁等校点：《魏叔子文集外篇》卷五《复李廷尉书》，载《魏叔子文集》，中华书局，2003年，第261页。
③ 魏际瑞：《魏伯子文集》卷一《古论合刻序》，载《清代诗文集汇编》第70册，上海古籍出版社，2010年，第434—435页。
④ 《魏伯子文集》卷七《题张曲江像》"儒生固迂腐，豪杰多偏至"之说（载《清代诗文集汇编》第70册，第548页），亦表达了类似的观点。

"矫枉过正，非也。然非过正，何以矫枉?"① 与此相呼应，魏禧评魏际瑞《论君子小人书》，认为"此亦有为言之，不激切，不足以晓当局之蔽"②。这些大同小异的论述，折射了兄弟之间的相互激荡使得魏禧的偏至倾向逐步鲜明。

值得注意的是，魏禧虽以偏至为学术之常态，但他提倡偏至的用意，却是建立各美其美的理论局面，从而实现全局性的相济而不相非。他对偏至最完整的看法，实际上见于《弓说》："矫枉者必过正，不过正则不可以得中。"③ 因而其实质是由偏至而得中。他对偏至与得中关系的论述，说明了其"偏至"说并没有完全否定折衷的意义。比如，《复李廷尉书》云："若泛论古今是非得失，意即不得不偏，而主宾轻重要必有权衡之法。责备贤者当令可安；宽贳小人，当令可惩戒。"④ 可见，所谓"权衡之法"的实质，就是对论点加以折衷，责备贤人的同时令其可安，宽恕小人的同时令其有所惩戒。又如，《与甘健斋》曰："古今学术，自大圣贤而下，不能无所偏至。故子夏未学语，先儒亦谓重此遗彼，不如余力学文，本末全具。而游、夏彼此相非，遂开朱、陆异同之原。盖朱、陆学本无异，因累辨而后异生。但求相济，初不必相非。"⑤ 此说认为朱、陆异同之争，起于《论语·子张》中子游与子夏论君子之道的本末关系。此说在承认古今学术不能无所偏至的前提下，提出各家

---

① 魏际瑞：《魏伯子文集》卷四，载《清代诗文集汇编》第70册，上海古籍出版社，2010年，第512页。
② 魏际瑞：《魏伯子文集》卷二《论君子小人书》附，载《清代诗文集汇编》第70册，上海古籍出版社，2010年，第463页。
③ 魏禧撰，胡守仁等校点：《魏叔子文集外篇》卷十五，载《魏叔子文集》，中华书局，2003年，第703页。
④ 魏禧撰，胡守仁等校点：《魏叔子文集外篇》卷五，载《魏叔子文集》，中华书局，2003年，第247页。
⑤ 魏禧撰，胡守仁等校点：《魏叔子文集外篇》卷五，载《魏叔子文集》，中华书局，2003年，第334页。

之说应当"相济"而不是"相非"。在此,"相济"说也表明了偏至并不是魏禧的最终目的,各有偏至的观点之间相辅相成,才是魏禧"偏至"说的用意所在。

四、东坡以"刚柔相济"为"寡过之法"

魏禧"偏至"说与折衷的复杂关系,提示了其说与苏轼反"刚柔相济"倾向之间的联系。

就东坡学术的主流来说,是推崇折衷而非偏至的。《东坡易传》以得中、刚柔相交、阴阳相资等多种命题来强调均衡和折衷。东坡关于阴阳相错的观点可谓脍炙人口,其说云:"夫文生于相错。若阴阳之专一,岂有文哉?"① 与此相类似,东坡还阐述了"阴阳之相资""阴阳之相加"②"阴阳相配、甘苦相济为吉"③ 等说法。又,"刚柔相交,上下相错,而六爻进退屈信于其间"④,也是同样的意思。此外,东坡还不止一次地论述"得中"之说,如释《师》卦九二爻辞曰:"夫师出,不先得主于中,虽有功,患随之矣。"⑤ 又,释《泰》卦《象》云:"故左右之使不失其中,则泰可以常有也。"⑥

阴阳、刚柔相互结合而得中,这本是《易传》以来的老生常谈。东

---

① 苏轼:《东坡易传》卷一,上海古籍出版社,1989年,第9页。
② 苏轼:《东坡易传》卷七,上海古籍出版社,1989年,第131页。
③ 苏轼:《东坡易传》卷六,上海古籍出版社,1989年,第112页。
④ 苏轼:《东坡易传》卷七,上海古籍出版社,1989年,第127页。
⑤ 苏轼:《东坡易传》卷一,上海古籍出版社,1989年,第17页。
⑥ 苏轼:《东坡易传》卷二,上海古籍出版社,1989年,第25页。

坡之说的特点在于强调阳不可无阴。比如，释《革》卦九三爻辞曰"六二之所以不得去者，以我乘之也。舍之而征，则二去矣。二苟去之，则我与初九无所施其革。二阳相灼，而丧其所附，则穷之道也"①，认为九三、初九两个阳爻若离开了六二阴爻，便会相灼而俱伤。与此相类似，《东坡易传》在君子与小人的关系上有"小人不可胜尽"②之说，当是阳不可无阴的另一表现形式。

然而，不可忽视的是，在《东坡书传》中，苏轼对"刚柔相济"提出了反思：

> （皋陶曰：宽而栗，柔而立，愿而恭，乱而敬，扰而毅，直而温，简而廉，刚而塞，强而义。）或曰：皋陶之九德，区区刚柔之迹耳，何足以与知人之哲乎？然则皋陶何为立此言也？曰：何独皋陶，舜命夔曰："直而温，宽而栗，刚而无虐，简而无傲。"箕子教武王："正直刚克柔克，沉潜刚克，高明柔克。"虽三圣之所陈详略不同，然皆以长短相辅，刚柔相济，为不知人者立寡过之法也。其意曰：不知人者，以此观人，参其短长刚柔而用之，可以无大失矣。譬如药之有方，聚众毒而治一病，君臣相使，畏恶相制，幸则愈疾，不幸亦不至杀人者，此岂为秦越人、华陀设乎？③

皋陶之九德、舜命夔以及箕子教武王的观人之法，都采取了"刚柔相济"的思维方式。苏轼对此说的态度是：一方面，肯定它是知人的基本原则，是一种少犯错误的方法，这与《东坡易传》的折衷倾向相一致。

---

① 苏轼：《东坡易传》卷五，上海古籍出版社，1989年，第92页。
② 苏轼：《东坡易传》卷二，上海古籍出版社，1989年，第24页。
③ 苏轼：《东坡书传》卷三，文渊阁四库全书本。

另一方面,更重要的是,东坡指出,对于杰出的名医扁鹊、华陀来说,此类折衷性质的原则是不足称道的。换言之,扁鹊、华陀等名医往往正是打破"君臣相使,畏恶相制"等折衷原则,才取得了起死回生的奇效。东坡对"刚柔相济"的反思中,除了反对折衷,还包含了打破常规的思想(说详下)。

五、论魏禧"偏至"说与东坡思想的渊源

魏禧"偏至"说不仅仅与明代陶望龄等人的看法相呼应,更重要的是,从苏轼的上述易学和尚书学中吸取了丰富资源。

众所周知,魏禧对三苏古文推崇备至,认为"然如苏氏父子论,则古当不有是,不谓开创,殊不可得。吾诸论亦私自谓苏氏后恐无其偶"[1]。不仅如此,苏轼的易学和尚书学也在魏禧学术中打下了深刻烙印。魏禧与其师友称"易堂九子",其易学造诣之高,不言而喻。就其文集来看,其援引易理的文章为世所重,如《诗遁序》获"借诗遁之目,发挥遁卦之旨,可以补先儒所未及"[2]的好评。又,《赠谢约斋六十有四叙》从"《剥》《复》之间有《坤》焉",引申出"以刚健中正自养"的主张,被屈翁山誉为"说《易》以此为至"[3]。又,魏禧颇重视《屯》

---

[1] 魏禧撰,胡守仁等校点:《魏叔子文集外篇》卷六《与诸子世杰论文书》,载《魏叔子文集》,中华书局,2003年,第284页。
[2] 魏禧撰,胡守仁等校点:《魏叔子文集外篇》卷九附秦灯岩评,载《魏叔子文集》,中华书局,2003年,第480页。
[3] 魏禧撰,胡守仁等校点:《魏叔子文集外篇》卷九附,载《魏叔子文集》,中华书局,2003年,第606—607页。

卦，著《论屯卦》，指出"天将大治，必大乱以开之"①，《孔建字说》一文亦借《屯》卦阐发"故不大乱则不能大治者势也"② 之说，这显然是明清鼎革之时代背景的折射。

从魏禧的文集来看，他对《东坡易传》的文生于相错、小人不可胜尽等观念，都有所吸收。比如，《文瀿叙》云："阴阳互乘，有交错之义，故其遭也而文生焉。"③ 此说显然胎息于前引东坡"夫文生于相错"一说。魏禧还吸取了苏轼之阳不可无阴的观念。比如，魏氏《宋论上》主张"国家之祸，不祸于小人，而祸于君子"④，将国家之祸归咎于君子的说法，可溯源至东坡的"故凡天下之患，起于小人，而成于君子之速之也"⑤，此说正是《东坡易传》"小人不可胜尽"的重要论据。此外，魏禧对《东坡易传》的民本思想，也多有呼应。比如，《东坡易传》卷三于《颐》卦，强调"六五既失其民……失民者不可以犯难"⑥。魏氏《熊养及字说》亦主张"颐欲自奋于贤，求为圣人之所养，则所以及民之道不可不讲已"⑦。

在《尚书》学方面，魏禧"幼治《尚书》"⑧。其《尚书余》一卷已

---

① 魏禧撰，胡守仁等校点：《魏叔子文集外篇》卷二十二《论屯卦》，载《魏叔子文集》，中华书局，2003年，第1039页。
② 魏禧撰，胡守仁等校点：《魏叔子文集外篇》卷十五《孔建字说》，载《魏叔子文集》，中华书局，2003年，第712页。
③ 魏禧撰，胡守仁等校点：《魏叔子文集外篇》卷十《文瀿叙》，载《魏叔子文集》，中华书局，2003年，第540页。
④ 魏禧撰，胡守仁等校点：《魏叔子文集外篇》卷一《宋论上》，载《魏叔子文集》，中华书局，2003年，第65页。
⑤ 苏轼著，孔凡礼点校：《苏轼文集》卷四《大臣论下》，中华书局，1986年，第127页。
⑥ 苏轼：《东坡易传》卷三，上海古籍出版社，1989年，第51页。
⑦ 魏禧撰，胡守仁等校点：《魏叔子文集外篇》卷十五《熊养及字说》，载《魏叔子文集》，中华书局，2003年，第707页。
⑧ 魏禧撰，胡守仁等校点：《魏叔子文集外篇》卷十六《经钮堂记》，载《魏叔子文集》，中华书局，2003年，第733页。

佚，仅能从文集中窥见其学之大概。《经钼堂记》列举了有关《尚书》的三点质疑：其一，武王克商，独于伯夷、叔齐无闻。其二，箕子殷室至亲，乃为武王陈《洪范》。其三，周公作《无逸》以告成王，以农民苦乐为治乱之本，而后世困苦其农民。其《杂问一》论及上述第一条质疑，①《杂问十八》则以"武王克商，戢干戈，放马牛"为话题。②

魏禧和苏轼在《尚书》学方面的共同点是重视民生。如前所述，魏禧于《尚书》，尤其强调周公《无逸》之以农民苦乐为治乱之本：

> 周公作《无逸》以告成王，一则曰"知稼穑之艰难"，再则曰"知小民之依"。故农民苦乐之故，赋敛之轻重，天下治乱安危之本也。然后世急徭役、严刑、重征，以困苦其农民，而天下亦幸苟安而不危。③

除了《经钼堂记》，他在《孔仲隆六十寿叙》中亦提及《无逸》有关"稼穑艰难"之说。④ 此外，《尚书·君陈》"惟民生厚，因物有迁"之说，也为魏禧所重视。⑤《东坡书传》对于重民食、不杀、轻刑等仁政，再三致意。比如，苏轼特意纠正旧说，点出《无逸》"先知稼穑之艰难，乃逸"的涵义：

---

① 魏禧撰，胡守仁等校点：《魏叔子文集外篇》卷十九《杂问一》，载《魏叔子文集》，中华书局，2003年，第993—994页。
② 魏禧撰，胡守仁等校点：《魏叔子文集外篇》卷十九《杂问十八》，载《魏叔子文集》，中华书局，2003年，第1009页。
③ 魏禧撰，胡守仁等校点：《魏叔子文集外篇》卷十六《经钼堂记》，载《魏叔子文集》，中华书局，2003年，第733—734页。
④ 魏禧撰，胡守仁等校点：《魏叔子文集外篇》卷十一《孔仲隆六十寿叙》，载《魏叔子文集》，中华书局，2003年，第554页。
⑤ 魏禧撰，胡守仁等校点：《魏叔子文集外篇》卷十一《程楚臣六十叙》，载《魏叔子文集》，中华书局，2003年，第609页。

> 旧说先知农事之艰难，乃谋逸豫，非也。周公方以逸为深戒，何其谋逸之亟也？盖曰：王当先知稼穑之道为艰难，乃所以逸乐，则知小人之所依怙以生者。知此则不妨农时、不夺民利、不尽民力也。①

此说认为周公并非谋逸豫，而是了解小人赖以生存的条件，因而轻徭薄赋。此说显然为前引魏禧说所本。《东坡书传》中类似重民生的主张多次出现。②

魏禧对苏轼易学和尚书学的汲取，提示了其"偏至"说吸收苏轼"刚柔相济"为"寡过之法"一说的可能性。两者不仅在反对"刚柔相济"即折衷这一层面相通，而且具有另外两点共性。

其一，以中药之君臣关系为喻。如前所述，东坡分析"刚柔相济"的实质时，以"药之有方，聚众毒而治一病，君臣相使，畏恶相制"为喻，认为其结果是幸则治病，不幸亦不至于杀人。由此说不难看出，东坡认为中医的君臣、畏恶之说，正如其思维方式本身一样，是无害而平庸的。有趣的是，魏禧在阐述以朋友讲益来纠正理论的偏至特征时，也采用了这一比喻：

> 譬如制舟车丸者，以乾枣固其土，服半夏者，用姜。夫一方之用，必兼佐使，一药之味，必藉炮制，矫其偏而去其毒，然后食之者，有益而无损。吾辈为学立言，自多偏至，虽其是者，不能无弊。朋友讲益，所谓佐使炮制以成是药之功，免是药之罪者，而敢不敬受乎？③

---

① 苏轼：《东坡书传》卷十四，文渊阁四库全书本。
② 比如"十二州之牧所重民食，惟是而已"（卷一《舜典》，第496页），"厚生，时使薄敛也，使民之赖其生也者厚也"（卷三《大禹谟》，第502页），"贫富相保而居，各以其叙相敬也，此教民厚生之道也"（卷八《盘庚下》，第559页），"甲笞其子而责之学，乙笞其子而夺之食，此周公所以能禁酒也"（卷十二《酒诰》，第603页）。
③ 魏禧撰，胡守仁等校点：《魏叔子文集外篇》卷五《复谢约斋书》，载《魏叔子文集》，中华书局，2003年，第236—237页。

与苏轼有所不同,魏禧深信君臣佐使之法,认为此法之于药,正如朋友讲益之于学术,能够使药和学术有益而无损、有功而无罪。

从魏禧喜欢与苏轼唱反调的习惯来看,① 魏禧在偏至论上推崇君臣佐使之法,与苏轼之"刚柔相济"为"寡过之法"的观点恰成对比,正提示了其"偏至"说可能受到了苏轼说的逆向刺激。

必须说明的是,明缪希雍《药性简误指归》论药石的偏至之气云:"夫药石禀天地偏至之气者也。虽醇和浓懿,号称上药,然所禀既偏,所至必独。脱也用违其性之宜,则偏重之害,势所必至。"② 这也可能是魏禧以药比喻偏至论的理论来源之一。不过,缪希雍此说的核心是不违背药石之性,与苏轼所谓"君臣相使,畏恶相制"、魏禧所谓"佐使炮制"相比,着眼点有所不同。何况,缪氏之说本身也很可能与东坡"药之有方,聚众毒而治一病"的说法有渊源关系。

其二,以常与变的关系来超越"刚柔相济"。苏轼论"刚柔相济"的平庸,以秦越人、华陀用药为例,反思"君臣相使,畏恶相制"的原则,其中暗含了打破常规的观念。换言之,"刚柔相济"等原则是"寡

---

① 如《正统论上》"故以为欧阳子重与之而吾轻与之者,此苏氏之蔽也"(《魏叔子文集外篇》卷一,第36页),《晁错论》驳苏轼之说(《魏叔子文集外篇》卷一,第46页),《续续朋党论》认为"由苏子之论,可使君子善于去小人之党,而不能使君子服小人之心,以取信于其君"(《魏叔子文集外篇》卷一,第77页),《与毛驰黄论于太傅书》认为"禧尝窃谓论古人者,不可苟为同,尤不可苟为异。……苏氏论文章横绝千古,后之君子不无遗憾,亦正坐此故耳"(《魏叔子文集外篇》卷五,第221页),《八大家文钞选序》指责苏轼自相矛盾:"东坡于西伯受命改元之事,论武王引以为据,论周公则辟其谬妄。《谏用兵书》,以唐太宗之征高丽为戒,为《策断》,则据以为可法。"(《魏叔子文集外篇》卷八,第413—414页)当然,苏氏父子中,魏禧更多地反驳苏洵之说,著有《书苏文公高帝后》《书苏文公谏上后》《书苏文公谏下后》《书苏文公明论后》《书苏文公辨奸论后》《书苏文公远虑后》(《魏叔子文集外篇》卷十三,第657—665页),其《八大家文钞选序》(《魏叔子文集外篇》卷八)亦指出老泉《上仁宗书》与《文丞相书》的冲突之处。究其原因,当是由于魏禧"少好《左传》、苏老泉"(《魏叔子文集外篇》卷六《与诸子世杰论文书》,第284页)。

② 《神农本草经疏》卷一,文渊阁四库全书本。

过之法"，是使人少犯错误的常规，而建功立业则必须打破常规。重视常中有变、变中有常，是苏轼思想的一大特色。《东坡易传》卷七云："故卦者，至错也。爻者，至变也。至错之中有循理焉，不可恶也。至变之中有常守焉，不可乱也。"① 依据此原则，"刚柔相济"为"常守"，而秦越人、华陀的反"刚柔相济"为"至变"。苏轼此说对后世影响颇为深远。比如，元人王恽《跋中兴颂》云："秦越人探丸起死，不主故常。"② 又如，明储巏《赠医士祝叙》云："然予又闻秦越人、华陀之流，皆遇异人授以奇术，其治病有不可以故常论者。"③

与苏轼之说相似，魏禧将矫枉过正的"偏至"说理解为"反经合道"："天下庸才万数，悖理蔑义跅弛之才又所不取。非有反经合道、破千古拘牵之见，骇天下儒生俗吏之耳目，其何足拨乱世而反之正乎？"④ 此处虽未点出"偏至"之目，但由前引偏至说可知，魏禧所崇尚的，正是与庸才相对的偏至之才。其所谓"反经合道"，与苏轼"至变之中有常守"相近。从基本思维方式来说，两说仍是折衷思维，但毕竟以"反经""至变"相号召，其折衷是有偏重的。从前引"得中""权衡之法""相济""佐使炮制"诸说来看，魏禧所谓偏至，就其实质来说，也是一种有偏重的折衷，而不可能是完全打破常规。

---

① 苏轼：《东坡易传》卷七，上海古籍出版社，1989 年，第 127 页。
② 王恽：《秋涧集》卷七十一，四部丛刊景明弘治本。
③ 储巏：《柴墟文集》卷八，嘉靖四年刻本。
④ 魏禧撰，胡守仁等校点：《魏叔子文集外篇》卷五《与胡给事书（代）》，载《魏叔子文集》，中华书局，2003 年，第 231 页。

六、偏至论与欧苏人情论的异同

从魏际瑞和邱维屏对欧苏异同的分析,不难看出易堂诸子将魏禧"偏至"说溯源至苏轼,亦可以窥见魏禧"偏至"说实质上关乎欧苏经学之人性论根基,换言之,偏至论不仅仅是矫枉过正的论说策略,更体现了魏禧对欧阳修"人之常情"说加以反思和完善,提倡从偏至全、从"独至之情"到"人之常情"的思路。

邱维屏认为,在"推偏"和"推全"的议论方法上,有"苏氏家法"和"欧阳家法"的区别。其评价魏禧《李忠毅公年谱序》云:"勺庭议论,从全理推到一偏独至,发为雄论者多矣。此则从一偏之至,推向全处,为名论。推偏则多用苏氏家法,推全则又用欧阳家法,亦各惟其当也。"① 此说指出,魏禧之议论多从全理推到偏至,而在该篇中运用的是所谓"推全"的欧氏家法。邱维屏以"推偏"为苏氏家法的主张,证明了易堂诸子亦认为魏禧的偏至论源自苏轼。

不仅如此,易堂诸子有关"偏至"的思考,还提示了由"独至之情"达于"人之常情"的思维方式。邱维屏所谓偏与全,仍旧侧重于立论说理的策略,不过,其说揭示出欧苏在偏全关系上的异同,颇具启发性,透露了易堂诸子对欧阳修"人情之常"的反思。这一倾向在魏际瑞有关"独至之情"的论述中表现得尤为明显。其说云:"有独至之情者,

---

① 魏禧撰,胡守仁等校点:《魏叔子文集外篇》卷八《李忠毅公年谱序》附,载《魏叔子文集》,中华书局,2003年,第374页。

虽于凡物无情，皆可谓之有情；无独至之情者，即于凡物有情，总可谓之无情。天下无不近情之君子，天下无不溺情之小人。"① 此说极度推崇"独至之情"，同时消解"于凡物有情"的意义，其中"天下无不近情之君子"之说，提示了作者对欧阳修"人情之常"的反思，指出了以"独至之情"为根基、从"独至之情"达于凡物之情的路径。与此相对应，魏际瑞有关苏轼"本心"的评价，也隐含了由偏及全的思路："子瞻才大，而最有本心。故其言平恕而达。吾虽受嘻笑怒骂，殊不恨也。"② 所谓"本心"，所谓"平恕"，都点明了苏轼因"才大"而能近于人情的倾向。

在易堂诸子从"独至之情"通往"人情之常"的语境下，魏禧"偏至"说的理论内涵得以进一步彰显。魏禧褒赞魏际瑞《与子弟论文》曰："篇中所论为文之法，皆于人情物理最近最平处，触悟而出，信口说来，毕成妙解。他人俱从规矩生神明，吾兄是从神明生规矩也。"③ 在此，魏禧既赞美其兄深得欧阳修思想之精髓，故其文法论出于"人情物理最近最平处"；又褒奖魏际瑞"从神明生规矩"的独特路径。如果套用魏禧"从神明生规矩"的表达方式，魏际瑞的"独至之情"说实质上意味着"从独至之情生人之常情"，换言之，以魏禧为代表的易堂诸子在"偏至"说中寄托了从苏轼达于欧阳修的路径。这一路径，既是文论意义上的，也是人性论层面上的。

---

① 魏际瑞：《魏伯子文集》卷四《偶书一》，载《清代诗文集汇编》第70册，上海古籍出版社，2010年，第506页。
② 魏际瑞：《魏伯子文集》卷二《答平叔》，载《清代诗文集汇编》第70册，上海古籍出版社，2010年，第473页。
③ 魏际瑞：《魏伯子文集》卷四《与子弟论文》附，载《清代诗文集汇编》第70册，上海古籍出版社，2010年，第491页。

七、魏禧法度论对明代文论折衷倾向的超越

无论怎样,魏禧"偏至"说明确地提出了对折衷思维的反拨,与这一命题相呼应,魏禧对文人经学影响下的明代文论的折衷倾向有所突破,这在法度论方面尤为明显。

在文人经学的影响下,明代宋濂、唐顺之等人在经学上始终持道器合一之论,其文论也始终是神明与法度合一的,只不过两者的主次关系有所变化而已。①

魏禧对明人法度论的折衷倾向的超越,包含了两个层面:其一,从兼重文章的真气、特识、古法和变化等多层面,转为以"积理练识"为要。其二,从由规矩而生变化,转向"无不可以为体格"。这两个层面相互结合,表明魏禧打破了明人的"神明—法度"的折衷思维方式。

关于魏禧的"积理练识"论,学界已有充分研究。② 但先行研究注意得不够的一个问题是:"积理练识"说最具创新性的层面,不是主张古文创作当讲究理识,而是指出"积理练识"是古文创新最重要的途径。魏禧早年试图对真气、特识、古法和变化诸因素加以折衷,其说云:

> 天下文章,最苦无真气;有真气者,或无特识;有特识者,或不

---

① 参见吴正岚《明代文人经学与文学思想变革的关系》,《文学评论》2014年第2期。
② 参见邬国平、王镇远《中国文学批评通史·清代卷》,上海古籍出版社,1996年,第375—378页。

合古人法度；合古法者，又或形迹拘牵，不能变化。故天下能者甚多，求其超逸绝群，足与古作者驰骋，便为少有。①

其《任王谷文集序》重申此说。② 其后，由于认识到法度的变化有一定限度，魏禧转向了以积理练识为重。一方面，文章格调有尽，因此唐、宋大家之后，几百年间无人自创一格。另一方面，天下事理日出而不穷，因而，"文章要在积理"③。与此类似的说法还有"愚尝以谓为文之道，欲卓然自立于天下，在于积理而练识"④，"吾又尝谓文章之根柢，在于学道而积理"⑤。又，《答毛驰黄》提出文章有"本领"和"家数"两端，这其实是"理识"和"古人法度"的另一表述。"本领"和"家数"二者中，"以本领为最贵"⑥。这些说法中，"要""能事""根柢""最贵"等字眼，点明了"积理练识"是古文创新的根本途径。实际上，魏禧还曾说："独识力卓越，庶足与古人相增益。"⑦ 一个"独"字，透露了魏氏于文章唯重"积理练识"的消息。结合魏氏对于格调创新之可能性的断然否定，"积理练识"事实上已成为文学创新的唯一途径，只是他没有明确指出而已。

---

① 魏禧撰，胡守仁等校点：《魏叔子文集外篇》卷七《复沈甸华》，载《魏叔子文集》，中华书局，2003年，第351页。
② 魏禧撰，胡守仁等校点：《魏叔子文集外篇》卷八《任王谷文集序》，载《魏叔子文集》，中华书局，2003年，第398页。
③ 魏禧撰，胡守仁等校点：《魏叔子文集外篇》卷六《与诸子世杰论文书》，载《魏叔子文集》，中华书局，2003年，第284页。
④ 魏禧撰，胡守仁等校点：《魏叔子文集外篇》卷六《答施愚山侍读书》，载《魏叔子文集》，中华书局，2003年，第289页。
⑤ 魏禧撰，胡守仁等校点：《魏叔子文集外篇》卷八《八大家文钞选序》，载《魏叔子文集》，中华书局，2003年，第413页。
⑥ 魏禧撰，胡守仁等校点：《魏叔子文集外篇》卷七《答毛驰黄》，载《魏叔子文集》，中华书局，2003年，第352页。
⑦ 魏禧撰，胡守仁等校点：《魏叔子文集外篇》卷六《答蔡生书》，载《魏叔子文集》，中华书局，2003年，第265页。

与此相适应,魏禧对文章法度的看法,也从规矩与变化的折衷,转变为"无不可以为体格"的偏至之论。魏氏的法度观其实经历过"无意于法—法中之肆—遇物成形"的两次变化,他对法度的看法从否定到肯定再到否定。这两次变化中,首先值得注意的是第一次。《彭躬庵文集序》云:"予少时喜议论,后乃更好讲求法度。"① 由此说可知,魏禧年轻时喜议论而无意于法度。所谓"讲求法度",其实质是由规矩而求变化。比如《寄诸子世效世俨》"——要合古人法度,文成乃粲然可观"②,《答计甫草书》"古人法度犹工师规矩,不可叛也"③。这类讲求法度的说法都包含了追求生动变化的观念。这一时期魏氏对法度最完整的看法是:"此犹兵家之律,御众分数之法,不可分寸恣意而出之。生动变化则存乎其人之神明,盖亦法中之肆焉者也。"④ "法中之肆"一说表明了其法度论的折衷倾向。与此相类似,魏禧曾引用其兄"由规矩者,熟于规矩,能生变化"⑤ 一说。

随着其文论转向以"积理练识"为要,魏禧法度论最终转向"无不可以为体格",其原因是认识到法度的变化有尽。他论墓表志铭的创作体会云:

予往有作,必审位置,定构架,以使之屡变,而变易穷矣。后出

---

① 魏禧撰,胡守仁等校点:《魏叔子文集外篇》卷八《彭躬庵文集序》,载《魏叔子文集》,中华书局,2003年,第380—381页。
② 魏禧撰,胡守仁等校点:《魏叔子文集外篇》卷七《寄诸子世效世俨》,载《魏叔子文集》,中华书局,2003年,第358页。
③ 魏禧撰,胡守仁等校点:《魏叔子文集外篇》卷五《答计甫草书》,载《魏叔子文集》,中华书局,2003年,第248页。
④ 魏禧撰,胡守仁等校点:《魏叔子文集外篇》卷五《答计甫草书》,载《魏叔子文集》,中华书局,2003年,第248页。
⑤ 魏禧撰,胡守仁等校点:《魏叔子文集外篇》卷八《伯子文集叙》,载《魏叔子文集》,中华书局,2003年,第390页。

> 入韩、柳、欧阳、王及近代归太仆、易堂吾姊婿丘邦士之作，乃知天下遇物成形，无不可以为体格者，而祖父、子孙、生没、葬地，适足增文章之变。遂欲信笔所遭，不设位置，辟如手掬花片，迎风洒之，红白疏密，落地自成文章，虽洒之百遍，终不同复。①

此文作于丁巳（1677）仲夏，可视为魏氏晚年定论。魏氏从创作实践中体会到，从规矩入手而求体格的变化，"变易穷矣"，变化是有限的。于是他领悟到天下"无不可以为体格"，创作当"信笔所遭，不设位置"，抛开旧有的规矩法度，方能变化无穷。魏禧在《伯子文集叙》中将此说阐述为"以巧力变化而合规矩"，并引用魏际瑞之说加以解释："不由规矩者，巧力所到，亦生变化；既有变化，自合规矩。"② 在此，"合规矩"一说的语意，已经从符合法度转换为独具特色了。前引"落地自成文章，虽洒之百遍，终不同复"之说，可为"自合规矩"说作注脚。又，《陆悬圃文叙》提出"变者，法之至者也。此文之法也"③ 之后，又提及"积理以为文"，这提示了两者之间的逻辑联系，正在于法度变化的有尽，即同篇所谓"使天下物形，不出于方，必出于圆，则其法一再用而穷"④。

由前引《墓表志铭引》可知，韩愈以来古文家的创作成就，为魏禧提供了文章不求法度而自然成文的正面榜样。此文列出的从韩愈到邱邦

---

① 魏禧撰，胡守仁等校点：《魏叔子文集外篇》卷十八《墓表志铭引》，载《魏叔子文集》，中华书局，2003年，第881页。
② 魏禧撰，胡守仁等校点：《魏叔子文集外篇》卷八《伯子文集叙》，载《魏叔子文集》，中华书局，2003年，第390页。
③ 魏禧撰，胡守仁等校点：《魏叔子文集外篇》卷八《陆悬圃文叙》，载《魏叔子文集》，中华书局，2003年，第429页。
④ 魏禧撰，胡守仁等校点：《魏叔子文集外篇》卷八《陆悬圃文叙》，载《魏叔子文集》，中华书局，2003年，第428页。

士的谱系，既是墓表志铭创作之大家的谱系，也是文人经学的脉络。①这一谱系中没有苏轼，而实际上"遇物成形"一说很容易使人联想到苏轼以水喻文的"因物赋形""随物赋形"等说。众所周知，苏轼《仁宗皇帝御书颂》以水喻君子之道，论水的变化与不变："圣人如天，时杀时生。君子如水，因物赋形。天不违仁，水不失平。惟一故新，惟新故一。一故不流，新故无致。"②《东坡书传》卷七《咸有一德第八》重申此说。又，《东坡易传》卷三、卷七论水之信、以水喻道，亦分别提及"万物皆有常形，惟水不然，因物以为形"③，"水之无常形"④。苏轼以水喻文、喻画的文字，更为人所熟知。比如，《自评文》曰："吾文如万斛泉源，不择地皆可出，在平地滔滔汩汩，虽一日千里无难。及其与山石曲折，随物赋形，而不可知也。所可知者，常行于所当行，常止于不可不止，如是而已矣。"⑤《与谢民师推官书》⑥《画水记》⑦ 亦有类似说法。在此，东坡以"随物赋形"来强调创作主体不受拘束的心灵状态、作品不为法度所缚的特征。

魏禧在法度观上的前后变化，说明了他一直在寻找最有利于文学创新的法度观，最终，他从苏轼的"随物赋形"说找到了理论依据。值得一提的是，如前所述，苏轼以水喻文艺与喻君子之德，其思维方式是有所不同的。喻文艺如《自评文》，仅注重其变化的一面；喻君子之德如《仁宗皇帝御书颂》，则兼论其变化和不变。可见苏轼在折衷和偏至两种

---

① 参见吴正岚《明代文人经学与文学思想变革的关系》，《文学评论》2014年第2期。
② 苏轼著，孔凡礼点校：《苏轼文集》卷二十《仁宗皇帝御书颂》，中华书局，1986年，第583页。
③ 苏轼：《东坡易传》卷三，上海古籍出版社，1989年，第54页。
④ 苏轼：《东坡易传》卷七，上海古籍出版社，1989年，第124页。
⑤ 苏轼著，孔凡礼点校：《苏轼文集》卷六十六，中华书局，1986年，第2069页。
⑥ 苏轼著，孔凡礼点校：《苏轼文集》卷四十九，中华书局，1986年，第1418页。
⑦ 苏轼著，孔凡礼点校：《苏轼文集》卷十二，中华书局，1986年，第408页。

思维方式之间徘徊，而在文艺一端，则打破了折衷。与此相类似，魏禧之以水喻文，时而兼论因物赋形和不失平两方面："泻水于盂，盂方则方，盂员则员者，水之法也。……今夫水，泻于平地，必注于龟，流其所不平，泻之万变而不失"①，时而又仅注目于"遇物成形"，如《墓表志铭引》所述。由此可以推测，魏禧对折衷倾向的反拨也是不彻底的。

八、结语

魏禧"偏至"说试图突破折衷思维方式，与此相呼应，其文学法度论也走向了"无不可以为体格"。其说与苏轼思想的渊源，为考察明清文论嬗变的方向和动力提供了视角。

魏禧"偏至"说远绍《人物志》和《后汉书·文学传论》，近承明代陶望龄"偏至"说。但是，与之前的"偏至"说有所不同，魏氏强调对折衷的反拨，以中药的君臣关系为比喻，以常与变的框架来思考"偏至"的实质，因而其"偏至"论很接近于《东坡书传》以"刚柔相济"为"寡过之法"的主张，虽然苏轼从未使用过"偏至"一词。此外，其兄魏际瑞和其姐夫邱维屏有关"独至之情"和苏氏家法、欧阳家法的论述，不仅表明易堂诸子认为魏禧"偏至"论是追摹苏氏家法的表现，而且折射了魏禧"偏至"说的背景是在文论和人性论方面都试图从苏轼走向欧阳修。

---

① 魏禧撰，胡守仁等校点：《魏叔子文集外篇》卷八《陆悬圃文叙》，载《魏叔子文集》，中华书局，2003年，第428—429页。

与"偏至"说相适应，魏禧的文学法度论也试图超越折衷倾向，从兼重文章的真气、特识、古法和变化等多层面，转为以"积理练识"为要；从由规矩而生变化，转向"无不可以为体格"。其理论前提是认识到文章格调有尽，其理论来源是苏轼以水喻文、"随物赋形"的主张。

魏禧法度论与苏轼以水喻文的渊源关系，提示了其"偏至"说与《东坡书传》反"刚柔相济"之间的契合并非偶然。包括水论在内，苏轼思想中已有打破"刚柔相济"之折衷的倾向。魏禧之所以能够以"偏至"说实现对折衷的超越，既是由于他从创作实践中体会到格调变化有尽，又是因为受到了东坡学术和明代陶望龄等人尚"偏至"之风的启发。必须说明的是，"主宾轻重要必有权衡之法""以巧力变化而合规矩"等说法，表明魏禧的反拨是不彻底的。

清初布衣士子邵长蘅的风土文学与钱谷财币之学

众所周知,清顺康年间,毗陵邵长蘅(1637—1704)被宋荦誉为与侯方域、魏禧鼎足而三的布衣能文之士,宋荦之说云:"韦布之士以能文章名海内而余获交者,得三人焉:一为侯朝宗,一为宁都魏叔子,其一则毗陵邵子湘。"① 以往的研究已注意到邵长蘅作为清前期布衣文学的代表人物之一,其诗文体现出布衣文学为遗民叙写"独行"之品②、更能揭露社会黑暗③、于文学品鉴方面离合于"肆""醇"之间的独特倾向④。上述富于启发性的观点提示了一个有待进一步开掘的视角:包括经济状态、社会活动、学术倾向和文学观念等不同因素在内的清初布衣文化,其不同层面之间究竟如何密切互动,从而使得布衣文学在哪些层

---

① 宋荦:《邵子湘全集》卷首附《邵子湘全集序》,载《清代诗文集汇编》第 145 册,上海古籍出版社,2010 年,第 141 页。
② 参见曹虹《集群流派与布衣精神——清代前期文章史的一个观察》,《苏州大学学报》2012 年第 6 期。
③ 参见张琼《论布衣文人对清代文学的推动》,《江苏社会科学》2013 年第 3 期。
④ 郭英德:《布衣之文:清前期文坛身份意识的强化与文化权力的转移》,《福建师范大学学报》2019 年第 5 期。

面获得了推陈出新的动力呢?

从邵长蘅自身的人生追求来说,他最关注的问题之一,是如何以布衣身份通过文学创作来经世致用、追求不朽。邵氏曾以"百年风土《吴都赋》,异代兴亡《越绝书》"① 来叹赏魏禧的文章事业,此说将"百年风土"和"异代兴亡"视为文学的重要内容。耐人寻味的是,魏禧《纪事诗钞序》也以"当世治乱成败得失之故,风俗贞淫奢俭之源流"② 为纪事诗的表现对象。文学表现"风土"和"兴亡"的主张,远接《毛诗序》"国史明乎得失之迹,伤人伦之废"的说法,近承白居易《与元九书》反对"上不以诗补察时政,下不以歌泄导人情"③ 的观念。那么,邵长蘅的风土文学从哪些层面弘扬了上述观念呢?本文拟在梳理邵长蘅布衣观念之演进的基础上,分析布衣士子邵长蘅与富民阶层在建构乡邦文化、强调敦风厉俗方面的密切互动,④ 揭示他们于风俗尤重"勤俭""轻财好义"等层面,梳理其风土文学如何深入而丰富地刻画钱谷财币,从而把握顺康之际布衣文学的文学史意义。

一、从锐意功名到以立言自命

邵长蘅自幼在母亲的激励下锐意功名,⑤ 怀有强烈的经世之志。然

---

① 邵长蘅:《青门簏稿》卷五《魏冰叔久客吴门却寄》,载《清代诗文集汇编》第145册,上海古籍出版社,2010年,第192页。
② 魏禧撰,胡守仁等校点:《魏叔子文集外篇》卷十《纪事诗钞序》,载《魏叔子文集》,中华书局,2003年,第539页。
③ 白居易撰,顾学颉校点:《白居易集》,中华书局,1979年,第960页。
④ 纪玲妹《清代毗陵诗派研究》(凤凰出版社,2009年)于毗陵诗派既论及其经世之志,又阐述其吟咏风土人情,惜未考察两者之间的逻辑关系和学术背景。
⑤ 邵长蘅:《青门簏稿》卷十四《先考冠带乡饮宾海鸥府君暨先妣杨孺人行述》,载《清代诗文集汇编》第145册,上海古籍出版社,2010年,第288—291页。

而，自从在江南奏销案中被黜籍之后，他一直被笼罩在科举不利的阴影下。在经历一次又一次的科场失败后，他始终没有放弃"适世用"①的心愿；与此同时，他逐渐调整自己的奋斗方向，树立了通过立言来追求不朽的人生目标。这一人生观体现了清代初期布衣文学兴盛和布衣追求经世的时代特征。

邵长蘅《青门老圃传》披露了自己因科举挫折而向慕古之立言者的心路历程："十岁补弟子员，试再高等，已累举于乡，辄报罢。会缝新令，黜其籍。则叹曰：'吾固知富贵有命，百年旦暮耳，而顾敝形劳神。'……或曰：'彼方锐意功名，壮无所遇，是激而逃焉者耶？'或曰：'老圃外声利，颓然自放，顾独刻苦为文辞，殆有慕于古之立言者欤？'"②可见，科场坎坷以致壮无所遇这一人生经历导致邵长蘅将锐意功名的激情，转化为刻苦为文的力量。在《奉答王阮亭先生书》中，邵长蘅感慨自古以来追求立言者之多："自南宋至元明五百余年，其间文章之士怂惠跻踔而起，奋然思以立言自命者，盖几千百人。"③邵长蘅在与朋友书信往来时，也不忘以读书立言共勉。比如，《答贺天山》云："吾辈蕲以立言自表见，而不能多读书，岁月波流，良增慨叹，冀与知己共勉之也。"④

由于邵长蘅是从锐意功名转向以立言自命的，对于立言与立功的关系，他不止一次地流露出立功无门因而不得已立言的无奈，而且旗帜鲜

---

① 邵长蘅：《青门簏稿》卷十一《与家幼节》，载《清代诗文集汇编》第145册，上海古籍出版社，2010年，第255页。
② 邵长蘅：《青门簏稿》卷十五《青门老圃传》，载《清代诗文集汇编》第145册，上海古籍出版社，2010年，第301—302页。
③ 邵长蘅：《青门剩稿》卷八，载《清代诗文集汇编》第145册，上海古籍出版社，2010年，第520页。
④ 邵长蘅：《青门簏稿》卷十一，载《清代诗文集汇编》第145册，上海古籍出版社，2010年，第256页。

明地提倡"有用之言"。比如，他为魏禧的怀才不遇而扼腕："呜呼，才如叔子，而仅以空言自表见，度非所甚愿，然已足不朽矣。"① "空言"一词透露了他内心深处认为立功远重于立言的真实想法。与此相关联，他对"有用之言"的强调也是空前的。邵氏将魏曹丕《典论·论文》"盖文章经国之大业，不朽之盛事"这一充分但不必要的条件关系，修改成"盖必可经国者可不朽也"② 这一充分且必要的条件关系。此说有助于理解邵氏所谓"有用之言"的内涵和力度。文章追求"有用之言"的看法，③ 前人早已有之，北宋欧阳修《荐布衣苏洵状》④、苏辙《易论》⑤、黄庭坚《与王观复书三首》⑥ 皆反复致意于此。因此，邵长蘅反复提倡"有用之言"⑦"有用之书"⑧"有用之学"⑨，从字面上看是老生常谈，但将其与前述"空言""必可经国"等表述相联系，可以窥见其"立言"与经世致用的密切关联。

---

① 邵长蘅：《青门簏稿》卷七《魏叔子文集序》，载《清代诗文集汇编》第145册，上海古籍出版社，2010年，第212页。
② 邵长蘅：《青门簏稿》卷七《魏叔子文集序》，载《清代诗文集汇编》第145册，上海古籍出版社，2010年，第212页。
③ 《青门旅稿》卷六《清故文学耿君墓表》《王母韩孺人墓志铭》和《青门剩稿》卷四《积善录序》中都有类似说法。
④ 欧阳修撰，李逸安点校：《奏议》卷第十六，载《欧阳修全集》，中华书局，2001年，第1698页。
⑤ 苏辙著，曾枣庄、马德富校点：《栾城应诏集》卷四《易论》，载《栾城集》，上海古籍出版社，2009年，第1609页。
⑥ 黄庭坚著，刘琳等校点：《宋黄文节公全集·正集》卷十八，载《黄庭坚全集》，四川大学出版社，2001年，第472页。
⑦ 邵长蘅：《青门簏稿》卷七《魏叔子文集序》，载《清代诗文集汇编》第145册，上海古籍出版社，2010年，第212页。
⑧ 邵长蘅：《青门簏稿》卷十六《试策二·人才》，载《清代诗文集汇编》第145册，上海古籍出版社，2010年，第319页。
⑨ 邵长蘅：《青门旅稿》卷三《送侄璹游太学序》，载《清代诗文集汇编》第145册，上海古籍出版社，2010年，第386页。

二、布衣之文的独特价值

邵长蘅以立言自命,强调文章必可经国者方能不朽,这与其对布衣之立身处世的思考紧密相连。邵长蘅遵照其父邵文燦的遗嘱,创建邵氏始祖康节公祠。在《邵氏始祖康节公祠堂记》中,他指出:"夫公以布衣居洛,位望去温公远甚,乃偃然当兄事之礼,不以为过;而洛之父老子弟慕悦爱敬之诚,亦若忘其位望之悬绝者,岂非道德足感人而势位之有无不足重轻乎?"① 此说认为始祖邵雍以布衣立德,其为洛阳父老子弟慕悦爱敬的程度,丝毫不亚于位望颇高的司马光,这一历史现象说明了道德感人而势位无足轻重。正是在此基础上,邵长蘅领悟到布衣立德的基本途径是为善于乡。其说曰:"夫为善于乡,中人可勉,然则势位之不可必得者,不敢幸之天,而所为砥行立名,以祈信于乡邻者,不当自树立也哉?故曰率祖者奋。"② 值得注意的是,从"势位之不可必得者,不敢幸之天"一说可以推测,科场不利的邵长蘅一直在痛苦地寻找精神的平衡点,而邵雍以布衣立德的榜样令他豁然开朗。

与布衣立德相表里,邵长蘅逐步认识到布衣之文的独特价值:布衣之文因令传主不朽而见重于世,布衣更适合为生平有隐痛的传主写作,

---

① 邵长蘅:《青门簏稿》卷九《邵氏始祖康节公祠堂记》,载《清代诗文集汇编》第145册,上海古籍出版社,2010年,第230页。
② 邵长蘅:《青门簏稿》卷九《邵氏始祖康节公祠堂记》,载《清代诗文集汇编》第145册,上海古籍出版社,2010年,第230页。

布衣门生可为名臣撰行状。①

其一，传之久远、可使传主不朽，是布衣之文令人向慕的根本原因。邵长蘅《中宪大夫常州府知府骆公墓表》透露了邵长蘅、魏禧等布衣士子的文章受人追捧的奥秘："公卒后一年，嘉泰状公行事，介蘅之族兄赞来请表其墓。蘅少贱不敢当，固辞。赞曰：'泰之请也，诚蕲其文之足不朽公者，不以名位。将乞铭于宁都魏禧，禧亦布衣士子，幸许之。'蘅曰：'诺。'"② 这是说，骆锺麟之子嘉泰请邵长蘅之族兄邵赞为中间人，为骆父乞墓表，而长蘅以贱辞。这段文字折射出清代顺康年间文坛一个值得重视的倾向：当此之时，求文者看重文章能否不朽而非作者身份高低，布衣士子这一群体事实上已以文学实力雄踞文坛。必须说明的是，由于贵人传志不出于布衣之手的惯例积重难返，即便骆嘉泰等人诚恳地请求布衣士子为其显赫的长辈表墓撰铭，布衣文人本身却常常以身份不符为理由推辞，这就是邵长蘅常说的"以贱辞"③ 和魏禧所说的"以草野辞"④。以中宪大夫常州府知府骆锺麟的表铭为例，邵赞以将向魏禧求铭的说法打动了邵长蘅，而实际上魏禧后来并没有撰铭。魏禧《赖古堂集序》云：

---

① 蒋寅《清代诗学史》第一卷第一章敏锐地指出"就诗所表达的内容而言，与其说是切人情，还不如说是切合身份。后人将这种由作者身份带来的规定性也视为文体学的一个部门"（第122页），身份规定性也体现在传志的写作中，然而，布衣文学的崛起使得传志写作的身份规定在一定程度上被超越。
② 邵长蘅：《青门簏稿》卷十二《中宪大夫常州府知府骆公墓表》，载《清代诗文集汇编》第145册，上海古籍出版社，2010年，第270—271页。
③ 邵长蘅在《明中奉大夫正治卿礼部右侍郎兼翰林院侍读学士诚斋管公神道碑铭》（《青门簏稿》卷十三，第279页），《中宪大夫江南布政使司参议分守苏松常道方公行状》（《青门簏稿》卷十四，第288页）和《叶淑人墓志铭》（《青门剩稿》卷七，第513页）中都提及"以贱辞"。
④ 魏禧撰，胡守仁等校点：《魏叔子文集外篇》卷八《赖古堂集序》，载《魏叔子文集》，中华书局，2003年，第436页。

> 禧窃见古今当代贵人传志之文，皆非布衣所作。往年家伯子以疾召禧于浙江之幕，大中丞范公极谦下之，尝属禧为其太傅公传，禧逡巡以草野辞。常州太守骆公与禧交，卒，其子以志铭请，亦辞。①

显然，魏禧不止一次地因布衣身份的顾虑而婉辞贵人传志的写作。虽然这很可能是魏禧不愿或不便下笔而给出的托词，但布衣之士以不朽之文超越身份限制的趋势，由此可窥一斑。

其二，对于生平有隐痛的传主来说，布衣文人比贵人巨公更适合为他们撰文。据邵长蘅《明中奉大夫正治卿礼部右侍郎兼翰林院侍读学士诚斋管公神道碑铭》，管绍宁与其三子因遭常州太守宗灏陷害，同日遇害，数十年后，其曾孙孝植向邵长蘅乞碑，邵氏先是以贱辞，后来却被管孝植的以下说法打动了："又载拜曰：'曾王父之殁也，有隐痛焉，不敢渎当代贵人巨公，敢以烦下执事。'蘅慨然不敢辞，遂为铭。"② 这一个案实质上说明了在传主被诬陷致死的情况下，其家人倾向于向布衣文人而不是贵人巨公乞文。前引"慨然不敢辞"一说，折射了布衣士子邵长蘅态度郑重、隐然以此为重要使命的心态。由此可以推测，管孝植"不敢渎当代贵人巨公"一说唤醒了邵长蘅对于布衣文学之独特意义的自觉。

其三，布衣门生可以为名臣撰写行状，这是邵长蘅依据古例来强调布衣之文的意义。当中宪大夫、江南布政使司参议分守苏松常道方国栋的儿子方辰来求传时，邵长蘅辞传而作行状，这一做法颇耐人寻味。

---

① 魏禧撰，胡守仁等校点：《魏叔子文集外篇》卷八《赖古堂集序》，载《魏叔子文集》，中华书局，2003年，第436页。
② 邵长蘅：《青门簏稿》卷十三《明中奉大夫正治卿礼部右侍郎兼翰林院侍读学士诚斋管公神道碑铭》，《清代诗文集汇编》第145册，上海古籍出版社，2010年，第279页。

公子辰字共枢……既撰公行略，乞铭于编修长洲汪公琬，又请于知灵寿县平湖陆公陇其表公墓，复以传属薇。薇以贱辞，公子请益坚。薇复于公子曰："古名臣功德足不朽者，必件系其历官行事，列之为状，用牒考功太常议谥，牒史馆请垂编录，而状往往皆门生故吏为之，薇请依古撰行状一通，令后世传循吏者有所考。"①

这件事再次凸显了传志写作中的身份规定。邵长蘅之说当出自明吴讷《文章辨体序说》："按行状者，门生故旧状死者行业上于史官，或求铭志于作者之辞也。"② 邵长蘅援引古例，使得门生撰写行状、为史书提供材料的价值进一步彰显。因此，邵长蘅辞传而写行状这一做法的用意，与其说是为了表示对传志写作之身份规定的尊重，不如说是刻意凸显布衣文学不可或缺的作用。

三、布衣士子与富民阶层协力建构乡邦文化

邵长蘅对布衣文学的独特价值、独特作用的分析，折射了他对布衣身份的深刻认同，这就令人联想到他与同为布衣的富民阶层在建构乡邦文化上的密切合作，敦风厉俗是他们的共同追求。③

---

① 邵长蘅.《青门簏稿》卷十四《中宪大夫江南布政使司参议分守苏松常道方公行状》，载《清代诗文集汇编》第145册，上海古籍出版社，2010年，第288页。
② 吴讷著，于北山校点：《文章辨体序说》，人民文学出版社，1962年，第50页。
③ 关于宋代以降的富民阶层，叶坦《富国富民论——立足于宋代的考察》（北京出版社，1991年）、黄启昌《富民阶层与宋代社会》（《求索》1995年第1期）、林文勋《唐宋社会变革论纲》（人民出版社，2011年）等已从社会经济角度探讨了富民阶层的意义，本文侧重于考察布衣士子与富民阶层如何协力建构乡邦文化以敦风厉俗。

(一) 布衣之雄：布衣士子与富民的共同人生目标

从邵长蘅对富民陈敬的最高赞誉"布衣之雄"，不难窥见布衣士子对为善于乡的富民是如何发自内心地推崇，也可以看出布衣士子与富民的精神纽带正是共同的布衣身份。由邵长蘅《陈翁传》可知，崇祯时，毗陵富民陈敬主运白粮，因朝廷加江南赋、白粮费重，陈敬诣阙上疏，申诉这一政策导致江南富民面临困境，使得崇祯帝下诏减尖六米万余石且令其他费率减半。邵长蘅在篇末赞叹道："翁直言勵上，而卒名显，其布衣之雄乎？"①

如果将"布衣之雄"的赞誉与邵长蘅的文坛定位加以联系，就可发现布衣士子与富民同心协力的身份背景。如前所述，邵长蘅对布衣之德反复赞誉，而且在传志写作中，他对布衣文学的不可替代性越来越有信心，更重要的是，他作为布衣文学之翘楚的地位逐步得到认可。从康熙五年（1666）至康熙八年（1669），在邵长蘅表兄杨廷蕴任黄陂令期间，② 邵氏多次前往黄陂，③ 因此得以与宋荦、顾景星、蒋颖揆等人交游，这一经历成为邵长蘅进一步倾心文学、以布衣文人自命的重要动力。这一时期，顾景星《西陵客舍奉酬子湘见赠之作》热情洋溢地褒奖邵长蘅为杰出的布衣诗人："徐当垂拱无四杰，邵比杜甫夔州前。布衣高视动千古，姓名往往轻凌烟。邵子长才体不一，乐府横吹诧无匹。"④

---

① 邵长蘅：《青门簏稿》卷十五，载《清代诗文集汇编》第145册，上海古籍出版社，2010年，第301页。
② 关于邵长蘅与杨廷蕴的交游，参见纪钦《邵长蘅与武进杨氏家族成员交游考》，《常州工学院学报》2017年第6期。
③ 参见朱雪萍《邵长蘅诗文研究》，南京师范大学硕士论文，2008年。
④ 邵长蘅：《青门簏稿》卷三附，载《清代诗文集汇编》第145册，上海古籍出版社，2010年，第174页。

其中,"布衣高视动千古"这句诗同时赞美邵长蘅和宋荦的文采,对邵长蘅和宋荦的布衣文学观都具有决定性的意义。就邵长蘅而言,由于"布衣高视动千古"这句话的激励,布衣文学将彻底取代科举功名,成为邵长蘅"镂心铱肾"① 的追求;对宋荦来说,二十多年后,② 他在《邵子湘全集序》《赠邵子湘六十序》中称誉邵长蘅为与侯方域、魏禧并驾齐驱的"布衣能文章"之士,当亦受到了顾景星此说的启发。

概言之,邵长蘅对自己作为布衣文人的身份如此重视,因而他赞誉陈敬为"布衣之雄"的说法充分体现了布衣士子与富民的惺惺相惜。耐人寻味的是,"布衣之雄"的说法出自《三国志》卷一《魏书一》"且绍,布衣之雄耳,能聚人而不能用"③,由于"布衣之雄"后有一"耳"字,且此说批评袁绍能聚人而不能用,因而此处的"布衣之雄"是有几分贬义的。与此有所不同,由《陈翁传》文末"然郁郁无所试于世,竟以老死"之说,可以体会出邵长蘅已将《三国志》中不无贬义的"布衣之雄",转换为对于布衣的极高赞誉。对于邵长蘅"布衣之雄"说的赞美意味,宋荦心领神会,正因如此,若干年后,其《祭青门山人文》用同样的说法褒赞邵氏的布衣文学:"惟君以布衣之雄,操数寸管,与巨公名卿,分席于诗古文词,鼎足侯、魏之间,拍肩把袖,并道而争驰。"④ 这一现象也表明,虽然邵长蘅内心万般不甘于以布衣终老,但事实上布衣士子和富民都以"布衣之雄"为共同的最高境界。

---

① 宋荦撰,刘万华辑校:《赠邵十湘六十序》,载《宋荦全集》第二册,浙江古籍出版社,2020年,第579页。
② 宋荦《邵子湘全集序》自云"二十余年前识子湘于黄州"(《邵子湘全集》卷首附,载《清代诗文集汇编》第145册,第141页)。
③ 陈寿撰,裴松之注:《三国志》卷一《魏书·武帝纪》,中华书局,1959年,第20页。
④ 宋荦撰,刘万华辑校:《西陂类稿》卷三十一,载《宋荦全集》第二册,浙江古籍出版社,2020年,第724—725页。

(二) 富民病则贫民呺然胅立：布衣士子与富民共同的经济立场

邵长蘅《陈翁传》记载陈敬强调古已有之的富民乃贫室之母的主张，透露了布衣士子与富民在经济立场上的同心协力。其说云："夫富民者，贫室之母，母病则子困。今富民病矣，贫民呺然胅立耳。脱遇方千里水旱之灾，则道殣相望，户口虚耗，数百万军储将安取给？臣窃为陛下虑也。"① 此说折射了布衣士子保富民以安天下的主张。作为保富论的先声，富民为贫室之母的说法发轫于柳宗元，其《答元饶州论政理书》指出："夫富室，贫之母也，诚不可破坏。然使其大幸而役于下，则又不可。"② 在保护富民方面，柳宗元之说是有所保留的，他认为既不能破坏富室，又不可使富民轻易获利。继之而起的是苏轼《论积欠六事并乞检会应诏所论四事一处行下状》提出了富民残破则商贾不行的看法："今富户先已残破，中民又有积欠，谁敢赊卖物货，则商贾自然不行。"③ 明清时期申论这一主张的士人中，李雯（1607—1647）侧重于不保富民则民不为朝廷所役："古之王者田均于民，无民而不可役也；今贫民无赀寄种，不可得而役；游民转徙浮生，不可得而役；陛下之所役者，独富民耳。富民者贫民之母也，而长吏又从而饕餮之、龁齝之，陛下又不自忧也，民岂得陛下有哉？"④ 历来研究经济史的学者在论述明清

---

① 邵长蘅：《青门簏稿》卷十五《陈翁传》，载《清代诗文集汇编》第 145 册，上海古籍出版社，2010 年，第 300—301 页。
② 柳宗元：《柳宗元集》卷三十二《答元饶州论政理书》，中华书局，1979 年，第 832 页。
③ 苏轼著，孔凡礼点校：《苏轼文集》卷三十四《论积欠六事并乞检会应诏所论四事一处行下状》，中华书局，1986 年，第 958 页。
④ 李雯：《蓼斋集》卷四十三，顺治十四年石维昆刻本。

时期的保富论时,尚未注意到邵长蘅《陈翁传》亦提及此说,更未论及其说第一次明确揭示富民病则贫民无以聊生的贡献。具体说来,邵长蘅《陈翁传》的保富论继上述诸说而起,其独特之处是立足于"富民病"的社会现实,通过"母病则子困"这一富于人情味的比喻,揭示了富民病则贫民流离失所、贫民流离失所则陛下危的严峻后果。从客观效果来看,这一观点深深打动了崇祯帝,可说是将保富论的理论力度加大到了极致。邵长蘅《陈翁传》强调富民乃贫室之母,折射了其赋役论以民生为重的特色,亦体现了布衣士子邵长蘅在经济立场上与富民同声共气的实质。

(三)布衣士子和富民协力建构始祖祠文化

从邵长蘅建构始祖祠文化、表彰布衣之德的举措中,尤能见出富民与布衣士子合作建构乡邦文化的态势。邵长蘅之父邵文燦以富民的身份为善于乡,不仅有常见的乐善好施之举,① 更热衷于建始祖祠等文化活动。由《青门簏稿》卷十四《先考冠带乡饮宾海鸥府君暨先妣杨孺人行述》可知,顺治辛丑年(1661),邵文燦临终嘱咐儿子:"吾死,割东宅屋一区建祠,祠康节公;割某所田若干亩,为祠田。吾姑视吾力所及而为之,后世子孙或有能大其事者。"② 兴建始祖祠的帷幕就此拉开,其实质是围绕始祖祠展开的文化建构。梳理《邵子湘全集》中与始祖祠相关的文字可知(参见本文"结语"中附表《邵长蘅与富民阶层共同建构始祖祠文化的历程》),始祖祠文化的建构以布衣士子和富民为主力,并且一

---

① 据邵长蘅《青门簏稿》卷十四《先考冠带乡饮宾海鸥府君暨先妣杨孺人行述》,邵文燦轻财好义,为邑令出谋划策,以私钱协助治理蝗虫、水旱灾害;为了接济乡亲、姻党和族属,他甚至不惜借贷而导致家境日渐窘迫。
② 邵长蘅:《青门簏稿》卷十四《先考冠带乡饮宾海鸥府君暨先妣杨孺人行述》,载《清代诗文集汇编》第145册,上海古籍出版社,2010年,第289页。

直邀请士大夫阶层参与其中，其关键词则是布衣、善行、风俗淳厚。

从顺治十八年（1661）至康熙三十三年（1694），邵长蘅坚持不懈地从不同的角度建构和弘扬始祖祠文化，其中值得注意的层面有：

其一，邵长蘅善于利用相关的契机来彰显始祖祠文化。由本文"结语"中附表可知，1661年，他遵父亲的遗命创建始祖祠之后，先后以康熙九年（1670）与族人翻新始祖祠、康熙十二年（1673）为父亲邵文燦墓改卜向、康熙二十七年（1688）向有司请求举行始祖祠祭典、康熙二十八年（1689）重建始祖祠等活动为契机，通过自己和他人对上述举措的书写，一次又一次地彰显始祖祠文化及其内涵。其中尤其耐人寻味的是，1673年他为父亲邵文燦墓改卜向这一环节，看上去与始祖祠没有直接联系，但是由汪琬《邵氏石表阴记》（《邵氏家录》卷下）可知，邵长蘅非常重视此事，先是向贺宽乞墓志铭，继而请汪琬撰墓表，其后又以汪琬所撰的墓表未及邵母为理由，反复请求汪琬撰《邵氏石表阴记》。① 寻绎贺宽、汪琬等人撰写的志表之文意，可以看出其中的关键词如布衣、为善、使末俗有劝等等，与其他书写始祖祠的篇章如出一辙，由此可见，邵长蘅之追怀父亲，既是孝子扬亲的表现，又是其始祖祠文化建构的一部分。

其二，在弘扬始祖祠文化的过程中，主导力量是布衣士子和富民，核心内容是以布衣之德来移风易俗，凡此都折射了顺康之际布衣群体之文化力量的增长。以始祖祠文化的建构而论，首先，如前所述，发起人和推动者是富民邵文燦和布衣士子邵长蘅；不唯如此，捐助者、协助者中也有富民。比如，1670年，邵长蘅翻新始祖祠，"谋于族人"②，由此

---

① 邵长蘅：《青门簏稿》附，载《清代诗文集汇编》第145册，上海古籍出版社，2010年，第340—341页。
② 邵长蘅：《青门簏稿》卷九《邵氏始祖康节公祠堂记》，载《清代诗文集汇编》第145册，上海古籍出版社，2010年，第230页。

可以推测，富裕的族人在资金方面给予了帮助；又如，1688年，邵长蘅在族兄、富民邵珩宇及其儿子的协助下，向有司请求举行始祖祠祭典。①其次，缙绅对始祖祠的捐助，对始祖祠文化的书写，也展示了布衣士子和富民密切合作所形成的文化感召力。比如，提学佥事邵延龄②不仅以白金若干两捐助祠之重建，还在评点邵长蘅《重建始祖康节公祠堂记》时表示自愧不如："延龄辛丑通籍后，即欲于当湖建公专祠，忽忽二十余年，此愿未遂。毗陵蘅弟已先某为之，读祠记，殊增愧色。"③ 又如，翰林编修汪琬《乡饮宾邵公墓表》反复申述布衣邵文燦的轻财好施对敦风厉俗的意义："顾尝仰公之遗风流韵，谓可以廉顽立懦也；又尝叹世之富人拥赀自封者之多也……以推明公之果为长者，而使末俗有劝于此。"④ 此说从正反两方面赞誉邵文燦的遗风流韵有劝俗之效，可谓津津乐道；作者还特别点出了邵文燦在富民阶层中的表率作用，折射出富民阶层的文化力量日益增长，已使得缙绅不能不加以重视。再次，富民的文化力量是在与布衣士子的密切合作中提升的。就邵文燦这一个案而言，汪琬《邵氏石表阴记》极力赞誉邵长蘅的文才和声望："（长蘅）有俊才，在京师，凡吴楚诸士大夫，无不折节下之者，其声誉方骎骎大起。"⑤ 在赞美邵文燦夫妇乐善好施的篇章中褒奖其子，固然是出于有其父母必有其子的常规思维，但就其客观效果来说，在始祖祠文化的建构和传

---

① 邵长蘅：《青门簏稿》卷八《珩宇兄六十双寿序》，载《清代诗文集汇编》第145册，上海古籍出版社，2010年，第225—226页。
② 据邵长蘅《族兄静山掇学京辞》（《青门旅稿》卷四，第409页），邵延龄以按察司佥事提学江西，满考归里。
③ 邵长蘅：《青门旅稿》卷四，载《清代诗文集汇编》第145册，上海古籍出版社，2010年，第402页。
④ 汪琬著，李圣华笺校：《钝翁续稿》卷二十三《乡饮宾邵公墓表》，载《汪琬全集笺校》，人民文学出版社，2010年，第1548页。
⑤ 汪琬著，李圣华笺校：《钝翁续稿》卷二十三《邵氏石表阴记》，载《汪琬全集笺校》，人民文学出版社，2010年，第1550页。

播中，布衣士子邵长蘅的文名与富民邵文燦的善行当是交相辉映的。

与邵长蘅传播始祖祠文化相类似，宁都魏禧之父魏兆凤乐善好施、尊祖睦族，亦为布衣士子杨文彩、邱维屏所书写和表彰。①

四、风俗与采风：邵长蘅的风土文学最重钱谷财币

清初布衣士子与富民在乡邦文化建设上的精诚合作，使得他们的风俗观带有鲜明的时代特色：在贞节、孝友等传统道德之外，他们特别推崇勤俭、轻财好义等关乎经济的品德。与此相联系，邵长蘅等人的风土文学呈现出独特的风貌，其中对钱谷财币的表现颇引人注目。

（一）于风俗尤尚勤俭、轻财好义

邵长蘅的笔下频频出现有关风俗的论述，其中勤俭、轻财好义、廉让之风被他视为拯救末俗的关键。其《毗陵县志小序·人物志序》赞誉季札开启毗陵的礼让之风，论述了毗陵人重纲常、有操守、尚节义的风俗之美，全面论述了敦风厉俗的内涵，可视为一篇风俗总论。但从他对风俗的具体论述来看，他更多地关注勤俭、轻财好义、廉让等层面。其一，关乎勤俭的篇章有《金懋于五十序》②《青门草堂记》《试策一·教

---

① 参见本书《清顺康年间布衣士子与富民阶层的观念契合及其文学史意义》一文。
② 《金懋于五十序》曰："其俗勤生而啬财。"（《青门簏稿》卷八，第 222 页）

养》①。比如,《青门草堂记》曰"俗重厚,好稼穑。缘溪而居者几千指,无一人释耒以嬉"②,赞誉了勤于耕作的重厚乡风。其二,涉及轻财好义的文章有《金懋于五十序》③《先考冠带乡饮宾海鸥府君暨先妣杨孺人行述》④《清故文学耿君墓表》⑤《王母韩孺人墓志铭》⑥《积善录序》⑦《太学生宋君墓志铭》⑧。以《清故文学耿君墓表》为例,传主耿介是家饶于赀的诸生,可说是集富民与士子为一体。正因如此,邵长蘅情不自禁地反复赞叹其激劝末俗的意义。在表彰耿氏赒济乡里、智退盗贼等事迹之后,作者从正反两方面阐述了耿介之善行所具有的榜样力量:

> 余见今世称素封、拥赀雄于其乡者,皆厚自封殖,视其乡人饥馑冻馁,漠然不相关;而较量其身之利害如毫毛,遇小祸患则战掉失次,敛手缩足以退,盖比比也。呜呼!闻君之风,不重有愧哉?……如君之贤而不表以风世,其何以为末俗劝?⑨

---

① 《试策一·教养》曰:"人多失业,家鲜盖藏,廉让未尽兴,风俗未尽厚。"(《青门簏稿》卷十六,第317页)
② 邵长蘅:《青门簏稿》卷九《青门草堂记》,载《清代诗文集汇编》第145册,上海古籍出版社,2010年,第231页。
③ 《金懋于五十序》云:"其为人倜傥轻财。"(《青门簏稿》卷八,第222页)
④ 《先考冠带乡饮宾海鸥府君暨先妣杨孺人行述》曰:"府君好施,盖出于天性。"(《青门簏稿》卷十四,第288页)
⑤ 《清故文学耿君墓表》曰:"明末岁饥,尽出谷赒其乡里,远近依君以居者三十余姓。"(《青门旅稿》卷六,第436页)
⑥ 《王母韩孺人墓志铭》曰:"称君能推先人遗赀,分赡其族人,又推以泽邻里。"(《青门旅稿》卷六,第435页)
⑦ 《积善录序》曰:"赈饥救灾已责助丧诸善事。"(《青门剩稿》卷四,第475页)
⑧ 《太学生宋君墓志铭》曰:"遂以赀豪,然慷慨乐施与,能振人之急。"(《青门剩稿》卷七,第509页)
⑨ 邵长蘅:《青门旅稿》卷六《清故文学耿君墓表》,载《清代诗文集汇编》第145册,上海古籍出版社,2010年,第436—437页。

此篇集矢于当世那些拥赀自保的富民，希望耿介的善行能够返民风于淳正。其三，值得一提的是，邵长蘅赞廉让之德，也强调其轻财重义的层面。比如，他称赏杨希皋以爵位让其弟："自季札子臧之风邈，俗日偷薄，兄弟相尤，干糇豆箪之微，往往露龈而争，奋袂而起，于是韦元成、刘恺、丁鸿诸人之行事，往往书之史册，侈为美谈，而阋墙推刃之衅，尤屡见于大家世族。君之让，非直干糇豆箪比也。"① 此处痛惜世风日下，将杨希皋之让爵与世间兄弟之争夺财产相对比，可见廉让之德也包含了轻财好义的成分。

（二）风土文学注目于钱谷财币

布衣士子与富民阶层在建构乡邦文化方面的精诚合作，当是邵长蘅推崇勤俭、轻财好义之风俗的重要背景。与之相适应，邵长蘅的风土文学折射出其对钱谷财币等信息的高度敏感，对钱谷财币进行了独特而深入的表现，这是邵长蘅在传承三百篇和乐府传统的基础上，对风土文学做出的独特贡献。

其一，邵长蘅创作了大量以"谣""吟"为题的风土诗，其中颇具特色的《吴趋吟》八首（《青门剩稿》卷二）描写吴阊奢靡之风，与其最引以为傲的经济观点"吴俗奢而民实贫"相表里。康熙十四年（1675）②，邵长蘅以诸生的身份为分守苏松常道参议方国栋作寿文，寿

---

① 邵长蘅：《青门旅稿》卷六《文学明卿杨君墓表》，载《清代诗文集汇编》第145册，上海古籍出版社，2010年，第437页。
② 由邵长蘅《中宪大夫江南布政使司参议分守苏松常道方公行状》（《青门簏稿》卷十四，第286—288页）可知，方国栋于康熙十二年（1673）至康熙十六年（1677）分守苏松常道，则寿文《参宪方公寿序》（《青门簏稿》卷八，第220—221页）作于这一段时期。又，《参宪方公寿序》云方公莅吴后，"阅再期，政成颂流，士民爱之"，又称"六月某日属公诞辰"，则《参宪方公寿序》作于康熙十四年（1675）六月。

文中提出了"（吴）俗奢而民实贫"的观点，建议方公以节俭和清净之方针治吴，被方氏采纳。若干年后，①邵氏应方国栋之子的请求所撰《中宪大夫江南布政使司参议分守苏松常道方公行状》再次提及这一观点，邵长蘅甚至自负地认为："公不鄙愚言，其所以治吴，大指如蘅所称说。"

将《吴趋吟》与《参宪方公寿序》对读，②可以发现两篇以不同形式申论"吴俗奢而民实贫"的社会弊端，这一弊端表现在买卖婚姻、种谷劳苦而种花逸乐、酒船奢靡、假古董昂贵、靡靡之音盛行、青年男女不事生产而冶游无度、民无积蓄而赋税繁重等方面。显然，《吴趋吟》八首都围绕"吴俗奢而民实贫"展开描写，体现了前所未有的经济敏感度。邵长蘅在诗序中叙述此组诗的旨趣曰："予久客吴阊，见风俗有可慨者，辄记以诗。学白香山《秦中吟》作八首，似亦足备采风。诗体则不尽仿白也。"此说披露了《吴趋吟》的确意在揭示吴"俗奢而民贫"的社会危机。

更值得关注的是，邵长蘅"诗体则不尽仿白也"一说，透露了他对此诗独特性的"自负"。那么，《吴趋吟》究竟在哪些层面自出机杼呢？回顾白居易《秦中吟十首》的主旨，可知其中《议婚》《重赋》《伤宅》《歌舞》《买花》等五首是针对俗奢赋重而发，但《伤友》《不致仕》《立碑》《轻肥》《五弦》等五首分别讽刺贫贱之交被抛弃、官吏恋栈以致于七十不致仕、碑传溢美失实、宦官声势煊赫以及世人于音乐好今不好古

---

① 据邵长蘅《中宪大夫江南布政使司参议分守苏松常道方公行状》，方国栋之子方辰征铭于汪琬之后，向邵长蘅乞传。又据汪琬《清故朝议大夫江南布政使司参议分守苏松常道加三级方公墓志铭》，方国栋之治吴，与汪琬论东汉名士，在方辰征铭之十年前，则征铭是在康熙二十二年（1683）至康熙二十六年（1687）；从当时方国栋问汪琬"何以教之"来看，应当是方国栋新来乍到的康熙二十二年（1683）。（《钝翁续稿》卷二十五，载《汪琬全集笺校》，第1580—1582页）

② 关于邵长蘅《吴趋吟》与《参宪方公寿序》在内容上的相互印证，参见陈强《清初布衣士子邵长蘅研究》，南京大学硕士论文，2021年。

等社会现象,因而《秦中吟十首》是从经济、政治和文化各方面展现秦中风俗。① 而邵长蘅《吴趋吟》对吴中俗奢民贫作了入木三分的刻画,与白居易《秦中吟十首》相比,主题更加聚焦于经济现象。

其二,《吴趋吟》之外,邵长蘅的其他风土文学也留意钱谷财币。邵长蘅曾先后前往津门、豫章、京师、登州、杭州、庐陵等地处馆或游幕,所到之处,他的注意力总是投向赋重民贫、商贾兴衰、物价高低、民风奢俭等经济层面。今作"邵长蘅风土诗中的钱谷财币一览表"如下②:

篇名	内容	经济层面
《促织谣》	一日织丈余,两日合成匹。婆言无襦,儿言无衣,翁欲易米煮餔糜。县中租吏来,叩门声如雷。阿翁趣办饭,阿婆烹伏雌。持布送租吏,租吏含怒谯言:"尔物何轻微?"新妇十指出血,不得一缕穿,房中泪下如绠縻。(《青门簏稿》卷一,第154页)	赋重民贫
《布谷谣》	谁令我家充里正,荒田地白不得耕。昨日县卒至,驱迫入城市。官府怒我输税迟,系狱一日再论笞。肉腐虫出,垢面蓬首,亲交来相探,牵衣泣下不能止。附书与亲交,归告我妻卖儿子。(《青门簏稿》卷一,第154—155页)	赋重民贫
《和顾黄公六禽言·苦》	苦,苦,旧年鬻牛犁,今年典妻子,屋里无人泪漎漎。(《青门簏稿》卷一,第155页)	民贫
《估客泣》	何处估客强,广州估客强。峨峋巨舶四角幡,珊瑚玳瑁五木香,珍珠百斛载中央。(《青门簏稿》卷一,第156页)	商贾兴衰
《舟发广陵抵高邮》	荷芰足封田,鰕鮏贱登市。(《青门簏稿》卷二,第162页)	物价高低

---

① 白居易撰,顾学颉校点:《白居易集》卷二《秦中吟十首》,中华书局,1979年,第30—35页。
② 关于邵长蘅的钱谷财币之论,陈强《清初布衣士子邵长蘅研究》有《邵长蘅论钱谷财币一览表》(南京大学硕士论文,2021年),可参。

续表

篇名	内容	经济层面
《守城行纪时事也事在己亥六月》	长江六月无行估。(《青门簏稿》卷三，第170页)	商贾兴衰
《苦旱行》	山东怪魃如人长……野老吞声与余语，顺治年来无此苦。去年麦穗虫食尽，何意天灾复如许。……三十年间重此祸。……昨闻兖豫土尤赤，十城九城空荆棘。原田燔枯裂十字，蝗虫积地厚一尺。北人气竞易作逆，饥寒往往为盗贼。……可怜县官尚索租，诛求纵迫安从乎？夫出行乞妇哺姑。(《青门簏稿》卷三，第171—172页)	灾荒、赋重民贫
《津蟹行》	爬沙郭索腥满城，十钱向市得蟹卅。客子贪贱复贪肥，日日驱奴市蟹归。……此时江南蟹正美……只愁价贵不易得，今来烂贱饱欲死。(《青门簏稿》卷三，第172—173页)	物价高低
《津门杂诗六首》之六	登盘津蟹贱。(《青门簏稿》卷四，第183页)	物价高低
《自孟城渡扬子江》	暮雨排樯蜀估艭。(《青门簏稿》卷五，第190页)	商贾兴衰
《瀼东》	白鲢赤鲤亦论钱……秋风偶到卖书船。(《青门簏稿》卷五，第193页)	商贾兴衰
《高邮舟中即景》	米客排樯依市，渔翁数钱近船。(《青门簏稿》卷六，第203页)	商贾兴衰
《榆树行》	句容城边古道傍，榆树千株万株白。枯干仅存皮剥尽，饥民慊慊舂作屑。杂以糠粃半和土，食之喉涩肠腹结。此事传闻五十年，即今眼见增叹息。去年大水波滔空，桑麻委折洪涛风；今年大旱魃为虐，龟坼千里生蒿蓬。告灾颇遭县官怒，鞭挞不顾苍黎穷。煌煌诏书屡宽恤，上下一辙仍相蒙。十年四海风尘起，跋扈飞扬犹未已。巴蜀荆南急鼓鼙，东吴西浙成疮痏。往时民贫鬻儿女，今年儿女鬻无处。老翁路旁卧不起，乞得一钱泪如雨。(施闰章评：可当诗史，惟老杜集中有之。王士禛评：感激时事之言，出以沉郁顿挫，遂在张王乐府上。)(《青门旅稿》卷一，第344—345页)	灾荒、赋重民贫

续表

篇名	内容	经济层面
《豫民谣》	只言秦民饥，不顾豫民哭。百金僦夫致一车，富家卖田贫卖犊。米入函谷关，仓囷高如山。不救秦民饥，只饱秦仓鼠。秦仓肥鼠大于狸，秦民羸作沟中土。（《青门剩稿》卷一，第443页）	赋重民贫
吴民谣	涓滴不救枯苗死。（《青门剩稿》卷一，第443页）	灾荒
《吴趋吟·重赋》	吴闻有重粮，吴俗喜奢淫，吴民鲜盖藏。譬如酒色夫，中干而外强。奈何吏吴者，又不悉民穷。春丝接秋谷，箕敛终岁忙。（《青门剩稿》卷二，第458页）	赋重民贫

（三）风土文学的写实性和逻辑性

邵长蘅的风土诗关注钱谷财币，将风土风俗与治乱兴亡并重的文学观念落到了实处。首先值得注意的是邵诗对写实性的追求。关于邵诗的写实性，诸家多有赞誉。比如，施闰章称赞《榆树行》曰："可当诗史，惟老杜集中有之。"王士禛亦褒奖该诗"感激时事之言，出以沉郁顿挫，遂在张王乐府上"。① 所谓"诗史""时事"，都大力肯定邵诗描写真实见闻、直面悲惨现实的笔力。事实上，踵武杜甫乐府而缘时事，是邵长蘅的自觉追求，其《古乐府钞序》论述"子美缘时事而创题"② 的乐府传统；其《守城行纪时事也事在己亥六月》的诗题，点明"纪时事"③ 的旨趣，又记录事件发生的时间，崇尚写实的倾向十分鲜明。值得注意的是，邵长蘅的风土诗在写实方面的创辟，还体现为善于把握描写对象的

---

① 邵长蘅：《青门旅稿》卷一《榆树行》，载《清代诗文集汇编》第145册，上海古籍出版社，2010年，第345页。
② 邵长蘅：《青门旅稿》卷七《古乐府钞序》，载《清代诗文集汇编》第145册，上海古籍出版社，2010年，第205页。
③ 邵长蘅：《青门簏稿》卷三《守城行纪时事也事在己亥六月》，载《清代诗文集汇编》第145册，上海古籍出版社，2010年，第170页。

独特性。又如，邵长蘅《苦旱行》揭示灾荒、赋重、民贫三者的相互作用导致社会矛盾激化，看似老生常谈，而"北人气竞易作逆，饥寒往往为盗贼"两句从北方独特的风土人情入手分析饥驱为盗的原因，令人耳目一新。概言之，在钱谷财币的问题上，由于敏锐地把握各地独有的风土人情，邵长蘅的风土诗更能揭示描写对象的独特性，这也是邵长蘅的风土诗在写实性层面令人瞩目的重要原因。

其次，必须说明的是，邵长蘅风土诗的卓越之处在于，其写实性始终和象喻性①紧密相连。也就是说，诗歌对经济状况的叙述，既是运用写实来记录时事，又是通过用典来寄托某种情感。比如，《瀼东》"白鲢赤鲤亦论钱……秋风偶到卖书船"②中，"论钱"当是反用杜甫《峡隘》"闻说江陵府，云沙静眇然。白鱼如切玉，朱橘不论钱"③的写法，将杜诗以"朱橘不论钱"抒写思念之情的方式，转换为以"白鲢赤鲤亦论钱"描绘瀼东的悠然自得之趣，即顾景星所谓"闲淡正以不著意妙"④。换言之，"白鲢赤鲤亦论钱"既如实叙写了瀼东物产的丰饶，又在典故中寄寓了乡居恬淡之乐。同样，"秋风偶到卖书船"一句，显然一方面是对明清之际江南买书船这一书籍流通动态的捕捉，⑤另一方面又令人

---

① 所谓"象喻性"，是指与"写实性"相对应的、"中国诗歌里边的情意与形象之间的关系，也就是诗人的内心与外物之间的关系"（叶嘉莹：《杜甫诗在写实中的象喻性》，《华中师范大学学报》2005年第4期）。
② 邵长蘅：《青门簏稿》卷五《瀼东》，载《清代诗文集汇编》第145册，上海古籍出版社，2010年，第193页。
③ 杜甫著，仇兆鳌注：《杜诗详注》卷一九《峡隘》，中华书局，1979年，第1727页。
④ 邵长蘅：《青门簏稿》卷五《瀼东》附顾景星批点，载《清代诗文集汇编》第145册，上海古籍出版社，2010年，第193页。
⑤ 关于明清江南卖书船的兴起，参见徐雁《万卷图书一叶舟，相逢小市且邀留——活动于江南古书旧籍市场上的"书船"》（《图书馆研究与工作》2011年第4期）和徐雁平《清代环太湖地区的书估、书船与书籍的流动》（《学术研究》2013年第10期）。

联想起杜甫《陪郑广文游何将军山林十首》其四"尽捻书籍卖"① 之句，因而隐约浮动着某种微妙的情绪。通过以上追源溯流，不难发现邵长蘅对经济信息的高度敏感，既是其关注钱粮的身世经历所致，又与杜甫开创的叙写经济生活的诗歌传统密不可分。②

最后，就逻辑性而论，邵氏风土诗长于揭示风俗、经济与治乱兴亡的复杂关系。比如，《吴趋吟》前七首从买卖婚姻、卖犊种花、冶游成风、酒船奢靡等层面，浓墨重彩地描写吴俗尚奢，末首《重赋》则以"吴闻有重粮，吴俗喜奢淫，吴民鲜盖藏"三句揭示了吴地赋重、俗奢和民贫三者之间的内在联系，与《中宪大夫江南布政使司参议分守苏松常道方公行状》《参宪方公寿序》中"俗奢而民贫"之说相比，逻辑层次更加鲜明，其理论深度远远超过那些一味批判吴俗尚奢的说法。如果将邵长蘅此说与汪琬的看法相对照，就更可看出邵诗的深刻性。汪琬在其《清故朝议大夫江南布政使司参议分守苏松常道加三级方公墓志铭》和《江南布政使司参议分守苏松常道方公祠堂碑》中先后论述治吴方略，指出灾荒和重赋导致民贫，当治之以清静无为之术：

> 盖吴人入本朝以来，甫脱兵火，即旱潦疾疠之灾，无岁不有，十室九空，萧然愁叹。而为有司者，不思覆露拊循之术，方创兴大役，以朘其生而摧其力。独公用清静无事为治，顺民之欲，与之休息，故舆颂悉归于公。③

---

① 杜甫著，仇兆鳌注：《杜诗详注》卷二《陪郑广文游何将军山林十首》，中华书局，1979年，第150页。
② 关于杜诗对唐代经济状况的关注，参见卢华语《从杜甫的夔州诗看唐代夔州经济》（《西南师范大学学报》2003年第6期）、许智银《杜甫笔下的唐代盐业经济》（《盐业史研究》2004年第2期）等。
③ 汪琬著，李圣华笺校：《钝翁续稿》卷二十五《清故朝议大夫江南布政使司参议分守苏松常道加三级方公墓志铭》，载《汪琬全集笺校》，人民文学出版社，2010年，第1580页。

汪琬此说侧重于吴地灾荒、徭役繁重等层面，与邵长蘅《吴趋吟》相比，汪琬的观点忽视了吴地风俗奢靡这一独特性，因而在理论力度上稍显逊色。

五、结语

本文试图剖析清顺康之际的布衣文人邵长蘅在风土文学上的成就及其背景。在遭遇一系列的科举挫折之后，邵长蘅逐步树立了以立言自命的人生目标，对布衣文学的独特价值越来越有信心。与此同时，基于共同的布衣身份认同，作为布衣士子的邵长蘅与富民阶层齐心协力构建乡邦文化，以求敦风厉俗之效。他们于风俗尤尚勤俭、轻财好义，与此相关联，邵长蘅的风土诗关注钱谷财币，在写实性和逻辑性方面戛戛独造：一方面，善于把握描写对象的独特性，将风土诗的写实性进一步向前推进，且其写实性始终与象喻性紧密相连；另一方面，长于揭示风土、经济与兴亡的内在联系，深入剖析现象背后的本质。邵长蘅的风土诗主要从以上两个层面弘扬并发展了《毛诗序》的采风说和白居易的讽喻论。

邵长蘅风土诗对钱谷财币进行独特而深入的描绘，弘扬了"风土"与"兴亡"并重的诗歌传统，其背景和动力之一正是他与富民阶层合力建构敦风厉俗的乡邦文化。与邵长蘅年代接近的布衣义人魏禧也始终与富民阶层有着密切的精神联系。① 如此说来，清顺康年间的三大布衣文人中的两位都与富民阶层同声共气，那么，清初布衣文学的兴盛建立在

---

① 参见本书《清顺康年间布衣士子与富民阶层的观念契合及其文学史意义》一文。

布衣士子与富民阶层的密切互动之上,这一现象理应引起更多的关注。

邵长蘅与富民阶层共同建构始祖祠文化的历程

时间	参加者（身份）	活动	关键词
1661	邵长蘅（布衣士子）	创建祠。撰《先考冠带乡饮宾海鸥府君暨先妣杨孺人行述》。(《青门簏稿》卷十四,第288—291页)	布衣、善行
1670	邵长蘅（谋于族人）	新修祠。撰《邵氏始祖康节公祠堂记》。(《青门簏稿》卷九,第229—230页)	俗亦稍漓、布衣、为善于乡
1670	龚百药（毗陵后学）	撰《邵康节先生祠堂记》。(《邵氏家录》卷上,第336页)	能施予
	丘钟仁	撰《跋康节先生祠堂记后》。(《邵氏家录》卷上,第336—337页)	收族厚德之本
1673—	邵长蘅	为父亲邵文燦墓改卜向,向贺宽乞墓志铭,请汪琬撰墓表,其后又请汪琬撰《邵氏石表阴记》。(《邵氏家录》卷下,第340页)	
1673[①]	贺宽	撰《冠带乡饮宾海鸥邵公墓志铭》。(《邵氏家录》卷下,第337—338页)	喜施予、以布衣为乡饮宾、闻公之风
1673	邵长蘅	为贺宽撰《寄贺大理剡川谢其为先人志墓》。(《青门簏稿》卷二,第166—167页)	先子老布衣,潜德久不没。
	汪琬	撰《乡饮宾邵公墓表》。(《邵氏家录》卷下/汪琬《钝翁续稿》卷二十三,载李圣华笺校《汪琬全集笺校》,第1548页)	轻财好施、不朽、使末俗有劝

[①] 邵长蘅《寄贺大理剡川谢其为先人志墓》云"观化周一纪,乡蠹或含哗"(《青门簏稿》卷二,第166页),由此可以推测,邵长蘅请贺宽为父亲志墓是在1673年前后。

续表

时间	参加者（身份）	活动	关键词
1679①	汪琬	撰《邵氏石表阴记》。（《邵氏家录》卷下/汪琬《钝翁续稿》卷二十三，载李圣华笺校《汪琬全集笺校》，第1550页）	好施予、赞公为善
1688	邵长蘅与族子龙元	向有司请求举行始祖祠祭典，是年春，有司奉牲币致祭。（《青门簏稿》卷八《珩宇兄六十双寿序》，第225—226页）	倜傥轻财、为德不责报
1689	邵长蘅	重建祠，撰《重建始祖康节公祠堂记》。（《青门旅稿》卷四，第402页）	
1689	邵延龄	以白金若干两捐助祠之重建，评点邵长蘅《重建始祖康节公祠堂记》。（《青门旅稿》卷四，第402页）	
1689	邵远平	以白金若干两捐助祠之重建。（邵长蘅《青门旅稿》卷四，《重建始祖康节公祠堂记》，第402页）	
1689②	朱彝尊	撰《毗陵新建邵康节先生祠堂碑记》。（《邵氏家录》卷上，第334—335页）	有道德者
1692	徐乾学	撰《重建邵康节先生祠堂记》。（《邵氏家录》卷上，第333—334页）	闻风感慕、训惇、广孝、收族
1694	宋荦	撰《重建邵康节先生祠堂碑》。（《邵氏家录》卷上，第332页）	长幼以序、敬宗收族
1689年以后	邵长蘅	重建始祖祠，撰《康节公当称先贤说》。（《青门簏稿》卷十，第251页）	德崇业广

---

① 汪琬《邵氏石表阴记》述撰写的缘由曰"余既表海鸥公之墓，其后与公子长蘅相遇京师，复以母孺人行事为请"，邵长蘅先后于1679年、1683年两次入京，汪琬于1678—1681年在京（见《汪琬全集笺校》前言），由此推测汪琬写作时间为1679年。
② 朱彝尊《毗陵新建邵康节先生祠堂碑记》云："祠建于康熙二十八年八月，至十有一月日讫工。长蘅字子湘，先生二十二世孙，以善古文辞鸣于时。余嘉先生之有后，又拜先生祠下，遂为之文。"（《邵氏家录》卷上，第334—335页）

清顺康年间布衣士子与富民阶层的观念契合及其文学史意义

清顺康年间，邵长蘅、侯方域、魏禧被宋荦誉为"布衣能文之士"。先行研究对这一时期布衣文学的肯定，主要集中在叙述遗民"独行"①、更能揭露社会黑暗②、于文学品鉴方面离合于"肆""醇"之间③等层面。本文拟考察布衣士子与富民阶层在以治生敦风俗等方面的契合，剖析这一契合对布衣士子的经世之学和礼学实践产生的深刻影响，揭示布衣士子与富民观念契合的内在依据是欧苏文人之经的影响，并梳理这一观念契合与多写"账簿琐俗事""家庭寻常事"等文学新变之间的逻辑关系。

---

① 参见曹虹《集群流派与布衣精神——清代前期文章史的一个观察》，《苏州大学学报》2012年第6期。
② 参见张琼《论布衣文人对清代文学的推动》，《江苏社会科学》2013年第3期。
③ 郭英德：《布衣之文：清前期文坛身份意识的强化与文化权力的转移》，《福建师范大学学报》2019年第5期。

一、行善富民和布衣士子的密切关系

作为布衣文人,魏禧和邵长蘅等布衣士子与富民阶层在以治生敦风俗方面的共鸣尤其值得注意。① 魏禧和邵长蘅为富民撰写志传,是继魏禧之业师杨文彩和魏禧之姐夫邱维屏而起的。杨文彩和邱维屏分别为魏禧之父魏兆凤写作《魏征君传》和《魏征君杂录》,诸人的富民写作都寄托着敦风厉俗的旨趣。

从身份来说,魏兆凤既是讲求经世致用的诸生,② 又是乐善好义的富民。据杨文彩《魏征君传》,魏兆凤字圣期,自号天民。于二十多岁补诸生,③ "资敏捷,读书四五过,终身不忘。下笔立成文,独不喜制举业,每纵观本朝事迹制度"④,可见魏兆凤不喜举业而关注经世之学。邱维屏《魏征君杂录》云"公尚笃行,著述亦非其志也"⑤。崇祯十七年(1644),都给事曾公倡勤王议,魏兆凤首输三百金于册,由此亦可窥见其心系天下的热忱。由杨文彩《魏征君传》可知,魏兆凤曾经对诸子表

---

① 赵园《明清之际士大夫研究》第六章第四节《生计》论及其时士人对治生的看法并不一致,有些士人对治生的看法较为通达,比如,刘宗周门下的陈确有《学者以治生为本论》,易堂魏礼《邱氏分叙序》提出了"士之有恒产者,亦士之幸也"的主张。(北京大学出版社,1999年,第335—336页)此说关注的是明清鼎革导致的士人贫困,本文则试图分析布衣士子与富民阶层在以治生厉俗方面的共鸣。
② 必须说明的是,魏兆凤对自身的"士"身份非常重视,《魏征君杂录》记其"工以技贵,士以技贱"的说法。
③ 《魏征君传》载魏兆凤十九岁时居父母丧,服阕补诸生。
④ 杨文彩:《魏征君传》,见魏际瑞《魏伯子文集》卷首,载《清代诗文集汇编》第70册,上海古籍出版社,2010年,第400页。
⑤ 邱维屏:《魏征君杂录》,见魏际瑞《魏伯子文集》卷首,载《清代诗文集汇编》第70册,上海古籍出版社,2010年,第402页。

达其经世之志:"吾壮年冀得见圣天子,痛言天下事。"① 然而,身处天崩地解的明清之际,魏兆凤有志难酬。于是,作为"赀产直二万金"的富民,魏兆凤将一腔经世之志倾注于尊祖睦宗的善行中,他曾"出赀纠宗族修祠墓,复始祖以下及别支祖凡十余祭"②,又曾赎宗子于人、娶宗妇、立祭祀品式、扫墓地,使得远近、器用、饮食皆井井有法。在为扬州富民闵象南所作《善德纪闻录叙》中,魏禧述及其父魏兆凤富而乐善:

> 禧先征君年十九丧先大父,赀产直二万金,所行利人事尽一岁之入,故家无余财。先师杨一水先生作《魏征君传》,家姊婿丘维屏又于其所闻见作《征君杂录》。③

此说进一步确认了魏兆凤的富民身份。

从写作者的身份来看,在本文所关注的富民善行的书写中,作者杨文彩、邱维屏、魏禧和邵长蘅的身份都是布衣士子。魏禧和邵长蘅的布衣士子的身份可说是众所周知,邵长蘅《中宪大夫常州府知府骆公墓表》透露了邵长蘅、魏禧等布衣士子的文章受人追捧的奥秘:

> 公卒后一年,嘉泰状公行事,介蘅之族兄赞来请表其墓。蘅少贱不敢当,固辞。赞曰:"泰之请也,诚蕲其文之足不朽公者,不以名

---

① 魏际瑞:《魏伯子文集》卷首,载《清代诗文集汇编》第 70 册,上海古籍出版社,2010 年,第 401 页。
② 魏际瑞:《魏伯子文集》卷首,载《清代诗文集汇编》第 70 册,上海古籍出版社,2010 年,第 401 页。
③ 魏禧撰,胡守仁等校点:《魏叔子文集外篇》卷十《善德纪闻录叙》,载《魏叔子文集》,中华书局,2003 年,第 517 页。

位。将乞铭于宁都魏禧，禧亦布衣士子，幸许之。"蘅曰："诺。"①

在此，骆锺麟之子嘉泰请邵长蘅之族兄邵赞为中间人，为骆父乞墓表，且自述向邵长蘅、魏禧两位布衣士子乞铭和墓表的原因，是他们的文章足以使写作对象不朽。此说折射了世间对布衣文学的高度认可，令人联想起方文（1612—1669）《都下竹枝词》对于布衣诗文的自信："布衣自有布衣语，不与簪绅朝士同。"② 此外，由邱维屏《杨先生墓志铭》③ 和魏禧《杨一水先生同元配严孺人合葬墓表》可知，名宿杨文彩是魏禧的业师，以贡士终老；邱维屏是魏禧的姐夫，长于古文，在甲申后弃诸生服。④ 显然，杨文彩、邱维屏都是布衣文人。

耐人寻味的是，本文着重考察的布衣士子魏禧和邵长蘅实际上是富民后代，这就决定了布衣士子在为富民写作时，能够从其成长和生活经历中把握富民的独特追求，也使得有关富民书写的传播具有了多重意义。

二、富民书写与敬祖睦宗、敦风厉俗

布衣文人记录富民善行，折射了双方在敦风厉俗方面的契合。从杨

---

① 邵长蘅：《青门簏稿》卷十二《中宪大夫常州府知府骆公墓表》，载《清代诗文集汇编》第145册，上海古籍出版社，2010年，第270—271页。
② 方文撰，胡金望、张则桐校点：《嵞山续集前编·北游草》，载《方嵞山诗集》，黄山书社，2010年，第482页。
③ 邱维屏：《邱邦士文集》卷十三《杨先生墓志铭》，载《清代诗文集汇编》第46册，上海古籍出版社，2010年，第155页。
④ 魏禧撰，胡守仁等校点：《魏叔子文集外篇》卷十七《邱维屏传》，载《魏叔子文集》，中华书局，2003年，第869—871页。

文彩撰写《魏征君传》开始,作者就流露出通过叙述魏兆凤的善行来移风易俗的用意,并且突出其敬祖睦宗的善举。杨文彩《魏征君传》述及魏兆凤仗义疏财而声动乡里:"散所积财及亲疏贫者,为乡人葬死、救患、婚嫁、营桥梁道路,由是天民以白衣声动邑中。"① 篇末之"论"亦点明"余故录其笃行奇伟可为法者"②,可见其扬善厉俗的主旨。邱维屏《魏征君杂录》亦着力表彰魏兆凤之"笃行",不止一次地阐述救治不良风俗的主张。比如,关于善待故旧穷亲:"昔人以故旧穷亲在座为一善……而世俗乃以为羞,斯惑也已。"③ 此说对羞与故旧穷亲为伍的恶俗提出了批评;又如,魏兆凤论俭于治家的益处曰"俭于治家,可以无求,可以挽俗,所谓难于俭而必欲俭者也"④,勤俭治家有助于纠正世俗的奢靡之风。

与此同时,杨文彩《魏征君传》和邱维屏《魏征君杂录》在叙述魏兆凤的善举时,都着重褒赞其于国变兵乱后出赀修建族祠的义举。《魏征君传》曰"魏氏大小宗祭祀于是皆废,天民乃徒步入城,出赀纠宗族修祠墓,复始祖以下及别支祖凡十余祭"⑤,《魏征君杂录》则强调"公所最注意者,在尊祖睦族,其首重宗子,与诸大儒论尤合⑥"。概言之,在杨文彩和邱维屏的书写中,魏兆凤为善,尤汲汲于建祠以睦族。

---

① 杨文彩:《魏征君传》,见魏际瑞《魏伯子文集》卷首,载《清代诗文集汇编》第70册,上海古籍出版社,2010年,第400页。
② 杨文彩:《魏征君传》,见魏际瑞《魏伯子文集》卷首,载《清代诗文集汇编》第70册,上海古籍出版社,2010年,第402页。
③ 邱维屏:《魏征君杂录》,见魏际瑞《魏伯子文集》卷首,载《清代诗文集汇编》第70册,上海古籍出版社,2010年,第405页。
④ 邱维屏:《魏征君杂录》之《附录书三子析产后》,见魏际瑞《魏伯子文集》卷首,载《清代诗文集汇编》第70册,上海古籍出版社,2010年,第405页。
⑤ 杨文彩:《魏征君传》,见魏际瑞《魏伯子文集》卷首,载《清代诗文集汇编》第70册,上海古籍出版社,2010年,第401页。
⑥ 邱维屏:《魏征君杂录》,见魏际瑞《魏伯子文集》卷首,载《清代诗文集汇编》第70册,上海古籍出版社,2010年,第405页。

继杨文彩、邱维屏而起，魏禧有关富民善行的书写更为丰富，进一步确立了表彰富民以正风俗的写作宗旨，并且揭示了富民敬祖睦宗与敦风厉俗的逻辑关系。前引魏禧《善德纪闻录叙》云"余感闵君行善与先征君类，爰诠次所闻条于左，持归山中训家子弟，风厉吾乡人"，这一说法表明，魏禧有关富民善行的写作，乃是踵武杨文彩、邱维屏，以移风易俗为旨趣。除了《善德纪闻录叙》记载富民闵象南之善行外，魏禧还褒赞富民陈仪卿、余太公、吴长蘅、吴幼符、吴孟明、魏纯臣等富民的善举。①

　　值得注意的是，魏禧在表彰富民的尊祖敬宗时，通过剖析尊祖敬宗与天下治乱的逻辑关系，着力凸显其移风易俗的意义。其一，正如杨文彩和邱维屏突出魏兆凤在敬祖睦宗方面的举措，魏禧往往褒赞富民为修谱、建祠付出的心力。比如，《陈仪卿六十序》叙述序主"惧子孙他日视祖宗所分之身若秦越人者，乃修先世谱牒示后人，又作《家训》训戒子孙，一以孝弟仁义为本"②；又《歙县吴翁八十寿叙》表彰吴长蘅"于

---

① 魏禧《魏叔子文集外篇》涉及富民行善的篇章有：卷十《善德纪闻录叙》（第515—523页）、《陈仪卿六十序》（第532—533页），卷十一《涂允臧五十寿序》（第552—554页）、《余太公八十寿叙》（第555—556页）、《歙县吴翁八十寿叙》（第591—592页）、《程翁七十寿叙》（第594—596页）、《程楚臣六十叙》（第608—610页），卷十二《新城杨善人善行实迹跋》（第637—638页），卷十六《任氏大宗祠记》（第719—721页）、《长林里泰伯祠记》（第721—723页），卷十七《吴君幼符家传》（第792—793页）、《汪翁家传》（第818—819页）、《卖酒者传》（第850—852页）、《沈氏家传》（第864—865页），卷十八《歙县吴翁墓表》（第930—932页）、《歙县吴君墓志铭》（第932—935页）、《文学陈君墓表》（第944—946页）、《三原申翁墓表》（第946—947页）、《从叔父笃棐翁墓志铭》（第949—951页）、《谢太学君墓表》（第959—960页）、《陈翁墓志铭》（第968—970页）、《襄陵太学乔君继配史孺人合葬墓志铭》（第970—972页）。

② 魏禧撰，胡守仁等校点：《魏叔子文集外篇》卷十《陈仪卿六十序》，载《魏叔子文集》，中华书局，2003年，第532页。

宗为祠庙文会之馆，教训其子弟之秀者"①。其二，为了凸显其笔下的富民之乐善好义，魏禧批评当世富豪不恤宗人的现象。比如，《陈仪卿六十序》指斥当时博学之士与达官贵族之不孝："世不少读书博闻之士与达官贵族也，日营田宅，广园囿，甚或数世悬棺而不葬；交游遍天下，著书满车，而高曾以上不能举其名字，以视仪卿，其孝不孝为何如耶？"②这些学人和高官富可营田宅园囿，却不愿安葬先祖；学至著书等身，却对先祖谱系一无所知。相形之下，以经商起家的"质人"陈仪卿诚可谓笃于孝悌仁义。类似的感慨亦见于《吴君幼符家传》。其三，魏禧在奖倡富民敬祖睦宗方面最突出的理论贡献，就是揭示了"尊祖敬宗—宗法立—风俗正且天下治"的逻辑关系，《任氏大宗祠记》指出：

> 世之人不知尊祖敬宗，而宗法之亡也久矣。人心风俗之邪正，天下治乱莫不起于门内，故宗法不立，小学不兴，而欲人才众多，天下长治，亡有也。诚能举任氏法风之天下，天下其将庶几，则岂惟一姓之幸。③

---

① 魏禧撰，胡守仁等校点：《魏叔子文集外篇》卷十一《歙县吴翁八十寿叙》，载《魏叔子文集》，中华书局，2003年，第591页。此外，《魏叔子文集外篇》卷十一《余太公八十寿叙》云"又闻太公割产以济饥者，出橐中金倡建余氏大宗祠"（载《魏叔子文集》，第556页）；卷十七《吴君幼符家传》叙述吴幼符以十几年之功修谱："吴氏自子明公以来……数百年谱牒荒缺，（幼符）参定编次之，凡十余岁而谱成。……"（载《魏叔子文集》，第792页）；卷十八《歙县吴君墓志铭》褒赞吴孟明致力于置祭田、开义塾："宗祠祀历世久，春秋享或不如令，君为置祭田，牲牷粢盛无阙礼。……又开义塾于宗祠侧，以教贫子弟"（载《魏叔子文集》，第933页）；卷十八《从叔父笃棐翁墓志铭》感激于魏纯臣继承魏兆凤未竟的祖祠事务，"更为大小宗拓祭田义仓，修祖祠之废坠。始祖之祖父墓在广昌，二百年不祀，翁出私田百余石供冬至祭，宗人皆服焉。大宗谱二百年未修，翁称征君遗言，命季弟礼独秉笔"（载《魏叔子文集》，第949—950页）。
② 魏禧撰，胡守仁等校点：《魏叔子文集外篇》卷十《陈仪卿六十序》，载《魏叔子文集》，中华书局，2003年，第532—533页。
③ 魏禧撰，胡守仁等校点：《魏叔子文集外篇》卷十六《任氏大宗祠记》，载《魏叔子文集》，中华书局，2003年，第721页。

立宗法、兴小学，使得人才辈出，天下长治久安，在此，魏禧将尊祖敬宗关乎治乱的逻辑关系阐述得十分显豁，于是，从魏兆凤开始的富民尊祖敬宗之举，以及从杨文彩开始的士子对富民睦宗的书写，经由立宗法这一环节，其意义就从敦风厉俗上升到了治乱兴亡的层面。

邵长蘅对富民善行的书写既有与魏禧相同的敬祖睦宗、敦风厉俗的成分，又有突出布衣之德乃至布衣经世的独特之处。首先，由《青门簏稿》卷十四《先考冠带乡饮宾海鸥府君暨先妣杨孺人行述》可知，邵长蘅继承父亲邵文燦兴建始祖祠的遗愿，从顺治十八年（1661）至康熙三十三年（1694），利用创建祠、新修祠、为父亲邵文燦墓改卜向、向有司请求举行始祖祠祭典和重建祠等不同时机，通过自己和他人对上述举措的书写，一次又一次地彰显始祖祠文化及其内涵。① 其次，在褒赞富民轻财好义的文章中，② 邵长蘅多次强调其敦风厉俗的意义。以《清故文学耿君墓表》为例，传主耿介是家饶于赀的诸生，可说是集富民与士子为一体。正因如此，邵长蘅情不自禁地反复赞叹其激劝末俗的意义。在表彰耿氏赒济乡里、智退盗贼等事迹之后，作者从正反两方面阐述了耿介之善行所具有的榜样力量：

　　余见今世称素封、拥赀雄于其乡者，皆厚自封殖，视其乡人饥馑冻馁，漠然不相关；而较量其身之利害如毫毛，遇小祸患则战悼失次，

---

① 参见本书《清代布衣士子邵长蘅的风土文学与钱谷财币之学》一文。
② 《金懋于五十序》云："其为人倜傥轻财。"（《青门簏稿》卷八，第222页）《先考冠带乡饮宾海鸥府君暨先妣杨孺人行述》云："府君好施，盖出于天性。"（《青门簏稿》卷十四，第290页）《清故文学耿君墓表》云："明末岁饥，尽出谷赒其乡里，远近依君以居者三十余姓。"（《青门旅稿》卷六，第436页）《王母韩孺人墓志铭》云："称君能推先人遗赀，分赡其族人，又推泽邻里。"（《青门旅稿》卷六，第435页）《积善录序》云："赈饥、救灾、已责、助丧诸善事。"（《青门剩稿》卷四，第475页）《太学生宋君墓志铭》云："遂以赀豪，然慷慨乐施与，能振人之急。"（《青门剩稿》卷七，第509页）

敛手缩足以退，盖比比也。呜呼！闻君之风，不重有愧哉？……如君之贤而不表以风世，其何以为末俗劝？①

此篇集矢于当世那些拥赀自保的富民，希望耿介的善行能够返民风于淳正。最后，邵长蘅与富民在布衣身份上的认同尤其值得注意。从邵长蘅对富民陈敬的最高赞誉"布衣之雄"，不难窥见布衣士子对为善于乡的富民是如何发自内心地推崇，也可以看出布衣士子与富民的精神纽带正是共同的布衣身份。②

三、以治生敦风俗

从杨文彩、邱维屏、魏禧和邵长蘅等布衣士子有关富民行善的书写中可以看出，布衣士子与富民阶层的观念契合体现为布衣士子在表彰富民善行的篇章中谈论治生之法，涉及善于会计、节省用度等层面；更重要的是，其中出现了以治生敦风俗的观念。

（一）富民的治生之术③

布衣士子所撰富民传志的重要特色是述及治生之术。多数富民因善

---

① 邵长蘅：《青门旅稿》卷六《清故文学耿君墓表》，载《清代诗文集汇编》第 145 册，上海古籍出版社，2010 年，第 436—437 页。
② 参见本书《清代布衣士子邵长蘅的风土文学与钱谷财币之学》一文。
③ 有关十六至十八世纪商人的贾道，余英时《中国近世宗教伦理与商人精神》（第 562—574 页）深入考察了伙计制度和薄利多销等层面。本文着重考察富民的治生之术中对布衣士子的伦理实践影响较大的层面。

于治生而积累了财富,因此,在上述记录富民善行的文字中,便顺理成章地出现了一些叙述治生之术的信息。其一,善于会计。邱维屏述魏兆凤修祖祠时以账簿记录花费:

> 公七世祖祠未立,每岁值祭者递迎主置于家。公奉私宅一区,出重费修造,请以为祠。勿悦者多方尼其事,公日下气陈乞始成。当修造时,为簿记所费。诸子问曰:"吾自用吾财,何记为?"公曰:"吾岂敢独为祠?他日诸宗钱便以入,我得按簿收耳。"卒独成祠焉。①

在此,魏兆凤自述记录修祠开销的用意,乃期待与宗人共建祖祠。记账本是商贾经营生意的重要手段,在修祠中使用账簿,实际上折射了魏兆凤对治生之法的熟谙。与此相类似,魏禧在叙述富民理财的情形时,多次提到长于会计的重要性。比如,《善德纪闻录叙》记闵象南以擅长计簿而致富:"少孤贫……遂走扬州,赤手为乡人掌计簿,以忠信见倚任。久之,自致千金。"② 此外,《汪翁家传》《文学杨君同配曾孺人墓志铭》《文学陈君墓表》《彭母温孺人墓志铭》《从叔父笃棐翁墓志铭》③ 都提到了传主因善于会计而发家,其中,彭母温孺人心计账目而不用簿籍的才能尤其令人惊叹:"先人所遗田亩租税出入征赋及米盐细碎,皆母主会计,默识数目,不用簿籍,久而不遗忘。"④ 基于会计才能的理财之

---

① 邱维屏:《魏征君杂录》,见魏际瑞《魏伯子文集》卷首,载《清代诗文集汇编》第70册,上海古籍出版社,2010年,第402—403页。
② 魏禧撰,胡守仁等校点:《魏叔子文集外篇》卷十《善德纪闻录叙》,载《魏叔子文集》,中华书局,2003年,第516—517页。
③ 分别见魏禧《魏叔子文集外篇》卷十七、卷十八,载《魏叔子文集》,中华书局,2003年,第818、915、944、948、949页。
④ 魏禧撰,胡守仁等校点:《魏叔子文集外篇》卷十八《彭母温孺人墓志铭》,载《魏叔子文集》,中华书局,2003年,第948页。

术,①也是邵长蘅关注的层面。他叙述宋荦妻子叶淑人的治家之道,其中之一就是"每岁田租所入,菽粟稷黍谷籴薪槁,细至鸡豚米盐凌杂,俱有簿籍。握算钩校纤悉,虽黠奴不能铢黍欺"②,叶淑人对账簿的管理是如此精细,即便最狡猾的管家也无法侵吞一分一厘的财物。

其二,节省用度。在经济活动中尽可能地亲力亲为和物尽其用,都是治生的重要经验。比如,魏禧叙述涂允臧善于综理家政曰:"吾闻允臧治家,竹头木屑无弃材,履屦间莫不得其使"③,涂允臧治家讲究物尽其用,连竹头木屑都舍不得浪费。又如,邵长蘅赞美"淑人性俭核,能劳勤。凡针纫、浣濯、酒醴、饎爨、宾祭之事,未常不亲执"④,可见叶淑人的另一治生之术是家务亲力亲为,以减少用人开支。

其三,布衣士子敏锐地把握到积少成多的理财之法。比如,魏际瑞《重建大路口石桥序》叙述"诸老成"以众募之法修桥的设想:"一文之钱可盈为贯索……而或有人曰'吾能以分文为一桥',虽甚贫者,未有不踊跃而喜者也。夫以百人出百金,人一金而已矣;十人出一金,千人始百金而已矣;而或者以数千人万人,是彼数千人万人者,固以分文而为一桥者也。"⑤魏禧称许此篇为众募文的典范:"今人欲为众募之文,但当依此直写,不须更作矣。"⑥这一积少成多的方法,出自"诸老成之

---

① 关于明清时期的商业算术,参见武田楠雄《东西十六世纪商算の对决》(《科学史研究》第卅六号、卅八号和卅九号)、张海英《走向大众的"计然之术"——明清时期的商书研究》(中华书局,2019年,第233—235页)。
② 邵长蘅:《青门剩稿》卷七《叶淑人墓志铭》,载《清代诗文集汇编》第145册,上海古籍出版社,2010年,第512页。
③ 魏禧撰,胡守仁等校点:《魏叔子文集外篇》卷十一《涂允臧五十寿序》,载《魏叔子文集》,中华书局,2003年,第552页。
④ 邵长蘅:《青门剩稿》卷七《叶淑人墓志铭》,载《清代诗文集汇编》第145册,上海古籍出版社,2010年,第512页。
⑤ 魏际瑞:《魏伯子文集》卷一《重建大路口石桥序》,载《清代诗文集汇编》第70册,上海古籍出版社,2010年,第433页。
⑥ 魏际瑞:《魏伯子文集》卷一《重建大路口石桥序》附"叔弟冰叔曰",载《清代诗文集汇编》第70册,上海古籍出版社,2010年,第433页。

能施财者",可见是富民的治生之术。与此相通的做法是运用扑满储蓄。魏禧《善德纪闻录叙》之"附录"曰:

> 或有劝象南宜节啬布施,留财以遗子孙者。象南曰:"扑满有入无出,吾惧其扑,故不敢满。且吾子孙固未尝贫也,使至于扑,欲求为中人产,得乎?"①

富民闵象南用扑满为喻来阐述戒盈满的道理,既沿袭了"士有聚敛而不能散者,将有扑满之败"②的老生常谈,又令人想到其积少成多的治生经验。据褚人获(1635—1682)《坚瓠集》八集卷三《扑满》"扑满即今小儿积受罐,以土为之,蓄钱之具,可入不可出"③,可知"扑满"是小儿用以存钱的土罐。古往今来,人们常以扑满的"满则扑之"来告诫人们聚敛有度。在此,闵象南自述不愿减少布施,以免子孙富极而败,正是对这一古训的遵循。与此同时,作为富民的闵象南谈及扑满,自然令人想到他"久之,自致千金"的理财成效,当缘于其采用了类似用扑满存钱的积少成多之法。

(二) 富民以治生敦风俗的做法

在有关富民行善的书写中,尤其值得注意的是以治生助善行、敦风俗的做法。首先,魏兆凤、邵文燦等富民在行善时,皆曾以子贷法筹

---

① 魏禧撰,胡守仁等校点:《魏叔子文集外篇》卷十《善德纪闻录叙》,载《魏叔子文集》,中华书局,2003年,第522—523页。
② 刘歆等撰,王根林校点:《西京杂记》卷五,上海古籍出版社,2012年,第38页。
③ 褚人获辑撰,李梦生校点:《坚瓠集》八集卷三,上海古籍出版社,2012年,第612页。

款。比如，杨文彩《魏征君传》记魏兆凤"子贷以葬高曾子孙之暴露者"①；邱维屏《魏征君杂录》叙述魏兆凤在遭遇故山之贼后，子贷为族兄营葬；邵长蘅《先考冠带乡饮宾海鸥府君暨先妣杨孺人行述》亦述邵文燦贷款行善以致家境日益窘迫："府君好施盖出于天性，后不能给，多贷子钱家应之，以故家渐窘。"② 对于富民来说，当他们作为放利者从事子贷时，子贷本是他们比较熟悉的致富方法；而当他们全身心地投入善举时，他们竟不惜将自己从放利者转为借贷者，这实质上是利用自己治生的经验来推动善行。其次，在尊祖睦宗方面，魏兆凤提出了"祭田宜近祖坟"和"建祠宜在城中"的做法，其意义在于以治生敦风俗。比如，魏兆凤分析"祭田宜近祖坟"的理由是：

> 祭田宜近祖坟。盖世代疏远，则情义渐轻，甚有远祖之坟多年不醮，为人侵占而不知者。倘有田相近，即不肖子孙不往挂纸，有不往收租者乎？以收租之故，坟墓藉以照管，不大益耶？至若葬时，原未有田，不妨重价售之，或以腴田相易，使彼大有便宜，亦仁人孝子之用心也。③

这段文字的要点在于"以收租之故，坟墓借以照管"，即通过收租这一治生活动，来敦促子孙照管祖坟，从而涵养仁人孝子之心。为了获得祖坟附近的祭田，甚至不惜重价买入或以腴田换瘠田，这就包含了宁愿在

---

① 魏际瑞：《魏伯子文集》卷首，载《清代诗文集汇编》第70册，上海古籍出版社，2010年，第401页。
② 邵长蘅：《青门簏稿》卷十四《先考冠带乡饮宾海鸥府君暨先妣杨孺人行述》，载《清代诗文集汇编》第145册，上海古籍出版社，2010年，第290页。
③ 魏际瑞：《魏伯子文集》卷首，载《清代诗文集汇编》第70册，上海古籍出版社，2010年，第405页。

治生方面吃亏，也要以仁孝教育子孙的思路。与此相类似，"建祠宜在城中"的做法，也是为了让子孙在祠中读书、避寇的"长便之计"。最后，闵象南等富民在扬州创立育婴社，采用了"人直一月"的集资方式："因定'人直一月'之条。众人不足者，直人补之，象南乃自占两月，故育婴得无阙。"① 通过多人轮流捐款的方法维持育婴社这一慈善机构的运转，这也是积少成多、分摊风险的治生之道在慈善活动中的运用。

四、富民传录的传播与士子的伦理实践

布衣士子在书写富民的善行时，不仅述及善于会计、节省用度等治生之术，而且记录了富民以治生之方敦风俗的做法。耐人寻味的是，随着富民传录的传播，布衣士子对治生之法日益熟稔，因而在救恤高士、践行葬礼和廉洁奉公等层面都从治生之道中吸取了智慧。

魏禧和邵长蘅不仅倾注心力撰写富民传志，更不遗余力地传播各自父亲的传录。他们的本意是孝子扬亲，其客观效果则是使得他们自身的治生之术和移风易俗的观念得到了强化。以魏禧而论，他不止一次地与师友、家人谈及杨文彩《魏征君传》和邱维屏《魏征君杂录》，② 从这些

---

① 魏禧撰，胡守仁等校点：《魏叔子文集外篇》卷十《善德纪闻录叙》，载《魏叔子文集》，中华书局，2003年，第518页。
② 魏禧《魏叔子文隼外篇》卷五《与临川王伟上书》云"敬进《先征君传录》一册奉览，外禧所刻《古论》一卷及《李作谋书》、《童鉴序》数篇，幸先生不鄙贱辱而教之"（第243页）；卷七《与温伯芳》云"先君传录，久欲送览，以新印未就，今奉一册"（第302页）；卷七《与门人（曾秉之）》云"《先征君传录》一册送览"（第330页）；卷七《与涂宜振》云"先君家训，具载传录，意在谨厚"（第337页）；卷八《赖古堂集序》云"武进陈进士椒峰尝携禧家集过金陵，雪霁，束装行，公谓陈君曰：'且为三魏迟一日发也。'吾方抄录未竟，椒峰卒留一日行"（第438页）。

信息可知，魏禧及其兄弟为了传播魏兆凤的善行，至少做了以下努力：其一，以至少两种形式刊刻《魏征君传》和《魏征君杂录》。一是刊刻《传录》单行本，魏禧《与临川王伟士书》《与温伯芳》和《与门人（曾秉之）》都提到先征君《传录》"一册"，由此可知《传录》是单独成册的；又由《与温伯芳》"先君传录，久欲送览，以新印未就，今奉一册"一说可以推测，《传录》可能刊刻了不止一次，可能既有"旧印"，又有"新印"。二是将《传录》置于《魏氏三子文集》的卷首。《清代诗文集汇编》所收《魏氏三子集》，正是以《传录》作为《魏氏三子集》之首。又据《魏叔子文集外篇》卷八《赖古堂集序》，周亮工（1612—1672）所圈点的《传录》，也是载于魏氏家集的。其二，热切地向师友赠送《传录》且表明其用意是表彰其父的"谨厚"。魏禧曾向隐士王伟士、文友温伯芳、门人曾秉之等人赠送《传录》。魏禧唯恐父亲的嘉言善行不为人知的热切心情，可从他这段表白中见出："呜呼！禧兄弟之文，世或有好者。先征君传录，嘉言善行，未见有人举似其一二，椒峰出故册，则公所圈注笔墨烂然矣。禧叙公文及此，不禁其涕泗之横流也。"[1] 看到周亮工对《传录》多加圈点，魏禧欣慰于其父的嘉言善行得到周亮工的褒赞，竟激动得涕泗横流。魏禧还自述其孝子扬亲的用意曰"人子莫不欲扬其亲"[2]，从"先君家训，具载传录，意在谨厚"一说，可以看出魏禧对其父谨厚之德的钦佩之情。

邵长蘅主要通过弘扬始祖祠文化的方式推崇和传播父亲的善行。如前所述，从顺治十八年（1661）至康熙三十三年（1694），邵长蘅利用

---

[1] 魏禧撰，胡守仁等校点：《魏叔子文集外篇》卷八《赖古堂集序》，载《魏叔子文集》，中华书局，2003年，第438页。
[2] 魏禧撰，胡守仁等校点：《魏叔子文集外篇》卷七《与温伯芳》，载《魏叔子文集》，中华书局，2003年，第302页。

各种契机，一次又一次地彰显始祖祠文化，与此同时，其父邵文燦的乐善好施也得到了反复的宣扬。① 邵长蘅宣扬父亲善行的热忱，可从汪琬《邵氏石表阴记》的叙述中见出："予既表海鸥公之墓，其后与公子子湘相遇京师，复以母孺人行事为请。盖予之表公墓也，孺人已先公殁，于例当得附书，会予文体已就，且其他俱详贺大理所撰《志铭》，可以互见，故不复书。而子湘则欿焉意若有不足也，相继请不已。"② "相继请不已"五字，写出了邵子湘扬亲之善的热切心情。邵子湘的本意是请汪琬记录其母的行事，但此记实际上也表彰了邵子湘父亲的善行。比如"公好施予，往往倾其赀不顾，而孺人能济之以俭……率尽用以赞公为善，以是箧中无私财"③ 等文字，赞其母亦褒其父，足见邵子湘向汪琬苦苦请记的用意和心愿已完全实现了。

虽然魏禧等人传播其富民父亲之传录的出发点是孝子扬亲，却在客观上使得他们濡染了治生之术和以治生敦风俗的做法，并有意无意地将其渗透到伦理实践中去。其一，魏禧曾经试图用"挨月供"的方法接济高士李潜夫："欲联数同志为挨月供，使高士夫妇不转沟壑……费度每月米五斗，银五钱，人占一月，周乃复始。力不赡者，或月二三人占之。俟其考终，则应一月者，出银一两，斫木垒土，便足供殡葬。"④ 这一方法，很容易使人想起前引魏禧有关富民闵象南等人轮流资助育婴社的做法，积少成多，是其相通之处。

其二，更值得注意的是，魏禧在与宗子发探讨"未葬变服"的合理

---

① 参见本书《清初布衣士子邵长蘅的风土文学与钱谷财币之学》一文。
② 汪琬著，李圣华笺校：《钝翁续稿》卷二十三《邵氏石表阴记》，载《汪琬全集笺校》，人民文学出版社，2010年，第1549—1550页。
③ 汪琬著，李圣华笺校：《钝翁续稿》卷二十三《邵氏石表阴记》，载《汪琬全集笺校》，人民文学出版社，2010年，第1550页。
④ 魏禧撰，胡守仁等校点：《魏叔子文集外篇》卷六《与周青士书》，载《魏叔子文集》，中华书局，2003年，第281页。

性时，率直地指出其要点不在于不变服，而在于设法安葬父母，为此魏禧设想了包括扑满存钱、放贷和借贷等多种办法在内的筹款方案，显示了以治生敦风俗的做法在魏禧礼学实践中的渗透。具体说来，宗子发因先人未葬，免丧而服不除，对此，魏禧提出了质疑：

> 且先王制礼，衰麻苴绖，以物兴情，使不及者勉而至。足下既免丧，其能不饮酒食肉乎？不入内乎？不大欢笑乎？不与庆会宾筵乎？假令饮酒、食肉、入内、欢笑、庆会、宾筵一一如平人，而独不变衣冠，则文存而实亡也。①

魏禧尖锐地指出，既然宗子发在饮酒、食肉、入内、欢笑、庆会、宾筵等方面都跟常人一样，只是不除丧服，那么其居礼就是文存实亡了。因此，他认为最重要的是设法安葬父母。考虑到宗子发酷贫的经济现状，魏禧指出宗子发虽贫而未废往来馈赠，于是他设计了一套精密的筹款方案：

> 足下诚置扑满于侧，将为干糇乎？度几何费则取而贮之；将为赠遗乎？度几何费则取而贮之。岁终出所贮，不以营衣被米薪，不以偿宿责，举授于人，以为母而薄征其子，至于葬之费半具矣，然后请乞于义人，必有能赠遗足下及暂假贷以足其半者。②

---

① 魏禧撰，胡守仁等校点：《魏叔子文集外篇》卷六《与宗子发论未葬不变服书》，载《魏叔子文集》，中华书局，2003年，第276页。
② 魏禧撰，胡守仁等校点：《魏叔子文集外篇》卷六《与宗子发第二书》，载《魏叔子文集》，中华书局，2003年，第279页。

这套方案包含以下三个步骤：(1) 用扑满省下朋友往来时的食品、馈赠之费用。(2) 将扑满一年的存款放贷以取薄利。(3) 积攒了一半的葬费之后，向义士请求捐赠和借贷，从而筹得全部的葬费。显然，魏禧所用的筹款方案，涉及以扑满积少成多、利用贷款增值和预支费用等等，这些都是他所阅读和写作的富民行善时常见的做法，是富民将治生之术用于行善的措施，是以治生敦风俗的表现。正因魏禧在富民传录的传播和写作中一次又一次地濡染上述观念和方法，他才能够设计出这样完善的筹款方案，从而将"未葬是否变服"的丧礼学争议，完美转化为安葬先人的礼学实践。

其三，邵长蘅记载了宋荦因妻子叶淑人勉力治生而得以成为廉吏的经历，可视为以治生敦风俗、厉士节的适例。如前所述，叶淑人对于包括计簿在内的治生之术非常擅长，不唯如此，她还有意识地以自身的治生能力为宋荦提供保障，劝勉宋荦廉洁奉公："每家邮达中丞公，数以廉谨相勖曰：'我黾勉耕纴，足为儿孙计，不愿公寄一钱归也。'"① 作为《叶淑人墓志铭》的作者，邵长蘅敏锐地观察到宋荦"以廉介闻"与夫人善于治生之间的逻辑联系，因而在感叹"中丞公之为廉吏，为名公卿，固不待夹辅而成"之后，引用了宋荦赞美妻子的话语："宜中丞公之自言也曰：'室人交谪，自古已然，余何幸得此于淑人哉。'"② 治生之术有助于激贪厉俗，这当是邵长蘅在富民书写中关注治生之术和以治生敦风俗的深层动机。

---

① 邵长蘅：《青门剩稿》卷七《叶淑人墓志铭》，载《清代诗文集汇编》第145册，上海古籍出版社，2010年，第512—513页。
② 邵长蘅：《青门剩稿》卷七《叶淑人墓志铭》，载《清代诗文集汇编》第145册，上海古籍出版社，2010年，第513页。

五、布衣士子与富民相契的内在依据：欧苏文人之经的影响

魏禧和邵长蘅等布衣士子弘扬富民以治生敦风俗的观念，折射了布衣士子对保护富民利益的"保富论"的赞同，以及重视敦亲睦族的思想。从古文家的谱系来看，这一倾向当是受惠于欧阳修和苏轼在敦亲祖、保富民方面的观念。由于上述思想植根于欧苏以"人情之常""礼以义起"为出发点的文人之经，① 因此以治生敦风俗的观念也是对欧苏文人之经的弘扬。

众所周知，魏禧在古文写作方面对欧苏心追手摹，事实上，他对欧苏文人之经也力求踵武。比如，他十分推崇欧阳修的"天性之亲"说。与重视"人情之常"相关联，欧阳修在北宋濮王典礼的争议中，力主英宗尊崇濮王当"称亲"，其理由就是濮王乃英宗生父，"而所生父者，天性之亲也，反不得谓之父，是可谓不知轻重者也"②，因此，欧阳修认为"天性之亲"不可忽视。与此说一脉相承，魏禧在《崔成崔强论》中阐述兄弟同心则立于不败之地的主张："异姓之人，苟相要结，可以攻坚而出险，况其为天性之亲乎？"③ 此说强调"天性之亲"合力则无往而不胜，可见其推重"天性之亲"的倾向。

---

① 关于欧阳修、苏轼开启的文人之经的特征，参见吴正岚《明代文人经学与文学思想变革的关系》，《文学评论》2014年第2期。
② 欧阳修撰，李逸安点校：《濮议》卷第二，载《欧阳修全集》第五册，中华书局，2001年，第1857页。
③ 魏禧撰，胡守仁等校点：《魏叔子文集外篇》卷二《崔成崔强论》，载《魏叔子文集》，中华书局，2003年，第103页。

邵长蘅在古文创作上踵武唐顺之、归有光的倾向为学界所熟知,①实际上,他对文人之经的推崇也有迹可循。明清之际钱谦益远承欧苏,近接唐顺之、归有光,崇尚通经学古,对此邵长蘅也有所濡染。其中最突出的例子,就是邵长蘅对汉唐经学的重视。他叙述谭吉璁引导士人涉猎十三经曰"官榆林时,悯榆士僻陋,建尊经阁,买十三经贮其中,令学者知汉唐以来诸儒传注"②,这一学术倾向胎息于钱谦益《新刻十三经注疏序》推崇汉唐传注的观点。此外,邵长蘅褒赞宋濂文章本于六经、贯穿四库,与明代无根柢之文恰成鲜明对比:"余尝谓明代名能文章,亡虑数十家。文之工者不乏,正苦根柢浅薄,求其贯穿四库之书,而粹然一本于六经,不得不推潜溪。"③ 提倡文章家本于六经且贯穿四库,正是欧阳修以来"通经学古"之风的嗣响。

在传承文人之经方面,魏禧和邵长蘅的共同之处是弘扬敬宗收族之论,深化保富观。其一,魏禧和邵长蘅都弘扬欧苏和亲合族的主张。欧阳修《欧阳氏谱图》和苏洵《苏氏族谱》分别创立了谱系法式。④ 苏轼将"劝亲睦"视为王道之始,而教民和亲的起点就是宗族,所以他提出"臣欲复古之小宗,以收天下不相亲属之心"⑤。如前所述,魏禧大力褒赞魏兆凤、陈仪卿、余太公、吴长蘅、吴幼符、吴孟明、魏纯臣等富民睦宗族、修家谱的举措,而且强调宗法之废立是关乎风俗邪正、天下治乱的大事。显然,这与苏轼收小宗以成王道的主张有着不可忽视的渊源

---

① 青木正儿著,陈淑女译,《清代文学评论史》,台湾开明书店,1969年,第84—85页。
② 邵长蘅:《青门旅稿》卷五《登州太守谭君传》,载《清代诗文集汇编》第145册,上海古籍出版社,2010年,第417—418页。
③ 邵长蘅:《青门簏稿》卷十一《书宋学士集后》,载《清代诗文集汇编》第145册,上海古籍出版社,2010年,第263页。
④ 参见安国楼《中国家谱中的"欧苏法式"探讨》,《郑州大学学报》1998年第5期。
⑤ 苏轼著,孔凡礼点校:《苏轼文集》卷八《策别安万民二》,中华书局,1986年,第256页。

关系。同样，邵长蘅《蒋氏族谱序》(《青门簏稿》卷七)、《仁和李氏宗谱序》(《青门旅稿》卷三)和《南城程氏族谱序》(《青门旅稿》卷三)都论及敬宗收族关乎治乱因而谱牒之学不可或缺，其中《仁和李氏宗谱序》阐述亲远则忘、忘则离散的主张，与苏轼《策别安万民二》遥相呼应。

其二，魏禧和邵长蘅都深化了柳宗元、苏轼以来的保富论。继柳宗元、苏轼和李觏等说而起，魏禧作为富民后代，密切关注天下兴亡，因而更充分地领会了富民的重要意义："吾尝以为天下细民之穷非大患也，富民穷而天下乃真穷。故善治天下者必务养富民，富民养，而穷民乃有所赖藉以全其生。是故富民者，穷民之命，国家之府也。"① 此说将富民在国家经济中的地位提到了"穷民之命，国家之府"的程度，显然是比柳宗元、苏轼和李觏之说更为立场坚定的"保富论"。

邵长蘅《陈翁传》亦记载陈敬强调古已有之的"富民者贫室之母"的主张："夫富民者贫室之母，母病则子困。今富民病矣，贫民呺然胈立耳。脱遇方千里水旱之灾，则道殣相望，户口虚耗，数百万军储将安取给？臣窃为陛下虑也。"② 此说通过"母病则子困"这一富于人情味的比喻，揭示了富民病则贫民流离失所、贫民流离失所则陛下危的残酷后果。从客观效果来看，这一观点深深打动了崇祯帝，由此可见此说将保富论的理论力度加大到了极致。

---

① 魏禧撰，胡守仁等校点：《魏叔子文集外篇》卷十一《程翁七十寿叙》，载《魏叔子文集》，中华书局，2003年，第594页。
② 邵长蘅：《青门簏稿》卷十五《陈翁传》，载《清代诗文集汇编》第145册，上海古籍出版社，2010年，第300—301页。

六、作文"关于世教"与写"账簿琐俗事"

清顺康年间布衣士子与富民都流露出以治生敦风俗的倾向,这对文学创作的影响主要体现为作文"关于世教"和写"账簿琐俗事"。这两种似乎大相径庭的倾向竟源自同一理论动力,正显示了清初文学观念新变诸层面之间复杂的逻辑联系。

对于魏禧作文关乎世教的倾向,先行研究已多有论述,① 本文侧重指出魏禧文章关于世教的独特之处在于写"账簿琐俗事"。众所周知,《毛诗序》主张"正得失,动天地,感鬼神,莫近于诗。先王以是经夫妇,成孝敬,厚人伦,美教化,移风俗",这一儒家诗教观对后世诗学产生了深远的影响。从元代郝经(1223—1275)、吴澄(1249—1333)以来,文章关乎世教的说法与"诗本性情"说相伴而行,② 迄于清顺康年间,魏禧作文关乎世教的独特性,正表现为通过书写"账簿琐俗事"来维风善俗,这一倾向典型地表现在有关富民治生和敦风俗的书写中。比如,对于魏禧《善德纪闻录叙》及其《附录》,杨纫芷敏锐地揭示了其优胜之处在于"叔子开天辟地一段至大至切议论,非逢闵君不得发也。所纪散条,字字高古。乃知作者虽账簿琐俗事,定有文章足供诵味"③。所谓"账簿琐俗事",如前所述,既是指文章叙述闵象南等富民

---

① 参见杨旭辉《苦忆毗陵秋雨夜 竹楼灯火对论文——魏禧与清初常州古文家的理论交流及其影响考论》,《赣南师范学院学报》2015 年第 4 期。
② 参见王启兴《论儒家诗教及其影响》,《文学遗产》1987 年第 4 期。
③ 魏禧撰,胡守仁等校点:《魏叔子文集外篇》卷十《善德纪闻录叙》,载《魏叔子文集》,中华书局,2003 年,第 523 页。

以"人直一月"的集资方式来维持育婴社的运转,也意味着全篇多写闵象南所花费的金额,如"三药所济几九万人,所费约千金","出三十金","赠白金"之类。杨纫芷之所以斩钉截铁地肯定魏禧这类文字"定有文章足供诵味",正是因为这些"账簿琐俗事"与"训家子弟、风厉吾乡人"的写作宗旨相联系。一方面,"账簿琐俗事"意味着文章以叙述行善细节而吸引读者的兴趣;另一方面,作者敦风厉俗、引人向善的旨趣浸透在每一个行善细节的描写中,使得读者或油然而生善意,或不知不觉地受到善心的感染。对于魏禧有关富民行善的十九篇文章,评点者大多注意到了文章奖倡名节、维风善俗因而关乎世教的特点。比如,卷十一《程楚臣六十叙》附录纪伯紫的评点曰"以楚臣内行感慨世情,深切曲当,可以针砭膏肓,此有功世教之文"①;又如,卷十六《任氏大宗祠记》附录贺天石的评点为"得叔子发明,有裨世教不小"②。与此同时,每篇富民书写都不避琐细地叙述了治生之术以及相关的行善之方,上文有关善于会计、节省用度和积少成多等治生之术的叙述,都可以视为写"账簿琐俗事"。魏禧写"账簿琐俗事"最突出的表现,是以费金几何的方式来赞美扬州富民之好行其善:"吾五至扬州,见夫收弃子而乳之者有人……夫乳弃子之费金以数万计,食饥之金以十数万计,拯溺之金以数千计,桥梁道路、唐肆茶饮之金以千百十计。甚矣,扬之人之

---

① 魏禧撰,胡守仁等校点:《魏叔子文集外篇》卷十一《程楚臣六十叙》,载《魏叔子文集》,中华书局,2003年,第610页。
② 魏禧撰,胡守仁等校点:《魏叔子文集外篇》卷十六《任氏大宗祠记》,载《魏叔子文集》,中华书局,2003年,第721页。此外,卷十《陈仪卿六十序》附录陈瞻一的评点为"独挈仪卿大节"(第533页),卷十一《程翁七十寿叙》附录汪蛟门的评点为"叙述程翁善德而以养富民及赈饥大议论夹发之,遂使文有关系,增几许光芒矣"(第595—596页),卷十六《长林里泰伯祠记》附录涂627山的评点为"真维风善俗之文"(第723页),卷十七《卖酒者传》附录欧阳介庵评点曰"于古今盛德中别标一种风格"(第852页),卷十八《歙县吴翁墓表》附录吴叔子评点曰"议论大有关系"(第932页)。

好行其德也!"① 这段文字使我们体会到,在魏禧的富民书写中,"账簿琐俗事"不仅是写人叙事的精彩细节,而且已升华为富民善行美德的隐喻和象征。

与写"账簿琐俗事"相类似,魏禧有关富民的书写亦以叙写"家庭寻常事"见长。《从叔父笃棐翁墓志铭》附录魏禧门人梁份的评点曰"只家庭寻常事,叙之奕奕动人"②,从文章内容来看,所谓"家庭寻常事",无外乎魏纯臣与魏兆凤、魏礼等人恢复大宗以下祭醮礼、修祖祠、修大宗谱,足证富民行善的重点确为敬祖收宗。同样,《文学陈君墓表》附徐祯起的评点曰"此文本无声色可悦,须看其平朴中叙次生殁、家世、子孙、行实,出没变化,唯深于古法者知之"③,此说赞誉《文学陈君墓表》平实朴素地叙次传主的生平经历。就"家世、子孙"两方面来说,该篇叙述了吴郡乡贤之祀阙而未举,陈德滋为了完成祖、父的心愿,昌言于当路,使得其六世祖得以从乡贤者配食学宫,"人于是称泰和公有子,祭酒有孙云"④。由此可见,有关"家世、子孙"的叙述同样折射了富民致力于敬祖睦宗的情形。

---

① 魏禧撰,胡守仁等校点:《魏叔子文集外篇》卷十一《程翁七十寿叙》,载《魏叔子文集》,中华书局,2003年,第594页。
② 魏禧撰,胡守仁等校点:《魏叔子文集外篇》卷十八《从叔父笃棐翁墓志铭》附录,载《魏叔子文集》,中华书局,2003年,第951页。
③ 魏禧撰,胡守仁等校点:《魏叔子文集外篇》卷十八《文学陈君墓表》附录,载《魏叔子文集》,中华书局,2003年,第946页。
④ 魏禧撰,胡守仁等校点:《魏叔子文集外篇》卷十八《文学陈君墓表》,载《魏叔子文集》,中华书局,2003年,第945页。

七、结语

继布衣士子杨文彩和邱维屏分别为魏禧之父魏兆凤写作《魏征君传》和《魏征君杂录》之后,既是布衣士子又是富民后代的魏禧和邵长蘅致力于书写富民的善行,尤其推崇其在敬祖收宗方面倾注的心力。上述富民书写叙述了富民的善于会计、节省用度和积少成多等治生之术,亦记录了富民以治生敦风俗的做法,其中包括以子贷法筹集善款、"祭田宜近祖坟"、"建祠宜在城中"和轮流集资行善等举措。随着富民传录的传播,布衣士子在救恤高士、丧礼实践和廉洁奉公等方面都濡染了以治生敦节行的观念。布衣士子与富民的观念契合,与欧苏文人之经的影响密不可分:魏禧和邵长蘅弘扬苏轼"保富论",传承欧阳修和苏轼重小宗、修族谱以成王道的观念,实际上是对欧苏文人经学推崇"人情之常""礼以义起"的继承。以治生敦风俗的观念,使得其作文关乎世教的独特性,正表现为写"账簿琐俗事"及"家庭寻常事"。

主要参考书目

艾尔曼. 经学、政治和宗族：中华帝国晚期常州今文学派研究. 赵刚，译. 南京：江苏人民出版社，1998.

艾朗诺. 美的焦虑：北宋士大夫的审美思想与追求. 杜斐然，刘鹏，潘玉涛，译. 郭勉愈，校. 上海：上海古籍出版社，2013.

白居易撰，顾学颉校点. 白居易集. 北京：中华书局，1979.

白岚玲. 才子文心：金圣叹小说理论探源. 北京：北京广播学院出版社，2002.

拜柱撰. 通制条格. 明钞本.

班固撰，颜师古注. 汉书. 北京：中华书局，1962.

贝京. 归有光研究. 北京：商务印书馆，2008.

苍雪读彻撰. 苍雪人师南来堂诗集//清代诗文集汇编：第5册. 上海：上海古籍出版社，2010.

曹学佺撰. 周易可说. 明崇祯刻本.

陈高华，张帆，刘晓等点校. 元典章. 北京：中华书局，天津：天津古籍出版社，2011.

陈恭尹撰．独漉堂诗文集．清道光五年陈量平刻本．

陈洪．金圣叹传论．天津：天津人民出版社，1996.

陈洪．中国小说理论史．合肥：安徽文艺出版社，1992.

陈来．有无之境：王阳明哲学的精神．北京：人民出版社，1991.

陈来．朱子哲学研究．上海：华东师范大学出版社，2000.

陈寿撰，陈乃乾校点．三国志．北京：中华书局，1982.

陈书录．明代诗文的演变．南京：江苏教育出版社，1996.

陈廷敬撰．午亭文编．文渊阁四库全书本．

陈曦钟，侯忠义，鲁玉川辑校．水浒传会评本．北京：北京大学出版社，1981.

陈献章著，孙通海点校．陈献章集．北京：中华书局，1987.

陈湘琳．欧阳修的文学与情感世界．上海：复旦大学出版社，2012.

陈寅恪．柳如是别传．北京：生活·读书·新知三联书店，2001.

陈玉女撰．明代佛门内外僧俗交涉的场域．台北县：稻乡出版社，2010.

陈允吉．佛教中国文学溯论稿．上海：上海古籍出版社，2020.

陈中浙．苏轼书画艺术与佛教．北京：商务印书馆，2004.

程颢，程颐撰．二程外书．明弘治陈宣刻本．

程嘉燧撰，沈习康点校．程嘉燧全集．上海：上海古籍出版社，2015.

程钜夫著，张文澍校点．程钜夫集．长春：吉林文史出版社，2009.

程颐撰．伊川易传．文渊阁四库全书本．

程元敏. 三经新义辑考汇评. 上海：华东师范大学出版社，2011.

澄观述. 大方广佛华严经随疏演义钞//大正新修大藏经：第36卷.

重显颂古，克勤评唱. 佛果圆悟禅师碧岩录//大正新修大藏经：第48卷.

传灯. 性善恶论//大藏新纂卍续藏经：第57册.

慈波. 黄溍评传. 上海：上海人民出版社，2015.

道元辑，朱俊红点校. 景德传灯录（点校本）. 海口：海南出版社，2011.

邓克铭撰. 华严思想之心与法界. 台北：文津出版社，1997.

丁功谊. 钱谦益文学思想研究. 上海：上海古籍出版社，2006.

杜甫著，仇兆鳌注. 杜诗详注. 北京：中华书局，1979.

遁伦集撰. 瑜伽论记//大正新修大藏经：第42卷.

法显译. 大般涅槃经//大正新修大藏经：第1卷.

方苞著，刘季高校点. 方苞集. 上海：上海古籍出版社，1983.

方立天. 中国佛教哲学要义. 北京：中国人民大学出版社，2002.

方文撰，胡金望、张则桐校点. 方嵞山诗集. 合肥：黄山书社，2010.

方应祥撰. 青来阁初集. 明天启四年易道暹等刻本.

冯桂芬撰. （同治）苏州府志. 清光绪九年刊.

佛驮跋陀罗译. 大方广佛华严经//大正新修大藏经：第9卷.

葛万里撰. 别号录. 文渊阁四库全书本.

葛兆光. 中国禅思想史：从6世纪到9世纪. 北京：北京大学出版社，1995.

顾公燮著，甘兰经等点校. 丹午笔记. 南京：江苏古籍出版社，

1999.

顾炎武. 顾亭林诗文集. 北京：中华书局，1959.

顾永新. 欧阳修学术研究. 北京：人民文学出版社，2003.

管志道撰. 管子惕若斋集. 明万历刻本.

归有光著，周本淳校点. 震川先生集. 上海：上海古籍出版社，2007.

归有光撰. 易经渊旨. 清乾隆归朝煦玉钥堂刻本.

归庄. 归庄集. 上海：上海古籍出版社，2010.

桂馥撰. 晚学集//清代诗文集汇编：第389册. 上海：上海古籍出版社，2010.

郭庆藩辑，王孝鱼整理. 庄子集释. 北京：中华书局，1961.

郭象注，成玄英疏. 南华真经注疏. 北京：中华书局，1998.

憨山德清. 憨山老人梦游集. 台北：新文丰出版公司，1992.

韩愈撰，马其昶校注，马茂元整理. 韩昌黎文集校注. 上海：上海古籍出版社，1986.

郝润华. 《钱注杜诗》与诗史互证方法. 合肥：黄山书社，2000.

何楷撰. 古周易订诂. 文渊阁四库全书本.

何汶撰，常振国、绛云点校. 竹庄诗话. 北京：中华书局，1984.

贺钦. 医闾先生集. 朝鲜本.

贺钦. 医闾先生集. 嘉靖九年刻本.

侯外庐，邱汉生，张岂之主编. 宋明理学史. 北京：人民出版社，1987.

忽滑谷快天撰. 中国禅学思想史. 朱谦之，译. 上海：上海古籍出版社，2002.

胡晓明. 文化江南札记. 上海：华东师范大学出版社，2007.

胡应麟撰. 诗薮. 北京：中华书局，1958.

胡直撰. 衡庐精舍藏稿. 文渊阁四库全书本.

胡助撰. 纯白斋类稿. 文渊阁四库全书本.

幻轮编. 释鉴稽古略续集//大正新修大藏经：第49卷.

黄溍著，王颋点校. 黄溍集. 杭州：浙江古籍出版社，2013.

黄霖主编. 归有光与嘉定四先生研究. 上海：上海古籍出版社，2007.

黄汝亨撰. 寓林集. 明天启四年刻本.

黄庭坚. 豫章黄先生文集. 四部丛刊本.

黄庭坚著，刘琳、李勇先、王蓉贵校点. 黄庭坚全集. 成都：四川大学出版社，2001.

黄卓越. 佛教与晚明文学思潮. 北京：东方出版社，1997.

黄卓越. 明中后期文学思想研究. 北京：北京大学出版社，2005.

黄宗羲著，沈善洪主编. 黄宗羲全集. 杭州：浙江古籍出版社，2005.

慧能著，郭朋校释. 坛经校释. 北京：中华书局，1983.

纪玲妹. 清代毗陵诗派研究. 南京：凤凰出版社，2009.

纪荫编纂. 宗统编年//大藏新纂卍续藏经：第86册.

季本撰. 易学四同. 明嘉靖刻本.

江枰. 明代苏文研究史. 南昌：江西人民出版社，2010.

蒋寅. 清代诗学史：第一卷. 北京：中国社会科学出版社，2012.

焦竑撰，李剑雄点校. 澹园集. 北京：中华书局，1999.

焦竑撰，李剑雄点校. 焦氏笔乘. 北京：中华书局，2008.

焦竑撰. 易筌. 中国科学院图书馆藏明万历刻本.

金圣叹著, 陆林辑校整理. 金圣叹全集（修订版）. 南京: 凤凰出版社, 2016.

金之俊. 金文通公集. 清康熙二十五年怀天堂刻本.

鸠摩罗什译. 佛说阿弥陀经//大正新修大藏经: 第12卷.

鸠摩罗什译. 金刚般若波罗蜜经//大正新修大藏经: 第8卷.

鸠摩罗什译. 妙法莲华经//大正新修大藏经: 第9卷.

鸠摩罗什译. 维摩诘所说经//大正新修大藏经: 第14卷.

冷成金. 苏轼的哲学观与文艺观. 北京: 学苑出版社, 2003.

黎靖德编, 王星贤点校. 朱子语类. 北京: 中华书局, 1994.

李简撰. 学易记. 文渊阁四库全书本.

李剑雄. 焦竑评传. 南京: 南京大学出版社, 1998.

李流芳. 李流芳集. 杭州: 浙江人民美术出版社, 2019.

李日华. 味水轩日记. 上海: 上海远东出版社, 1996.

李圣华撰. 方文年谱. 北京: 人民文学出版社, 2007.

李四龙. 天台智者研究: 兼论宗派佛教的兴起. 北京: 北京大学出版社, 2003.

李通玄撰. 新华严经论//大正新修大藏经: 第36卷.

李雯撰. 蓼斋集. 清顺治十四年石维昆刻本.

李贽著, 张建业主编. 李贽文集. 北京: 社会科学文献出版社, 2000.

廖燕著, 林子雄点校. 廖燕全集. 上海: 上海古籍出版社, 2005.

廖肇亨主编, 简凯廷点校. 明清华严传承史料两种——《贤首宗乘》与《贤首传灯录》. "中研院"文哲所, 2017.

林庆彰. 明代考据学研究. 台北：台湾学生书局，1986.

林文勋. 唐宋社会变革论纲. 北京：人民出版社，2011.

刘劭撰，梁满仓译注. 人物志. 北京：中华书局，2014.

刘心城. 颂帚居士戒草. 国家图书馆藏本.

刘歆等撰，王根林校点. 西京杂记. 上海：上海古籍出版社，2012.

刘子健. 欧阳修的治学与从政. 香港：新亚研究所，1963.

柳贯著，魏崇武、钟彦飞点校. 柳贯集. 杭州：浙江古籍出版社，2014.

柳宗元撰. 柳宗元集. 北京：中华书局，1979.

龙树菩萨造，梵志青目释，鸠摩罗什译. 中论//大正新修大藏经：第30卷.

娄坚撰. 吴歈小草. 清康熙刻本.

陆林. 金圣叹史实研究. 北京：人民文学出版社，2015.

陆勇强. 魏禧年谱. 济南：齐鲁书社，2014.

马积高. 宋明理学与文学. 长沙：湖南师范大学出版社，1989.

马其昶撰. 周易费氏学. 民国七年抱润轩刻本.

孟森. 明清史论著集刊. 北京：中华书局，1959.

孟森著，秦人路校点. 心史丛刊（外一种）. 长沙：岳麓书社，1986.

欧阳修，宋祁撰. 新唐书. 北京：中华书局，1975.

欧阳修著，洪本健校笺. 欧阳修诗文集校笺. 上海：上海古籍出版社，2009.

欧阳修撰，李逸安点校. 欧阳修全集. 北京：中华书局，2001.

欧阳修撰. 诗本义. 文渊阁四库全书本.

欧阳修撰, 徐无党注. 新五代史. 北京: 中华书局, 1974.

蕅益智旭撰. 蕅益大师全集. 成都: 巴蜀书社, 2014.

潘桂明, 吴忠伟. 中国天台宗通史. 南京: 江苏古籍出版社, 2001.

潘桂明. 智𫖮评传. 南京: 南京大学出版社, 1996.

潘士藻撰. 读易述. 文渊阁四库全书本.

裴休集. 黄檗断际禅师宛陵录//大正新修大藏经: 第48卷.

彭绍昇撰, 张培锋校注. 居士传校注. 北京: 中华书局, 2014.

普济著, 苏渊雷点校. 五灯会元. 北京: 中华书局, 1984.

钱澄之撰, 吴怀祺校点. 田间易学. 合肥: 黄山书社, 1998.

钱穆. 中国近三百年学术史. 上海: 商务印书馆, 1937.

钱谦益. 列朝诗集小传. 上海: 上海古籍出版社, 2008.

钱谦益著, 钱曾笺注, 钱仲联标校. 钱牧斋全集. 上海: 上海古籍出版社, 2003.

钱谦益撰. 大佛顶首楞严经疏解蒙钞//中国宗教历史文献集成: 藏外佛经（第12册）. 合肥: 黄山书社, 2005.

钱士升撰. 周易揆. 明末赐余堂刻本.

邱维屏撰. 邱邦士文集//清代诗文集汇编: 第46册. 上海: 上海古籍出版社, 2010.

求那跋陀罗译. 胜鬘师子吼一乘大方便方广经//大正新修大藏经: 第12卷.

任继愈主编. 中国佛教史. 北京: 中国社会科学出版社, 1985.

邵长蘅撰. 邵子湘全集//清代诗文集汇编: 第145册. 上海: 上海古籍出版社, 2010.

邵雍著，郭彧、于天宝点校. 皇极经世书. 上海：上海古籍出版社，2021.

邵雍著，郭彧整理. 伊川击壤集. 北京：中华书局，2013.

沈起元撰. 周易孔义集说. 文渊阁四库全书本.

沈玉成，刘宁. 春秋左传学史稿. 南京：江苏古籍出版社，1992.

释晓莹撰，陈继儒、高承埏校. 罗湖野录. 民国景明宝颜堂秘笈本.

宋濂撰，罗月霞主编. 宋濂全集. 杭州：浙江古籍出版社，1999.

宋濂撰. 元史. 北京：中华书局，1976.

宋荦撰，刘万华辑校. 宋荦全集. 杭州：浙江古籍出版社，2020.

宋祁撰. 景文集. 清武英殿聚珍版丛书本.

宋穉圭撰. 刚斋集//韩国文集丛刊：第 271 册. 首尔：韩国景仁文化社，2003.

苏轼著，孔凡礼点校. 苏轼文集. 北京：中华书局，1986.

苏轼撰. 东坡书传. 文渊阁四库全书本.

苏轼撰. 东坡易传. 上海：上海古籍出版社，1989.

苏轼撰. 苏氏易解. 日本内阁文库藏明冰玉堂刊本.

苏轼撰. 苏氏易解. 日本内阁文库藏洼木氏息耕堂本［文政一二（1829）刊］.

苏洵著，曾枣庄、金成礼笺注. 嘉祐集笺注. 上海：上海古籍出版社，1993.

苏辙著，曾枣庄、马德富校点. 栾城集. 上海：上海古籍出版社，2009.

孙之梅. 钱谦益与明末清初文学（增订版）. 济南：山东大学出版社，2010.

昙无谶译. 大般涅槃经//大正新修大藏经：第 12 卷.

谭帆. 金圣叹与中国戏曲批评. 上海：华东师范大学出版社，1992.

谭元春著，陈杏珍标校. 谭元春集. 上海：上海古籍出版社，1998.

汤显祖著，徐朔方笺校. 汤显祖集全编. 上海：上海古籍出版社，2015.

唐鼎元编. 明唐荆川先生年谱. 北京图书馆藏珍本年谱丛刊本.

唐顺之编. 新刊唐荆川先生稗编. 明万历九年刻本.

唐顺之著，马美信、黄毅点校. 唐顺之集. 杭州：浙江古籍出版社，2014.

陶望龄撰，李会富编校. 陶望龄全集. 上海：上海古籍出版社，2019.

汪琬著，李圣华笺校. 汪琬全集笺校. 北京：人民文学出版社，2010.

汪中著，田汉云点校. 新编汪中集. 扬州：广陵书社，2005.

王安石著，秦克、巩军标点. 王安石全集. 上海：上海古籍出版社，1999.

王弼注，孔颖达疏. 周易正义. 十三经注疏本.

王铎撰. 拟山园选集//清代诗文集汇编：第 7 册. 上海：上海古籍出版社，2010.

王夫之等撰. 清诗话. 北京：中华书局，1963.

王夫之著，李中华、李利民校点. 古诗评选. 上海：上海古籍出版社，2011.

王士禛撰，靳斯仁点校. 池北偶谈. 北京：中华书局，1982.

王水照，朱刚. 苏轼评传. 南京：南京大学出版社，2004.

王颂. 宋代华严思想研究. 北京：宗教文化出版社，2008.

王廷相著，王孝鱼点校. 王廷相集. 北京：中华书局，1989.

王通. 中说. 四部丛刊景宋本.

王文诰辑注，孔凡礼点校. 苏轼诗集. 北京：中华书局，1982.

王彦明. 钱谦益佛教文献与文学研究. 北京：中国社会科学出版社，2020.

王应麟辑. 周易郑康成注. 四部丛刊三编本.

王应麟著，翁元圻等注. 困学纪闻. 上海：上海古籍出版社，2008.

王仲尧. 易学与佛教. 北京：中国书店，2001.

魏道儒. 中国华严宗通史. 南京：江苏古籍出版社，2001.

魏际瑞撰. 魏伯子文集//清代诗文集汇编：第70册. 上海：上海古籍出版社，2010.

魏禧撰，胡守仁、姚品文、王能宪校点. 魏叔子文集. 北京：中华书局，2003.

魏校撰. 庄渠遗书. 日本内阁文库所藏嘉靖四十年本.

魏校撰. 庄渠遗书. 文渊阁四库全书本.

邬国平，王镇远. 中国文学批评通史·清代卷. 上海：上海古籍出版社，1996.

吴澄. 吴文正集. 文渊阁四库全书本.

吴澄撰. 易纂言. 文渊阁四库全书本.

吴金娥. 唐荆川先生研究. 台北：文津出版社，1986.

吴讷著，于北山校点. 文章辨体序说. 北京：人民文学出版社，1962.

吴师道辑. 敬乡录. 文渊阁四库全书本.

吴言生. 禅宗思想渊源. 北京：中华书局，2001.

吴正岚. 江苏历代文化名人传·金圣叹. 南京：江苏人民出版社，2019.

吴正岚. 金圣叹评传. 南京：南京大学出版社，2006.

项安世撰. 周易玩辞. 文渊阁四库全书本.

萧统编，李善注. 文选. 上海：上海古籍出版社，1986.

熊过撰. 周易象旨决录. 文渊阁四库全书本.

徐乾学撰. 传是楼书目. 清道光八年味经书屋钞本.

徐渭. 徐渭集. 北京：中华书局，1983.

徐增. 九诰堂集//清代诗文集汇编：第41册. 上海：上海古籍出版社，2010.

许瀚. 许印林遗书//山东文献集成. 济南：山东大学出版社，2007.

许瀚著，崔巍整理. 许瀚日记. 石家庄：河北教育出版社，2001.

玄奘译，韩廷杰校释. 成唯识论校释. 北京：中华书局，1998.

延寿集. 宗镜录//大正新修大藏经：第48卷.

杨廷福，杨同甫编. 明人室名别称字号索引. 上海：上海古籍出版社，2002.

杨新勋. 宋代疑经研究. 北京：中华书局，2007.

杨旭辉. 清代经学与文学：以常州文人群体为典范的研究. 南京：凤凰出版社，2006.

姚卫群. 佛教般若思想发展源流. 北京：北京大学出版社，1996.

姚希孟. 风唫集. 上海图书馆藏六卷本.

印顺. 中国禅宗史. 南昌：江西人民出版社，1999.

永瑢等撰. 四库全书总目. 北京：中华书局，1965.

余英时. 论戴震与章学诚：清代中期学术思想史研究. 北京：生活·读书·新知三联书店，2000.

余英时撰. 中国近世宗教伦理与商人精神. 上海：上海人民出版社，1987.

虞淳熙撰. 虞德园先生集. 明末刻本.

袁宏道撰，钱伯城笺校. 袁宏道集笺校. 上海：上海古籍出版社，2008.

袁于令评改，宋祥瑞点校. 隋史遗文. 北京：北京大学出版社，1988.

袁震宇，刘明今. 中国文学批评通史·明代卷. 上海：上海古籍出版社，1996.

云栖袾宏撰. 莲池大师全集. 影印本. 台北：东初出版社，1992.

赞宁撰，范祥雍点校. 宋高僧传. 北京：中华书局，1987.

曾建林. 欧阳修经学思想研究. 杭州：浙江大学出版社，2014.

查洪德. 理学背景下的元代文论与诗文. 北京：中华书局，2005.

湛然述. 法华玄义释签//大正新修大藏经：第33卷.

张伯伟编. 朝鲜时代书目丛刊. 北京：中华书局，2004.

张次仲撰. 周易玩辞困学记. 文渊阁四库全书本.

张海英. 走向大众的"计然之术"：明清时期的商书研究. 北京：中华书局，2019.

张寿安. 十八世纪礼学考证的思想活力：礼教论争与礼秩重省. 北京：北京大学出版社，2005.

张寿安. 以礼代理：凌廷堪与清中叶儒学思想之转变. 石家庄：河北教育出版社，2001.

张廷玉等撰. 明史. 北京：中华书局，1974.

张萱撰. 西园闻见录. 民国哈佛燕京学社印本.

张学智. 明代哲学史. 北京：北京大学出版社，2000.

张振渊. 石镜山房周易说统. 浙江图书馆藏万历四十三年石镜山房刻本.

赵斗淳. 心庵遗稿//韩国文集丛刊：第307册. 首尔：韩国景仁文化社，2003.

赵尔巽等撰. 清史稿. 北京：中华书局，1977.

赵园. 明清之际士大夫研究. 北京：北京大学出版社，1999.

郑履淳. 郑端简公年谱. 四库全书存目丛书本.

知礼述. 十不二门指要钞//大正新修大藏经：第46卷.

智旭著，方向东、谢秉洪校注. 周易禅解. 扬州：广陵书社，2006.

智顗说. 妙法莲华经玄义//大正新修大藏经：第33卷.

智顗说. 摩诃止观//大正新修大藏经：第46卷.

智顗撰. 四教义//大正新修大藏经：第46卷.

智圆述. 阿弥陀经疏//大正新修大藏经：第37卷.

中共浙江浦江县委宣传部，浙江省文学学会编. 宋濂暨"江南第一家"研究. 杭州：杭州大学出版社，1995.

周必大. 文忠集. 文渊阁四库全书本.

周敦颐著，谭松林、尹红整理. 周敦颐集. 长沙：岳麓书社，2002.

周群. 儒释道与晚明文学思潮. 上海：上海书店出版社，2000.

周群. 袁宏道评传. 南京：南京大学出版社，1999.

周一良. 魏晋南北朝史札记. 北京：中华书局，1985.

朱伯崑. 易学哲学史. 北京：华夏出版社，1995.

朱刚. 唐宋"古文运动"与士大夫文学. 上海：复旦大学出版社，2013.

朱熹. 杂学辨. 文渊阁四库全书本.

朱熹撰. 四书章句集注. 北京：中华书局，1983.

朱熹撰. 朱子全书. 上海：上海古籍出版社，合肥：安徽教育出版社，2002.

紫柏真可. 紫柏老人集. 故宫珍本丛刊本. 海口：海南出版社，2001.

左东岭. 明代心学与诗学. 北京：学苑出版社，2002.

左东岭. 王学与中晚明士人心态. 北京：人民文学出版社，2000.

佐藤仁. 宋代の春秋学：宋代士大夫の思考世界. 东京：研文出版，2007.

Brill's Encyclopedia of Buddhism. Leidon-Boston：Brill，2016.

Edward T. Ch'ien（钱新祖）. Chiao Hung and Restructuring of Neo-Confucianism in the late Ming. New York：Columbia Press，1986.

后 记

在新冠病毒余威犹存的 2022 年春交稿，我的心绪难免有些起伏不定。前些日子翻看《杜诗详注》，突然意识到，天宝年间，动地而来的渔阳鼙鼓，也许正好解救了杜甫的中年危机呢。你看，年轻时的杜甫曾经写过"荡胸生层云"，写过"饮如长鲸吸百川"，一何气吞万里如虎；不过，当他蹉跎到四十多岁时，笔下竟不免有"未为珠履客，已见白头翁"这类叹老嗟卑的句子了。然而，赋到沧桑句便工，安史乱起，诗人饱受离乱之苦时，重又发出"国破山河在，城春草木深"的嘶吼。当其时，"山雪河冰晚萧瑟，青是烽烟白是骨"的强烈控诉，甚至比早年的"岱宗夫如何，齐鲁青未了"更有力量感吧。也许，新冠疫情就是我们这一代人遭遇的渔阳鼙鼓吧，但愿我们也能像杜甫那样，被逆境激发出前所未有的能量。

收入本书的十四篇论文，大多围绕明清之际文人经学与佛学征实风尚的互动这一问题展开，主要涉及两个文人群体：一是以钱谦益、金圣叹等人为中心的吴中奉佛群体，二是以魏禧、邵长蘅等人为代表的布衣文人群体。两者的相通之处在于推崇源自北宋欧阳修、苏轼的文人经学。

本书的主要思路是从明清之际文人经学对注疏之学的复杂态度出发，考察儒家经典注疏与佛经古疏钞之间的互动及其为文学新变提供的理论动力。这一思路的确立经历了很长的探索过程。

起先，我留意的是钱谦益、金圣叹等人推崇天台和华严学的倾向，揭示其与诗歌和小说理论新变之间的关系。其中，《华严心本原说与金圣叹的文学思想》（《东南学术》2004年第1期）指出华严心本原说对金圣叹的诗歌和小说理论之影响在于心物关系方面，即推崇创作主体的精神世界和艺术才能，突出小说虚构的必然性，否定诗歌的为写景而写景。《金圣叹与钱谦益的思想渊源》（《福州大学学报》2007年第2期）考察崇祯八年（1635）金圣叹与钱谦益的仙坛唱和，指出这一现象体现了两者在推尊天台宗方面的契合。上述考察从先行研究尚未注意到的仙坛唱和、援引华严唯心偈等层面，印证了前贤有关钱谦益引领反经正学、以教疗禅之学风的观点。

接下来，在探索钱谦益"通经汲古"之学的源流时，我发现了宋濂—归有光—唐顺之—焦竑—钱谦益这一文人经学的脉络，认为其源头是欧阳修、苏轼开创的文人经学。我于2008年申请教育部项目"明代中后期文人经学与文学思想的关系"并获得立项。现在看来，拙作《明代文人经学与文学思想变革的关系》（《文学评论》2014年第2期）还可以增加两节：一是《北宋文人经学的特质》，二是《文人经学与唐宋派的异同》。

最后引起我注意的是，钱谦益对北宋文人经学有因有革，在儒家经学方面重视汉唐注疏而扬弃舍传从经之风，在《楞严蒙钞》中大力表彰佛经古注疏，这与云栖袾宏既肯定"直究本文之旨"又反对"尽费古人注疏"相呼应，这使我恍然大悟：原来五经注疏和佛经疏钞一直处于密切的互动之中，这是明清之际文学理论革新的重要动力。从2019年起，我着手从事教育部项目"明清之际文人经学与佛学征实风尚的互动研究"，逐步聚焦于云栖袾宏《弥陀疏钞》、交光真鉴《楞严正脉》、钱谦益《楞严蒙钞》《般若心经略疏小钞》等著作，对吴中奉佛群体在文学方面的新变及其理论动力有了更多的了解。

本书中的十四篇论文大多在原稿基础上有较大改动，这些改动带给我的主要启发是：文史哲的互动关系中不但有概念的借用，更有思维方式的相通。这种相通不仅体现在逻辑上，还可能发生在逻辑和形象之间。比如，在修改《金圣叹"大般涅槃经体"与明清之际江南佛学的征实倾向》一文时，最难忘的瞬间是我领悟到金圣叹重视"月爱三昧"中包含的隐显美学，与其小说评点重视"若隐若跃""影灯漏月"等隐显变幻之美相呼应。又如，《论魏禧"偏至"说对明代文论折衷倾向的超越》论述前人较少关注的魏禧"偏至"说，指出其与苏轼之"刚柔相济"为"寡过之法"说的渊源。曾有老师对此说表示怀疑，我自己亦不能确信。后来我看到魏际瑞说"宜振持论贵和平，尚中正，有儒者之度；凝叔则不讳其偏见笃论，欲为俊杰之言"，这才对拙作的论点有信心了。及至注意到邱维屏认为魏禧"推偏则多用苏氏家法，推全则又用欧阳家法，亦各惟其当也"，才得知易堂诸子亦认为魏禧的"偏至"论源自苏轼。自己的推测终于被文献证实，这大概是学术研究中难得的幸福时刻吧。陶醉在这种幸福感中，一向拘谨有余的我，竟写出了以下涉嫌过度诠释的说法：

> 如果套用魏禧的表达方式，前引魏际瑞的"独至之情"说实质上意味着"从独至之情生人之常情"，换言之，以魏禧为代表的易堂诸子在"偏至"说中寄托了从苏轼达于欧阳修的路径，这一路径，既是文论意义上的，也是人性论层面上的。

假如没有疫情，本书也许能用上日本贞享二年（1685）刻《楞严蒙钞》等史料，不过，我有幸入手《近世东亚〈观所缘缘论〉珍稀注释选辑》《明清华严传承史料两种——〈贤首宗乘〉与〈贤首传灯录〉》等材料，聊以弥补近年不能访书于境外的遗憾。

在本书各篇的写作和发表过程中，多蒙师友鼓励和指点之恩。感谢徐雁平老师的邀约，本书有幸被列入《江南文脉·清代文学与文献研究》丛书；感谢安徽教育出版社的耐心等待和编辑们的辛苦付出。

2022 年 4 月 15 日于南京龙江